中国农村金融发展报告2021

REPORT OF CHINA RURAL FINANCE DEVELOPMENT 2021

张承惠　朱进元 ◎ 主编

本研究项目得到清华大学五道口金融学院、
中国农村金融杂志社的资金支持

图书在版编目（CIP）数据

中国农村金融发展报告. 2021 / 张承惠，朱进元主编. —北京：中国发展出版社，2023.4
ISBN 978-7-5177-1368-5

Ⅰ.①中… Ⅱ.①张… ②朱… Ⅲ.①农村金融—研究报告—中国—2021 Ⅳ.①F832.35

中国国家版本馆CIP数据核字（2023）第052759号

书　　　名：	中国农村金融发展报告. 2021
著作责任者：	张承惠　朱进元
责 任 编 辑：	杜　君　龚　雪
出 版 发 行：	中国发展出版社
联 系 地 址：	北京经济技术开发区荣华中路22号亦城财富中心1号楼8层（100176）
标 准 书 号：	ISBN 978-7-5177-1368-5
经 　销 　者：	各地新华书店
印 　刷 　者：	北京市金木堂数码科技有限公司
开　　　本：	787mm×1000mm　1/16
印　　　张：	24.25
字　　　数：	433千字
版　　　次：	2023年4月第1版
印　　　次：	2023年4月第1次印刷
定　　　价：	98.00元
联 系 电 话：	（010）68990642　68360970
购 书 热 线：	（010）68990682　68990686
网 络 订 购：	http://zgfzcbs.tmall.com
网 购 电 话：	（010）68990639　88333349
本 社 网 址：	http://www.develpress.com
电 子 邮 件：	fazhanreader@163.com

版权所有·翻印必究

本社图书若有缺页、倒页，请向发行部调换

本书编委会名单

顾　　问	李　伟	国务院发展研究中心原主任，中国发展研究基金会理事长、研究员
编委会主任	张承惠	国务院发展研究中心金融研究所原所长、研究员，三亚经济研究院院长
	朱进元	中国银行保险传媒股份有限公司党委书记、董事长，中国农村金融杂志社党委书记、社长
编委会副主任	刘翔玲	中国农村金融杂志社党委委员、副总编辑
	刘万霞	三亚经济研究院 ESG 研究中心副主任
编委会成员	朱俊生	清华大学五道口金融学院中国保险与养老金研究中心研究负责人
	白澄宇	商务部中国国际经济技术交流中心联合国业务三处处长
	谢志军	国家开发银行乡村振兴部总经理
	李　静	中国农业发展银行农村金融发展研究院副院长
	段肖磊	中国农业银行乡村振兴金融部总经理
	吴　敏	中国建设银行乡村振兴金融部总经理
	黄小东	中国邮政储蓄银行三农金融事业部副总监
	罗　军	广西壮族自治区农村信用社联合社党委书记、理事长
	肖四如	江西省农村信用社联合社原党委书记、理事长
	钟　园	安徽省农村信用社联合社原党委书记、理事长
	李亚华	湖北省农村信用社联合社党委书记、理事长
	乔小鹏	中华全国供销合作总社金融服务部发展处处长
	刘小萃	中华合作时报社党委委员、副总编辑
	申泽涛	新供销产业发展基金管理有限责任公司董事长
	王　汉	中国农村金融杂志社·中国农金30人论坛办公室主任
	蒋　勇	中国村镇银行发展论坛组委会秘书长

PREFACE 序言一

党的二十大报告擘画了2035年基本实现社会主义现代化进而到21世纪中叶建成社会主义现代化强国的宏伟蓝图。全面建设社会主义现代化国家，既是一项伟大的事业，也是一项艰巨的事业，对其长期性、复杂性要有充分估计。尤其要看到，农业、农村、农民问题仍然是关系我国国计民生的根本性问题，也是我国发展不平衡不充分问题的集中反映。如果说，全面建成小康社会，最艰巨、最繁重的任务在农村，那么，全面建设社会主义现代化国家，最艰巨、最繁重的任务仍然在农村。新征程上，必须坚持农业农村优先发展的方向不动摇。

党的十八大以来，以习近平同志为核心的党中央一以贯之把解决好"三农"问题作为全党工作的重中之重。继2020年我国夺取脱贫攻坚战全面胜利、完成消除农村绝对贫困任务之后，又着眼于国家现代化目标，开启推进乡村振兴、促进农民农村共同富裕的新征程。我注意到，随着《中华人民共和国乡村振兴促进法》的全面实施，乡村振兴战略成为新时代"三农"工作的总抓手，我国农业农村发展面貌正在发生积极变化。近两年来，我带领全国政协调研组到东北等地开展"加强黑土地保护"专项民主监督，到福建、云南开展"以发展乡村富民产业为重点促进农民增收"专题调研，到脱贫地区开展支持国家乡村振兴重点帮扶县巩固拓展脱贫攻坚成果专题调研，一个明显的感受是，我国农业基础条件、农业农村生产经营的现代化水平、农村面貌和人居环境都有了显著改善，农业农村现代化发展的路子越走越宽。

在这些积极变化中，农村金融发挥的作用不可小视。近年来，农村金融在服务农业农村发展过程中呈现出一些新的发展特点。一是加速向在线化转型。互联网、大数据深入发展，正在加速推动传统人工服务向电子化、数字化服务转型。我国农村金融机构顺应这一趋势，借助金融科技积极推进人工服务的电子化替代。目前，东部、中部地区农村金融机构电子化替代率普遍接近或超过90%，与城市差距显著缩小。这一方面增强了农村金融服务的便捷性，有利于农村数字普惠金融发展；另一方面也提高了管理效率，有利于风险控制。二是加快业务模式创新。在政策激励和科技支撑下，我国农村金融机构拓展业务、管控风险的创新活力极大迸发。有关的改革探索包括：改进信用信息获取、分析机制，降低信息不对称，发展信用融资；拓宽抵押担保物范围，基于农村资产和农业供应链提供信贷；发展面向脱贫地区特色产业、基础设施等领域的政策性业务，促进造血机制建设；发展绿色信贷、绿色债券等特色产品；调整组织架构，设立乡村振兴事业部，完善内部激励机制；等等。三是主动服务农业农村。随着农村金融市场竞争性增强，各类农村金融机构基于自身优势特色，积极探索提升服务农业农村能力的有效模式。一方面，各类金融机构支农的主动意识普遍增强，积极围绕农村客户的生产、生活需求设计产品、改进服务；另一方面，有利于支农的服务模式，例如微贷技术、供应链融资、动产抵押等，在实践中逐步成熟，展现出较强的可复制性和生命力。四是推进行业服务协同。银行、担保、保险、期货等行业的金融机构围绕风险管理，通过优势互补联手支农。同时，农村金融机构与地方政府、村级组织的合作也在深化拓展，例如在党建、扶贫、信息共享等方面加强协同，合作支农。

在全面建设社会主义现代化国家的新征程上，农业农村是主阵地，农村金融大有作为。我认为，未来农村金融发展有几个需要努力的方向。一是围绕共同富裕，完善中国特色社会主义农村金融体系。比如，围绕加快农业产业化、盘活农村资产、增加农民财产性收入，提供金融支持，让更多农村居民勤劳致富；积极参与生产、供销、信用"三位一体"综合合作试点，探索供应链金融、信用体系建设等有效实现形式。二是围绕农业农村现代化，针对技术应用、规模扩张、三产融合、价值链地位提升、产业链协作、农户能力建设和生活方式转型等需求，改进服务模式，优化业务流程和组织架构，在服务"三农"过程中培育竞争新优势。三是顺应数字化发展趋势，充分运用移动互联网、大数据、人工智能、云计算、区块链、物联网等新技术，推动业务经办与数字化应用深度融合，加强数据赋能，增强金融服务的可及性、便捷性、普惠性。四是聚焦农村生态文明和公共文化等新兴领域，顺应农村生产、生活场景的演变趋势，在实施"双碳"战略、生态产品价值实现、社会信用体系建设等领域，探索创新金融产品和服务，培育和开创新的支农平台。五是强化风险防控，统筹发展与安全。农村金融在更好服务"三农"发展的同时，要坚持底线思维，把主动防范化解金融风险放在更加重要的位置，完善内部控制规范，强化监管部门职责，围绕"人员防、制度防、技术防"全面发力。

  我已经离开农村金融战线很多年了，但是一直关注着农村金融改革发展的动态。虽然当前农村金融面临不少困难和挑战，但是我深信，农村金融未来发展必然大有希望、大有可为。对此，我们要坚定信心，埋头苦干，努力把农村金融事业推向新的高度。张承惠等同志多年来一直组织研究队伍跟踪我国农村金融改革发展的前沿问题，近几年来坚持出版年度报告，为业内各界提供重要参考。这项工作现在已经制度化，我觉得很有意义。本年度报告汇聚了农村金融领域探索创新的最新进展，并就有关问题进行了研究阐释，思想性、可读性都很强，相信会对关心农村金融的朋友有所借鉴。

李伟

国务院发展研究中心原主任

中国发展研究基金会理事长、研究员

2022年12月

PREFACE 序言二

时至岁末,《中国农村金融发展报告2021》又将和大家见面了。2021年,既是我国胜利完成脱贫攻坚历史任务、启动共同富裕新征程的转折之年,也是成功应对诸多重大挑战、稳步推进农业农村现代化进程的关键之年。随着我国农村经济社会发展的数字化转型,农业农村信息化水平持续快速提高,对农村金融服务提出了新的要求。为了顺应新的发展趋势,实现农村金融服务的数字化转型,《中国农村金融发展报告2021》总结梳理了各类农村金融机构加大组织管理创新和技术应用创新力度、为改善农村民生和发展农业产业提供支持的诸多实践,为应对新形势下的新挑战提供了重要指引。借此机会,我也就大力发展金融科技以有效解决信息不对称导致的融资约束难题并降低交易成本,进而更好地提升"三农"、小微企业等普惠金融服务水平,谈点粗浅的想法。

在新古典经济学的框架下,完全竞争的市场经济可以实现瓦尔拉斯一般均衡,使整个社会资源配置达到帕累托最优状态,但这是以完全市场作为理论前提的。现实中,信息不对称不仅是造成风险和不确定性的重要原因之一,还会增加交易成本,进而造成资源配置无效率和社会整体福利净损失,而金融科技在有效风险管理、降低交易成本等方面能够发挥重要的作用,具体体现在如下两个方面。

一是依托大数据等金融科技手段做好风险控制,可以降低抵押品依赖,有效缓解农村客户和小微企业融资难的问题。从客户角度来看,很多农村客户包括小微民营企业并未建立起完善的财务制度,无法提供可信赖的完整财务报表,导致银行机构对客户的经营状况缺乏足够了解,甚至需要在线下投入足够的人力资源去收集这些信息,包括从客户的上下游交易对手处获取信息。加上这类客户的"逃废债"倾向相对随意频繁，导致金融部门对包括小微企业在内的这类农村客户的放贷政策偏紧。除此之外，农村客户往往还需要提供一揽子综合服务，包括融资、技术、农产品营销乃至财务规划等。这种长期困扰中国经济金融的难题在国际上也同样存在，即便在发达国家也是如此，一般需要依靠合作金融带动提供综合合作服务。从金融机构角度来看，由于信息不对称、农村客户和小微企业自身风险偏高及信用体系不完善，银行不得不采用更加谨慎的尽调、风控策略，从而使得这类客户的贷款成本明显高于其他客户，导致金融机构服务农村客户包括小微企业的动力不足。

众所周知，在信息不对称条件下，客户融资依赖于其资产状况（抵押品价值），这是农村客户和小微企业融资难的主要原因。由于缺乏足够的风控手段，传统商业银行为客户提供贷款时往往以抵押品（例如房产）价值作为依据。金融机构贷款定价需要综合考虑客户净资产状况、资本收益情况、贷款需求等，以覆盖资金成本，平衡风险与收益。因此，金融机构给客户的贷款利率往往高于无风险贷款利率，也就是说，客户需要承担一定的融资溢价。通常当经济面临正向冲击时，客户净资产增加，收益率提高，金融机构会将客户贷款视为优质资产，交易成本减少，客户融资溢价降低，可贷资金增多，生产得以扩大；而当经济遭到负向冲击时，客户净资产减少，金融机构贷款风险加大，交易成本增加，客户融资溢价上升，可贷资金减少，生产规模缩减。因此，金融摩擦在经济遇到冲击时会放大经济波动，这也就是伯南克所讲的"金融加速器"效应。由于农村客户和小微企业的信息不对称程度更高，贷款对抵押品的依赖程度也更高，这种"金融加速器"效应在农村客户和小微企业融资中尤为明显。对于传统银行来说，由于信息不对称问题严重，为农村客户和小微企业提供信用贷款可能会面临成本过高或风险过大的难题，因此为其扩大信贷规模确实存在较大难度。

以大数据等技术手段作为支撑的金融科技贷款，可以有效降低农村客户和小微企业抵押品不足带来的影响，扩大贷款可得性。依托金融科技的风控管理，主要从客户整体资质和经营情况分析风险并进行风控管理，而非依赖抵押品，从而帮助很多无法提供抵押品的农村客户和小微企业获得贷款。同时，利用金融科技手段进行风控管理，还可以减少农村客户和小微企业信贷对抵押品的依赖，提高金融体系的稳定性。已有的研究表明，传统银行抵押贷款受资产（尤其是房地产）价格波动的影响最大，传统银行信用贷款受资产价格影响相对较小，而采用大数据风控为基础的网商银行小微信用贷款受资产价格影响最小（即在统计意义上影响不显著）。这一发现表明，金融科技信贷会减弱"金融加速器"下资产价格与信贷之间的相关关系。与传统银行信贷相比，金融科技信贷对金融周期的依赖性较弱，这将有利于提高农村客户、中小企业融资和整个实体经济与金融市场的稳定性。

二是作为重要的数字技术，移动互联网技术有效促进了金融服务模式与工具的创新，在一定程度上消除了使用成本、文化程度、地域限制等造成的数字鸿沟，扩大了微观主体参与市场的范围，为突破普惠金融发展瓶颈提供了有效的解决方案。中国的移动支付业务发展迅速，作用最为突出。早在2006年中国银联就推出了基于金融IC卡芯片的移动支付方案。2011年正式发放第三方支付牌照之后，以支付宝、微信支付等为代表，基于互联网技术的第三方支付迅速崛起，与购物、游戏等网络平台相结合，极大地推动了移动支付业务的发展。

移动支付作为"互联网+金融"的产物，为小额零售支付提供了便捷支持，从最初应用于电商平台支付逐步拓展到线下，成为人们生活中不可或缺的支付方式，为支持数字经济发展打下了坚实基础。移动支付创新也将互联网思维引入传统金融部门，加速了金融体系在数字经济时代的自我变革，极大提升了支付体系效率，助推"三农"、小微企业融资和普惠金融发展。移动支付的特点具体体现在如下两方面。

一方面，移动支付更加便捷高效，极大地降低了低收入群体进入市场交易的门槛。与基于POS机的传统银行支付技术相比，二维码支付技术成熟安全、简单实用、成本更低、易于普及，能够有效解决分销渠道和"最后一公里"问题，覆盖人口稀少的偏远和农村地区。过去被传统电子支付渠道排斥的落后偏远地区群体能够更便利地进入市场交易。同时，第三方支付（如支付宝、微信支付）还解决了线上交易支付的信任难题，更多低收入群体利用线上交易新业态（如微店、网商）进入规模更大的全国大市场。移动支付技术有效提升了支付体系效率，降低了交易成本，扩大了市场范围，从而形成规模效应和范围效应，促进了经济的加速增长。

另一方面，移动支付技术充分利用信息数据优势，较好地平衡了业务创新与风险防范的关系，助推农村客户、小微企业信贷和普惠金融发展。数字经济时代下，移动支付产生的真实交易数据具有极为重要的价值，相关企业可以深入挖掘反映个人与企业行为的变量以及它们在网络中的重要性等信息，实时反映最新动态情况，分析市场主体的显示性偏好和风险特征，从而形成合理的风控模型，开展更合理的资产定价，更好地实现收益与风险的合理匹配。

需要注意的是，在农村金融服务数字化转型的过程中，农村中小金融机构将面临更大的竞争压力，这就要求它们不仅要发挥好人员下沉基层、从社区和生产居家现场获取客户信用相关信息能力的自身优势，也要通过共享村镇银行发起行的数字平台和省联社的服务平台来不断缩小农信社及农商行与大型银行的信息化能力差距，围绕农村金融服务需求的演变，不断提升农村金融服务质量。

张晓慧

中国人民银行原行长助理、清华大学五道口金融学院院长

2022年11月

PREFACE 序言三

举世瞩目的中国共产党第二十次全国代表大会胜利召开，吹响了建设社会主义现代化强国的冲锋号。中国经济的短板在农村，农村经济发展的支点是农村金融。党的二十大报告明确提出"健全农村金融服务体系"，为农村金融的发展指明了方向，也提出了新的要求。

经过过去十年的不懈努力，我们欣喜地看到，我国农村金融发生了翻天覆地的变化。从重大战略支持角度来看，农村金融在助力脱贫攻坚、推动乡村振兴、支持粮食安全建设等方面发挥了重要作用。农村金融不仅发挥资金融通的作用，还在产业引导、科技引入、信用体系建设等方面发挥着有力的衍生作用。从参与金融主体来看，除了政策性银行、农信体系等传统农村金融服务机构以外，四大国有银行、全国性股份制银行、城商行纷纷下沉市场，加入普惠金融领域的服务当中。除了银行体系，保险、信托、期货等金融业态也逐步参与进来。从实际效果来看，我国已经顺利完成《推进普惠金融发展规划（2016—2020年）》预定目标，达到粮食"十八连丰"的新高度，全面建成小康社会；老百姓获取金融服务的基础更加牢靠，贷款更加便利、便宜和充足；涉农产业企业、新型农业经营主体"贷款难、难贷款"的问题得到切实解决，并在发债、股权交易等方面取得突破性进展。此外，金融科技在农村金融领域的应用更加深入，农村金融的服务效率、服务对象的体验感明显增强。

在这样一个重要的历史时期，《中国农村金融发展报告》系列出版物对农村金融的发展作了如实的记录和见证。这是一份全景展示农村金融发展脉络的历史档案。《中国农村金融》杂志作为中国银保监会唯一的农村金融官方媒体、农村金融领域权威的发声通道，全程参与其中，在完成时代赋予使命的同时，也对农村金融的未来充满新的希望。

面向新的征途，农村金融需要全面贯彻新发展理念，总结经验、提高质量、守正创新、勇毅前行，构建起农村金融新发展格局。农村金融各参与方需要贯彻落实好党的二十大的决策部署，细化各自举措，加强彼此联动，一起构筑新的"三农"发展新支点、新动能。这种支点和动能的发力点集中在全面推进乡村振兴事业上，具体体现在如下五个方面。

一是要合力推动乡村产业振兴。乡村振兴的基础是产业，政策性银行和大中型银行要把着力点更多地放到现代高效农业、绿色原生态农业等大型项目上来，推动传统农业向现代农业转型。中小型银行要在农业产业链的上下游，特别是在集体经济组织和新型农业经营主体上发力。这一过程中，要重点推出适合"三农"需要的金融产品，比如信贷产品的期限要与农业生产周期相匹配，在共同促进农业产业发展的同时，形成层次有序、各有侧重的农村金融体系。二是要共育乡村振兴人才。乡村振兴的关键在人才，各农村金融机构要让有使命、有温度、有情怀的人才参与到乡村振兴大业中来，要为致富能手等乡村工作的组织者、先行者提供金融智力支持，以人的能力提升带动乡村振兴的效能提升。三是要共促乡村文化振兴。文化振兴是乡村振兴的重要内容，乡村振兴是一项伟大的事业，也是一项艰难的事业，不是真心喜欢、没有内生动力，是无法将全部力量投入其中的，也很难完成这项光荣的使命。各金融参与机构要主动将自身融入农村，按照先僵化、后优化、再固化的方式植入乡村文化当中，为乡村振兴提供精神动力。四是要一起打造宜居的生态环境。"绿水青山就是金山银山"，好的生态环境是乡村振兴的重要内涵，好的生态环境也需要多方发力，长久用力。各农村金融参与机构要发挥各自强项和优势，通过产业选择、投向引导等多种方式，建设美丽乡村。五是参与乡村组织振兴。乡村治理是现代国家治理的基础，也是乡村振兴的根本保障。农信体系过去在这方面已经探索出了非常接地气、有效果的模式，如银村共建、"金融村官"、乡村振兴金融党工委等，要把这种带着泥土味道的、老百姓喜闻乐见的经验推广开来，并结合新的形势、新的要求，作出新的探索和更有实际作用的贡献。

伟大的事业波澜壮阔，崭新的使命令人振奋。作为这个伟大时代的见证者和参与者，农村金融责任重大，使命光荣，机遇无限，价值无限。《中国农村金融发展报告》作为连续多年出版的中国农村金融重磅报告，凸显出政治站位高、观察维度全、实践案例多、理论实际结合好等特点，对于今后更好地做好农村金融工作具有非常现实的指导意义。为此，推荐给大家，让我们一起用金融的力量推动现代化强国的早日实现。

朱进元

中国银行保险传媒股份有限公司党委书记、董事长
中国农村金融杂志社党委书记、社长
2022年10月

PREFACE 前言

　　《中国农村金融发展报告2021》是我们组织编写出版的第七本有关农村金融的年度报告。

　　2021年是疫情延续的一年，也是党和国家历史上具有里程碑意义的一年。以习近平同志为核心的党中央带领全党全国各族人民，隆重庆祝中国共产党成立一百周年，胜利召开党的十九届六中全会、制定党的第三个历史决议，如期打赢脱贫攻坚战，如期全面建成小康社会、实现第一个百年奋斗目标，"十四五"实现良好开局，开启我国向第二个百年奋斗目标进军的新征程。尽管国内外形势复杂严峻，面对全球经济复苏放缓、供应链瓶颈问题未能根本缓解、海外通胀压力上升等诸多风险挑战，我们仍取得了较好的成绩。2021年中国经济运行总体平稳，结构持续优化，经济发展和疫情防控保持全球领先地位，实现了较高增长和较低通胀。

　　在农村金融领域，各类农村金融机构面对新形势、新变化以及带来的新需求，积极拓展农村市场，深化支农服务，探索金融支农有效模式。特别是顺应数字化、绿色化趋势创新服务，进一步拓宽服务面，应用数字技术深化普惠金融服务。农村商品交易所与期货经纪机构、保险机构等进一步协同拓展风险管理服务，增加支农产品，加强与银行信贷业务的协同。一些地方政府、行业交易平台等主体也不断加强协同，通过共享关键信息，完善供应链融资、农产品定价的市场化机制，降低交易成本和潜在风险。和历年报告一样，本报告仍然力求全面反映2021年农村金融市场的新变化、农村金融服务的新特点和涉农金融机构的新贡献。除此之外，还特别增加了对农业供应链金融、资本市场服务"三农"、省联社改革等方面最新进展的描述，深入分析了农商行数字化转型的难点与趋势、绿色发展与普惠金融的结合、供销合作社系统改革与发展对农村金融服务体系的影响等问题，同时也进一步丰富了农村金融实践的案例。希望通过作者的努力，能够帮助读者及时、全面了解中国农村金融的现状和最新特点。

本书由张承惠、刘万霞负责总体框架设计、组织编写和统稿。各章的分工和主要执笔人情况如下。

第1章：张承惠（国务院发展研究中心金融研究所原所长、研究员，三亚经济研究院院长）

第2章：刘万霞（三亚经济研究院ESG研究中心副主任）

第3章：刘万霞（三亚经济研究院ESG研究中心副主任）

第4章：孙思磊（中国农村金融杂志社融媒体中心主任）

第5章：李永焱（中证金融研究院副研究员）

第6章：罗　军（广西壮族自治区农村信用社联合社党委书记、理事长）

第7章：蔡　靓（《中华合作时报·农村金融》副主编）

第8章：肖四如（江西省农村信用社联合社原党委书记、理事长）

第9章：杨德勇（北京工商大学区域金融工程研究中心主任、博士生导师）

　　　　李　渊（北京工商大学经济学院博士研究生）

第10章：钟　园（安徽省农村信用社联合社原党委书记、理事长）

第11章：喻琼林（中华全国供销合作总社金融服务部发展处主任科员）

　　　　李　博（《中华合作时报·农村金融》总监、记者）

　　　　王美超（南京中合融惠信息科技有限公司董事长）

第12章：白澄宇（商务部中国国际经济技术交流中心联合国业务三处处长）

第13章：高　琳（国家开发银行乡村振兴部乡村规划发展处资深经理）

　　　　李　静（中国农业发展银行农村金融发展研究院副院长）

第14章：孙立刚（中国农业银行乡村振兴金融部副总经理）

　　　　谢　青（中国农业银行乡村振兴金融部政策研究处专家）

　　　　郑君国（中国农业银行乡村振兴金融部政策研究处副处长）

　　　　李润平（中国农业银行乡村振兴金融部政策研究处高级专员）

　　　　李小平（中国建设银行乡村振兴金融部高级副经理）

　　　　黄小东（中国邮政储蓄银行三农金融事业部副总监）

第15章：徐　未（大连商品交易所研究中心研究员）

　　　　刘子嘉（大连商品交易所市场发展部经理）

　　　　刘　红（郑州商品交易所研究所北京分部部长）

第16章：李　博（《中华合作时报·农村金融》总监、记者）

　　　　董佳春子（中华全国供销合作总社金融服务部发展处主任科员）

第17章：朱俊生（清华大学五道口金融学院中国保险与养老金研究中心研究负责人）

第18章：方益洪（浙江东阳农商银行党委书记、董事长）

　　　　庄广强（江苏常熟农商银行党委书记、董事长）

　　　　张连明（青海互助农商银行党委书记、董事长）

　　　　胡健敏（稠州银行党委委员）

　　　　彭丽丽（稠州银行村镇银行发展总部市场与风险管理中心经理）

　　　　仇忠亮（上海农商银行村镇银行管理部主任）

　　　　彭兴康（上海农商银行村镇银行管理部主任助理）

第19章：李亚华（湖北省农村信用社联合社党委书记、理事长）

本书连续多年得到国务院发展研究中心原主任李伟；中国人民银行原行长助理、清华大学五道口金融学院院长张晓慧；中国银行保险传媒股份有限公司党委书记、董事长，中国农村金融杂志社党委书记、社长朱进元等同志的支持。本书的撰写和出版得到清华大学五道口金融学院金融学研究基金资助、中国农村金融杂志社资金支持；杜晓山、郑醒尘、孙同全、白澄宇、李博等农村金融领域的资深研究人员，不顾工作繁忙，多年来一直支持这套书的编写工作，在此一并表示深深的感谢。

张承惠

国务院发展研究中心金融研究所原所长、研究员

2022年10月

目 录

第 1 章
综 述

一、农业农村发展对金融服务的新要求 / 1

二、各类农村金融机构在创新服务机制方面取得的成效 / 5

三、农村金融机构面临的主要挑战 / 10

形势分析篇：现状与展望

第 2 章
农村经济新形势与金融需求新变化

一、2020—2021 年中国农业发展状况 / 16

二、2020—2021 年中国农村发展状况 / 21

三、2020—2021 年中国农业农村经济政策 / 25

四、农村金融需求新变化 / 35

第 3 章
农村金融相关政策及其动向

一、2021 年国家金融政策总体形势 / 41

二、2021 年农村金融相关政策 / 43

三、农村金融政策动向 / 52

第 4 章
2021年中国农村金融服务新进展之一：绿色发展与普惠金融交相辉映
一、点绿成"金"：扮靓绿水青山新画卷 / 55
二、战略护航：搭建绿色金融发展体系 / 57
三、普惠金融：向下扎根，向上生长 / 60
四、数字普惠：为金融插上科技翅膀 / 62

第 5 章
2021年中国农村金融服务新进展之二：资本市场助力乡村振兴成效显著
一、资本市场为乡村振兴注入发展动能 / 67
二、资本市场助力乡村振兴的主要方式 / 69
三、资本市场助力乡村振兴的成效 / 70
四、资本市场助力乡村振兴的政策建议 / 83

专题研究篇：热点、难点

第 6 章
构建农村金融服务体系的现状、问题与对策
——基于广西农信的调研报告
一、广西农信综合实力和服务能力全面增强 / 103
二、广西农信构建农村金融服务体系的现状 / 106
三、广西农信构建农村金融服务体系面临的机遇和挑战 / 115
四、新形势下广西农信完善农村金融服务体系的策略 / 117

第 7 章
农商银行数字化转型中的难点与趋势
一、分化与重构：农商银行数字化转型发展现状 / 122
二、壁垒与困境：农商银行数字化转型待解难题 / 126
三、开放与融合：农商银行数字化转型六大趋势 / 128

第 8 章
农村信用社省联社改革进展、问题与前瞻
——江西省联社改革实践
一、一项伟大改革的背后逻辑 / 134

二、破解农商银行改革发展难题 / 136
三、农商银行面临的挑战 / 137
四、坚定"小银行+大平台"战略 / 138
五、省级机构作为"大平台"的最佳载体形式 / 140

第 9 章
农村中小银行公司治理与风险控制探讨

一、农村中小银行公司治理与风险管理之间的关系 / 142
二、农村中小银行公司治理与风险防控的现状 / 144
三、农村中小银行公司治理与风险防控的措施 / 148

第 10 章
新发展阶段农商行全面服务乡村振兴战略的路径探索
——基于安徽省联社实践

一、农商行金融服务乡村振兴的实践 / 155
二、农商行全面助力乡村振兴的路径探索 / 159

第 11 章
农村供应链金融的探索与成就

一、农村供应链金融概述 / 165
二、农村供应链金融的创新探索 / 168
三、当前农村供应链金融发展的困境 / 174
四、供应链金融的未来趋势及政策建议 / 176

第 12 章
商业金融与合作金融携手促进农村普惠金融高质量发展

一、商业银行农村信贷服务的边界 / 180
二、"三位一体"合作经济中的合作金融是农村普惠金融高质量发展的突破口 / 182
三、商业金融与合作金融协同发展的国际经验 / 185
四、探索我国商业银行与信用互助业务合作发展之路 / 190

实践探索篇：创新、问题与建议

第 13 章
政策性金融机构新探索

一、国家开发银行服务乡村振兴战略的实践探索（2021）／ 196

二、中国农业发展银行的创新探索（2021）／ 202

三、中国出口信用保险公司创新支持农业"走出去"的实践与建议（2021）／ 210

第 14 章
商业银行的创新服务

一、中国农业银行坚守服务"三农"职责使命　努力为农业农村优先发展贡献高质量金融服务／ 217

二、中国建设银行积极探索金融助力乡村振兴综合服务体系建设／ 225

三、中国邮政储蓄银行服务乡村振兴的实践探索／ 236

第 15 章
大宗商品交易与农村金融服务

一、大连商品交易所"农民收入保障计划"的深化实践与发展／ 243

二、郑州商品交易所服务农村金融的实践探索／ 253

第 16 章
供销合作社体系与农村金融服务

一、供销合作社为什么开展农村金融服务／ 265

二、供销合作社农村金融服务实践探索／ 267

第 17 章
以农业保险高质量发展助力乡村振兴

一、农业保险市场运行特征／ 286

二、乡村振兴持续提升对农业保险的需求／ 290

三、乡村振兴为农业保险提供巨大空间／ 294

四、促进农业保险高质量发展的建议／ 302

第18章
农村中小金融机构的改革创新实践

一、有所为有所不为，有所变有所不变——东阳农商银行以"四梁八柱"发展蓝图引领高质量发展 / 310

二、县域农村法人机构创新服务新市民行动方案——以常熟农商银行为例 / 316

三、深化党建引领，以"五个聚焦"谱写支持乡村振兴新篇章——互助农商银行党建引领普惠金融发展的实践与经验 / 327

四、稠州系村镇银行改造的"双轨战略"——"转型+创新" / 334

五、践行普惠金融，勇当城乡金融服务的排头兵 / 342

第19章
地方探索：湖北省联社微贷转型路线图

一、痛定思痛　抉择微贷 / 351

二、双向试点　本土改造 / 352

三、升级战略　全行推广 / 356

四、深度革命　建成主业 / 358

五、渐成生态　未来可期 / 360

第 1 章
综　述[①]

2020—2021年是我国胜利完成脱贫攻坚历史任务、启动共同富裕新征程的转折之年，也是成功应对诸多重大挑战、稳步推进农业农村现代化进程的关键之年，乡村振兴取得了实质性进展。农业农村现代化发展对农村金融服务提出新要求，为此国家政策加大正向激励力度，结合市场化机制促使各类金融机构加大金融支农力度。与此同时，各类金融机构针对面临的挑战和压力，围绕农村金融服务需求演变，进一步加大组织管理创新和技术应用创新力度，为改善农村民生和发展农业产业提供支持。在此过程中，解决问题、化解风险、应对挑战的诸多实践为完善和发展中国农村金融理论提供了基础，也为农村金融改革与发展实践提供了重要指引。

一、农业农村发展对金融服务的新要求

随着我国农业农村的现代化发展转型和外部形势更具挑战性，我国农村金融服务面临新的更高要求，需要在提升服务质量的同时，更好管控业务风险。

（一）农业农村发展新特点

中共中央、国务院坚持农业农村优先发展，全面推进乡村振兴，加快农业农村

---

① 本章数据和内容要点均摘自各章节，数据来源详见内文。

现代化。面对新冠疫情冲击，我国坚持把稳定农业发展、保障粮食安全、提升农业发展质量作为重中之重，促进农业农村经济稳中向好发展。2020年第一产业增加值77754亿元，同比增长3%，较全国GDP增长率2.3%高出0.7个百分点，脱贫攻坚目标任务如期完成。2021年第一产业增加值83086亿元，同比增长7.1%；粮食产量13657亿斤，同比增产2.0%，粮食种植面积17.64亿亩；经济作物生产总体稳定，油料、茶叶分别同比增产0.8%、8.3%，棉花、糖料分别同比减产3.0%、4.7%；农村居民人均可支配收入18931元，同比实际增长9.7%。城乡居民收入比值由2020年的2.56缩小至2021年的2.50。具体而言，我国农业农村发展表现出以下特点。

一是重要农产品供需结构持续转型。肉类养殖产量进一步增长。2021年，猪牛羊禽肉产量8887万吨，同比增长16.3%；牛奶产量3683万吨，同比增长7.1%；水产品产量6693万吨，同比增长2.2%，养殖水产品产量同比增长3.1%，捕捞水产品产量同比下降1.5%。这些反映出市场需求结构进一步升级，推动农产品进出口贸易逆差持续快速扩大。农产品进出口额3041.7亿美元，同比增长23.2%；贸易逆差达1354.7亿美元，同比增长42.9%。谷物、植物油料贸易对贸易逆差产生重要影响。其中谷物进口6537.6万吨，同比增长82.7%。

二是新型农业经营主体发挥越来越大的引导作用。截至2021年11月底，全国注册农民合作社221.9万家、联合社1.4万家，带动近半农户；已培育全国县级以上龙头企业9万家，包括1959家国家重点龙头企业。新型农业经营主体在科技创新、质量控制、品牌建设、渠道拓展方面发挥了引领作用。同时，发展农业社会化服务组织95万家，服务全国7800万户小农户，提高了农业生产经营效率。品牌化生产经营和农业科技应用促进了农产品质量提升。2021年，绿色、有机、地标农产品获证单位达28214家，产品达59109个，同比分别增长19.4%、17.5%。农产品质量安全监测合格率为97.6%。农业科技进步贡献率突破60%，并完成9亿亩高标准农田建设任务，新建高标准农田1亿亩；农作物耕种收机械化率超过72%，其中小麦耕种收综合机械化率达95%；主要农作物良种基本实现全覆盖。

三是乡村产业结构进一步向深加工、营销等高增值领域拓展，乡村旅游等服务业在受疫情冲击之后逐步恢复。据统计，农产品加工转化率达到67.5%，规模以上农产品加工业收入增长12.1%，起到了很好的带动作用。在深受新冠疫情影响的2020年，全国乡村休闲旅游业仍吸纳就业1100万人，带动800多万农户。截至2021年底，我国返乡入乡创业人员达1120万人，同比增加110万人；已认定3673个"一村一品示范村镇"，主导产业产值超过7000亿元。

四是农村基础设施逐步完善。2021年，全国农村卫生厕所普及率达70%，自然村生活垃圾收运处理比例超过90%，农村生活污水治理率为28%。乡村信息基础设施建设不断完善，农业生产、乡村治理、乡村建设的信息化水平持续提升。2020年，全国农业生产、农产品质量安全追溯的信息化水平已分别为22.5%、22.1%，县域农产品网络零售额占销售总额的13.8%；全国秸秆综合利用率、畜禽粪污利用率、农膜残留回收率分别达到86%、75%和80%。

五是法规政策保障机制更趋完善。2021年，中央财政安排直接到户的耕地地力保护补贴资金1204.85亿元，支持耕地质量提升。实施现代种业提升工程和制种大县奖励政策，支持企业建设规模化良种繁育基地。为促进农业全产业链发展，聚焦规模化主导产业，建设标准化、规模化、机械化、优质化原料基地，搭建体系化物流网络，开展品牌化市场营销，推广绿色发展模式。围绕促进脱贫地区特色产业发展，建设标准化生产基地，发展精深加工和综合利用加工，打造知名区域公用品牌，创建农村产业融合发展示范园。同时，以返乡入乡创业园为载体，结合完善配套孵化培训、服务功能，提供财政补贴，引入金融资本，加强农民职业技能培训。通过提高土地出让收入用于农业农村的比例，强化农村基本公共服务和公共基础设施建设。吸引开发性政策性和商业性金融机构的中长期信贷资金积极投入，推进新型城镇化建设。此外，审议通过并实施《中华人民共和国乡村振兴促进法》，修订《中华人民共和国农产品质量安全法》，围绕畜牧业高质量发展、特色农产品优势区建设、水产养殖机械化、电子商务进农村、农业绿色发展、新型农业经营服务主体高质量发展、新型城镇化和城乡融合发展、农村土地制度改革、农业对外开放合作试验区建设等工作出台了一系列规定和规划。

（二）农村金融服务面临新要求

农业农村现代化进程及相应的激励政策，对农村金融服务提出了更高要求。主要表现为以下方面。

一是要求创新融资模式。首先，要拓宽抵押质押担保物的范围。结合宅基地所有权、资格权、使用权分置改革试点，探索农民住房宅基地使用权抵押贷款业务。

在农业龙头企业、农民合作社及其联合社为家庭农场、农户等提供担保的基础上，创新订单、仓单、存货、应收账款融资等供应链金融产品。发展农村承包土地经营权、集体经营性建设用地使用权、农村集体经营性资产股份、农垦国有农用地使用权，以及农机具和大棚设施、活体畜禽、养殖圈舍、农业商标、保单等抵押质押融资业务。其次，要进一步发展信用融资，推进县域涉农信用信息数据共享。利用大数据、人工智能、区块链等新技术改进授信审批和风险管理工作，完善农村数字普惠金融服务，研发线上产品。最后，要完善面向脱贫地区特色产业的信贷产品。鼓励申请创业担保贷款，引导地方金融机构运用再贷款支持特色产业，鼓励开发产业融合信贷产品。

二是需要提高融资规模。围绕发展适度规模经营，支持专业户、合作社、龙头企业做大做强，提高机械化水平，推广农业专业生产服务外包，为购置农业机械、引进农业技术、新建农业设施等投资提供更大规模的融资服务。为观光休闲农业、农产品加工业、农业生产性服务业等产业提供相匹配的融资支持，特别是为有市场竞争优势的农产品加工企业提供贷款支持。

三是需要扩大金融服务范围。首先，要促进银行与保险、期货跨行业协同支农。在扩大政策性担保业务规模的同时，创新农业保险服务。拓宽"保险+期货""银行+保险"等产品和服务，扩大三大主粮完全成本保险和收入保险试点，扩大地方优势特色农产品保险以奖代补试点范围。通过化解农业生产经营风险，促进信贷投放。其次，要结合城乡一体化发展，围绕农村基础设施建设投资，发展企业债、产业投资基金、政策性担保、长期信贷等多种融资模式。最后，要针对重点产业领域完善金融服务。例如，针对可持续发展领域，完善绿色信贷、绿色债券、绿色基金等产品体系；针对农业科技企业，发挥农业科技创新引导基金的作用，完善上市融资机制；针对农户的投资需求，完善小额化、收益固定、存取灵活、操作简便的理财产品体系。

（三）农村金融政策重点导向

一是促进信贷投放。主要渠道包括：通过降准释放资金增加市场流动性，以普惠、绿色、创新为导向，优化信贷结构；通过推进利率市场化促进竞争，降低企业融资成本。重要切入点包括：加大对弱势群体的信贷支持，增强自我发展能力；加大中长期信贷支持，促进乡村振兴；加强对粮食、种业等重要农产品和产业的融资保障，对育种研究和相关产业项目给予重点支持。用支农支小再贷款额度支持中小银行扩大对小微、民营企业的信贷投放。

二是完善服务机制。推动银行机构加大内部倾斜，在资本、资金、人员、考核、费用、审批、授信、研发等方面支持乡村振兴业务。监管部门加强对银行服务新型农业经营主体、小农户的考核。鼓励各类投资基金加大早期投资，农业企业通过股权、债券市场直接融资。推动银行、保险机构完善线上服务机制，整合涉农信用信息和风险信息，完善配套数据共享和信用评估机制，提高成本效率，改善风控效果。进一步完善供应链金融服务模式。推动核心企业与中国人民银行的应收账款融资服务平台对接，发挥平台的确权功能。通过中国人民银行提供再贴现支持，引导金融机构开展票据贴现和标准化票据融资。

三是化解金融风险。重点工作包括：通过重组化解农村小型银行机构风险，通过多渠道补充中小银行资本金（包括发展转股型资本债券）提升中小银行的抗风险能力；通过完善涉农信贷风险监测实现风险的早期预警；通过建立和完善金融风险的分担和补偿机制，发挥政府性融资担保基金带动作用，鼓励地方政府分担风险。此外，完善小微企业信贷支持机制，将普惠信贷延期支持工具转化为普惠小微贷款支持工具，引导金融机构继续增加首贷、续贷、信用贷。

二、各类农村金融机构在创新服务机制方面取得的成效

在中央政策指引下，各类金融机构积极拓展农村市场，深化支农服务。各地省联社积极探索金融支农有效模式，顺应数字化、绿色化趋势创新服务，加强与基层政府协同。政策性金融机构进一步拓宽服务面，提升带动能力，加强针对重点领域、基础设施等方面的服务。各类商业银行积极应用数字技术深化普惠金融服务，探索规模化发展的有效模式。农村商品交易所与期货经纪机构、保险机构等协同拓展风险管理服务，拓宽服务面，增加支农产品种类，加强与银行信贷业务的协同。供销合作社围绕促进"三位一体"综合合作，带动发展融资、担保等业务。值得注意的是，地方政府、行业交易平台等方面正在加强协同，通过共享关键信息，完善供应链融资、农产品定价的市场化机制，降低交易成本和潜在风险。

（一）省联社及相关银行机构

省联社改革。针对省联社面临的局面，各地积极思考，努力探索改革的有效模式。从实践看，浙江省联社探索的农商联合银行模式值得关注。其特点是保留了两级法人体制，保留自下而上的持股架构，并强化服务功能，带动提升整体支农能力与核心竞争力。以提升总部服务功能、提升整体竞争力与核心竞争优势为导向，为县级法人提供大平台服务。与此同时，浙江农商联合银行继续履行对成员银行的管理、指导、协调、服务职能，但更加突出服务。值得注意的是，改革内容强调支农支小定位，强调完善风险防控与处置机制，强调加强党的领导，在体系宗旨、原则、风控机制等方面保持了连贯性。

省联社推进支农服务。省联社在探索自身改革的同时，积极探索金融支农的有效途径。例如，湖北省联社选择德国IPC技术和美国富国银行打分卡技术，在荆州、咸宁开展试点。把风险管理贯穿贷前、贷中及贷后整个信贷流程，提出"市场风险前台全免责、后台负全责，操作风险各负其责，道德风险零容忍"的责任分担机制，制定尽职免责条款，实行县级农商行小微金融集中统一审批和批量贷后监控，将营销调查团队与审批风控团队完全隔离，以切断利益关联，促使更多员工参与小额贷款营销，服务更多客户。再如，安徽省联社将乡村振兴目标单列，加强资源配置、费用投入，实行差异化绩效考核和薪酬支付机制；推进"政、银、担、保"协同，建立家庭农场、农民合作社、产业龙头企业、乡村公共基础设施建设的"名单库"，探索"农业经营主体+担保+保险"联保模式，及生猪、水产等"活体抵押+保单增信+银行授信"融资模式，创新供应链金融模式，降低融资成本；派驻500名"金融村官"进村服务，推进与乡镇党委、党支部党建的结对共建，强化党建融合机制。

农信社系统的县级法人也在积极创新服务。例如，部分农商行为绿色贷款提供快捷通道，从受理到办结实行限时；建设集金融、电商、政务、便民等服务于一体的综合服务室；建设农村三资平台，与当地政府对接，研发农村集体经济组织贷款产品。同时，构建专业化人才机制，开发农业产业链信贷产品，围绕"物联网、电子商务+现代农业"等发展新业态，提供资金结算、融资、财务管理等一揽子服务；推动服务网点智能化升级，导入"医疗云""餐饮云""交通云"等应用，嵌入智慧菜场、智慧景区和智慧停车等应用场景。

青海互助农村商业银行股份有限公司以党建引领普惠金融。围绕"扶贫、信用、绿色、网络"重点，以"双基联动"为切入点，党建引领与普惠金融融合，推广"党建+普惠金融""党建+乡村振兴""党建+双基联动"等服务模式；将"双基联动"合作贷款办公室打造成"普惠金融服务平台""党建联席合作平台""金融知识宣讲平台""信贷投放管控平台"；将基层金融服务及业务营销由乡镇网点拓展为渗透社区的综合服务体系。

（二）政策性金融机构

政策性金融机构加大与主管部门及地方政府的合作力度，创新促进乡村振兴的扶持机制。

中国出口信用保险公司针对境外农业合作区，探索通过全险种方式对合作区建设、投资、贸易等需求提供全方位支持。推动贸易险和项目险联动机制创新，支持农业"走出去"，推动现代农业产业链承保模式创新。

国家开发银行开发具有推广价值的乡村振兴项目。推行生态环境导向的开发模式（EOD），积极探索垃圾、污水处理的多元化、市场化、可持续的融资模式，在东部、中部、西部地区建设开发性金融服务乡村振兴示范区。

中国农业发展银行与农业农村部、国家乡村振兴局[①]围绕11个领域深入合作，联合开展政策性金融服务乡村振兴的创新示范。发展"农地+产业导入""农地+碳汇交易""农地+供应链"等模式，推进农村人居环境整治，支持农村路网建设，对绿色债券支持的贷款给予价格优惠，对绿色信贷项目实施重点支持。

（三）各类商业银行

各类商业银行依托金融科技创新，紧紧围绕农村客户需求优化农业服务，从客户数据的整合、挖掘、运用上加强与地方党委政府、其他金融机构的跨行业协同合作。

---

① 根据2023年的国务院机构改革方案，农业农村部机构设置中加挂国家乡村振兴局的牌子，不再单设国家乡村振兴局。

中国农业银行将信贷支持范围由种养户拓展到农村加工户、商贸经营户、农家乐经营户、专业市场经营户、旅游景区商户；推广线上供应链融资产品，包括"应收e贷""票据e融""保理e融""订单e贷""仓单e贷"等产品；与全国1275个县签署"三资"平台合作协议，覆盖12.3万个行政村；围绕医疗、教育、食堂、党建、旅游等场景嵌入配套的金融服务；与各级农担公司合作，推广"见担即贷""见贷即担"业务模式。

中国建设银行探索多种"裕农通"合作方式，包括"裕农通+村'两委'""裕农通+商超""裕农通+供销合作社""裕农通+益农信息社""裕农通+卫生系统"等模式，并打造"裕农快贷"线上产品包，重点服务农户。为此，中国建设银行创新农户专属的信用评分模型，引入外部数据，对接"农业农村部新型农业经营主体信息直报系统"（简称"新农直报"）平台，提炼农户贷款风险特征。同时，打造"乡村振兴贷"线下产品包，拓展对公业务，并推出"高标准农田贷款""设施农业贷款""乡村农担贷""集体三资款"等围绕乡村振兴的贷款产品50多个。此外，扩大可接受押品范围，将温室大棚、大型农机、涉农知识产权、集体林权、海域使用权、养殖圈舍、大型养殖机械、生猪、奶牛等纳入押品试点。在此过程中，围绕打造特色农业产业链的生态场景，制定农业产业链综合服务指引，搭建土地流转系统、数字化农业产业链服务平台、农业生产托管服务平台，并上线706个县（区）级"三资"监管平台，提供集体经济组织收支管理、财务管理、合同管理、统计监管等服务。

中国邮政储蓄银行（以下简称邮储银行）与中国邮政集团有限公司围绕推广惠农项目，为农村客户提供"寄递+电商+金融"的一揽子综合服务。邮储银行在黑龙江以农户、粮食购销经纪人的电子仓单作为质押，提供贷款支持；与省农业农村大数据平台合作，推出"智慧龙江"极速贷产品，支持手机银行在线办理。

上海农商银行在村镇银行运营中发挥主发起行作用，提升声誉和规模效应。主发起行加强党建领导，强化村镇银行人力资源和干部队伍建设，加强审计检查，完善村镇银行制度体系。村镇银行完善针对高管层的制衡机制、针对信贷投放的风险管控和针对员工的合规管理。依托核心企业，发展"金融+企业+合作社+农户"的供应链金融服务。

浙江稠州商业银行重塑村镇银行业务模式，回归支农支小定位，推进"四个统一"，即"统一经营理念""统一绩效考核""统一展业模式""统一风控标准"。实施"一站一贷一圈"乡村振兴战略。以"金融服务站"为触点，推动渠道、服务、产品、资金在农村落地。建设"稠银商圈"，打造一体化管理平台，建设农村商圈团队，面向"未来农村+未来社区"提供专属服务。

（四）商品交易所、担保机构、供销合作社

各地商品交易所和供销合作社系统等单位也积极加强协同支农，完善与相关单位的业务流程对接、功能互补机制。

大连商品交易所引导各方承担保费，促进"农保计划"长期运行，由所在地的地方政府全程督导，探索"保险+期货+基差收粮""保险+期货+银行"模式，推出畜禽饲料价格险等新产品。郑州商品交易所推出"商储无忧"试点，支持承储企业参与尿素期货套期保值，降低风险成本；探索"平台+龙头""平台+平台"等新模式。

各地供销合作社探索融资担保服务，成立政策性融资担保公司，建立信贷风险补偿基金。试点市、县、乡、村供销合作社与金融机构的"四级联动、社银融合"，探索"供银担"等信贷融资担保模式。依托供销合作社系统的产业化龙头企业，开展"核心企业+农户"供应链信贷担保业务模式。探索设立合作发展基金，促进综合改革发展，支持基层社加强组织体系、服务阵地和经营网络建设。

（五）其他服务平台

地方政府发挥农业信息资源优势，促进各类金融机构共同支农。电商平台也基于掌握的海量客户交易数据，完善支农服务。

基于政府信息平台的农村供应链金融探索。广西崇左市首创"中征平台+新型农业经营主体+糖企+银行"四位一体应收账款在线供应链融资模式，涉农银行开发信贷产品"甜蜜贷"。全国棉花交易市场建设目标价格改革信息平台，整合新疆维吾尔自治区和新疆生产建设兵团发展改革委、农业农村局、财政局、纤维质量监测中心、税务局、农业发展银行等单位信息资源，建立种植面积、籽棉交售量、棉花加工企业、专业仓储、在库公证、监督管理等信息体系，为目标价格改革提供支撑，并促进信贷发放。

基于国内主要电商平台的金融支农探索，如蚂蚁集团的"旺农贷"、京东集团的"京农贷"、苏宁易购的"惠农贷"。

三、农村金融机构面临的主要挑战

新形势下，农村金融机构面临新的挑战。能否成功应对挑战并推进自身转型，事关金融机构的发展前途。

（一）农村金融机构面临数字化转型压力

从金融机构发展规律看，其规模效应十分明显。原因在于，金融机构特别是银行机构的传统业务模式决定其成本效率与单笔业务金额相关；单笔业务金额越小，则成本效率越低。这种机制决定了农村金融服务向乡村基层渗透时，面临成本压力，包括基层网点的运营成本及员工人力成本。这不仅阻碍了大银行向农村渗透，也对中小银行形成较大的成本压力。数字化转型为突破这种障碍提供了可行途径，通过推进面对面的线下服务向线上服务转型，既减少了基层物理网点的运营支出，也减少了人工投入。因此，金融机构存在向数字化转型的内在动力。随着我国农村经济社会发展的数字化转型加快推进，农业农村信息化水平持续快速提高，农村金融服务需要顺应这种发展趋势，加快自身转型，以适应环境变化。因此，外部因素的变化也对农村金融机构推进数字化转型有利。但是，农村金融服务的数字化有其自身特殊性。由于线上信息相对有限，线下所能获得的农村客户财务信息也不完整，需要依据客户的"软信息"来补充完善，因此银行机构需要在线下投入足够的人力资源去搜集这些信息，包括从客户的上下游交易对手处获取信息。除此之外，对农村客户往往需要提供一揽子综合服务，包括融资、技术、农产品营销乃至财务规划等诸多方面。这种情况在欧洲、东亚等地区的一些发达国家也同样存在，一般由合作金融带动提供综合合作服务。

这意味着各类银行机构面临的挑战各有特殊性。大型银行机构农村金融服务的数字化转型，优势在于信息化投资能力强，容易分摊软硬件投资成本，难点在于农村基层人员数量有限，难以在线下深入一线获取必要的信用信息，尤其是"软信息"，难以提供完善的配套综合服务。而农村中小银行机构的优势在于人员下沉基层，具有从社区和生产居家现场获取客户信用相关信息的能力，但信息化投资能力相对有限。尤其是村镇银行，主要依靠共享发起行数字平台推进信息化。省联社作为服务平台，可以在一定程度上缩小农信社及农商行与大型银行的信息化能力差距。但各省联社信息化建设和服务能力存在较大差距，导致不同地区中小农村金融机构的数字化建设也存在较大差距。

另外，与欧洲的德国、法国、荷兰等发达国家相比，我国无论是大型银行还是中小银行，都缺乏为农村客户提供农业生产、农产品销售等综合化增值服务的能力。这意味着在相当长时期内，我国的农村金融机构仍然依赖资金价格而不是服务来吸引客户，而大银行在成本效率方面更具有优势，在信息化转型过程中更是如此，因而农村中小金融机构面临更大的竞争压力。中央一直在推进农村"三位一体"综合合作，农村中小金融机构如何融入其中，其实际成效尚待观察。

（二）农村中小银行机构面临风控治理压力

我国农村中小银行机构主要可分为三类，一是农村信用社（简称农信社），二是由农村信用社改制而来的农村商业银行（简称农商行），三是村镇银行。这三类机构各有风险控制治理压力。农信社的内部人控制比较普遍。农商行属于股份制公司，按《中华人民共和国公司法》及《中华人民共和国商业银行法》原则治理，大股东在股份制公司治理结构中起主导作用，而且主要股东容易在涉及自身的利益问题上形成一致行动。这对监督管理提出了很高要求，不仅需要加强事后监管，也需要通过完善事前、事中监测来尽早防控化解风险，降低外溢风险处置成本。村镇银行也属于股份制商业银行，风险内控机制面临的挑战更是如此，原因在于村镇银行普遍规模很小，私人股东更容易实现相对控股。尽管省联社代表省级政府承担辖内农村信用社的风险防控、处置的职责，并管理、服务、协调农商行，但随着管理职能淡化，其制衡作用相应弱化。

从实际情况看，随着宏观经济形势严峻化，一些农村中小银行主要股东及其利益相关方的现金流压力增大，导致风险暴露。从已披露曝光的部分案件看，大股东控制是主要影响因素。

这一问题如何解决，事关农村银行机构的长远发展，事关各方利益，尤其是农户利益。从国际经验看，有两个切入点。一是加强对银行机构业务的动态化、智能化、专业化监督。例如，要求银行交易业务限时上报中央政府的专职监管机构（如英国、澳大利亚的审慎监管局）。这类监管机构一方面依靠各行业的专业专家团队，运用计算机模型跟踪分析市场形势变化，监测潜在的风险演变趋势；另一方面将汇总的金融机构即时交易数据动态分发给中央银行及其他专业监管机构，并与这些监管机构共同分析金融风险，联手处置风险。二是从降低监管成本、促进公平竞争的角度，授权信贷机构总部监管体系内中小成员机构。例如，荷兰议会在修订《银行监管法》时强调，国家直接监管量大面广的合作银行基层法人成本太高，而且会导致合作银行体系与大型全国性银行竞争时处于不利地位，不利于促进公平竞争，故授权荷兰合作银行总部监管基层法人，要求其处置基层法人风险，加强管理，促使基层法人合法守规。同时，国家加强对合作银行总部的监管，包括对总行与基层法人的财务并表监管、向总行派人担任负责风险管理的副行长等。从长期实践检验看，这两种模式都能产生效果。

我国需要结合国情，尤其是围绕促进共同富裕，形成符合中国特色社会主义制度要求的模式。

（三）省联社深化改革所面临的治理机制选择

随着大量县级农信社改制为农商行，基于合作制治理的省联社与基于股份公司制治理的农商行之间治理矛盾逐步凸显。尤其是一些地方大部分甚至全部农信社已改制为农商行，这一矛盾更显突出。

这种格局对下一步改革提出了新的要求，原因在于三方面。一是省级政府负责处置农村金融风险，包括县级农信社、农商行、农村合作银行金融风险。与这种职责相对应，国务院授权省级政府管理这些县级法人。具体由省联社落实相关工作，加强县级法人风险内控工作，通过信息化系统加强对县级法人银行业务的事前、事中动态监控是其中的关键，目的是促进业务合规，防范操作风险。在省联社改革背景下，省级政府仍负责处置农村金融风险。因此，如何完善风险防控机制，防止操作风险持续积聚，是改革中需要考虑的关键点。二是金融业对规模效应敏感，小银行的成本效率明显低于大银行，在市场竞争中处于弱势地位。在农村银行业务信息化加速推进的背景下，规模效应的影响更趋突出。省联社是组织联合的产物，是弱势组织群体联合抱团应对市场竞争的凝聚平台，其内部存在资源共享、经验复制、流程衔接的战略协同效应，能实现1+1＞2。这种协同效应帮助小型县级金融机构法人更好应对大型银行的规模优势。在省联社改革中，如何保持这种战略协同机制，对于县级金融机构法人的长远发展至关重要。三是从国际经验规律看，农村金融机构要实现可持续发展，关键在于形成与农村客户的共同发展机制；关键在于追求与农村客户的共同长远利益，而不是聚焦于农村金融机构自身的短期利益，更不是追求主要股东的短期利益最大化。这种导向需要治理机制来保障。因此，那些与农村客户形成共生发展机制的农村金融机构更有发展前景。这意味着农村金融机构需要与农村客户共同组成农村经济、产业发展的生态系统，深度融入农村社会。在这种生态系统中，农村金融机构服务需要始终围绕农村客户需求，因而并不局限于信贷业务，还包括农村客户所急需的技术咨询、经营辅导等诸多增值服务，并积极参与农村社区发展，提供相应的支持。我国在持续着力推进"三位一体"综合合作过程中，需要省联社发挥好积极促进作用。这对省联社改革提出了很高要求。

形势分析篇
现状与展望

第 2 章
农村经济新形势与金融需求新变化

2020—2021年，我国面临严峻的国际形势、艰巨繁重的国内改革发展稳定任务，特别是遭受了新冠疫情的严重冲击，但农业农村经济形势稳中向好。2020年第一产业增加值77754亿元，同比增长3%，较全国GDP增长率2.3%高出0.7个百分点，脱贫攻坚目标任务如期完成。2021年第一产业增加值83086亿元，同比增长7.1%。党的十九届五中全会以及《中共中央关于制定国民经济和社会发展第十四个五年规划和二〇三五年远景目标的建议》中，对"十四五"5年和到2035年15年的"三农"工作作出部署。2021年2月，中共中央、国务院发布了《关于全面推进乡村振兴 加快农业农村现代化的意见》，强调要优先发展农业农村，全面推进乡村振兴，加快农业农村现代化。

一、2020—2021年中国农业发展状况

（一）农业产值稳步提升

2021年第一产业增加值83086亿元，比上年增长7.1%，第一产业增加值占国内生产总值的比重为7.3%[①]，在国民经济中的占比较2020年下降0.4个百分点。

---
① 国家统计局. 中华人民共和国2021年国民经济和社会发展统计公报 [R/OL]. （2022-02-28）[2022-03-01]. http://www.stats.gov.cn/xxgk/sjfb/zxfb2020/202202/t20220228_1827971.html.

（二）农作物产量稳中有升

1. 粮食产量再创新高

2021年，全年粮食产量13657亿斤，比上年增加267亿斤，增产2.0%，连续7年站稳1.3万亿斤台阶；自2004年以来，中国粮食产量已经实现了"十八连丰"。

从品种看，2021年主要粮食作物产量均有所增加。全年谷物产量12655亿斤，比上年增产2.6%。其中，稻谷产量4257亿斤，比上年增产0.5%；小麦产量2739亿斤，比上年增产2.0%；玉米产量5451亿斤，比上年增产4.6%。①

2021年全年粮食种植面积17.64亿亩，比上年增加1290万亩，小麦、玉米播种面积有所增加，稻谷播种面积较上年略有减少。②

2. 经济作物生产总体稳定

2021年油料、茶叶产量有所增长，棉花、糖料产量减少。油料产量3613万吨，比上年增产0.8%；茶叶产量318万吨，比上年增产8.3%。棉花产量573万吨，比上年减产3.0%；糖料产量11451万吨，比上年减产4.7%。③

（三）重要农产品供给总体充足

2021年，猪牛羊禽肉产量8887万吨，比上年增长16.3%。其中，猪肉产量5296万吨，比上年增长28.8%；牛肉产量698万吨，比上年增长3.7%；羊肉产量514万吨，比上年增长4.4%；禽肉产量2380万吨，比上年增长0.8%。禽蛋产量3409万吨，比上年下降1.7%。牛奶产量3683万吨，比上年增长7.1%。全年水产品产量6693万吨，比上年增长2.2%。其中，养殖水产品产量5388万吨，比上年增长3.1%；捕捞水产品产量1305万吨，比上年下降1.5%。④

为恢复生猪产能，2020年以来党中央、国务院陆续出台支持鼓励措施。2021年末生猪存栏44922万头，比上年末增长10.5%；全年生猪出栏67128万头，比上年增长27.4%。⑤

---

①②③④⑤ 国家统计局. 中华人民共和国 2021 年国民经济和社会发展统计公报 [R/OL].（2022-02-28）[2022-03-01]. http://www.stats.gov.cn/xxgk/sjfb/zxfb2020/202202/t20220228_1827971.html.

(四)农产品质量稳定提升

在高质量发展、保障农产品质量安全的农业产业战略指导下,农产品质量稳步提升,农业绿色品牌快速发展。2021年,绿色、有机、地标农产品全年新增获证单位12123家,涵盖产品26586个,分别比2020年增长26.1%和22.9%。绿色、有机、地标农产品获证单位总数达到28214家,产品总数达到59109个,同比分别增长19.4%和17.5%。①

全国农产品质量安全状况总体保持稳定。农业农村部发布的2021年国家农产品质量安全监测数据显示,2021年农产品质量安全例行监测合格率为97.6%。

(五)农产品贸易总量快速增长

2021年我国农产品进出口额3041.7亿美元,同比增长23.2%。其中,出口843.5亿美元,同比增长10.9%;进口2198.2亿美元,同比增长28.6%;贸易逆差1354.7亿美元,同比增长42.9%。谷物进口量大幅增长,棉花及棉纱、食糖进口量有所增长,食用油籽和食用植物油贸易逆差大幅增加。具体来看,谷物进口6537.6万吨,同比增长82.7%;出口262.0万吨,同比增长1.0%。棉花进口234.2万吨,同比增长4.9%;棉花替代性产品棉纱进口211.8万吨,同比增长11.4%。食糖进口566.6万吨,同比增长7.5%。食用油籽进口10205.1万吨,同比减少3.9%,出口93.1万吨,同比减少10.8%;贸易逆差565.2亿美元,同比增长35.6%。食用植物油进口1131.5万吨,同比减少3.2%,出口12.1万吨,同比减少29.4%;贸易逆差113.7亿美元,同比增长33.6%。②

(六)新型农业经营主体蓬勃发展

作为推动农业农村现代化的主力军和实现乡村振兴的重要力量,新型农业经营主体在政府扶持和社会推动下蓬勃发展。

家庭农场、合作社发展质量继续提升。据农业农村部统计,截至2022年4月,全

---

① 中国绿色食品发展中心. 走在前 做贡献 推动绿色有机地标工作高质量发展 [EB/OL].(2022-04-24) [2022-05-05]. http://www.greenfood.agri.cn/dtyw/gzyw x/202204/t20220424_7844539.htm.

② 农业农村部. 2021年我国农产品进出口情况 [EB/OL].(2022-01-27) [2022-03-06]. http://www.moa.gov.cn/ztzl/nybrl/rlxx/202201/t20220127_6387781.htm.

国家庭农场名录系统填报数量超过380万家。截至2021年11月底，全国注册登记的农民合作社超过221.9万家，辐射带动全国近一半农户。组建联合社1.4万家，社均带动17家单体合作社。农民合作社质量提升整县推进试点工作取得阶段性成果。

龙头企业对提升农业经济效益、推进农业现代化发挥重要作用。截至2022年4月，我国已培育全国县级以上龙头企业9万家，其中国家重点龙头企业1959家，在促进现代农业发展过程中，特别是推进农业科技研发应用方面具有引领和导向作用，主要体现在加大科技创新、质量控制、品牌建设、渠道拓展等投入，实现高质量发展；不断完善农业企业与其他经营主体，尤其是与小农户之间的利益联结机制；完善扶持政策，鼓励农业企业深度参与县域经济发展，强化财政支持、金融支持、用地保障，引导农业企业布局乡村，带动乡村产业振兴。

农业生产社会化服务水平进一步提升。截至2021年底，全国农业社会化服务组织数量超95万个，农业生产托管服务面积16.7亿亩次，服务了全国7800多万户小农户。2021年前三季度，全国供销合作社系统土地全托管面积为5133.4万亩，配方施肥、统防统治、农机作业等农业社会化服务3.25亿亩次。据清华大学中国农村研究院2021年对全国9个省45个样本村的调查，有40%开展了以生产托管为主的经营活动；774个农户样本中，绝大多数农户至少会在一个生产环节采用社会化服务。农业社会化服务大大节约了农民的生产成本。①

（七）农业生产技术水平不断提高

2021年，我国农业科技进步贡献率突破60%，完成9亿亩高标准农田建设任务，新建高标准农田1亿亩，农作物耕种收机械化率超过72%，其中小麦耕种收综合机械化率达到95%以上；主要农作物良种基本实现全覆盖。②

---

① 张红宇. 抓好新阶段农村改革重点任务落实[EB/OL].（2022-04-09）[2022-06-13]. https://m.gmw.cn/baijia/2022-04/09/35646436.html.

② 求是网. "三农"历史性成就鼓舞人心[EB/OL].（2022-04-03）[2022-06-13]. http://www.qstheory.cn/laigao/ycjx/2022-04/03/c_1128528298.htm.

（八）乡村产业不断发展

产业振兴是乡村全面振兴的基础和关键，是乡村振兴的重中之重。2020年我国农产品加工业营业收入超过23.2万亿元，同比增加1.2万亿元，与农业产值之比接近2.4：1，农产品加工转化率达到67.5%。①2021年农产品加工业稳定恢复，但利润总额较上年有所下降。2021年，规模以上农产品加工业完成营业收入比上年增长12.1%。分季度看，增速总体前快后慢，四季度有所回升，增速为9.0%，较三季度提高4.8个百分点。从结构上看，食用类农产品加工业稳步提升，完成营业收入比上年增长11.4%，增速比上年提高10.3个百分点；非食用类农产品加工业营业收入增长13.2%。2021年，规模以上农产品加工业实现利润总额比上年下降1.6%。从各行业情况看，粮食原料酒制造、棉麻加工等民生相关消费品及与疫情相关的中药制造等行业盈利快速增长。生物质能开发利用行业由于成本抬升，利润明显承压。②

乡村休闲旅游逐步恢复，成为引领旅游行业率先恢复发展的新亮点。2020年，受新冠疫情影响，全国乡村休闲旅游接待游客约26亿人次，较2019年减少6亿人次；营业收入6000亿元，较2019年减少2500亿元；吸纳就业1100万人，带动农户800多万户。③

随着乡村产业规模持续扩大，特色品牌日益壮大。2011年我国"一村一品"示范村镇认定工作启动，十年来"一村一品"乡村产品规模持续扩大。2021年12月19日，农业农村部发布消息称，我国已认定3673个全国"一村一品示范村镇"，主导产业产值超过7000亿元，其中有174个产值超10亿元的示范镇、249个产值超1亿元的示范村。④

全面推进乡村振兴，人才是关键，2021年返乡入乡创业人员约为1120万人，比

---

① 杨舒．我国农产品加工产业科技贡献率达到63%[EB/OL]．（2021-04-17）[2022-06-13]．https://www.caas.cn/xwzx/mtbd/311392.html．
② 农业农村部．2021年中国农产品加工业经济运行报告[EB/OL]．（2022-06-11）[2022-06-30]．https://finance.sina.cn/tech/2022-06-11/detail-imizmscu6210009.d.html．
③ 农业农村部．今年部分地区乡村休闲旅游已恢复到2019年同期水平[EB/OL]．（2021-11-19）[2022-05-09]．http://finance.people.com.cn/n1/2021/1119/c1004-32286783.html．
④ 农业农村部．全国"一村一品"主导产业产值超过7000亿元[EB/OL]．（2021-12-19）[2022-05-11]．https://www.stcn.com/article/detail/490794.html．

2020年增加110万人。产业业态越来越丰富,带农富农效应越来越强。①

(九)农业现代化的保障措施不断完善

财政支农政策体系日益完善。2021年,中央财政通过农业生产发展资金安排耕地地力保护补贴达到1204.85亿元,全部直补到户。为提高补贴的针对性和精准性,财政部、农业农村部印发《关于进一步做好耕地地力保护补贴工作的通知》,要求各地将补贴主要用于支持耕地质量提升和粮食生产。一方面健全补贴机制,明确对已作为畜牧养殖场使用的耕地、林地、成片粮田转为设施农业用地、非农业征(占)用耕地等已改变用途的耕地不再给予补贴,对抛荒一年以上的取消次年补贴资格。另一方面优化管理方式,要求各地运用现代化信息手段,推进农户基础身份信息、土地确权数据、补贴项目部门数据、代发银行查询数据等信息共享,提升补贴发放的规范性。

建立科研企业优先供种机制。农业农村部等部门积极推动种业制种保险、信贷支持等政策落实,优化种业行政审批办事流程,为符合要求的育繁推一体化企业开通绿色试验通道。通过实施现代种业提升工程和制种大县奖励政策,支持杂交玉米、杂交水稻、大豆、马铃薯、小麦和油菜等制种大县有关企业建设规模化良种繁育基地,逐步形成了"公司+制种大户""公司+合作社+农户""公司+大农场+农户"等多种合作模式,带动种业企业发展壮大。

二、2020—2021年中国农村发展状况

(一)农村基础设施不断改善

1. 农村人居环境得到改善

农业农村部联合国家发展改革委组织实施农村人居环境整治整县推进项目,2020年落实中央预算内投资30亿元。农业农村部联合财政部组织实施农村"厕所革

---

① 农业农村部. 2021年我国返乡入乡创业人员预计达1120万人[EB/OL].(2021-12-30)[2022-04-18]. https://baijiahao.baidu.com/s?id=1720539357702968112&wfr=spider&for=pc.

命"整村推进奖补政策，2020年安排资金74亿元。自2018年农村人居环境整治三年行动开展以来，农村"厕所革命"取得积极进展。截至2021年底，全国农村卫生厕所普及率超过70%。其中，东部地区、中西部城市近郊区等有基础、有条件的地区农村卫生厕所普及率超过90%。2018年以来，累计改造农村户厕4000多万户；全国范围内农村生活垃圾进行收运处理的自然村比例稳定保持在90%以上；农村生活污水治理率达28%左右。①

2. 数字乡村建设加快

《中国数字乡村发展报告（2020年）》指出，2020年我国数字乡村建设加快推进，数字乡村战略进一步落地实施，各地区数字乡村建设发展取得良好成效。农业农村部发布了《数字农业农村发展规划（2019—2025年）》，组织开展国家数字乡村试点，乡村信息基础设施建设不断完善，农业农村大数据建设初见成效，农业生产数字化水平不断提高，乡村数字经济新业态蓬勃发展，乡村治理数字化水平大幅提升，乡村信息服务更加完善，智慧绿色乡村建设稳步推进，乡村科技创新迈上新台阶，网络扶贫取得明显成效。

农业农村信息化发展取得显著成效。《2021全国县域农业农村信息化发展水平评价报告》显示，2020年全国县域农业农村信息化发展总体水平达37.9%，较上年提升1.9个百分点。经对全国2642个县（市、区）相关数据综合测算，2020年全国农业生产信息化水平为22.5%，全国农产品质量安全追溯信息化水平为22.1%，县域农产品网络零售额为7520.5亿元，占农产品销售总额的13.8%，比上年增长了3.8个百分点。应用信息技术实现行政村党务村务财务"三务"综合公开水平为72.1%，"雪亮工程"行政村覆盖率为77.0%，县域政务服务在线办事率为66.4%，电商服务站行政村覆盖率达到78.9%，县级农业农村信息化管理服务机构覆盖率为78.0%。县均农业农村信息化财政投入近1300万元，县均农业农村信息化社会资本投入超3000万元。②

"数商兴农"深入推进，农村电商"新基建"不断完善。2021年全国农村网络零售额达2.05万亿元，比上年增长11.3%，增速加快2.4个百分点。全国农产品网络零

---

① 中共中央宣传部就新时代的乡村振兴有关情况举行发布会[EB/OL].（2022-06-27）[2022-07-08]. http://www.china.com.cn/zhibo/content_78288873.htm.
② 农业农村部. 2020年全国县域农业农村信息化发展总体水平达37.9%[EB/OL].（2021-12-21）[2022-03-15]. http://finance.people.com.cn/n1/2021/1221/c1004-32313286.html.

售额达4221亿元，同比增长2.8%。在完善农产品供应链、推动农产品上行等方面，各电商平台发挥了积极作用。2020年10月至2021年末，京东已在全国对接1000多个农特产地及产业带，直连超过500个大型优质蔬菜基地，共建70多个现代化、标准化、智能化农场，开设助农馆和特产馆超过700个。① 另据相关研究显示，2021年中国淘宝村数量已经突破7000个。②

（二）农村公共服务水平显著提高

国家卫生健康委员会结合健康扶贫工作，补齐乡村两级基础设施，加强农村卫生人员配备，为农民提供了方便及优质的基本医疗卫生服务。

养老服务水平不断提高。2016—2020年，中央财政下达城乡基本养老保险补助资金6506亿元。2021年末，全国基本养老保险参保人数为102871万人，其中城镇职工基本养老保险参保人数为48074万人，城乡居民基本养老保险参保人数为54797万人。

另外，农业农村部联合国家发展改革委开展了全国农村公共服务典型案例推介活动，为加快补上农村公共服务短板提供了有益借鉴。

乡村教育质量不断提升。2021年8月，财政部、教育部下达2021年义务教育薄弱环节改善与能力提升补助资金预算289.5亿元，支持各地推进义务教育薄弱环节改善与能力提升工作。2021年5月，国务院教育督导委员会印发《关于公布通过义务教育均衡发展国家督导评估认定县（市、区、旗）名单的决定》，公布了2021年通过评估认定的县名单，共94个县正式通过义务教育基本均衡发展国家督导评估认定。至此，31个省（自治区、直辖市）和新疆生产建设兵团的2895个县都实现了县域义务教育基本均衡发展。这是继全面实现"两基"后，我国义务教育发展中的又一重要里程碑。

财政支持基层农技推广体系改革与建设。从2012年起，中央财政通过农业生产发展资金每年安排26亿元经费，支持基层农技推广体系的改革与建设，支持构建多

---

① 中国政府网.2021年全国网上零售额同比增长14.1%[EB/OL].（2022-03-22）[2022-07-10]. http://www.gov.cn/xinwen/2022-03/22/content_5680356.htm.

② 经济日报社中国经济趋势研究院，中国农业大学国家农业农村发展研究院.保障农业农村优先发展[EB/OL].（2022-01-21）[2022-02-20]. http://views.ce.cn/view/ent/202201/21/t20220121_37275785.shtml.

元互补、高效协同的农技推广体系。

完善乡村公共就业服务体系，实现脱贫人员稳定就业以巩固脱贫攻坚成果。实现农村劳动力充分就业主要有两个途径，一是在农业内部增强就业潜力，通过乡村产业发展带动农民就业，实现农民增收；二是在城乡融合发展中实现充分就业，推进工业化、城镇化与农业现代化融合发展。国家提出把县域作为城乡融合发展的重要切入点，壮大县域经济，承接产业转移，培育支柱产业，吸引脱贫人员到城镇就业。

（三）农民收入持续增长

农村居民收入增长继续快于城镇居民，城乡居民收入相对差距进一步缩小。2021年农村居民人均可支配收入达18931元，名义增长10.5%，实际增长9.7%。农村居民人均可支配收入名义增速和实际增速分别快于城镇居民2.3个和2.6个百分点。城乡居民收入相对差距继续缩小，城乡居民收入比值由上年的2.56缩小至2.50。从收入结构看，农村居民人均工资性收入达7958元，占总收入比重为42.04%，增长14.1%；人均经营净收入达6566元，占比34.68%，增长8.0%；人均财产净收入达469元，占比2.48%，增长12.1%；人均转移净收入达3937元，占比20.80%，增长7.5%。农村居民人均消费支出达15916元，名义增长16.1%，实际增长15.3%。①

（四）农村绿色发展成效明显

乡村振兴战略实施以来，国家为保护农业生态环境采取了多项措施，统筹山水林田湖草沙系统治理，开展土壤修复，退耕还草还湿地，推进农业废弃物资源化利用、节水节肥节药等行动。2018年农药使用量为122万吨，比2015年减少18%；2019年化肥使用量为5404万吨，比2015年减少10%。2020年，全国秸秆综合利用率、畜禽粪污利用率、农膜残留回收率分别达到86%、75%和80%，资源化利用收到明显效果。②

---

① 国家统计局. 2021年居民收入和消费支出情况 [EB/OL].（2022-01-17）[2022-03-17]. http://www.stats.gov.cn/tjsj/zxfb/202201/t20220117_1826403.html.

② 张红宇. 走出一条具有中国特色的乡村振兴道路 [N]. 经济日报，2021-01-21.

三、2020—2021年中国农业农村经济政策

（一）确保农业生产稳定

努力稳定粮食生产。2020年，为防止耕地"非粮化"，国务院办公厅发布《关于防止耕地"非粮化"稳定粮食生产的意见》，要求各地明确耕地利用优先序，加强粮食生产功能区监管，稳定非主产区粮食种植面积，有序引导工商资本下乡，严禁违规占用永久基本农田种树挖塘。通过严格落实粮食安全省长责任制、完善粮食生产支持政策、加强耕地种粮情况监测等措施，强化激励约束，落实粮食生产责任。2020年12月，中央经济工作会议强调：2021年经济工作的重点任务之一是解决好种子和耕地问题，要加强种质资源保护和利用，加强种子库建设，推进生物育种产业化；牢牢守住18亿亩耕地红线，建设国家粮食安全产业带，加强高标准农田和农田水利建设。

2022年中央一号文件要求全力抓好粮食生产和重要农产品供给。一是通过压实责任，推进国家粮食安全生产带建设，大力开展绿色高质高效行动；健全农民种粮收益保障机制，强化现代农业基础支撑，稳住粮食播种面积和粮食产量。二是实施大豆和油料产能提升工程，多措并举扩大大豆和油料种植面积，提高植物油自给率。三是加大力度落实"菜篮子"市长负责制，稳定生猪生产长效性支持政策，扩大牛羊肉和奶业生产，稳定大中城市常年菜地保有量等。

（二）脱贫攻坚与乡村振兴有序衔接

2020年12月中央经济工作会议强调，要全面推进乡村振兴，抓好农业生产，推进农村改革和乡村建设。2021年政府工作报告提出，全面实施乡村振兴战略，促进农业稳定发展和农民增收；接续推进脱贫地区发展，抓好农业生产，改善农村生产生活条件。

1. 做好巩固拓展脱贫攻坚成果同乡村振兴有效衔接

2021年政府工作报告提出，对脱贫县从脱贫之日起设立5年过渡期，保持主要帮扶政策总体稳定。健全防止返贫动态监测和帮扶机制，促进脱贫人口稳定就业，加大技能培训力度，发展壮大脱贫地区产业，做好易地搬迁后续扶持，分层分类加强

对农村低收入人口常态化帮扶，确保不发生规模性返贫。在西部地区脱贫县中集中支持一批乡村振兴重点帮扶县。坚持和完善东西部协作和对口支援机制，发挥中央单位和社会力量帮扶作用，继续支持脱贫地区增强内生发展能力。

为支持巩固拓展脱贫攻坚成果同乡村振兴有效衔接，中央财政专项扶贫资金调整优化为中央财政衔接推进乡村振兴补助资金。2021年3月，财政部等六部门联合印发《中央财政衔接推进乡村振兴补助资金管理办法》，对衔接资金用途、分配、使用、监管等作出全面规定。同年11月，财政部等六部门联合印发了《衔接推进乡村振兴补助资金绩效评价及考核办法》。中央财政2021年预算安排衔接资金1561亿元，比上年增加100亿元。

2021年11月，国家发展改革委等部门印发《"十四五"支持革命老区巩固拓展脱贫攻坚成果衔接推进乡村振兴实施方案》，重点支持《国务院关于新时代支持革命老区振兴发展的意见》明确的12个革命老区，全国其他革命老区县市参照执行。该方案明确，健全革命老区脱贫地区长效帮扶机制，推动革命老区城乡融合发展，完善政策体系和组织保障；强调培育发展特色服务业，因地制宜发展乡村旅游、生态旅游、康养旅游、休闲农业等新产业新业态等具体举措。

2. 促进农村产业发展

加强农业全产业链培育。2021年5月，农业农村部印发《关于加快农业全产业链培育发展的指导意见》。该文件明确到2025年培育一批年产值超百亿元的农业"链主企业"，打造一批全产业链价值超百亿元的典型县，发展一批省域全产业链价值超千亿元的重点链；强调构建完整完备的农业全产业链，聚焦规模化主导产业，建设标准化、规模化、机械化、优质化原料基地；发展精细化综合加工，实现减损增效，提升加工转化增值空间；搭建体系化物流网络，提高农产品商品化处理、错峰销售和产地集散分销能力；开展品牌化市场营销，塑强精品区域公共品牌，共创企业品牌，培育产品品牌；推进社会化全程服务，建立社会化、专业化、市场化服务体系；推广绿色发展模式，实现全产业链全程绿色发展；促进数字化转型升级，构建全过程管理数据和分析服务模型。该文件还指出要完善支撑体系，融合创新链，优化供应链，提升价值链，畅通资金链；开展农业全产业链"链长"制试点，支持农业产业化龙头企业担任"链主"，搭建信息交流、企科对接、要素对接平台等具体措施。2021年7月，国务院办公厅发布《国务院办公厅关于加快农村寄递物流体系建设的意见》，聚焦农产品进城"最初一公里"和消费品下乡"最后一公里"，助力农民创收增收，促进农村消费升级；提出从强化农村邮政体系作用，健全末端共同配送体系，强化农村寄递物流与农村电商、交通运输融合发展，构建冷链寄递体系等方面推动体系建设。重点任务包括分类推进"快递进村"工程、完善农产品上行发展机制、加快农村寄递物流基础设施补短板、继续深化寄递领域"放管服"改革等。

推动脱贫地区特色产业可持续发展。2021年4月，农业农村部等部门联合印发《关于推动脱贫地区特色产业可持续发展的指导意见》，提出实施特色种养业提升的七个方面行动，并配以产业扶持政策和服务支撑机制等保障。其中，特色种养业提升行动包括加强"十四五"特色产业发展规划的编制及引领；建设标准化生产基地，按照"有标采标、无标创标、全程贯标"的要求，加快标准体系的建立和应用；提升农产品加工业，统筹发展农产品初加工、精深加工和综合利用加工；加强农产品仓储、冷链、物流、电子商务等流通设施建设；拓展农业的旅游、休闲文化、康养等功能价值；打造知名的区域公用品牌、"三品一标"产品品牌；推动脱贫县选择1~2个主导产业建设产业园区等。该文件同时提出财政、金融、用地、项目管理等方面的配套政策。

创建农村产业融合发展示范园。2021年3月，国家发展改革委印发《第三批国家农村产业融合发展示范园创建名单》，同意116个单位创建第三批国家农村产业融合发展示范园，并提出支持符合条件的示范园入园企业优先申报发行农村产业融合发展专项企业债券、鼓励银行业金融机构对符合条件的示范园及入园优质企业予以必要的信贷支持、将符合条件的示范园基础设施建设项目纳入地方政府债券支持范围等措施。同年11月，国家发展改革委开展了第三批国家农村产业融合发展示范园认定工作。

3. 继续推动返乡入乡创业及农村转移人口培训工作

2020年，农业农村部与科技部、财政部、人力资源社会保障部、自然资源部、商务部和银保监会七部门联合印发了《关于推进返乡入乡创业园建设 提升农村创业创新水平的意见》。该文件提出到2025年，在全国县域建设1500个功能全、服务优、覆盖面广、承载力强、孵化率高的返乡入乡创业园，吸引300万名返乡入乡人员创业创新，带动2000万名农民工就地就近就业；强调建设高质量县域返乡入乡创业园的重点是"四个一批":新建一批返乡入乡创业园,利用现有涉农资金项目构建多位一体、上下游产业衔接的创业格局;提升改造一批返乡入乡创业园,依托现有创业园改造配套设施,集成实训功能,增强服务功能;拓展一批返乡入乡创业园,依托现有产业园区,配置现代产业要素,嫁接成熟生产技术,匹配优秀管理人才,引入金融资本和风投创投;整合一批返乡入乡创业园,依托现有大型企业和知名村镇挖掘现有设施潜力,集中提供公共服务,支持返乡入乡人员创业创新。提出配套的财政扶持政策,对首次创业、正常经营1年以上的返乡入乡创业人员,给予一次性创业补贴,落实税费减免;创新金融保险,设立信用园区;引导资本投入,支持返乡入乡创业企业通过发行创业创新公司债券、县城新型城镇化建设专项企业债券等;给予园区用地、人才支撑等优惠政策。

国家发展改革委印发的《2021年新型城镇化和城乡融合发展重点任务》提出,促进农业转移人口有序有效融入城市,提升农业转移人口技能素质,推进补贴性培训,完成职业技能提升行动方案确定的5000万人次目标;深化实施农民工"春潮行动"、"求学圆梦行动"、新生代农民工职业技能提升行动,支持企业开展新型学徒制培训并按规定给予培训补贴;结合疫情防控、农民工返乡就业创业和承接产业转移,开展针对性技能培训;扩大职业院校面向农业转移人口的招生规模。

2021年9月,国家发展改革委印发《关于推广支持农民工等人员返乡创业试点经验的通知》,提出通过充分利用当地要素禀赋、加大招商引资力度、大力发展电商产业等途径,引进培育发展返乡创业产业集群;从打造专业化返乡创业孵化平台、建设改造提升返乡创业园、缓解融资难问题、保障返乡创业用地、优化创业服务等方面提供保障措施。

4. 扎实推进农村改革和乡村建设

2021年3月的政府工作报告提出,要巩固和完善农村基本经营制度,保持土地承包关系稳定并长久不变,稳步推进多种形式适度规模经营,加快发展专业化社会化服务。深化供销合作社、集体林权、国有林区林场、农垦等改革。提高土地出让收入用于农业农村比例。强化农村基本公共服务和公共基础设施建设,促进县域内城乡融合发展。启动农村人居环境整治提升五年行动。保障农民工工资及时足额支付。加快发展乡村产业,壮大县域经济,拓宽农民就业渠道。

5. 促进城乡融合

明确城乡融合发展的重点任务。国家发展改革委印发的《2021年新型城镇化和城乡融合发展重点任务》提出，聚焦促进农业转移人口有序有效融入城市，提升城市群和都市圈承载能力，促进大中小城市和小城镇协调发展，加快建设现代化城市，提升城市治理水平，加快推进城乡融合发展。明确在债务风险可控前提下，加大中央预算内投资和地方政府专项债券等财政性资金统筹支持力度，有序发行县城新型城镇化建设专项企业债券。健全政银企对接长效机制，协调引导有实力的大型企业承担相关建设任务，吸引开发性政策性和商业性金融机构中长期信贷资金积极投入，利用现有国外优惠贷款渠道予以投入。发挥120个县城建设示范地区带动作用，支持在有条件县城建设一批产业转型升级示范园区。促进特色小镇规范健康发展，推动国家发展改革委《关于促进特色小镇规范健康发展意见的通知》全面落实落地。单列租赁住房用地计划，探索利用农村集体建设用地和企事业单位自有闲置土地建设租赁住房，支持将非住宅房屋改建为保障性租赁住房。完善农民工返乡就业创业服务体系。引导工商资本入乡发展，培育一批城乡融合典型项目。

促进特色小镇规范健康发展。2021年9月，国家发展改革委印发《全国特色小镇规范健康发展导则》，明确了特色小镇在发展定位、空间布局、质量效益、管理方式、底线约束等方面的规范性要求。

6. 出台《乡村振兴促进法》

2020年6月，《中华人民共和国乡村振兴促进法（草案）》提请十三届全国人大常委会第十九次会议审议，为加快推进乡村振兴提供法治保障。这是落实2018年中央一号文件提出的"强化乡村振兴法治保障，抓紧研究制定乡村振兴法的有关工作，把行之有效的乡村振兴政策法定化，充分发挥立法在乡村振兴中的保障和推动作用"的重要举措。草案分为十一章，依次为总则、产业发展、人才支撑、文化传承、生态保护、组织建设、城乡融合、扶持措施、监督检查、法律责任、附则，共七十六条。着重围绕发展壮大农村集体经济、培育新型农业经营主体、促进农业转型升级、不断提高农业科技水平、严格保护耕地、保障粮食等主要农产品供给、改善乡村生态和人居环境、提高乡村文明程度和思想道德建设水平、传承和发展中华优秀传统文化、建立健全乡村社会治理体系、加强基层组织建设等方面，作出相应规定，并分别就财政投入、农业补贴、土地出让收入、资金基金、融资担保、资本市场、金融服务、农业保险、用地保障以及社会资本参与乡村振兴等作出规定，从政策扶持上落实农业农村优先发展，明确提出建立实施乡村振兴战略的目标责任制和考核评价制度。

（三）深化农业供给侧结构性改革

1. 提高粮食和重要农产品供给保障能力

2021年政府工作报告提出，保障粮食安全的要害是种子和耕地。要加强种质资源保护利用和优良品种选育推广，开展农业关键核心技术攻关。提高高标准农田建设标准和质量，完善灌溉设施，强化耕地保护，坚决遏制耕地"非农化"，防止"非粮化"。建设国家粮食安全产业带。稳定种粮农民补贴，适度提高稻谷、小麦最低收购价，扩大完全成本和收入保险试点范围。稳定粮食播种面积，提高单产和品质。多措并举扩大油料生产。发展畜禽水产养殖，稳定生猪生产。加强动植物疫病防控。保障农产品市场供应和价格基本稳定。开展粮食节约行动。

2020年9月，国务院办公厅印发《关于促进畜牧业高质量发展的意见》，明确畜牧业发展目标，即猪肉自给率保持在95%左右，牛羊肉自给率保持在85%左右，奶源自给率保持在70%以上，禽肉和禽蛋实现基本自给。到2025年畜禽养殖规模化率和畜禽粪污综合利用率分别达到70%以上和80%以上，到2030年分别达到75%以上和85%以上。提出了加快构建现代养殖体系、建立健全动物防疫体系、加快构建现代加工流通体系、持续推动畜牧业绿色循环发展等方面的具体措施。

2. 推进特色农产品优势区建设

2020年7月，农业农村部、国家林业和草原局、国家发展改革委等七部门联合印发《中国特色农产品优势区管理办法（试行）》，按照市场导向、标准引领、品牌号召等原则，以县为单位，各地可统筹兼顾粮经产品、园艺产品、畜产品、水产品和林特产品五大类特色农产品，自主选择品种，申报国家级或省级特优区。鼓励农业产业化龙头企业、林业重点龙头企业、农民合作社和协会等主体积极参与。

3. 加强农产品质量立法工作

2021年10月，十三届全国人大常委会第三十一次会议对《中华人民共和国农产品质量安全法（修订草案）》进行了初次审议。该文件中明确，建立食用农产品质量安全追溯制度，农产品质量安全工作坚持预防为主、风险管理、源头治理、全程控制的原则；农产品生产经营者对其生产经营的农产品质量安全负责，要求生产经营者诚信自律，接受社会监督，承担社会责任等内容。2022年6月举行的十三届全国人大常委会第三十五次会议对该法案进行了二次审议，审议稿中主要修改如下：一是进一步压实农产品批发市场、农产品销售企业、冷链物流企业、网络经营者等有关主体的农产品质量安全责任；二是总结农产品质量安全承诺达标合格证制度试点经验，完善农产品质量安全日常监督检查等规定；三是加强农业农村、市场监督管理等部门的工作协调配合；四是强化农产品质量安全宣传教育和技术培训，提高全社会的农产品质量安全意识。

4. 推进农业现代化

加快农业机械化转型升级。针对当前水产养殖机械化发展不平衡不充分等问题，2020年，农业农村部印发《关于加快水产养殖机械化发展的意见》，指导各地着力补短板、强弱项，推动水产养殖机械化向全程全面高质高效发展。明确了推进水产养殖机械化的重点任务，包括大力推进水产养殖机械装备科技创新，加快构建主要水产绿色养殖全程机械化体系，积极推进水产养殖机械化信息化融合，加快提高绿色养殖重点环节社会化服务水平，着力推进养殖池塘标准化宜机化建设等。提出到2025年，水产养殖机械化水平总体达到50%以上，育种育苗、防疫处置、起捕采收、尾水处理等薄弱环节机械化取得长足进步，主要养殖模式、重点生产环节的机械化、设施化、信息化水平显著提升，绿色高效养殖机械化生产体系和社会化服务体系基本建立。

继续推进电子商务进农村。2020年，商务部、财政部、国务院扶贫办联合印发《关于做好2020年电子商务进农村综合示范工作的通知》，支持地方对返乡农民工等开展农村电商普及和技能培训，根据实际需求丰富直播带货、社交电商等培训内容，示范地区累计建设县级电商公共服务中心和物流配送中心超2000个、乡村电商服务站点约13万个，培训建档立卡贫困户189万人次。

5. 推进绿色兴农

2021年2月，国务院发布《关于加快建立健全绿色低碳循环发展经济体系的指导意见》，提出加快农业绿色发展。鼓励发展生态种植、生态养殖，加强绿色食品、有机农产品认证和管理。发展生态循环农业，提高畜禽粪污资源化利用水平，推进农作物秸秆综合利用，加强农膜污染治理。强化耕地质量保护与提升，推进退化耕地综合治理。发展林业循环经济，实施森林生态标志产品建设工程。大力推进农业节水，推广高效节水技术。推行水产健康养殖。实施农药、兽用抗菌药使用减量和产地环境净化行动。依法加强养殖水域滩涂统一规划。完善相关水域禁渔管理制度。推进农业与旅游、教育、文化、健康等产业深度融合，加快一、二、三产业融合发展。

2021年6月，农业农村部、国家发展改革委等六部门联合印发《"十四五"全国农业绿色发展规划》，该规划以高质量发展为主题，以深化农业供给侧结构性改革为主线，以构建绿色低碳循环发展的农业产业体系为重点，力争到2025年实现农业资源利用水平明显提高，产地环境质量明显好转，农业生态系统明显改善，绿色产品供给明显增加，减排固碳能力明显增强。该规划提出加强农业资源保护利用、加强农业面源污染防治、加强农业生态保护修复、打造绿色低碳农业产业链等重点任务。同时提出健全绿色技术创新体系，强化农业绿色发展科技动能；健全体制机制，增强农业绿色发展制度动能。

6. 构建新型农业经营体系

推动新型农业经营主体高质量发展。2020年，农业农村部印发《新型农业经营主体和服务主体高质量发展规划（2020—2022年）》，对农民合作社、家庭农场等新型经营主体和服务主体发展进一步作出部署，明确了到2022年家庭农场、农民合作社、农业社会化服务组织、相关主体经营者的发展数量及质量目标。2021年10月，农业农村部印发《关于促进农业产业化龙头企业做大做强的意见》，旨在从促进龙头企业高质量发展、提升龙头企业联农带农水平、构建龙头企业发展梯队、优化龙头企业发展环境等方面促进龙头企业做大做强、创新发展，提出到2025年末培育农业产业化国家重点龙头企业超过2000家、国家级农业产业化重点联合体超过500个的总体发展目标。

定期开展国家农民合作社示范社监测工作。农业农村部根据《国家农民合作社示范社评定及监测办法》（农经发〔2019〕5号）的规定，开展了2021年国家农民合作社示范社监测工作，落实2021年中央一号文件关于推进农民合作社质量提升的部署要求。

（四）深化农村重点领域改革

1. 深入推进土地制度改革

2021年4月，国家发展改革委印发《2021年新型城镇化和城乡融合发展重点任务》的通知，明确将依法维护进城落户农民承包地、宅基地、集体资产等权益，支持探索农村"三权"依法自愿有偿退出机制。提出要深化改革农村土地制度，积极探索实施农村集体经营性建设用地入市制度，出台稳妥有序推进农村集体经营性建设用地入市的指导意见。推动深化农村宅基地制度改革试点地区率先健全宅基地分配、流转、抵押、退出、使用、收益、审批、监管等制度。鼓励农村集体经济组织及其成员采取自营、出租、入股、合作等方式，盘活农村闲置宅基地和地上房屋。

2020年11月，中央对推进农村土地制度改革、做好农村承包地管理工作作出重要指示，强调坚持把依法维护农民权益作为出发点和落脚点，扎实推进第二轮土地承包到期后再延长30年工作，使农村基本经营制度始终充满活力。开展农村承包地确权登记颁证工作，确定了对土地承包经营权的物权保护。要根据实践发展要求，丰富集体所有权、农户承包权、土地经营权的有效实现形式，促进农村土地资源优化配置，积极培育新型农业经营主体，发展壮大农业社会化服务组织，鼓励和支持广大小农户走同现代农业相结合的发展之路，使农村基本经营制度始终充满活力，不断为促进乡村全面振兴、实现农业农村现代化创造有利条件。

农村承包地确权登记颁证工作基本完成。截至2020年10月，全国2838个县（市、区）、3.4万个乡镇、55万多个行政村已基本完成承包地确权登记颁证工作，将15亿亩承包地确权给2亿农户，并颁发土地承包经营权证书。至此，全国农村承包地颁证率已超过96%。在此基础上，各地各有关部门大力推动确权登记颁证成果应用。目前已初步建成全国土地承包信息应用平台，并实现数据汇总、业务管理、成果应用、信息共享等功能。同时，指导各地利用信息平台，方便农民和新型农业经营主体查询，精准发放财政补贴，并配合金融部门开展土地经营权抵押贷款。

深化农村宅基地制度改革。2015年中央印发《关于农村土地征收、集体经营性建设用地入市、宅基地制度改革试点工作的意见》，十二届全国人大常委会第十三次会议审议通过《关于授权国务院在北京市大兴区等三十三个试点县（市、区）行政区域暂时调整实施有关法律规定的决定》。2019年1月，全国人大常委会决定将农村土地改革试点延期至2019年底，同时开启修订相关法律的程序。2019年中央一号文件提出，稳慎推进农村宅基地制度改革，拓展改革试点，丰富试点内容，完善制度设计。2020年中央一号文件提出，以探索宅基地所有权、资格权、使用权"三权分置"为重点，进一步深化农村宅基地制度改革试点。2020年6月30日，中央全面深化改革委员会第十四次会议审议通过了《深化农村宅基地制度改革试点方案》。按照党中央、国务院部署，中央农村工作领导小组办公室（以下简称中央农办）、农业农村部研究起草了深化农村宅基地制度改革试点的有关文件，包括2019年印发《关于进一步加强农村宅基地管理的通知》《关于积极稳妥开展农村闲置宅基地和闲置住宅盘活利用工作的通知》，联合自然资源部印发的《关于规范农村宅基地审批管理的通知》，2020年联合自然资源部印发《关于农村乱占耕地建房"八不准"的通知》《关于保障农村村民住宅建设合理用地的通知》等。另外，2019年《中华人民共和国土地管理法》发布修订版。据自然资源部统计，截至2019年10月底，试点地区共腾退零星、闲置的宅基地约26万户、14.5万亩，办理农房抵押贷款8.1万宗、201亿元。后期将在全国104个县（市、区）和3个地级市部署启动新一轮农村宅基地制度改革试点。

2. 推进集体产权制度改革

2019年中央一号文件提出，深入推进农村集体产权制度改革；当年中央农村工作会议提出，要全面推开农村集体产权制度改革试点。自2015年以来，中央农办、农业农村部会同有关部门，共组织开展五批农村集体产权制度改革试点，共有28个省份、89个地市、442个县（市、区）整建制开展试点，并于2020年在全国全面推开，覆盖全国所有涉农县（市、区）。截至2021年末，全国共清查核实集体土地等资源65.5亿亩、农村集体资产7.7万亿元，其中经营性资产3.5万亿元；确认集体经济组织成员约9亿人，建立农村集体经济组织约96万个。[①]

3. 推进农业对外开放

2021年9月，农业农村部印发《农业对外开放合作试验区管理办法（试行）》，为农业开放发展政策创设、制度创新提供先行先试平台。该办法涉及试验区的组织

---

① 中共中央宣传部就新时代的乡村振兴有关情况举行发布会[EB/OL].（2022-06-27）[2022-07-19]. http://www.china.com.cn/zhibo/content_78288873.htm.

管理、申报认定、考核评估等内容。试验区发展建设以地方自主建设为主要形式。

四、农村金融需求新变化

（一）农村金融需求主体多元化

1. 新型农业经营主体的金融需求增加

2021年中央一号文件提出，要突出抓好家庭农场和农民合作社两类经营主体，鼓励发展多种形式适度规模经营；支持农业产业化龙头企业创新发展、做大做强。鼓励开发专属金融产品支持新型农业经营主体和农村新业态。支持市县构建域内共享的涉农信用信息数据库，用3年基本建成比较完善的新型农业经营主体信用体系。2021年5月，中国人民银行（以下简称央行）、中央农办、农业农村部、财政部、银保监会、证监会联合发布《关于金融支持新型农业经营主体发展的意见》，明确提出拓宽新型农业经营主体抵押质押物范围。要求银行业金融机构积极推广农村承包土地的经营权抵押贷款，支持农机具和大棚设施、活体畜禽、养殖圈舍以及农业商标、保单等依法合规抵押质押融资，在具备条件的地区探索开展集体经营性建设用地使用权、农村集体经营性资产股份、农垦国有农用地使用权等抵押贷款业务。在农村宅基地制度改革试点地区，依法稳妥开展农民住房财产权（宅基地使用权）抵押贷款业务。相关部门要加快农村产权确权登记颁证、价值评估、流转交易、处置变现等配套机制和平台建设，支持活体畜禽、农业设施装备等担保融资业务通过央行征信中心动产融资统一登记公示系统进行统一登记，建立健全农村产权流转服务机制。在有效防范风险的前提下，鼓励农业产业化龙头企业、农民合作社及其联合社为其带动的家庭农场、农户等提供担保增信，创新订单、仓单、存货、应收账款融资等供应链金融产品，探索开展"托管贷"业务。

政策支持加上信用保障体系的完善，将促使新型农业经营主体的金融需求增加。

2. 农户的金融需求变化

随着农业产业化、现代化的发展，农户的生产经营活动不断融入上下游产业链，与家庭农场、农民专业合作社、农业龙头企业、农业专业化社会服务组织等一起，共同构成农业产、供、销循环系统，农户的金融需求也在不断变化。一是生产性金融需求增加。农业生产的现代化必将引起农户生产的专业化、规模化，进而引致农户的生产经营资金需求增加，在缺乏固定资产抵押的情况下，农户资金需求将更加依赖农机具、大棚设施抵押贷款及保单、存单质押贷款。二是农户的小额信用贷款需求增加。在农业生产的不同周期，播种、收获季节的资金需求较多，季节性较强，此类资金需求属普惠型金融需求，应列为小额信用贷款需求予以支持。三是投资理财需求增加。随着互联网的发展，农户的理财意识增强，理财需求相应增加，但农户的理财资金与城镇居民的理财资金有着不同的特点，其理财需求更倾向于产品小额化、收益固定、存取灵活、操作简便等。

（二）资金需求规模化

城乡融合发展所需资金增加。国家发展改革委在《2020年新型城镇化建设和城乡融合发展重点任务》中提出，要在防范化解地方政府债务风险、合理处置存量债务的前提下，完善与新型城镇化建设相匹配的投融资工具。支持符合条件的企业发行企业债券，用于新型城镇化建设项目、城乡融合典型项目、特色小镇和特色小城镇建设项目等。鼓励开发性政策性金融机构按照市场化原则和职能定位，对投资运营上述项目的企业进行综合授信，加大中长期贷款投放规模和力度。这将大幅增加城乡融合发展所需的中长期债券及信贷资金需求。

城乡公共设施联动发展所需资金增加。《2020年新型城镇化建设和城乡融合发展重点任务》中提出，要推进实施城乡统筹的污水垃圾收集处理、城乡联结的冷链物流、城乡农贸市场一体化改造、城乡道路客运一体化发展、城乡公共文化设施一体化布局、市政供水供气供热向城郊村延伸、乡村旅游产业路等城乡联动建设项目，加快发展城乡教育联合体和县域医共体；并提出开展工商资本入乡发展试点，发挥中央预算内投资和国家城乡融合发展基金作用，支持引导工商资本和金融资本入乡发展。以上系列项目的实施将提出大量信贷资金需求。

农村基础设施投入所需资金继续增加。2021年中央一号文件提出，要加大对农业农村基础设施投融资的中长期信贷支持；加强对农业信贷担保放大倍数的量化考核，提高农业信贷担保规模。除了对农村水、电、路、气等基础设施的改善投入所需资金，还扩大了实施数字乡村建设工程所需的通信基础设施建设等中长期资金需求，促进信贷及担保需求增加。

农村产业振兴资金需求增加。随着乡村产业振兴的全面推进、国家相关支持政策的出台，观光休闲农业、农产品加工业、农业生产性服务业等农村产业发展的资金需求不断增加。2020年12月，农业农村部出台的《关于促进农产品加工环节减损增效的指导意见》中提出，引导金融机构对减损增效成效显著的农产品加工企业优先提供贷款支持。

农业经营主体规模化经营所需资金增加。近年来，随着机械化水平的提高，以及专业化生产服务的推广，农业生产外包服务不断规模化，与土地流转一起，成为专业农户、专业合作社或龙头企业农业生产经营规模不断扩大的两大途径，也由此产生了规模化的资金需求，投向购置农业机械、引进农业技术、新建农业设施等用途。农业农村部在2021年重点工作部署中提出，鼓励创新开发金融支农模式，大力推进畜禽活体、农机具和大棚设施抵押贷款业务，有效支持新型农业经营主体和农村新产业新业态。

（三）农村金融产品和服务需求多样化

1. 产品需求多样化

发展现代特色农业相关的金融需求增加。当前，我国处于消费升级加速提升阶段，给特色农业发展带来重要机遇。在乡村振兴的战略指导下，各地结合实际大力发展特色农业，培育地方优势特色农产品做大做强，做出品牌，农业经营主体包括农业企业、专业合作社、家庭农场、发展特色农业的专业大户的金融需求加大。

农业信贷担保需求增加。2021年中央一号文件提出，要加强农业信贷担保"双控"业务考核，扩大政策性担保业务规模。

农业保险需求增加。随着前期国家政策的鼓励、金融机构的推动，农业保险业务需求量将不断增加，尤其是"保险+期货""银行+保险"等产品和服务类型将不断增加。2021年中央一号文件提出，推动扩大三大粮食作物完全成本保险和收入保险试点，增加中央财政对地方优势特色农产品保险以奖代补试点覆盖范围。

农村生活性服务业相关的金融需求逐渐增加。随着城镇化推进，农村人口老龄化速度加快，高龄、失能和患病老人的照料护理需求增长；农村还有相当多的留守儿童，托幼机构有待发展。另外，随着城乡融合发展，城市人口回归农村养老、康养、旅游等需求增长，以上生活性服务需求的变化，将带来养老、护理、托幼、旅游等产业投资资金需求的增加。①

农村绿色金融需求将不断增加。2020年9月22日，习近平主席在第七十五届联合国大会一般性辩论上的讲话中提到，在全球绿色低碳转型的大方向进程中，中国将提高国家自主贡献力度，采取更加有力的政策和措施，二氧化碳排放力争于2030年前达到峰值，努力争取2060年前实现碳中和。②因此，能源结构转型将加速农业产业结构转型，煤炭等高能耗产业将加速调整，新能源、新材料、新技术等新兴产业加速增长。我国每年农村生活垃圾、畜禽粪便、农作物秸秆等生物质资源高达几十亿吨，目前有相当比例没有得到资源化利用，乡村环境基础设施建设滞后等问题也很突出。2021年12月，中共中央、国务院发布《农村人居环境整治提升五年行动方案（2021—2025年）》，是2018年发布的《农村人居环境整治三年行动方案》的升级版。"十四五"时期，要接续推进农村人居环境整治提升行动，重点抓好改厕、污水和垃圾处理。农村环保产业越来越成为投资的亮点，相应的农村绿色金融需求包括绿色信贷、绿色债券、绿色基金等将大幅增加。

另外，随着农民收入的持续稳定增长，以及农民理财意识的逐渐增强，农村财富管理需求仍将持续增强。

2. 服务方式网络化

随着金融科技的发展，互联网金融服务仍将是农村金融服务的主流趋势。近两年来，大型金融机构向农村地区下沉，也加快了数字普惠赋能乡村振兴的步伐，金融机构利用大数据、人工智能、区块链等技术，改进授信审批和风险管理模型，完善数字普惠产品体系，研发出适用于农村小微企业、农业供应链上下游、农户小额信贷等领域的线上产品。③

3. 资本市场在乡村振兴中的作用不断增强

随着现代农业的发展，农业科技企业不断脱颖而出，成为专精特新"小巨

---

① 商经网. 乡村振兴乡村产业发展 谈产业模式促乡村振兴[EB/OL].（2022-06-26）[2022-07-20]. http://www.369788.com/Article-detail-id-2403790-cid-20242.html.
② 中国政府网. 习近平在第七十五届联合国大会一般性辩论上的讲话[EB/OL].（2020-09-22）[2022-06-27].http://www.gov.cn/xinwen/2020-09/22/content_5546169.htm
③ 汪小亚，陈帅. 乡村振兴和共同富裕的金融作为[J]. 中国金融，2022（5）：31-33.

人"，符合公开上市条件的企业数量快速增长。同时，在政策鼓励下，金融机构参与地方财政专项资金设立的农业科技创新引导基金不断增加，将促使资本市场在乡村振兴中进一步发挥作用，拓宽市场主体融资渠道，撬动社会资本参与农业生产经济与农村发展。

（四）农村重点领域改革对农村金融提出更高要求

1. 农村产权抵押贷款需求增加

随着土地改革政策的不断完善，农民建房、农村产业发展和乡村建设的金融需求进一步释放，对农村产权抵押贷款的需求也将增加。

2015年以来，按照中央部署，全国33个县（市、区）开展农村宅基地制度改革试点。各地按照"依法公平取得、节约集约使用、自愿有偿退出"的要求，积极探索建立宅基地有偿使用和退出机制，取得明显成效。截至2019年10月底，试点地区共腾退零星、闲置的宅基地约26万户、14.5万亩，办理农房抵押贷款8.1万宗、201亿元，对进一步推进盘活农村闲置土地、促进金融资源引入农村发挥了探索试验作用。

2021年中央一号文件提出，2021年基本完成农村集体产权制度改革阶段性任务，发展壮大新型农村集体经济；继续深化农村集体林权制度改革。将稳慎推进农村宅基地制度改革试点，探索宅基地所有权、资格权、使用权分置有效实现形式。加强农村产权流转交易和管理信息网络平台建设，提供综合性交易服务。保持农村土地承包关系稳定并长久不变，健全土地经营权流转服务体系。

农业农村部在2021年重点工作部署中提出，将在年内基本完成农村集体产权制度改革任务，推进经营性资产股份合作制改革，规范集体经济组织登记赋码和成员证书发放，发展壮大新型农村集体经济。将在104个县（市、区）和3个地级市开展新一轮农村宅基地制度改革试点，探索宅基地所有权、资格权、使用权分置有效实现形式。2021年1月，农业农村部出台了《农村土地经营权流转管理办法》，提出在依法保护集体所有权和农户承包权的前提下，平等保护经营主体依流转合同取得的土地经营权，明确制止耕地"非农化"、防止"非粮化"有关要求，对建立健全工商企业等社会资本通过流转取得土地经营权的审查审核和风险防范制度作出了详细规定。

国家发展改革委印发的《2020年新型城镇化建设和城乡融合发展重点任务》中提出，国家城乡融合发展试验区将在推进完善农村产权抵押担保权能等方面先行先试，引导县级土地储备公司和融资平台公司参与相关农村产权流转及抵押。启动新一轮农村宅基地制度改革试点，推动深化农村宅基地制度改革试点地区率先健全宅基地分配、流转、抵押、退出、使用、收益、审批、监管等制度。鼓励农村集体经济组织及其成员采取自营、出租、入股、合作等方式，盘活农村闲置宅基地和地上房屋。全面推开农村集体经营性建设用地直接入市，出台农村集体经营性建设用地入市指导意见。允许农民集体妥善处理产权和补偿关系后，依法收回农民自愿退出的闲置宅基地、废弃的集体公益性建设用地使用权，按照国土空间规划确定的经营性用途入市。《2021年新型城镇化和城乡融合发展重点任务》中提出，积极探索实施农村集体经营性建设用地入市制度，出台稳妥有序推进农村集体经营性建设用地入市的指导意见。推进集体经营性建设用地入市为信用扩张提供了基础条件。

目前全国进行了大量农村承包土地经营权、农民住房财产权抵押贷款的探索和实践，在国家法律完全修改之前，农村产权抵押贷款已经积累了不少经验。随着农村产权交易服务体系的不断完善，农村产权抵押贷款的需求及可获得性将不断提高。

2. 脱贫地区特色产业发展产生的金融需求

2021年，农业农村部等部门发布《关于推动脱贫地区特色产业可持续发展的指导意见》，提出要创新金融服务，调整完善针对脱贫人口的小额信贷政策，对有较大贷款资金需求、符合贷款条件的对象，鼓励申请创业担保贷款发展特色产业。充分发挥农业信贷担保体系作用，鼓励和引导金融机构为脱贫地区新型农业经营主体发展产业提供信贷支持。现有再贷款政策在展期期间保持不变，引导地方法人金融机构将再贷款资金重点用于支持发展特色产业。在不新增地方政府隐性债务的前提下，鼓励金融机构开发符合乡村一、二、三产业融合发展需求的信贷产品。扩大中央财政对地方优势特色农产品保险以奖代补试点范围，鼓励脱贫地区开发特色产业险种，增加特色产业保险品类，提升保险风险保障水平。

第 3 章
农村金融相关政策及其动向

一、2021年国家金融政策总体形势

2021年全球经济复苏放缓，供应链瓶颈仍未根本缓解，海外通胀压力上升。2021年中国经济运行总体平稳，结构持续优化，经济发展和疫情防控保持全球领先地位，实现了较高增长、较低通胀、较多就业的优化组合。稳健的货币政策灵活精准、合理适度，金融服务实体经济的质量和效率不断提升。[①]

（一）全面降准增加市场流动性

2021年7月和12月两次降准各 0.5 个百分点，共释放长期资金约2.2万亿元，引导金融机构跨周期信贷安排，增强信贷总量增长的稳定性。

（二）引导优化信贷结构

加大对国民经济重点领域和薄弱环节的信贷支持力度，精准发力支持小微企业、科技创新、绿色发展。2021年增加2000亿元再贷款额度，引导信贷增长缓慢地区地方法人银行增加信贷投放。同年9月，增加3000亿元支小再贷款额度，支持地方法人银行增加小微企业和个体工商户贷款；同年11月，推出碳减排支持工具和2000

---

① 中国人民银行. 2021年第四季度中国货币政策执行报告 [R/OL]（2022-02-14）[2022-03-20]. 2022-02. http://www.gov.cn/xinwen/2022-02/14/content_5673404.htm.

亿元支持煤炭清洁高效利用专项再贷款，支持低碳转型发展。①

（三）加强系统性金融风险防范

2021年，中国人民银行发布《全球系统重要性银行总损失吸收能力管理办法》，指导增强我国全球系统重要性银行的损失吸收和资本重组能力。2021年对全国4000多家银行业金融机构开展评级，识别高风险机构，并开展年度压力测试，按季进行大型企业风险监测。

（四）深化利率市场化改革

2021年以来，贷款市场报价利率（LPR）改革红利持续释放，推动企业综合融资成本稳中有降。推动金融机构充分运用贷款市场报价利率定价，增强小微企业信贷市场竞争性。优化存款利率监管措施，存款利率自律上限改为在存款基准利率上加点确定，引导中长期存款利率下行，优化存款期限结构，稳定银行负债成本，推动企业综合融资成本稳中有降。推进信用卡透支利率市场化改革，2021年1月1日起，取消信用卡透支利率上下限管理。持续推动各类放贷主体明示贷款年化利率，保护金融消费者合法权益。②

（五）继续推进汇率市场化形成机制

完善以市场供求为基础、参考一篮子货币进行调节、有管理的浮动汇率制度，增强人民币汇率弹性，发挥汇率调节宏观经济和国际收支自动稳定器的作用。2021年，人民币对国际主要货币汇率有所升值。银行间外汇市场人民币直接交易成交较为活跃，流动性平稳，降低了微观经济主体的汇兑成本，促进了双边贸易和投资。

---

① 中国人民银行. 2021年第四季度中国货币政策执行报告 [R/OL]（2022-02-14）[2022-03-21]. 2022-02. http://www.gov.cn/xinwen/2022-02/14/content_5673404.htm.

② 同上。

二、2021年农村金融相关政策

（一）加大金融服务乡村振兴的政策支持力度

2021年7月，中国人民银行等六部门联合发布《关于金融支持巩固拓展脱贫攻坚成果 全面推进乡村振兴的意见》，提出金融机构服务乡村振兴的八个重点领域，包括巩固拓展脱贫攻坚成果、加大对国家乡村振兴重点帮扶县的金融资源倾斜、强化对粮食等重要农产品的融资保障、建立健全种业发展融资支持体系、支持构建现代乡村产业体系、增加对农业农村绿色发展的资金投入、研究支持乡村建设行动的有效模式、做好城乡融合发展的综合金融服务，加大对以上领域的金融资源投入。对原金融精准扶贫产品和金融支农产品、民生领域贷款产品等进行整合优化，以小额信用贷款、产业带动贷款、新型农业经营主体贷款、民生领域贷款、农村资产抵押质押贷款、农业农村基础设施建设贷款、保险产品等十类金融产品为重点，充分发挥信贷、债券、股权、期货、保险等金融子市场合力。

2021年4月，中国银保监会发布《关于2021年银行业保险业高质量服务乡村振兴的通知》，提出2021年银行业保险业高质量服务乡村振兴工作要求，包括优化金融服务供给体系和服务机制、强化关键领域金融产品供给、提升县域金融服务质效、加强农村信用体系建设、发挥保险保障作用、创新金融产品和服务、支持巩固拓展脱贫攻坚成果同乡村振兴有效衔接、加强差异化监管考核等方面内容。

1. 金融支持巩固拓展脱贫攻坚成果

过渡期内，保持主要金融帮扶政策总体稳定。支持脱贫地区发展乡村特色产业，鼓励扩大对脱贫地区产品和服务消费，推动产品和服务"走出去"。加大对易地搬迁安置区后续发展的金融支持力度。继续做好定点帮扶工作，为帮扶地区提供政策、资金、信息、技术、人才等支持。

加大对脱贫人口、易返贫致贫人口和有劳动能力的低收入人口的信贷投放，支持脱贫人口就业创业。《关于2021年银行业保险业高质量服务乡村振兴的通知》提出，以乡镇为单位建立脱贫人口小额信贷主责任银行制度，向脱贫户和边缘易致贫户发放利率优惠、财政适当贴息的小额信用贷款。2021年4月，银保监会、财政部、中国人民银行、国家乡村振兴局联合发布《关于深入扎实做好过渡期脱贫人口小额信贷工作的通知》，提出加大对国家乡村振兴重点帮扶县的金融资源倾斜，过渡期内，国家开发银行、农业发展银行和国有商业银行应在依法合规、风险可控前提下，力争每年对全部国家乡村振兴重点帮扶县各项贷款平均增速高于本机构各项贷款平均增速。2021年9月，中国银保监会发布《支持国家乡村振兴重点帮扶县工作方案》，支持重点帮扶县发展优势特色产业，夯实产业发展基础。银行业信贷投放要聚焦服务实体经济发展，符合产业发展方向。除国家禁止和限制类行业外，银行机构在重点帮扶县发放的贷款利率要低于其他地区，鼓励参照贷款市场报价利率（LPR）放款。支持保险公司发挥保险资金长期投资优势，积极参与重点帮扶县经济社会建设。确保每个重点帮扶县至少有1款优势特色农产品保险产品，鼓励引导保险公司适当降低重点帮扶县的政策性和商业性农业保险费率，支持保险公司优先在重点帮扶县开展防止返贫保险。银行保险监管部门要设立"绿色通道"，优先在重点帮扶县设立银行保险机构。

2. 完善服务乡村振兴的金融服务体系

《关于2021年银行业保险业高质量服务乡村振兴的通知》提出，要进一步强化各类机构定位、服务重点，着力提升差异化竞争能力，构建层次分明、优势互补的服务体系。开发银行和政策性银行要坚守开发性、政策性金融定位，加大对"三农"重点领域的中长期信贷支持，加大转贷资金对乡村振兴的投入力度。大中型商业银行要在服务对象、服务领域、网点布局、产品设计等方面提升差异化竞争能力。农村中小银行机构要坚守支农支小定位，深化改革，充分发挥深耕当地的优势，不断提高"三农"金融供给能力。鼓励开发适合乡村振兴的商业保险产品，政策性保险要积极争取财政支持政策，完善产品条款，科学拟定费率。

鼓励银行业金融机构建立服务乡村振兴的内设机构。在内部政策倾斜方面，在原有经济资本配置、内部资金转移定价、人员配备、考核激励、费用安排的基础上，鼓励银行在信贷审批流程、授信权限、产品研发方面对乡村振兴业务予以政策倾斜。

推行对金融机构服务乡村振兴情况的考核评估。2021年6月，中国人民银行、银保监会发布《金融机构服务乡村振兴考核评估办法》，突出了金融对乡村振兴重点领域和薄弱环节的支持，强调对新型农业经营主体、小农户等的支持。金融管理部门将把评估结果作为履行货币政策工具运用、市场准入管理、金融监管评级、机构审批设立、业务范围调整等宏观调控和金融监管职能的重要参考，督促引导金融机构加大对乡村振兴的支持力度。

3. 强化对粮食、种业等重要农产品和产业的融资保障

围绕高标准农田建设、春耕备耕、农机装备、粮食流通收储加工等全产业链制定差异化支持措施。鼓励有实力有意愿的农业企业"走出去"，支持培育具有国际竞争力和定价权的大粮商。继续做好生猪、棉、油、糖、胶等重要农产品稳产保供金融服务，促进农产品市场平稳健康发展。

建立重点种业企业融资监测制度，强化银企对接，对符合条件的育种基础性研究和重点育种项目给予中长期信贷支持，加大对南繁硅谷、制种基地和良种繁育体系的金融支持力度。鼓励天使投资、风险投资、创业投资基金加大对种子期、初创期种业企业和农业关键核心技术攻关的资金投入，支持符合条件的种业企业通过股权、债券市场进行直接融资。

4. 金融支持构建现代乡村产业体系

积极满足乡村特色产业、农产品加工业、农产品流通体系、农业现代化示范区建设、智慧农业建设、农业科技提升等领域的多样化融资需求，创新支持休闲农业、乡村旅游、农村康养、海洋牧场等新产业新业态的有效模式，推动农村一、二、三产业融合发展。加强金融机构与核心企业协同配合，因地制宜创新供应链金融产品。推动开展生产、供销、信用"三位一体"综合合作试点。推进现代农业全产业链标准化试点。支持创建产业强镇、农业产业化联合体。

5. 增加对农业农村绿色发展的资金投入

围绕畜禽粪污资源化利用、秸秆综合利用、农业面源污染综合治理、农村水系综合整治、国土绿化等领域，创新投融资方式。鼓励金融机构发行绿色金融债券，募集资金支持农业农村绿色发展。

6. 优化农村基础设施建设金融服务

在明确还款来源、收益覆盖成本、符合地方政府债务管理规定的基础上，鼓励金融机构创新金融产品，加大对农村道路交通、水利、供电、供气、通信、人居环境整治、仓储保鲜冷链物流、农产品产地市场等基础设施的中长期信贷支持力度。支持引导工商资本下乡，促进城乡要素双向流动，鼓励金融机构依法合规开发适应

城乡融合发展需求的金融产品和服务模式。加大金融服务县域内城乡融合发展力度，支持县域打造特色主导产业和各类人员返乡入乡创业就业，增强县域经济发展实力。完善针对农村电商的融资、结算等金融服务。

7. 强化金融产品和服务方式创新

针对新型农业经营主体和小农户的需求特点，创新专属金融产品。进一步发展农户小额信用贷款，将产业扶贫贷款调整为产业带动贷款。鼓励银行业金融机构针对家庭农场、农民合作社、农业产业化龙头企业等新型农业经营主体特点，开发专属贷款产品，并在市场化、可持续的基础上积极开办新型农业经营主体贷款业务，增加首贷、信用贷。各地农业农村部门要定期更新发布示范类新型农业经营主体名单，向银行业金融机构和政府性融资担保机构推送。《关于2021年银行业保险业高质量服务乡村振兴的通知》提出，加大对进城农民就业创业与安家落户的金融支持力度。大力发展农业供应链金融，重点支持县域优势特色产业，带动农民分享产业增值收益。审慎规范发展农村消费金融产品和服务，满足农民合理消费需求。大力支持返乡入乡创业园区建设，鼓励通过"银保担"合作、供应链金融、设立绿色通道等方式为返乡入乡创业企业提供优质金融服务。

2021年5月，中国人民银行、中央农办、农业农村部等六部门联合发布《关于金融支持新型农业经营主体发展的意见》，对做好新型农业经营主体金融服务提出了具体要求，涉及加强信息共享、增强金融承载力、健全金融服务组织体系、推动发展信用贷款、拓宽抵押质押物范围、创新专属金融产品和服务、完善信贷风险监测分担补偿机制、拓宽多元化融资渠道、提升农业保险服务能力、强化政策激励等方面。强调应加强新型农业经营主体信息共享，健全名单发布制度，加强银企融资对接。银行业金融机构要为符合条件的新型农业经营主体提供免担保的信用贷款支持，制定符合新型农业经营主体不同类型特点的差异化信用贷款政策。积极开展新型农业经营主体"首贷"、无还本续贷业务。支持符合条件的新型农业经营主体通过债券和股权进行融资。健全农业再保险制度和大灾风险分散机制。

推广农村承包土地的经营权抵押贷款业务，大力开展保单、农机具和大棚设施、活体畜禽、圈舍、养殖设施等抵押质押贷款业务。在农村宅基地制度改革试点地区，依法稳妥开展农民住房财产权（宅基地使用权）抵押贷款业务。在具备条件的地区探索开展农村集体经营性资产股份质押贷款、农垦国有农用地使用权抵押贷款、农村集体经营性建设用地使用权抵押贷款、林权抵押贷款等业务。

扩大稻谷、小麦、玉米三大粮食作物完全成本保险和种植收入保险实施范围，将地方优势特色农产品保险以奖代补做法逐步扩大到全国，加强农业保险保费补贴管理。2021年6月，经国务院第139次常务会议审议通过，在13个粮食主产省份的产粮大县扩大三大粮食作物完全成本保险和种植收入保险实施范围。2021年12月，财政部出台《中央财政农业保险保费补贴管理办法》，具体明确了16个大宗农产品保险和地方优势特色农产品保险的保费补贴方案，以及保险方案、预算管理、机构管理等内容。2021年，中央财政拨付保费补贴333.45亿元，较上年增长16.8%，带动我国农业保险实现保费收入965.18亿元，为我国农业生产提供风险保障4.78万亿元。[①]

推动农村数字金融创新。鼓励银行业金融机构在依法合规、风险可控的前提下，基于大数据和特定场景进行批量获客、精准画像、自动化审批，切实提高对农村地区长尾客户的服务效率。鼓励保险机构探索开展线上承保理赔工作，提高农业保险的数字化、智能化经营水平。

8. 加强农村信用体系建设

《关于2021年银行业保险业高质量服务乡村振兴的通知》对农村信用体系建设提出以下要求。

推进农村信用信息平台建设。各级监管部门要推动地方政府在有条件的地区建立并完善域内涉农信用信息数据平台，整合财税、农业农村、市场监管、林业、气象、社保等部门的涉农信用信息和风险信息。在信息查询、供需对接、抵押登记等方面为供需双方提供便利。

开展农村信用建档评级工作。各级监管部门、地方政府、基层协同推动，压实银行业金融机构责任，开展新型农业经营主体信用建档评级工作，力争在2023年底基本实现全覆盖。实现对新型经营主体授信"能授尽授"，合理用信需求得到有效满足。

优化农村信用生态环境。各级监管部门与地方政府联动，完善对逃废债行为的联合惩戒机制，协助化解农村各类信用风险。协调配合有关部门加大对农村非法集

---

① 财政部有关负责人就修订出台《中央财政农业保险保费补贴管理办法》答记者问 [EB/OL].（2022-01-14）[2022-04-08]. http://jrs.mof.gov.cn/zhengcejiedu/202201/t20220114_3782622.htm.

资等违法金融活动的打击力度，加强对农村金融消费者的宣传教育。

（二）健全农村金融服务组织体系

1. 完善涉农信贷风险监测、分担和补偿机制

2021年5月，中国人民银行等六部门联合发布《关于金融支持新型农业经营主体发展的意见》，提出要充分发挥全国农业信贷担保体系和国家融资担保基金作用，适当简化担保业务流程，维持较低的担保费率，降低反担保要求，采取有效措施进行代偿。加强对农业信贷担保放大倍数的量化考核，推动其提高担保规模、优化担保服务。支持政府性融资担保机构和银行业金融机构在风险共担前提下，共同创设"见担即贷""见贷即担"等产品模式，开展银担"总对总"批量担保业务，开发首次贷款担保产品，做到应担尽担。鼓励有条件的地方建立健全风险补偿机制，通过市场化方式为新型农业经营主体提供信贷风险分担，筑牢金融风险防火墙。

2. 鼓励规范开展农民合作社内部信用合作

2021年中央一号文件中明确提出地方政府监管和风险处置责任，稳妥规范开展农民合作社内部信用合作试点。《关于金融支持新型农业经营主体发展的意见》提出，在明确地方政府监管和风险处置责任的基础上，稳妥规范开展农民合作社内部信用合作试点。2021年3月，农业农村部发布《关于开展2021年农民合作社质量提升整县推进试点工作的通知》，扩大自2018年10月启动的农民合作社质量提升整县推进试点范围，提出应强化农民专业合作社服务功能，鼓励以农民合作社为组织载体发展生产、供销、信用"三位一体"综合业务合作。在加强监管的前提下，鼓励农民合作社和联合社依法依规开展互助保险，稳妥规范开展农民合作社内部信用合作。

3. 多渠道补充中小银行资本

2021年1月，中国人民银行会同银保监会结合国内外实践，设计完善了转股型资本债券相关制度，并已批复浙江稠州银行、宁波通商银行在银行间债券市场发行转股型资本债券。转股型资本债券是一种含权的资本补充工具，当风险事件触发时，转股型资本债券可转为股权并参与发行人剩余资产分配。从国际实践看，转股型资

本债券具有转股的保护功能，有利于加强投资者保护。①

4. 推动村镇银行化解风险改革重组

2021年1月，中国银保监会发布《关于进一步推动村镇银行化解风险改革重组有关事项的通知》，提出支持主发起行向村镇银行补充资本以及协助处置不良贷款，适度有序推进村镇银行改革重组，支持引进合格战略投资者帮助收购和增资，以及强化对主发起行的激励约束等。

（三）继续对中小微企业实行金融支持

1. 优化对小微企业的信贷、担保等金融服务

2020年10月，国家发展改革委发布《支持"信易贷"平台向金融机构推荐信用状况良好企业有关工作的通知》，充分发挥信用体系建设助力中小微企业融资的积极作用，畅通资金直达实体经济渠道，支持各地通过全国中小企业融资综合信用服务平台（简称"信易贷"平台）向金融机构推荐信用状况良好的具有融资需求的企业名单，被推荐企业需符合"划型属于中小微企业、经营领域符合国家产业政策、信用状况良好、经营状况良好、具有真实融资需求"等条件。

2021年3月，中国人民银行会同银保监会、财政部、发展改革委、工业和信息化部发布《关于进一步延长普惠小微企业贷款延期还本付息政策和信用贷款支持政策实施期限有关事宜的通知》，将普惠小微企业贷款延期还本付息政策和普惠小微企业信用贷款支持政策的实施期限进一步延长至2021年底。

2021年4月，财政部、工业和信息化部发布《关于继续实施小微企业融资担保业务降费奖补政策的通知》，提出2021—2023年中央财政继续通过中小企业发展专项资金，采用奖补结合的方式，促进融资担保机构（含再担保机构）扩大小微企业融资担保业务特别是单户贷款1000万元及以下的担保、首贷担保和中长期贷款担保业务规模，降低小微企业融资担保费率。通过增设"分档定额奖励系数"，鼓励地方将小微企业融资担保费率降低至1.5%及更低水平。继续通过"因素法补助区域补助系数"，体现对中西部地区的倾斜支持。

---

① 中国人民银行. 创新转股型资本债券 多渠道补充中小银行资本 [EB/OL].（2021-01-25）[2022-04-15]. http://www.pbc.gov.cn/goutongjiaoliu/113456/113469/4171332/index.html.

2021年6月，中国人民银行发布《关于深入开展中小微企业金融服务能力提升工程的通知》，从大力推动中小微企业融资增量扩面提质增效、持续优化银行内部政策安排、充分运用科技手段、切实提升贷款定价能力、着力完善融资服务和配套机制等方面，对提升中小微企业金融服务能力提出具体要求。提出应加大对中小微企业的信贷投放，优化对个体工商户的信贷产品服务，扩大普惠金融服务覆盖面。开发并持续完善无还本续贷、随借随还等贷款产品，提升用款便利度，降低中小微企业融资的综合财务成本。依托人民银行征信中心应收账款融资服务平台，为供应链上下游中小微企业提供融资支持。

2021年10月，中国人民银行发布《关于做好小微企业银行账户优化服务和风险防控工作的指导意见》，指导银行业金融机构在风险可控的前提下优化和重塑银行账户管理机制和流程，鼓励推行简易开户服务、电子证照应用、政银联动合作，进一步提升开户服务便利度。指导银行提供开户进度查询服务，通过公示开户标准、建立负面清单和畅通投诉渠道等方式，提升开户服务透明度。聚焦小微企业账户风险防控，指导银行强化账户全生命周期管理，通过账户分类分级、精准识别可疑账户，倒查涉案账户等措施有效防控账户风险。指导银行通过完善质效考核、厘清涉案账户责任链，构建小微企业开户服务长效机制。

2021年12月，国务院办公厅发布《加强信用信息共享应用促进中小微企业融资实施方案》，进一步发挥信用信息对中小微企业融资的支持作用，推动建立缓解中小微企业融资难融资贵问题的长效机制。提出加强信用信息共享整合、深化信用信息开发利用、保障信息主体合法权益等方面措施，包括健全信息共享网络，进一步整合市场主体注册登记、行政许可、行政处罚、司法判决及执行、严重失信主体名单、荣誉表彰、政策支持等公共信用信息，不断提高数据准确性、完整性和及时性，优化信息共享方式和信用信息服务，完善信用评价体系，强化风险监测处置等。

2021年12月，中国人民银行发布《关于两项直达货币政策工具转换和接续 持续支持小微企业发展有关事宜的通知》，将两项直达实体经济的货币政策工具接续转换为市场化政策工具，持续支持小微企业发展。一是将普惠小微企业贷款延期支持工具转换为普惠小微贷款支持工具。金融机构与企业按市场化原则自主协商贷款还本付息。从2022年起到2023年6月底，中国人民银行按照地方法人银行普惠小微贷款余额增量的1%提供资金，按季操作，鼓励持续增加普惠小微贷款。二是从2022年起，将普惠小微企业信用贷款支持计划并入支农支小再贷款管理。原来用于支持普惠小微信用贷款的4000亿元再贷款额度可以滚动使用。

2. 用支农支小再贷款额度支持中小银行扩大对小微、民营企业的信贷投放

2021年9月，中国人民银行发布《关于新增3000亿元支小再贷款额度 支持地方法人金融机构向小微企业和个体工商户发放贷款有关事宜的通知》，向全国新增支小再贷款额度3000亿元，引导地方法人金融机构加大对小微企业和个体工商户的贷款投放，降低融资成本。中国人民银行提供商业银行的再贷款利率是2.25%，商业银行贷款的发放对象主要是小微企业，发放贷款的平均利率在5.5%左右。

2021年12月，中国人民银行下调支农支小再贷款利率0.25个百分点，调整后，3个月、6个月和1年期支农支小再贷款利率分别为1.7%、1.9%和2%。自2022年起，普惠小微企业信用贷款支持计划不再实施，支持计划的4000亿元额度纳入支农支小再贷款额度管理，支农支小再贷款额度在现有基础上调增。

3. 创新供应链金融服务模式

推动更多供应链上的核心企业，与中国人民银行的应收账款融资服务平台对接，发挥平台的确权功能。指导金融机构开展供应链授信，基于中小微企业在供应链中的合同、物流等信息展开授信。在推动落实及时支付条例的基础上，推动大型企业使用商业汇票替代其他形式的账款，引导金融机构开展票据贴现和标准化票据融资，中国人民银行提供再贴现支持，解决中小微企业应收账款被占用导致的资金周转困难，缓解中小微企业占款压力。

（四）推进农村普惠金融发展

2021年11月，财政部、中国人民银行、银保监会联合发布《关于实施中央财政支持普惠金融发展示范区奖补政策的通知》，在总结财政支持深化民营和小微企业金融服务综合改革试点城市奖补政策经验的基础上，自2022年起实施中央财政支持普惠金融发展示范区奖补政策，每省每年自主确定1~3个示范区。奖补基准为：东部地区每省每年3000万元，中西部和东北地区每省每年5000万元。奖补分为三档：第一档绩效系数为2，第二档绩效系数为1.5，第三档绩效系数为1。确定为示范区的计划单列市，奖补资金为每年3000万元。示范区和全省成效考核各占50%。

三、农村金融政策动向

（一）坚持服务实体经济，防范化解系统性金融风险

金融体系将继续完善金融有效支持实体经济的体制机制。2022年2月，中国人民银行发布《2021年第四季度中国货币政策执行报告》，提出下一阶段主要政策思路，包括强化中小微企业金融服务能力建设，引导金融机构继续增加首贷、续贷、信用贷。提高中小微企业供应链融资可得性，推动完善中小微企业融资配套机制。继续巩固拓展脱贫攻坚成果，做好金融支持种业发展、新型农业经营主体、农业农村基础设施建设等领域工作，引导金融机构创新专属金融产品和服务，更好满足涉农领域多样化融资需求。进一步发挥存款保险市场化处置平台作用，探索多种市场化、法治化方式，支持中小银行化解风险和补充资本。

（二）统筹金融精准扶贫与乡村振兴金融服务衔接工作

继续发挥结构性货币政策工具的牵引带动作用。《2021年第四季度中国货币政策执行报告》提出，将保持再贷款、再贴现政策稳定性，继续对涉农、小微企业、民营企业提供普惠性、持续性的资金支持，引导金融机构增加对信贷增长缓慢地区的信贷投放。做好两项直达实体经济货币政策工具的接续转换工作，加大对小微企业的金融支持力度，持续推动普惠小微贷款"增量、降价、扩面"，更好发挥其稳企业保就业的重要作用。

（三）发挥金融推动农村绿色发展的作用

《2021年第四季度中国货币政策执行报告》提出，通过实施碳减排支持工具和支持煤炭清洁高效利用专项再贷款，支持符合条件的金融机构为具有显著碳减排效应的重点项目提供优惠利率融资，支持煤炭的清洁高效利用，在确保能源供应安全的同时支持经济向绿色低碳转型。

（四）发挥多层次资本市场在乡村振兴中的作用

对脱贫地区继续实施企业上市"绿色通道"政策，继续支持符合条件的涉农企业在上海证券交易所、深圳证券交易所首发上市和再融资，在新三板市场挂牌融资。鼓励上市公司、证券公司等市场主体设立或参与市场化运作的脱贫地区产业投资基金和公益基金，通过注资、入股等方式支持脱贫地区发展。持续丰富农产品期货产品体系，上市更多涉农期货品种，完善期货合约和规则体系，提供更多符合乡村产业发展需求的标准化期货产品，引导带动农业经营主体提高农产品的标准化程度。支持农业经营主体利用期货市场开展套期保值，发挥"保险+期货"在服务乡村产业发展中的作用。

第 4 章

2021年中国农村金融服务新进展之一：绿色发展与普惠金融交相辉映[①]

2021年，随着世界百年未有之大变局和世纪疫情的深刻演变，全球经济发展格局发生深刻变化。新冠疫情在全球蔓延，对全球产业链、供应链产生巨大冲击，世界大部分经济体尤其是西方国家的经济呈现衰退态势。与之相对应的是，得益于党中央"统筹疫情防控和经济社会发展"的决策部署，中国经济克服种种困难，实现了总体稳健发展。尤其是在我国农村地区，在党中央"全面推进乡村振兴"战略指引下，我国"三农"经济保持稳健发展，体现出巨大发展活力和潜力。随着农业供给侧结构性改革的深入推进，我国"三农"经济在稳健发展的基础上，呈现出绿色发展、普惠发展两大鲜明特点。"三农"经济发展的新特点、新趋势，成为我国宏观经济实现高质量发展的基础性支撑。

经济是肌体，金融是血脉。"三农"经济的高质量发展离不开农村金融服务的助力和驱动。2021年，围绕服务"全面推进乡村振兴"、推动经济社会绿色低碳发展、促进农村地区实现共同富裕，在金融监管部门引领下，我国农村金融机构不断深化金融服务，绿色金融和普惠金融成为农村金融机构优化金融供给、满足"三农"金融服务需求的重要驱动，也是2021年我国农村金融实现高质量发展的显著特征。

---

① 如未特殊说明，本章数源均源于各省农信机构。

一、点绿成"金"：扮靓绿水青山新画卷

绿色是乡村的底色，在新发展理念指引下，绿色发展成为乡村振兴的必由之路。丰富的自然资源、良好的生态环境是中国广大乡村的最大优势和宝贵财富，如何保护好农村的绿水青山，并转化成金山银山，演绎好乡村振兴的"绿色奏鸣曲"、画好乡村振兴的"山水风景画"，是全面和高质量推进乡村振兴、实现农业农村现代化、助推"双碳"目标实现的核心命题。农信机构作为农村金融主力军、乡村振兴主办行、地方金融排头兵，与地方经济血脉相连、共生共荣，通过发展绿色金融，服务全面乡村振兴、助推实现"双碳"目标是农信机构的职责使命。

绿色发展是新阶段的主旋律，以绿色发展理念引领乡村振兴，是中国共产党深刻把握现代化建设规律和新时代城乡变化特征得出的结论，也是通向美好生活的必由之路。乡村全面振兴是将绿色发展理念融入农业生产、农村生活、文明新风建设中，从而实现生态经济化和经济生态化。

在"双碳"战略目标愿景下，我国绿色金融发展将迈上新台阶，逐渐成为银行业的主流经营模式。绿色发展的基础、潜力在于"三农"，山水林田湖草沙等绿色要素基础资产在农村，绿色金融最大的潜力、市场在农村，对于农信机构而言，客群大部分是最前端的绿色客户，绿色金融更是未来业务蓝海，在推进绿色金融、助力生态文明建设方面拥有得天独厚的基础、资源和优势，不仅要做农村金融的主力军，更要做绿色金融的主力军。

福建是"两山"理念的孕育地、全国林改的发源地，也是发展绿色金融的试验区。作为扎根八闽、服务"三农"的农村金融主力军，福建农信以服务地方经济低碳、循环、生态发展为己任，把绿色发展融入经营理念，持续创新绿色金融产品与服务模式，取得了一系列积极成效。

福建素有"八山一水一分田"之称，山多林多是福建的一大特色和优势，森林覆盖率连续40多年保持全国首位，这样的省情决定了林业是乡村振兴的主战场。多年来，福建农信依托林业资源优势，持续推进林业金融创新，让"活树"变"活钱"，实现"不砍树也致富"。

自2004年在全国首发林权抵押贷款以来，福建农信创新不曾间断，逐步形成了

以服务"绿色青山 生态福建"为主题的"福林"系列绿色金融产品。既有结合中央、省内林业贴息及生态公益林补偿等政策的"福林贷""惠林卡""益林贷",又有支持林下经济发展的"福茶贷""兴林贷""福卉贷",还有助推林竹生态价值实现的"碳汇贷""金林贷""林票贷"等碳金融产品,全方位满足林业经营主体多元化的融资需求。福建农信在全国林改第一县首创推出林权贷款"第一卡"——普惠金融·惠林卡,林农持有林权证或林下经济有关证明即可申办,期限最长5年,在享受上级财政3%贴息的基础上,可叠加享受1%的市级财政贴息,破解了林农面临的亩数小、抵押价值低、天然林无法抵押、林业收益周期长等贷款难、融资贵问题,实现资源变资本。

同时,福建农信系统从支持富民产业、激活绿色要素、挖掘绿色权益、改善基础设施四个维度,将绿色金融与乡村振兴有机融合,着力在农村绿色金融领域做特色、立标杆、定标准,当好绿色金融主力军,成为广大农村金融探索以金融推进绿色发展的典型案例。

——以支持富民产业为着力点,推动乡村特色产业绿色转型。主动对接乡村特色产业,对照绿色生产标准,创新支农绿色金融产品,在抵押品创新、绿色产业链创新等方面重点突破,打造绿色金融赋能乡村特色产业高质量发展的有效范式。例如,福建农信主动对接福建省农业特色产业——百亿元强县福鼎市的白茶特色产业集群建设,依托市政府白茶大数据溯源系统,建设福鼎白茶金融评级系统,精准采集36万亩茶园信息,累计发放白茶溯源信息卡8.14万张,核定溯源贴码白茶3.57万吨,依托溯源系统登记的信息档案和交易记录等要素证明,为茶农、茶经纪人、茶企等量身定制"福茶·溯源贷"系列产品,打造茶产业便捷融资通道,累计发放涉茶贷款1.87万笔、余额15.02亿元,实现了"数据信息化、交易线上化、溯源数字化、融资便捷化"。该做法入选福建省第一批金融科技赋能乡村振兴示范工程,被评为宁德市普惠金融改革试验区"普惠金融创新项目"。

——以激活绿色要素为着力点,推动生态资源价值实现。探索将生态资源特别是具有较强碳汇能力的生态资源(如林业碳汇)预期收益作为贷款的重要依据,激活生态产品的金融属性,助推生态产品价值转化,让"绿水青山"源源不断地转化为"金山银山"。例如,福建农信主动对接顺昌县"森林生态银行"试点建设推出的"一元碳汇"项目,推出专属信贷产品——碳汇致富贷,将脱贫户、脱贫村拥有的碳汇收益权通过"森林生态银行"设定质押向客户发放贷款,助力巩固脱贫攻坚成果。2022年1月,"碳汇致富贷"碳金融贷款产品被列入福建省第二批绿色金融改革可复制创新成果。

——以挖掘绿色权益为着力点,引导绿色低碳生活方式。探索通过降低绿色消费信贷成本、增加绿色低碳积分权益等方式,创新"低碳贷""绿金卡""绿存单"等金融产品,打造绿色低碳金融场景模式,引导绿色消费、绿色投资,倡导绿色家居、绿色出行,使绿色低碳意识深入民心。例如,福建农信紧抓三明市创建省级绿色金融改革试验区契机,把三明农商银行作为绿色金融改革"试验田",相继创新"低碳贷""绿金卡""绿消贷""绿存单"等绿色金融产品,充分挖掘低碳积分、绿色消费等权益。其中,2021年11月,福建农信在三明农商银行首发的"绿金卡"产品,是集合联盟商圈消费享优惠、绿色消费分期费率享优惠、绿色出行享优惠等活动打造的绿色消费专属信用卡,目前已在全省推广。

——以改善基础设施为着力点,助推美丽宜居乡村建设。积极介入农村人居环境整治、推进城镇污水处理设施及配套管网建设、城乡公共交通系统建设与运营等领域,创新绿色金融产品,加大资金投入,支持发展绿色交通、绿色建筑,着力改善乡村基础设施,提高农民生活品质。例如,福建农信主动对接农村供水保障工程、农村污水处理项目等乡村基础设施建设,积极提供金融服务方案,向龙海市城投污水处理有限公司授信1亿元,专项支持综合整治污水处理建设项目,服务人口达18.9万人,让乡村更宜居,让百姓更幸福。

二、战略护航:搭建绿色金融发展体系

近年来,国家政策层面不断加大推进绿色金融发展的力度,出台了一系列支持政策,引导银行业金融机构加大对绿色领域的投入。2021年被视为绿色金融崛起"元年",围绕"双碳"目标,我国出台"1+N"政策体系,从政策层面明确绿色金融的重要作用。2021年5月,中国人民银行发布《银行业金融机构绿色金融评价方案》,将绿色债券纳入银行业金融机构业务评价体系。紧接着,全国碳排放交易市场开市,银行探索碳排放权纳入抵质押担保范围迎来政策利好。2021年11月,中国人民银行宣布创设推出碳减排支持工具,支持金融机构向符合条件的企业提供碳减

排贷款。

循着政策的鼓点，我国金融业持续推动实体经济绿色发展，银行、保险、基金、信托、融资租赁等金融机构竞相追逐，已形成包括绿色贷款、绿色债券、绿色保险、绿色基金、绿色信托、碳金融产品等在内的多层次绿色金融产品和服务。中国人民银行发布的数据显示，我国绿色贷款保持高速增长。

政策驱动之下，我国农村金融机构积极融入绿色发展大潮，充分发挥立足县域、贴近"三农"、决策链条短等传统优势，从体制机制、产品创新、数字赋能等多个层面发力，探索建立起支撑绿色金融可持续发展的战略体系。例如，浙江省紧紧围绕新发展理念，以绿色金融改革创新试验区建设为引领，因地制宜，点面结合，在绿色金融体制机制、组织体系、产品服务等方面创新实践，着力打通"绿水青山"转化为"金山银山"的金融通道，初步实现金融改革与经济转型良性互动、环境效益与经济效益双赢发展、人与自然和谐共生。浙江农信牢牢把握身处绿色金融改革试验区的先行优势，持续推动机制完善、产品创新、数字赋能，加快构建有利于碳减排的小法人绿色金融体制机制，全面助力绿色金融改革创新。截至2021年末，全系统绿色信贷规模达537亿元，较年初增加239亿元，增幅80.2%。

建立健全小法人特色绿色金融工作机制。一直以来，浙江农信在创新推动绿色金融工作体制机制建设上勇于探索、敢为人先。早在2016年5月，安吉农商银行就率先成立全国首家小法人银行绿色金融事业部，满足地方经济绿色转型的需求；南浔农商银行于2017年6月设立全国首家绿色金融基层专营机构，与221个村签订战略合作协议，授信48.72亿元。湖州农信牵头发布了《绿色普惠信贷实施要求》等三项绿色金融地方标准。2021年，安吉农商银行还成立了首家"碳中和"试点支行，标志着浙江农信在积极参与湖州国家绿色金融改革创新试验区建设方面取得了新突破。2021年，在总结湖州、衢州成功经验的基础上，浙江农信率先在全国农信系统出台《浙江农信"碳达峰碳中和"金融服务八大机制》，聚焦服务"双碳"目标八大方面，建立起一套有农信小法人特色的"双碳"金融服务机制标准框架，为助力全省"碳达峰碳中和"加速落地再添金融动力。

强化绿色金融产品服务创新。浙江农信因地制宜，创新推出了不少接地气、有成效的绿色产品服务。一是创新推广林权抵押贷款。对森林资源良好、权属清晰的林权，经评估后用于抵押并给予一定贷款利率优惠。截至2021年末，浙江农信系统林权抵押贷款40.52亿元，惠及2.57万户；公益林质押贷款2.21亿元，惠及3242户。此外，还包括农房抵押贷款余额114.78亿元，惠及2.48万户；土地经营权抵押贷款13.89亿元，惠及2933户。通过上述探索，"沉睡资产"转换为"真金白银"。二是创新排污治污市场信贷产品。将排污权、水利项目周边土地开发收益权、水利工程资产及经营性项目等转换为融资资产。如绍兴瑞丰农商银行积极支持当地印染企业开展排污权抵押融资业务，支持企业提升污水处理能力，大幅减少对自然水域的污染排放，到2021年末，瑞丰农商银行已经为当地42户企业提供了8.48亿元的排污权抵押融资。三是扩大绿色信用贷款惠及面。创新涉农贷款方式，简化办贷手续，为农民专业合作社提供差异化金融服务。安吉农商银行推出"两山农林贷"，向符合条件的农民专业合作社、涉农企业等发放信用贷款，成为全国首个金融参与中央财政支持农民专业合作社及社员融资的银行。截至2021年末，"两山"系列贷款余额4.5亿元，惠及749户。

加快数字化转型赋能绿色金融发展。近两年来，浙江农信大力实施数字化转型发展战略，并将其深刻融入绿色金融发展实践。一是打通部门间数据通道。如湖州、衢州农信系统联合当地政府建立绿色信用信息数据库，通过公布企业碳排放、环境违规记录、环境信用评价等信息，建立企业绿色评级体系，营造金融引导绿色发展的良好环境。二是完善绿色信息共享机制。如安吉农商银行与县发展改革委、生态环境局等部门合作，将环境保护及节能减排作为制定信贷政策的重要参数，实行差异化信贷政策。三是丰富绿色普惠应用场景。如湖州农信大力推广智慧医疗、智慧菜场、智慧景区等"智慧支付"工程建设，搭建服务场景75个。同时，将物业费、水电煤等各类民生缴费项目和日常生活服务事项归集至"丰收互联"App，在节能减排的同时更便民。

积极探索推进绿色金融融入社会治理。一方面，积极完善信用体系建设。比如，安吉农商银行结合绿色金融创新元素，试点推行"绿色信用户""绿色信用村""绿色信用乡"信用体系创建，积极营造当地绿色、健康的信用生态环境。另一方面，积极推动生态文明建设。江山农商银行率先创建"个人碳账户"系统平台，通过量化个人绿色行为，以积分激励等方式，倡导居民低碳行动。"个人碳账户"模式已成为衢州绿色金融改革成功样板的"八大模式"之一。

除了信贷领域，农村中小银行还将绿色金融的场景延伸至资本市场。2016年12

月，江苏南通农商银行发行5亿元绿色金融债券，成为全国农信系统中首家成功发行绿色金融债券的机构，填补了绿色金融债券农信机构发行主体的空白。截至2021年末，全国共有15家农商银行发行绿色金融债券（重庆、马鞍山、昌吉、长兴、安吉、德清、四会、西宁、泰兴、上海、邢台、青岛、南通、颍泉、广州），其发行的绿色金融债券主要用于节碳项目、绿色公交、乡村绿色改造提升工程等方面。

2021年2月，作为绿色债券创新品种——碳中和债券一级市场拉开序幕；2021年7月全国碳排放权交易市场正式启动，部分银行陆续推出碳排放权抵押贷款、国家核证自愿减排量质押贷款等产品，为银行扩大融资提供有效的担保基础。2021年全年商业银行发行绿色金融债券规模约为1275亿元。随着国家"双碳"目标的提出、绿色金融监管及税收优惠等政策的推出，会有更多农村中小银行加入绿色金融资本市场大潮。

三、普惠金融：向下扎根，向上生长

党的十八大以来，党中央高度重视普惠金融工作，制定出台了一系列促进普惠金融发展的战略规划和政策措施，引领金融业走出了一条中国特色的普惠金融发展之路。

2021年，在国家普惠金融政策引领下，农村金融机构沉下身、沉下心、沉下力，充分发挥"点多、面广、人熟"的地方法人银行优势，在机制体制、资源配置、考核激励等方面进行探索，致力于不断提升普惠金融质效，为客户提供更有温度、有速度、有深度的金融服务，为乡村振兴提供更加有力的金融支撑。

信用变"现金"，贷款不再难。山东省临沂市费县新庄镇金石沟村的李国栋是全县评定的乡村好青年，费县开启美德信用积分制管理后，他已累计获得560分的美德积分。提出贷款申请后，费县农商银行迅速为其匹配了"美德信用贷"这一新型信贷产品，根据他的经营情况和实际需求，以美德信用积分为基础，通过"信e贷"线上办贷通道，为他实时发放30万元纯信用贷款，真正将无形的"道德资产"变成有形的信贷支持。在广阔的农村大地，类似李国栋这样信用变"现金"的美事不胜枚举。

近年来，各地普惠金融试验区加快建设普惠金融信用体系，将基于日常品行、致富能力等十分"接地气"的信用评价体系和信用贷款紧密结合起来。山东省临沂市设立普惠金融服务乡村振兴改革试验区后，临沂市农商银行加快推进农村信用体系建设，扎实开展"道德获贷"系列行动，创新推出纯信用、低利率的"道德模范贷""美德信用贷"系列产品，大力推广"美德+信用+金融"服务模式，以普惠金融的"硬实力"撬动基层治理的"软环境"，为乡村振兴提供有力的支撑和保障。

在兰考，如果农户信用被评为"A级"或"2A级"或"3A级"，他就能通过政府授信的方式申请到3万~8万元不等的"产业扶贫信用贷"，还能享受"无抵押、无担保"的优惠待遇。孝敬老人、邻里关系和谐，还有致富营生的小手艺……这些在其他地方或被视为农民身上的"软实力"，在兰考就变成了数以万计的真金白银。通过这一"信用+信贷"的联动体系，千余户脱贫农户在致富路上获得千万元的银行授信，并享受财政全额贴息。

"公路"变"高速路"，金融服务如影随形。"足不出村领社保，田间地头办业务"，这是吉安当地群众对农商银行普惠金融服务站的形容。吉安辖区农商银行一方面将原有"村村通"助农取款服务点逐步升级为"普惠金融工作服务站"，另一方面为新设立的普惠金融服务站注入了更多的内涵——党群服务联系点、社保医保服务点、乡村信用治理点、乡村振兴工作改革试点。

"硬件"搭好了，"软件"也随之跟上。当地农商银行俯下身、沉到底，通过"政府主导、银行推进、村组参与、基层联动"的"金融村官"机制，将1100多名客户经理选派到村委会（社区）担任"金融村官"，实现全市村（社区）"金融村官"全覆盖，为群众提供三尺柜台之外的温情服务。"金融村官"下沉到村组、深入各网格内，翻山越岭，进村入户、走进千家万户，红土圣地上处处活跃着农商银行人的身影。

为了突破物理窗口等线下服务的制约，农信机构积极推动数字普惠金融创新，优化丰富"非接触式服务"手段，全面推进互联网金融、移动支付等线上金融服务的普及应用。吉安市农商银行大力推广手机银行、聚合支付等电子银行产品和"云服务"、社区通、社保通、校园通、银医通等一系列线上便民场景金融服务，并推出了百福"个商e贷""惠农网贷""居民网贷""创业易贷"等系列纯线上产品，实现贷款"线上办、秒审批"，有效满足客户"一次都不用跑"的服务需求，让普惠金融更"智慧"。目前，吉安辖内农商银行互联网金融客户突破146万户，电子银行替代率达95%，个人贷款线上发放占比接近90%，让广大客户"足不出户"办理业务，实现金融服务"线上通"。

"天堑变通途"，产品创新更接地气。无论是农户、小微商户，还是城镇低收入人群，资金是他们实现自身发展的最关键要素，但传统贷款产品的高准入门槛一直是这些弱势群体难以翻越的融资"高山"。

麦饭泉香菇种植合作社是山东省临沂市蒙阴县一家专门从事蘑菇种植的农民合作社，由于产品品质好、上游需求量增大，合作社决定新上40个蘑菇大棚来扩大生产，但600万元的资金缺口却让合作社直发愁。

没有抵押物，也难以有担保，这是农民合作社在融资上一直面临的难题。就在合作社一筹莫展时，临沂普惠金融试验区改革方案给出了解题思路。方案提出，要加大对农业产业化龙头企业、农民专业合作社等新型农业经营主体的支持力度，山东推出了"央行资金产业扶贫贷"，规定每带动一个贫困人口脱贫，可最高得到20万元的资金支持。

蒙阴农商银行调研发现，这家合作社里有50多户建档立卡贫困户，虽然已经全部脱贫，但脱贫不脱政策，依然可以享受这项创新贷款。于是，蒙阴农商银行结合香菇种植的经营模式和央行资金产业扶贫贷的政策，给这家合作社发放了500万元的纯信用、低利率贷款。资金来了，合作社效益好了，在合作社里工作的几个村民收入也跟着涨了。像这家合作社一样受益的涉农企业、合作社在当地还有不少。

在全国各地普惠金融实践探索中，当地农信机构坚持客户需求导向，瞄准金融需求盲区，持续加快产品创新步伐，推出了针对不同行业、不同职业、不同年龄段群体的涉农信贷产品、小微信贷产品、特色信贷产品等，实现融资像买矿泉水一样方便。

四、数字普惠：为金融插上科技翅膀

2021年，农村普惠金融的发展呈现一个典型的趋势，即传统普惠金融服务与现代数字技术深度融合，为普惠金融发展带来了新的生命力和驱动力。数字普惠金融通过批量化获客、自动化审批、智能化风控等技术手段大幅度降低普惠金融服务成本，使支付、融资、理财、保险等服务更加便捷，有效降低服务成本和门槛，提高服务效率，成为普惠金融发展的主流。农村中小银行加快推进农村数字普惠金融发展，积极实施"三农"业务数字化转型，以大数据、区块链等现代信息技术为基础，以数字金融产品和平台为载体，以场景金融服务为手段，不断为普惠金融注入科技金融力量，让金融服务与客户实现了"零距离"。

小微企业融资不再贵，农户贷款不再难，老年客户也能享受到科技金融产品带来的便利……借力数字科技，农村金融产品和工具应用日益丰富，金融服务数字化创新应用持续涌现，金融服务的效率和包容性大幅提高，金融服务的门槛和成本也大大降低。

数字经济的飞速发展、互联网的迅速普及带动普惠金融向更广阔的农村市场、更广泛的个体覆盖，将金融服务触角向下延伸至更深、更广的县域、乡镇，硕果累累。银保监会发布的数据显示，2021年四季度，农村金融机构发放普惠型小微企业贷款60547亿元，占银行业金融机构发放总量的31.74%。这就意味着，农村金融机构用银行业13.3%的总资产，发放了全国31.74%的普惠型小微企业贷款。

其中，农村中小银行数字普惠金融发展的成绩单十分亮眼。截至2021年末，在三秦大地，陕西农村信用社联合社（以下简称陕西信合）累计为217万名客户提供了数字普惠贷款授信2279亿元，数字普惠贷款余额突破700亿元；在之江之畔，浙江农信积极创新"浙里贷"等"数据+人工"双轮驱动的数字贷款产品，余额达2497.35亿元，较年初增长790.01亿元，增速为46.27%。

从三江平原到天山脚下，从蒙古高原到南海之滨，从城市社区到乡镇农户，越来越多的农村中小银行积极探索数字普惠金融，借力数字技术深耕下沉服务、向下扎根，为乡村振兴注入"金流"。

——脚步下沉：整村"数"信，让信息沉淀到每一户农民。数字化赋能整村授信业务，使采集端"无纸化"、处理端"流水化"，银行通过建立数据库为客户进行"多维画像"，大大提高了整村授信的精准度和效率。在数据驱动下，客户贷款实现在线即时申请无面签、实时审批零等待、办理流程全线上，银行整村授信突破了时空限制、简化了操作流程、加快了办贷速度，让农村客户办理贷款"最多跑一次"，乃至"一次都不跑"，将金融普惠的阳光雨露播撒到千家万户。

——场景下沉：更具针对性的场景创新产品，让金融服务更接地气。数字技术赋能，让针对小微企业、个体工商户、农户的金融贷款产品更具针对性，为客户提供了更加贴合实际需求、满足特色需要的个性产品。青海农信推出主要面向农牧户的经营性信用贷款产品"惠万家·信用贷",客户通过手机App,不过几分钟,贷款就能够顺利到账。截至2021年末,青海农信已累计通过小微企业信用服务平台授信4万笔、金额25亿元。广东农信结合当地特色文旅资源,依托大数据风控技术,创新推出"乡村风貌贷""一村一品贷""民宿贷""宅基贷"等信贷产品,支持旅游基础设施建设,推动农产品精深加工及农业与文旅产业融合发展。以陕西信合为代表的农村中小银行积极构建数字普惠贷款服务体系,将金融科技产品送到田间地头,推进农户贷款普惠化、小微贷款专业化、消费贷款场景化、小额贷款线上化,进一步提升了支农支小水平。

——技术下沉:数字驱动金融服务,让小微"首贷"不再难。运用大数据、云计算等现代技术手段,农村中小银行收集整合小微企业生产、经营、销售、利税、征信等信息数据资源,建立健全了小微企业信用信息数据库,并在此基础上对小微企业进行精准评级、精准画像,及时掌握小微企业生产经营、资金需求情况,有效提高了小微企业"首贷户"的金融服务效率。

此外,金融机构深耕数字支付,积极向农村地区提供微信、支付宝、银行收款二维码、POS机等互联网支付和移动支付服务。农村中小银行也在农村地区广泛布设ATM、POS机、农民自助服务终端等电子机具、设备,从改善用卡环境入手,推出适用面广、功能丰富的移动支付产品,并不断丰富支付场景,深化智慧场景应用,在进企入店、走村串巷、深入客户的过程中不断下沉服务重心,将全方位的金融服务延伸到农户家门口。

从"走街串巷跑客户"到"平台合作、批量开发",从"线下触达"到"线上线下有机融合",从"铺人设点、单打独斗"到"科技赋能、协同合作",既优化了客户服务,又实现了降本增效……数字普惠金融释放的"数字红利"吸引着越来越多的参与者加入发展数字普惠金融的队伍,各地农村中小银行数字普惠金融服务模式不断迭代升级。

线上线下高度融合、客户服务体验不断优化、金融服务质量和水平提升……在金融科技力量的加持下,数字普惠金融的发展更具可持续性。此外,客户线上完成业务办理,24小时可获得金融服务,进一步减少了客户对实体网点的需求,农村群体金融服务可得性的提升促使数字普惠金融呈规模化发展。

在数字技术驱动下,智能风控技术使传统风控环节中普遍存在的信息不对称、成本高、时效性差、效率低等问题得到有效缓解，在有效防控风险的同时，也大大降低了风控成本。

在降本增效的同时，数字技术也为融资难问题提供了行之有效的解决措施。农户融资难，主要难在金融机构无法为其精准画像。对于许多农户而言，信用贷款是最可行的融资方式，而这有赖于健全的农村信用体系。近年来，中国人民银行持续推动建设金融信用信息基础数据库，大力推进"信用户""信用村""信用乡（镇）"的评定与创建。各地因地制宜，逐步完善信用评定机制，推进信用村示范点建设。一些金融机构通过接入信用信息平台或与地方政府合作，获取更多涉农信息数据，再结合智能风控评估模型，逐步建立农户信息档案，有利于完善对行政村和农户的数字画像；将信用村建设与金融科技手段相结合，让农户享受批量准入、批量授信的便利。

借力数字技术赋能，普惠金融服务实现了广覆盖、深层次、高效率，进一步促进了农村数字普惠金融产品的多元化，越来越多的数字金融平台向"三农"领域提供多样化的金融服务。数字信贷、数字支付、数字保险、数字理财……传统金融产品逐步实现线上交易，信贷、理财、基金、保险等传统业务在线上就可办理。尤其是2021年以来，数字人民币加速推广应用，应用场景不断增加，个人不必开立银行账户即可享受银行的支付、转账服务。数字人民币"支付即结算"的特性也提高了企业的资金周转效率，降低了企业的资金使用成本。

当前我们已进入数字经济时代，依托数字技术推动普惠金融深度发展是大势所趋，更是不断提升普惠金融服务质效的有力抓手。对于农村金融机构而言，如何善用现代科技手段，积极拥抱数字技术，让普惠金融触角不断延伸、能力不断增强，以数字化转型全面提升服务乡村振兴的能力，是依然需要不断探索的时代命题。

（本文部分内容引自《中国农村金融》杂志2022年刊文：《聚焦乡村振兴 当好绿色金融"排头兵"》，文/艾力达娜；《助力"双碳"落地 服务"专精特新"》，文/祝达峰、施正可；《以"数"赋能 让普惠之花开遍乡野沃土，文/古慧子。）

第 5 章
2021年中国农村金融服务新进展之二：资本市场助力乡村振兴成效显著[①]

党的十八大以来，习近平总书记坚持用大历史观来看待农业农村农民问题并发表一系列重要论述，科学回答了"三农"工作的一系列重大理论和实践问题，这是做好新时代"三农"工作的行动纲领和根本遵循。

党的二十大报告明确提出全面推进乡村振兴，要求"坚持农业农村优先发展""加快建设农业强国，扎实推动乡村产业、人才、文化、生态、组织振兴""巩固拓展脱贫攻坚成果""健全农村金融服务体系"等。这些要求深刻阐释了如何推进乡村振兴、乡村振兴与农业农村发展等系列问题的重大意义。2022年底，中共中央办公厅、国务院办公厅印发了《乡村振兴责任制实施办法》，充分体现了以习近平同志为核心的党中央对"三农"工作一以贯之的高度重视。

近年来，在证监会的领导下，在各协会的组织协调下，资本市场全面落实党中央、国务院关于脱贫攻坚和推进乡村振兴的决策部署，充分发挥资本市场机制作用，积极探索资本市场服务中国农业现代化进程的新模式、新举措，推进脱贫攻坚、接续乡村振兴，取得了良好成效。

[①] 本章数据均源于网络公开数据，内容仅代表作者个人观点。

一、资本市场为乡村振兴注入发展动能

2021年是巩固拓展脱贫攻坚成果同乡村振兴有效衔接的第一年,需认真总结并借鉴脱贫攻坚中的有益经验和做法。

(一)加强资本市场顶层设计,做好脱贫攻坚工作的统筹规划

脱贫攻坚阶段,证监会统筹完善扶贫工作的组织、机制和人员等方面的基础制度建设,推动脱贫攻坚事业制度化、规范化前进。一方面,每年根据党中央、国务院关于脱贫攻坚的最新部署和要求,制定年度扶贫工作方案,印发年度扶贫工作要点,引导全系统全行业有目标、有计划、有重点地推进扶贫工作。另一方面,多措并举,扎实抓好定点帮扶工作。证监会共有9个定点帮扶县,地方证监局也积极承担地方政府的定点扶贫任务。证监会统筹证券期货交易所和承担定点帮扶责任的协会根据对口帮扶县的脱贫摘帽时间表,倒排工期,制订定点帮扶计划,并推动各项帮扶措施落地。

(二)积极发挥政策引导作用,完善社会责任激励约束机制

为贯彻落实国务院的战略部署,证监会出台了《中国证监会支持赣南等原中央苏区振兴发展的实施意见》,指导当地企业发行债券、到"新三板"挂牌等。为贯彻中央西藏工作座谈会精神,证监会就资本市场促进西藏发展提出了八项支持措施。证监会会同中国人民银行等七部门制定了《关于金融助推脱贫攻坚的实施意见》,提出了支持贫困地区的企业通过多层次资本市场进行融资的原则。证监会发布《关于发挥资本市场作用服务国家脱贫攻坚战略的意见》,对资本市场服务脱贫攻坚作了详细安排和具体部署,支持贫困地区企业充实资本,提升市场竞争力,增强扩大就业、增加地方财政收入的带动示范效应。证监会指导沪、深证券交易所发布扶贫专项公司债券相关问题解答,支持注册地不在贫困地区的企业发行扶贫专项公司债券和资产支持证券,募集扶贫项目资金。交易所以定期报告信息披露为抓手,鼓励上市公司当好履行社会责任的先锋队。

(三)充分发挥资本市场功能作用,助力乡村振兴

发挥资本市场在优化资源集聚、流转和配置中的积极作用,通过发行上市、再融资、发行债券和资产支持证券、并购重组、发行基础设施公募REITs、在新三板市场发行股份、在区域性股权市场挂牌融资、私募股权、设立或参与以市场化方式运作的产业投资基金或乡村振兴基金等方式,促进发达地区的资金、人才、技术流向欠发达地区,不断借助资本力量积极促进乡村发展、乡村建设与乡村治理,加快乡村振兴新进展,加大农业农村现代化建设新步伐。

(四)注重发挥行业优势,构建行业合力帮扶机制

中国证券业协会发起"一司一县"结对帮扶倡议,中国期货业协会推出"一司一结对"帮扶措施,中国证券投资基金业协会设立"基金行业扶贫公益联席会制度",中国上市公司协会积极引导上市公司充分披露相关情况,支持上市公司深度参与精准扶贫和乡村振兴。接续乡村振兴阶段,中国证券业协会制定了《证券公司履行社会责任专项评价办法》,从服务乡村振兴、践行新发展理念、参与社会公益等方面规定了评价内容,进而完善社会责任激励约束机制。2021年10月,52家证券公司签署《证券行业促进乡村振兴公益行动发起人协议》,首期承诺公益投入3.3亿元,以巩固"一司一县"脱贫成果为重点,开展专业服务和公益活动,助力乡村振兴,促进共同富裕。中国期货业协会制定了《2021年期货公司乡村振兴工作情况考评方案》,从结对帮扶、资金投入、产业帮扶等方面开展乡村振兴工作取得的实际成效考评。

2022年1月,中国期货业协会发布《期货行业全面推进乡村振兴助力实现共同富裕倡议书》,号召期货经营机构立足价格发现和风险管理专业优势,以期货专业帮扶为抓手,推动提高农业综合生产能力、服务农业稳产保供、保障农户稳收增收,多措并举服务乡村全面振兴、助力实现共同富裕。2022年12月,深交所发布国证社会帮扶100指数,样本股涵盖近3年参与乡村产业、消费帮扶等工作的上市公司,帮扶100指数是国内首只聚焦社会帮扶事业的指数,有利于发挥上市公司的示范引领效应,促进形成资本市场助力乡村产业发展新局面。

二、资本市场助力乡村振兴的主要方式

（一）通过资本市场工具助力融资补位

1. 发行上市和再融资

古人云"授人以鱼，不如授之以渔"。通过资本市场帮助欠发达地区企业融资、扩大生产，使其产生持续盈利能力，从而更好地带动当地经济发展，是行之有效的帮扶方式。截至2021年末，共计24家脱贫地区企业首发上市，融资172.61亿元；共计9家农牧业企业首发上市，融资86.76亿元；共计16家企业完成再融资，融资375.11亿元。[①]

2. 在新三板市场发行股份

2021年，全国股转公司对涉及脱贫地区挂牌企业的普通股及优先股发行实行"绿色通道"，采取"专人审查、优先审查"政策，提高融资效率，共计完成13单脱贫地区挂牌公司定向发行审查，融资金额约8亿元。

3. 发行债券和资产支持证券

交易所债券市场推出乡村振兴公司债券。2021年6月，深交所首单乡村振兴专项债顺利落地，募集资金用途聚焦"三农"发展，用于乡村振兴项目的建设、运营、收购等，有利于尽快补齐农业农村发展短板，完善乡村基础设施，盘活各类资产资源，服务农业农村现代化进程。截至2021年末，交易所债券市场累计发行扶贫公司债及资产支持证券873亿元，发行乡村振兴公司债71亿元。[②]

（二）稳步扩大"保险+期货"试点

在《中国证监会关于发挥资本市场作用服务国家脱贫攻坚战略的意见》的指导和支持下，自2016年起，大连商品交易所、郑州商品交易所、上海期货交易所三大交易所先后开启"保险+期货"试点项目建设工作，优先鼓励在贫困地区开展项目，

[①] 中国证监会. 中国证券监督管理委员会年报（2021）[EB/OL].（2022-09-29）[2022-10-18]. http://www.csrc.gov.cn/csrc/c100024/c5799921/content.shtml.

[②] 同上。

聚焦服务脱贫攻坚战略。2021年，三大交易所在黑龙江、陕西、云南等29个省（自治区、直辖市）开展331个"保险+期货"项目，涉及天然橡胶、白糖、棉花、苹果、红枣、大豆、玉米、鸡蛋、豆粕、生猪、花生11个品种，保障现货规模约417万吨，承保土地面积约970万亩，为约70万农户提供价格和收入保障。①

（三）加大产业帮扶力度，提升县域经济"造血"功能

资本市场产业帮扶主要是上市公司或者对口援助的证券、期货和基金公司等，通过采购原材料、投资设厂、建设一个农业文化品牌、利用"公司+农户+合作社"等多种形式帮扶县域产业发展。

三、资本市场助力乡村振兴的成效

近年来，在证监会的领导下，在各协会的组织协调下，资本市场广泛参与、积极行动，逐步探索出农村金融服务的有效方式和特点，并不断积累相关经验。本部分将主要围绕选取的部分主体的实践经验总结归纳，介绍各主体支持乡村振兴的方式、特点及经验。

（一）证监会及系统单位

证监会深入落实党中央、国务院各项决策部署，切实贯彻精准方略，注重发挥资本市场机制作用，形成全系统、全行业脱贫的良好局面，定点扶贫工作取得明显成效。自2017年起，证监会连续3年获得原国务院扶贫办定点扶贫工作"好"评定。

按照原国务院扶贫办的安排部署，证监会于1998年9月开始参与定点扶贫工作，最初帮扶云南省香格里拉县和宁蒗县，2002年4月调整为帮扶安徽省宿松县和太湖县。在2012年底定点扶贫对象调整中，证监会主动新增帮扶河南省兰考县等8个县，2016年6月新增新疆喀什地区的麦盖提县。在开展对口帮扶期间，证监会通过选派优秀干部到定点县挂职、金融扶贫、产业扶贫、健康扶贫、教育建设、消费扶贫等多

---

① 中国证监会. 中国证券监督管理委员会年报（2021）[EB/OL].（2022-09-29）[2022-10-18]. http://www.csrc.gov.cn/csrc/c100024/c5799921/content.shtml.

种方式支持欠发达地区发展，取得突出成绩。

在定点帮扶之外，证监会以多层次资本市场建设为依托，充分调动行业和市场力量，多渠道、多方式增加对贫困地区的支持，加大对贫困地区的金融服务力度，积极发挥资本市场在脱贫攻坚和乡村振兴中的积极作用。

1. 上海证券交易所

自2013年起，上海证券交易所（以下简称上交所）承担起国家级贫困县——安徽省宿松县的定点帮扶任务，截至2019年底，累计投入扶贫资金4360余万元，在宿松县实施了多项扶贫工程。上交所发挥广泛联系上市公司的优势，引入中安智创等企业投资落户宿松，招商引资额近20亿元，改善宿松产业结构。一方面，在宿松县重点实施了危房改造、稻虾共作、棉花"保险+期货"、智力扶贫和公益扶贫等重点扶贫项目，为宿松县顺利实现脱贫摘帽、打赢脱贫攻坚战注入强大动力。其中，"稻虾共作"扶贫项目将特色种养和产业扶贫紧密结合，通过流转农民土地，建设标准化稻虾共作基地，发展优质水稻种植和小龙虾养殖，采用"公司+农户"的模式，通过资产收益、土地流转、接纳贫困户就业和收益分红等多种方式帮助贫困户脱贫，保证其有持续收入，充分发挥资本市场服务贫困地区产业发展的积极作用。另一方面，针对贫困县智力要素稀缺、现代理念落后等问题，上交所依托设立的宿松企业家成长俱乐部，通过大型交流会、培训会、读书会活动，帮助当地企业提升现代企业经营理念，强化依法依规从事生产经营行为意识，传播现代企业经营管理知识。2019年4月，宿松通过脱贫验收，如期实现脱贫摘帽。为帮助宿松巩固提升脱贫攻坚成效、顺利对接乡村振兴战略、实现社会经济的高质量发展，上交所按照中央"四个不摘"要求和证监会党委部署，持续对宿松开展帮扶。

除开展定点帮扶外，上交所充分发挥专业优势，一是积极服务贫困地区拟上市企业，安徽集友新材料、西藏卫信康、宁夏嘉泽新能等企业陆续在上交所上市，融资额达8.47亿元；二是向贫困地区企业发行公司债券；三是发布《关于进一步完善上市公司扶贫工作信息披露的通知》，引导全行业上市公司履行社会责任，主动参与扶贫，要求上市公司披露产业扶贫类型、项目个数、投入金额和帮助建档立卡贫困户数等信息；四是支持发布了"中证扶贫发展主题指数"，反映贫困地区上市公司发展状况，成为贫困地区发展引擎的"温度计"，引导投资者把握发展主题和投资机会，有助于将资金引入贫困地区。

上交所在2015年作为唯一发起人成立了具有独立法人资格的非公募基金会——上海证券交易所公益基金会,上交所作为主要捐赠人,已支持开展新疆"小胡杨"互联网教育、西藏"格桑花之爱"儿童先天性髋关节脱位医疗救治、云南"行走的渴望"因战伤残人员义肢安装等共112个品牌公益项目。2021年,公益基金会充分发挥平台优势,以支持脱贫攻坚、乡村振兴为主线,全年投入资金1706万元,支持扶贫、乡村振兴等领域,受益人口达6万余人。

2. 深圳证券交易所

深圳证券交易所(以下简称深交所)从2013年定点帮扶甘肃武山县、2016年定点帮扶新疆麦盖提县以来,立足定点帮扶县实际情况,发挥交易所人才优势和市场机制作用,积极运用产业扶贫、金融扶贫、民生扶贫、教育扶贫等手段,助力两县高质量完成脱贫攻坚任务,2019年6月武山县顺利通过脱贫验收,2020年1月麦盖提县实现脱贫摘帽。

深交所在定点帮扶中,加大扶贫干部选派力度,形成每县选派1名挂职副县长、2名扶贫助理的常态化机制,并探索建立挂职干部"七个一"工作职责目录。深交所在武山县创新推出信贷拳头产品"深银通""深农惠",联合中国建设银行、中国扶贫基金会解决贫困地区中小企业和农户生产经营融资问题,该项目由深交所提供2500万元铺底资金,撬动近7倍的银行和社会资金支持脱贫攻坚,资金利率水平低于同类型贷款1~3.5个百分点。另外在当地实施危房改造项目,惠及800多户贫困群众和残疾人家庭。在麦盖提县主要打造养殖扶贫模式,一方面创造性实施"铁畜"养殖扶贫项目,购买能繁母羊的"刀郎羊"作为贫困村集体财产,由个体农户承包养殖,繁育出羊羔即可产生养殖收益;另一方面协调推动试点安格斯肉牛养殖,打造"政府+企业+银行+保险+贫困户"的产业帮扶新模式。另外还支持发展麦盖提县教育事业,在普及国家通用语言文字方面做了大量工作,联系内地优质师资和青年员工开展在线教学,引入清华附中、国家广电总局培训基地等机构,为全县教师开展各类培训;在当地建设30个安全饮水站,解决了当地群众饮水健康问题。

除开展定点帮扶外,深交所充分发挥专业优势,一是积极服务贫困地区拟上市企业。二是深入调研贫困地区经济发展,市场推广团队对接贫困地区拟上市企业近千家次,积极为贫困地区企业提供规范运作、改制上市、辅导备案等咨询服务。三是发行扶贫专项公司债券。2018年5月,深交所发布《扶贫专项公司债券相关问题解答》，明确债券市场切实助力打好精准脱贫攻坚战的具体制度安排。四是推动乡村振兴专项债落地。乡村振兴专项债是在扶贫专项债基础上，支持发行人将募集资金投向乡村振兴相关领域。2021年6月，深交所首单乡村振兴专项债顺利落地。

3. 上海期货交易所

自2013年起，上海期货交易所（以下简称上期所）开始对太湖县展开定点扶贫工作，通过选派挂职帮扶干部，集结期货行业的资源和力量，在多领域共投入帮扶资金近6000万元，2020年4月，太湖县正式宣布脱贫摘帽。

上期所在太湖县大力开展产业帮扶、金融帮扶和教育民生领域帮扶。2016、2017年度先后投入300万元，实施"百万千户"和两个"百万十村"光伏扶贫项目。2018年再次出资，助力"村出列、户脱贫"，支持太湖县北中镇、百里镇、牛镇镇、刘畈乡等扩容建设光伏扶贫电站，帮助发展村集体产业。上期所安排帮扶资金80万元，帮助太湖县天华镇黄镇、黄苗两个贫困村，分别建设茶叶种植和蘑菇种植基地。为支持贫困户发展产业实现脱贫，上期所资助500万元，用于1000户贫困户小额贷款项目风险补偿。上期所自进入太湖县对口扶贫，就设立"上期爱心奖学金"，帮助贫困家庭品学兼优的大中学生完成学业，阻断代际贫困，实现长久稳定脱贫。2018年底，上期所向期货公司发出倡议，号召期货公司自愿参与对太湖县的帮扶，迄今已有41家期货公司和太湖县签署"一司一村"协议。这些期货公司共投入800多万元，帮扶山区非贫困村因地制宜发展起了茶叶、香菇、雷竹、红心柚等种植项目。

除开展定点帮扶外，上期所充分发挥专业优势，探索利用金融衍生品工具来保障农民收入，切实服务"三农"，2017—2021年持续开展天然橡胶"保险+期货"试点项目，累计投入专项资金近4.4亿元，覆盖范围约占全国橡胶种植县市的一半，保障橡胶现货超过50万吨，为46万户次胶农赔付3.2亿元。

4. 郑州商品交易所

2013年起，郑州商品交易所（以下简称郑商所）开始定点帮扶河南桐柏县，9年来累计投入帮扶资金6188万元，充分发挥行业优势，引进行业帮扶资金2200余万元。2020年2月，桐柏县正式整体退出贫困县序列。桐柏县脱贫摘帽后，郑商所认真落实"四个不摘"要求，巩固拓展脱贫攻坚成果，接续帮扶乡村振兴。

郑商所关注桐柏县民生工程，自2017年开始，逐步为乡镇卫生院分批次配置彩超、数字X射线摄影系统、心电图机、多普勒超声诊断系统、血球计数仪等设备，该项目覆盖全县15个乡镇,达到标准化卫生院水平,对"健康桐柏"的建设具有重大意义。按照"产业人才培训+支持特色产业+助力推广宣传+拓展销售渠道"的产业帮扶体系开展帮扶,持续培育扶持乡村特色产业发展。推动安棚镇李湾村打造"十里茶香十里菌"产业带,支持建设了安棚镇李湾村党群服务中心、有机茶园生产道路等项目,促进党建与产业融合发展,激发安棚镇茶叶、香菇等特色产业活力。花生产业是桐柏县三大支柱产业之一,郑商所便将花生纳入"保险+期货"试点品种,2021年,郑商所在桐柏县投入500万元开展花生"保险+期货"试点,引入省、市、县三级财政配套支持超200万元,惠及桐柏县脱贫户7302户、农民合作社47家,有效稳定农户花生种植收益。2022年,郑商所在桐柏县继续扩大覆盖面,投入700万元开展花生"保险+期货"试点,引进省级、县级财政资金170万元,为1万余个种植户、10万亩花生提供风险保障。

除开展定点帮扶外,郑商所创新、扩大"保险+期货"试点,在棉花、白糖、苹果、红枣等6个品种上投入资金1.2亿元,创新开展新型农业经营主体专项项目,开展苹果"保险+期货"收入险试点。为延安等革命老区推动乡村振兴提供支持,2018年以来,已在延安开展苹果"保险+期货"试点项目10个,覆盖延长、富县、黄龙、黄陵、宝塔,承保苹果种植面积15.6万亩,累计向1.32万户果农赔付超过6200万元。另外,支持桐柏县开展乡村振兴千人培训计划,联合地方政府举办多场期货服务乡村振兴论坛,形成多方跨界共同支持涉农中小企业和服务"三农"的长效机制。

5. 中国金融期货交易所

2013年起,中国金融期货交易所(以下简称中金所)对陕西延长县开展定点帮扶工作,2018年9月,陕西省政府宣布延长县脱贫摘帽,这是继兰考县之后第二个退出贫困县的证监会定点扶贫县。截至2022年1月,中金所累计投入、引入帮扶资金1.26亿元,实施扶贫项目162项,内容涵盖产业造血、群众增收、扶教启智、慈善互助、健康医疗等各个领域,实现1300余名建档立卡贫困人口脱贫,惠及2万余名贫困群众,为助力延长县脱贫攻坚和乡村振兴提供了大力支持。

中金所致力于把金融"活水"浇到精准扶贫的"根"上,积极探索强化金融服务"三农"发展的创新之路,一是探索建立"五位一体"金融联合扶贫创新模式。推动多方金融机构签署了《延长县苹果产业扶贫合作协议》,联合投入资金近900万元,同时撬动惠农信贷12亿元,切实帮助延长县1万亩、1.5万吨苹果对冲风险,真正惠及3000户果农及本地民营企业。二是推动发展普惠金融，促进解决农户与涉农企业融资难问题。中金所联合中国工商银行推出"工银易农贷—苹果通"涉农扶贫融资金融产品，为解决县域民营企业贷款难融资难问题进行了积极的探索和创新。

此外，在证监会扶贫办的统筹指导下，中国金融期货交易所携手中国期货业协会等举办"一果连四方"延长扶贫果宣传活动，此活动线上线下同时启动，通过扫码派送苹果转发爱心传递的方式，向线下数百万公众宣传了延长县优产苹果，取得了很好的公益效果。

（二）证券类机构

中国证券业协会统计数据显示，102家证券公司结对帮扶的307个国家级贫困县在2020年全部脱贫摘帽，5年累计公益性支出27.6亿元。截至2022年第1号公告，共有102家证券公司结对帮扶323个脱贫县。证券行业在农村金融服务方面，把"一司一县"作为主阵地，发挥专业特长和优势，促进现代化农村产业体系建设，涌现出了一大批典型的帮扶案例。

1. 申万宏源"1+2+N"模式，赋能乡村振兴工作

申万宏源的"1+2+N"帮扶模式，是助力甘肃省会宁县、新疆麦盖提县和吉木乃县与哈巴河县、四川省白玉县和金阳县、山西省隰县、河南省滑县、重庆黔江区、贵州施秉县高碑村等地的乡村振兴工作中逐渐总结出来的。申万宏源先后获评新疆、甘肃全省帮扶工作先进集体，人民日报社《国际金融报》"2021年度乡村振兴企业奖"，中国人民银行《金融时报》"2021年度最佳服务乡村振兴证券公司"；2022年入选中央和国家机关工委金融帮扶典型推荐案例、国家乡村振兴局全国六大帮扶推荐案例、中国上市公司协会"上市公司乡村振兴最佳实践案例"。

"1+2+N"模式中的"1"是指制定一个"五年战略规划"。申万宏源结合乡村振兴战略，广泛调研，及时制定了《帮扶工作五年战略规划》。战略规划明确了帮扶工作宗旨、目标、重点和实现路径，细化每一年帮扶项目的实施计划，从时间、资金、人才等方面全方位、体系化推进帮扶事业。"2"是指着力"两个重点工程"，分别是指"巩固脱贫攻坚成果工程"和"推进乡村五大振兴工程"，把"确保不发生规模性返贫"作为"巩固脱贫攻坚成果工程"的第一要务，把"产业振兴"作为"推进乡村五大振兴工程"的基础和关键。"N"是指开展公益帮扶工作的

类型多、项目多。申万宏源先后开展了党建、金融、产业等多种帮扶类型,推出了助学、助困等近百个公益项目。从实践来看,申万宏源累计投入各类帮扶资金2亿多元,帮助帮扶地区企业融资超过300亿元,正在推进的IPO、新三板和乡村振兴债项目的融资规模超100亿元,金融帮扶、产业帮扶、教育帮扶、抗疫帮扶、培育帮扶文化、促进行业帮扶六项工作成效明显。

2. 方正证券"2+3"模式,点亮产业发展之路

方正证券"2+3"("2"代表金融和产业扶贫,"3"代表教育、公益和消费扶贫)帮扶模式从湖南省安化县开始探索,逐步复制推广到河南新县、云南弥渡县等23个国家级贫困县,方正证券各业务条线的金融服务已覆盖了17个省的61个国家级贫困县。该模式入选了国务院扶贫办30例"2018年中国企业精准扶贫分领域案例",荣获2018中国证券期货业"扶贫卓越贡献奖"、金融界"上市公司精准扶贫创新案例奖",并在中国扶贫志愿服务促进会"三产联动扶贫论坛"上作为案例进行了分享。据不完全统计,方正证券已帮助贫困地区实体企业融资超30亿元,捐赠资金4500多万元,实施扶贫项目达100多项,带动了16万名以上贫困人口增收。

创新金融模式,增强帮扶县企业发债能力。方正证券采用由外部专业担保机构担保增信提高评级、引入金融机构共同担任发债资金监管行的形式,帮助安化县当地企业发行了7亿元企业债,成为当时主体为AA–的国家级贫困县企业债券成功发行案例;为兰考县发行10亿元公司债,成为全国脱贫摘帽县首单扶贫专项债,资金将服务于兰考县的脱贫攻坚与乡村振兴;首创县域产业发展扶贫基金,于2018年12月在湖北麻城落地,为麻城实现产业升级提供资本支持,为脱贫攻坚提供产业基础。此外,方正中期期货"云南勐腊天然橡胶'保险+期货'精准扶贫项目"顺利入选上海期货交易所"保险+期货"精准扶贫试点项目名单。

创新融资渠道,支持中小微企业发展。方正证券将安化县原来小而散的11家县级融资平台整合为1家,做大做强融资平台,同时也帮助创建扶贫再贷款示范县,打造了5个市级扶贫再贷款示范点。在安化县、新县,方正证券帮助当地加强普惠金融建设,构建金融服务、信用评价、产业支撑、风险防控四大体系,协助当地利用扶贫小额贷政策融资超16亿元。

创新教育扶贫手段,打造"公益+投教+乡村振兴"模式。方正证券联合三家子公司设立了湖南方正证券汇爱公益基金会。自2018年起,方正证券连续3年"一对一"资助安化490多名特困学子,并在通道、安化等地设立40余个"大爱有方"高中自强班,共资助2000多名贫困学子,投入金额1000多万元。2022年,方正证券基于国民教育和乡村振兴战略进程的不同特点,围绕"投教+国民教育"和"投教+乡村振兴"投教思路,规划千余场的投教活动,将投教特色培植为投教新品牌,全面助力国民教育和乡村振兴。

3. 光大证券"证券+"模式,提升金融服务"三农"质效

光大证券"证券+"工作模式的核心是抓住证券公司投资银行本源的特征,采取"证券+"(基础设施、资本、智力、产业、保险、期货、消费、实业、教育、公益慈善)等,通过"一二三四五"扶贫工作法,提升金融服务"三农"质效。2020年获得《中国证券报》颁发的"证券公司社会责任奖",获得《证券时报》颁发的"中国优秀扶贫期货公司君鼎奖",获得中国金融工会授予的"2019年度全国金融先锋号"称号;2021年获得每日经济新闻颁发的中国金鼎奖"扶贫成果奖"等。

光大证券先后与湖南省新田县,江西省万安县、兴国县、寻乌县以及宁夏回族自治区西吉县共5个贫困县签订"一司一县"结对帮扶协议,结对帮扶的5个国家级贫困县全部实现脱贫摘帽。2016—2020年,光大证券累计投入7250余万元用于扶贫及各类公益项目;帮助贫困地区企业融资金额近30亿元;连续3年帮助帮扶地区近40万师生购买重大疾病保险,总保额近330亿元;帮扶建档立卡群众4.9万人,实现脱贫超万人。

2021年,光大证券发行支持乡村振兴的债券3只,合计发行金额20亿元。积极发挥自身资源优势及专业优势,联合子公司光大期货以"证券+保险+期货"等模式,覆盖农户5.7万户,其中建档立卡贫困户数1.4万户;参与项目总保额超13亿元,总保费5300万元,总赔付金额超1500万元;借助期权、保险等专业化工具实现农业经营风险的承接、转移和对冲,为服务乡村振兴战略贡献力量。

4. 东方证券打造"东方菇娘"等产业项目,助推县域经济发展

东方证券找准帮扶县域经济发力点,结合县域资源禀赋,因地制宜进行产业帮扶,带动乡村经济走上可持续发展之路。东方证券2020年获得和讯网颁发的"金融机构扶贫先锋奖",《证券时报》颁发的"文化建设扶贫公益团队君鼎奖",《中国经营报》颁发的"卓越竞争力精准扶贫贡献大奖";2021年获得《中国证券报》颁发的"证券公司社会责任金牛奖",每日经济新闻颁发的"最具社会责任感券

商"奖项，投资者网颁发的"金桥奖年度杰出社会责任企业"奖项，金融界颁发的"杰出社会责任奖"，和讯网颁发的"社会责任金融机构"奖项。

截至2021年底，东方证券及旗下子公司先后与内蒙古莫旗、吉林省通榆县、山西省静乐县、四川省沐川县、湖北省五峰县、宁夏盐池县等19个原国家级贫困县签署了结对帮扶协议，开展相关帮扶工作。2016—2020年，产业扶贫累计投入近3300万元。"东方菇娘""东方红精选明前春茶""东方红宜红茶"等产业扶贫项目帮助建档立卡贫困户脱贫数1964人。通过债券发行、助力贫困地区企业上市等多种融资方式，为贫困地区融资累计超过340亿元。截至2020年末，公司累计在"东方菇娘"产业扶贫项目上投入超过1020万元，帮助上千名建档立卡贫困户脱贫。2021年，东方证券对外捐赠共计3959.40万元。其中，母公司及"心得益彰"公益基金会共计开展巩固脱贫攻坚成果、推进乡村振兴项目共计25个，包括整体帮扶项目1个、产业帮扶项目5个、教育帮扶项目10个、公益帮扶项目9个，合计投入帮扶资金约1675万元。

从扶助农户的莫旗菇娘标准化种植基地到传承敦煌文化的"西遇知美"计划，再到关怀贵州、青海贫困儿童的"爱早餐"计划和西部地区的"河流孩子"教育援助计划，东方证券及其子公司的扶贫公益行动涉及农业、文化、艺术、教育等多个领域。

（三）期货类机构

中国期货业协会数据显示，近年来期货行业机构累计为贫困地区提供保额为185.42亿元的农产品价格保险，服务范围覆盖190个贫困县，惠及广泛的农民、贫困户群体和新型农业经营主体。期货业在服务农业现代化、助力乡村振兴战略中发挥着越来越大的作用，尤其是"保险+期货"模式，有效对接我国农业生产不断涌现的规模性风险管理需求，为推进我国农业产业化发展、探索金融机构与实体企业合作提供了新思路。

中国期货业协会统计数据显示，截至2022年6月30日，结对帮扶方面，已有127家期货经营机构与514个脱贫县（乡、村）签署了1022份结对帮扶协议；资金投入方面，行业累计投入帮扶资金达14.25亿元。期货行业在农村金融服务方面，紧抓结对帮扶，发挥"期货智慧"和"期货方案"专业特长和优势，促进现代化农村产业体系建设，涌现出了一大批典型的帮扶案例。

1. 永安期货"七个一"工作法，服务实体经济和乡村振兴

永安期货立足国企党建优势和自身专业优势，以"七个一"工作法走在助力乡村振兴和共同富裕前列。自2017年中期首次公布期货公司扶贫（乡村振兴）工作情况考评结果以来，永安期货连续6年取得排名第一的佳绩，充分发挥了行业引领作用。

"七个一"工作法具体如下。一是建立一个专题研究机制，发挥党建引领作用，将学习习近平总书记关于乡村振兴和共同富裕的重要论述作为"第一议题"重要内容；二是设立一个领导机构，提升动员组织能力，2021年改组设立乡村振兴与"保险+期货"工作领导小组；三是制定一个专项预算，撬动社会资金参与，2022年永安期货安排公益支出预算1200万元、"保险+期货"保费资金预算5000万元；四是丰富风险管理手段，充分发挥专业优势，优化完善"保险+期货"模式，创新升级"保险+期货+订单""保险+期货+信贷"等模式；五是打造一个财富管理生态圈，促进居民财富增长，2021年公司推出"永安鲲鹏计划"，为更多私募基金管理人提供优质的综合服务；六是打出一套"组合拳"，提升可持续发展后劲，全方位开展产业帮扶、消费帮扶、就业帮扶、教育帮扶和公益慈善活动；七是点亮一个党建品牌，树牢社会责任共识，以创建"助力共同富裕红色典范"党建品牌为载体，形成"党建+"帮扶模式。

2021年，永安期货在全国20多个省份开展了100多个"保险+期货"项目，涉及10多个农产品期货品种，承保现货量超过37万吨，在帮助广大农户增收致富方面取得了显著成效。例如，2021年永安期货捐赠210万元在林芝、日喀则、那曲等地实施了5个肉牛、生猪饲料成本"保险+期货"试点项目和2个产业帮扶项目，其中"保险+期货"项目共涉及现货饲料2.3万多吨，涉保肉牛9000多头、生猪1.4万多头，为3600多户藏区养殖户提供了6300多万元的风险保障。2021年以来，永安期货以党建引领乡村振兴工作，与60多个乡村基层党组织结对共建，积极推动乡村组织振兴，为群众办实事。

2. 中信建投期货创新金融工具服务"三农"，助力形成现代化农业生产经营体系

中信建投期货以实体经济需求为导向，积极创新风险管理的产品，帮助企业在稳定生产经营、有效应对市场风险、管理利润中贡献"期货力量"。2020年11月，在《期货日报》和《证券时报》主办的第十三届中国最佳期货经营机构暨分析师评选活动中，中信建投期货荣获"最佳精准扶贫及爱心公益奖"；2021年7月，中国期货业协会公示2020—2021年度期货公司扶贫工作情况考评结果，中信建投期货获行业第二名；在国家级贫困县云南省勐腊县开展的橡胶"现货保底溢价收购+保险+期货"模式，获上海期货交易所天然橡胶"保险+期货"精准扶贫试点项目一等奖。

近年来，中信建投期货稳步推进仓单服务、合作套保、场外期权、基差贸易等创新业务，在服务实体企业与"三农"等领域精耕细作，成功开展了国内首单玉米收入险"保险+期货"试点项目和全国首单以现货价格结算的鸡蛋"现货+保险+期货"试点项目，开创了具有示范效应的橡胶"现货保底溢价收购+保险+期货"模式，以及兼顾糖厂和蔗农利益保障的白糖"双向承保"模式，保障了农户的种植、养殖收益，为"保险+期货"连续多年写入中央一号文件提供了丰富的实践经验。

2018年以来，中信建投期货连续3年在国家级贫困县云南省勐腊县开展天然橡胶"保险+期货"试点项目，通过"保险+期货"项目持续为当地胶农送上风险保障。2019年赔付率为35.50%，2020年赔付率为70.56%，2021年赔付率为84.38%，累计赔付近400万元，为1577户胶农提供了近7300万元的风险保障。在橡胶价格大幅波动的背景下，"保险+期货"业务模式帮助胶农管理价格风险、稳定生产，不仅保障了农户的收益，还促进了橡胶产业的良性发展。

3. 方正中期期货深耕本源，助力农村经济稳健发展

方正中期期货发挥期货及衍生品市场的专业优势，使用金融创新工具服务"三农"，帮助农户规避价格波动风险，切实保障农户收益。2021年7月，中国期货业协会公示2020—2021年度期货公司扶贫工作情况考评结果，方正中期期货获行业第三名。方正中期期货2021年获得大连商品交易所颁发的"优秀乡村振兴奖"，《期货日报》和《证券时报》联合颁发的"最佳精准扶贫及爱心公益奖"。

方正中期期货在富县开展苹果"保险+期货"项目，富县地处世界苹果最佳优生区核心区，是中国优质苹果基地重点县，现有果农10万余人，每年苹果产量近60万吨。2020年，方正中期期货在富县保障苹果现货8600余吨，对促进富县苹果产业结构升级、提升富县苹果产业的整体竞争力有着积极的影响。

自2017年以来，方正中期期货已经连续4年在勐腊县开展"保险+期货"试点项目，2020年受新冠疫情影响，勐腊县橡胶产业受到冲击，对当地贫困户经济增收造成了不利影响，脱贫形势严峻。为此，方正中期期货在前几年的基础上进一步扩大业务规模，承保天然橡胶2500吨，覆盖勐腊县种植面积约2.5万亩，惠及农户约1302户。项目引入看涨价格保险，采用订单模式，实现风险闭环，即天然橡胶价格上涨产生的成本风险由采购方通过投保对应的橡胶价格保险产品进行规避，最终由保险公司通过场外期权形式将橡胶价格风险转移至期货公司，实现风险对冲。项目通过"保险+期货+订单"的创新模式提前锁定了胶农的销售渠道，帮助勐腊县胶农有效规避了天然橡胶生产过程中的价格风险以及销售风险，实现了风险闭环，从而进一步提高了当地胶农割胶的积极性，助力橡胶产业的发展。

方正中期期货在新疆维吾尔自治区策勒县开展红枣"保险+期货"项目。策勒县处于"三区三州"深度贫困地区，有着悠久的红枣种植历史，作为当地的传统优势产业，红枣种植面积达15.86万亩。2020年受新冠疫情影响，红枣消费错过旺季销售期，红枣消费端愈显疲软，当地红枣产业受到冲击。方正中期期货发挥资源优势，积极探索如何利用期货市场来规避现货市场的价格风险，以更好地服务当地的红枣种植业，带动乡村振兴。其与中国人民财产保险股份有限公司及时进行沟通，在策勒县联合开展红枣"保险+期货"项目，项目总保费规模达124.95万元，项目承保规模为3570吨，覆盖当地红枣种植面积17850亩，惠及当地3194户建档立卡红枣种植户，全部为维吾尔族。项目有效地规避了红枣价格下跌的风险，助力当地红枣种植户稳定生产经营。

4. 南华期货创新"保险+期货+N"服务链条，推进农业产业化发展

自2017年起，南华期货在国家级贫困县黑龙江省海伦市，开展大连商品交易所"保险+期货"县域覆盖大豆收入险项目，南华期货借助专业优势，积极引入大连商品交易所项目资金支持，在海伦连续5年开展的大豆金融支农服务模式，累计覆盖面积300余万亩，共计4.6万余户次参与，总计实现赔付达1.45亿元，并成功助力海伦市于2020年2月脱贫摘帽。南华期货在海伦市开展的"保险+期货"项目，使当地农户深入了解"保险+期货"项目流程及基差点价模式，并进一步掌握卖粮增收的新方法新途径。

2021年，南华期货在云南省怒江傈僳族自治州兰坪白族普米族自治县开展了生猪"保险+期货"试点项目，共计承保1755吨生猪价格险，为当地生猪企业的15949头生猪提供了2632万元风险保障，最终实现赔付金额149.9万元，获得了缴纳保费的

5倍理赔款。南华期货在探索帮助养殖企业规避猪肉销售价格波动风险的基础上，以"保险+期货"为模式辅助公司企业销售战略，共同发展"保险+期货+农户+销售市场"升级模式。"保险+期货"已经发展为一种金融综合创新型的业务模式，并在实践中衍生出更多模式，比如"保险+期货+银行""保险+期货+订单农业""保险+期货+基差收购"等。

2021年，南华期货"保险+期货"类项目实现名义本金总计16.71亿元，权利金共计5766万元，赔付3672.45万元，服务农户46268户。截至2022年9月7日，实现名义本金总计15.51亿元，已成交权利金金额6012万元。

（四）上市公司

近年来，上市公司在聚焦主业发展的同时，坚守防疫底线，积极融入扶贫计划，扎实推进扶贫工作。作为各行各业的领头羊，上市公司在助力脱贫攻坚过程中作出了巨大贡献。2020年A股上市公司披露的年报数据显示，沪市主板公司中，过半数主板公司投身扶贫工作，投入资金及物资合计金额近600亿元，惠及150万余人次，积极开展产业扶贫项目350余个；科创板69家科创公司通过产业扶贫、对口支援等多种方式帮扶困难地区和贫困群众，物资合计捐赠超过3亿元；深市上市公司中，685家公司披露2020年精准扶贫工作信息，共投入资金370.8亿元，帮助建档立卡贫困人口脱贫超过38.4万人。在助力农村经济高质量发展过程中，上市公司中涌现出了一大批典型的帮扶案例。

1. 中国移动"网络+"乡村振兴模式，以数智化推动农村经济高质量发展

从脱贫攻坚到全面推进乡村振兴，中国移动衔接过渡平稳有序，接续帮扶8个帮扶县和地方政府安排的1454个帮扶点，将"网络+"扶贫模式全面升级"网络+"乡村振兴模式，全面赋能乡村振兴。截至2020年，中国移动投入网络扶贫资金超过1600亿元，扶贫套餐惠及贫困户1500万余人，宽带网络覆盖全国98%以上的行政村、97%以上的建档立卡贫困村，无偿捐赠扶贫资金19亿元。

2021年，中国移动在全国脱贫地区投入网络帮扶资金211亿元，直接捐赠帮扶资金3.2亿元，派出帮扶干部2300余名，在藏在疆投资63亿元，高质量完成了全年各项援扶工作任务。中国移动连续4年获得中央单位定点帮扶考核最高等级评价，连续3年位居中央企业前三；3个集体和3名个人荣获党中央、国务院授予的"全国脱贫攻坚先进集体、先进个人"荣誉称号；作为全球唯一电信运营商入选"国际最佳减贫案例"，获评《人民日报》"乡村振兴优秀案例"。

中国移动制定实施《"十四五"数智乡村振兴计划》，创新实践"七大乡村数智化工程"，分别是乡村数智化新基建工程、乡村产业数智化工程、乡村治理数智化工程、乡村教育数智化工程、乡村医疗数智化工程、乡村文化数智化工程、乡村金融数智化工程。为了推动美丽乡村建设高质量发展，中国移动提供乡村信息化管理解决方案。在陕西，中国移动与2299个村庄合作开展"平安乡村"工程，打造了近百个"平安乡村"标杆示范村。在示范村中，村委会可以通过"千里眼"视频系统，对村中主要路段和重要位置进行查看，村民也可以通过手机、电脑等设备连接系统，享受看家护院、远程对话等功能。

2. 中国平安

截至2021年12月末，中国平安累计提供扶贫及产业振兴帮扶资金418.50亿元。中国平安通过产业振兴、健康振兴和教育振兴深入推进"三村工程"，实现巩固扶贫成果与乡村振兴的有效衔接。2021年，中国平安荣获第十一届"中华慈善奖"。年报显示，2021年全年平安依托"三村工程"共提供产业振兴帮扶资金120.16亿元；村医方面，在乡村开展69场移动体检义诊活动，健康公益服务覆盖9483人次；村教方面，青少年科技素养提升计划在城乡学校开展的情景大师直播课覆盖6300多万人次。

2022年以来，中国平安再次升级乡村振兴规划，叠加"综合金融+医疗健康"的专业优势，以"保险下乡、金融下乡、医疗健康下乡"为抓手，聚焦发展优势农业产业、建设和谐美丽乡村两条主线，积极探索新的乡村振兴路径。

四、资本市场助力乡村振兴的政策建议

（一）合理布局区域资本市场机构

目前，资本市场机构在经济欠发达地区分布相对较少。从金融角度来看，欠发达地区农村经济发展受制约主要表现在金融深化不够、资本形成不足。对于欠发达地区来说，资本少且形成慢，是影响和制约区域经济增长的关键。合理布局区域资

本市场机构可以促进区域内资本的积累和转化，在一定程度上解决欠发达地区农村经济的资金来源问题，通过区域经济范围内的产业结构调整和经济结构转换，提高资本的利用效率和产出效益。

（二）进一步提高农户对期货市场的认知度

在"保险+期货"项目推进过程中，市场上中小农户和中小微涉农企业的需求强烈，但是由于认知、专业度和资金不足等限制，无法直接有效地参与期货市场。目前，"保险+期货"试点在地域、品种、资金支持上仍面临不平衡、不充分的问题。金融机构向农民介绍收入险过程中发现，农民参保顾虑较多，多持观望态度。

附表　　证券公司"一司一县"结对帮扶情况汇总

序号	公司名称	已结对帮扶县名称	乡村振兴重点帮扶县	批次
1	爱建证券	湖北省英山县	—	第6批
2	安信证券	贵州省罗甸县	是	第5批
3	渤海证券	陕西省略阳县*	是	第5批
4	财达证券	河北省威县*	—	第7批
		河北省丰宁满族自治县*		第20批
		河北省涞源县		第20批
5	财通证券	甘肃省甘谷县	—	第4批
		四川省剑阁县	—	第4批
		江西省余干县*		第12批
		云南省禄劝彝族苗族自治县*		第13批
		四川省宣汉县		第25批
6	财信证券	湖南省安化县*	—	第5批
		湖南省安仁县		第5批
		湖南省邵阳县*		第5批
		湖南省沅陵县		第5批
		湖南省汝城县*		第24批
7	长城国瑞证券	陕西省陇县		第4批
		宁夏回族自治区彭阳县		第7批

续表

序号	公司名称	已结对帮扶县名称	乡村振兴重点帮扶县	批次
8	长城证券	湖北省团风县*	—	第4批
		江西省遂川县	—	第4批
		新疆维吾尔自治区尼勒克县*	—	第4批
		宁夏回族自治区盐池县*	—	第5批
		湖南省新化县*	—	第8批
9	长江证券	湖北省红安县*	—	第2批
		湖北省十堰市郧阳区*	—	第3批
		宁夏回族自治区海原县*	是	第6批
		江西省乐安县	—	第11批
		湖北省利川市*	—	第12批
		安徽省萧县*	—	第13批
		湖北省保康县*	—	第20批
10	川财证券	四川省雷波县*	是	第6批
		四川省美姑县	是	第24批
		四川省德格县	是	第24批
11	大通证券	云南省兰坪白族普米族自治县	是	第15批
12	大同证券	山西省隰县*	—	第3批
		山西省天镇县*	—	第8批
13	德邦证券	江西省莲花县	—	第5批
14	第一创业证券	湖南省平江县	—	第4批
		河南省淮滨县*	—	第14批
		安徽省颍上县	—	第14批
		贵州省锦屏县	是	第24批
		广西壮族自治区隆林各族自治县*	是	第25批
15	东北证券	吉林省大安市	—	第4批
		吉林省和龙市	—	第6批
		吉林省靖宇县	—	第6批
		吉林省汪清县*	—	第6批
		吉林省镇赉县	—	第25批

续表

序号	公司名称	已结对帮扶县名称	乡村振兴重点帮扶县	批次
16	东方财富证券	西藏自治区嘉黎县	一	第1批
		西藏自治区曲水县	一	第4批
		西藏自治区墨脱县	一	第9批
		西藏自治区措美县	一	第14批
		西藏自治区拉萨市林周县	一	第25批
17	东方承销保荐	江西省赣州市南康区*	一	第20批
18	东方证券	内蒙古自治区莫力达瓦达斡尔族自治旗	一	第4批
		吉林省通榆县	一	第8批
		山西省静乐县	一	第8批
		四川省沐川县	一	第8批
		宁夏回族自治区盐池县*	一	第12批
		湖北省五峰土家族自治县	一	第13批
		云南省景谷傣族彝族自治县	一	第18批
		云南省澜沧拉祜族自治县	是	第18批
		云南省孟连傣族拉祜族佤族自治县	一	第18批
		云南省富宁县*	一	第20批
19	东莞证券	湖南省江华瑶族自治县	一	第6批
		云南省鲁甸县	是	第11批
20	东海证券	湖南省汝城县*	一	第3批
		贵州省黄平县	一	第7批
		河南省洛宁县	一	第7批
		河南省嵩县	一	第13批
		湖南省保靖县	一	第23批
		新疆维吾尔自治区麦盖提县*	一	第23批
		陕西省白河县	是	第24批
21	东吴证券	贵州省石阡县	一	第2批
		贵州省松桃苗族自治县	是	第3批
		贵州省铜仁市	一	第7批
		贵州省思南县*	一	第13批

续表

序号	公司名称	已结对帮扶县名称	乡村振兴重点帮扶县	批次
22	东兴证券	湖南省邵阳县*	—	第5批
		新疆维吾尔自治区尼勒克县*	—	第6批
		重庆市云阳县		第13批
		新疆维吾尔自治区麦盖提县*	—	第13批
23	东亚前海证券	安徽省望江县		第21批
		湖北省麻城市*		第21批
		湖北省十堰市郧阳区*		第21批
24	方正承销保荐	河南省新县*		第3批
		河南省桐柏县*		第18批
25	方正证券	湖南省安化县*		第3批
		江西省石城县*		第5批
		宁夏回族自治区隆德县*		第7批
		湖北省保康县*		第8批
		湖北省麻城市*		第8批
		湖北省秭归县*		第8批
		湖南省通道侗族自治县	—	第11批
		湖北省丹江口市		第13批
		黑龙江省桦南县*		第14批
		云南省弥渡县		第15批
26	高盛高华证券	湖北省红安县*	—	第24批
27	光大证券	湖南省新田县		第2批
		江西省万安县		第6批
		江西省兴国县		第6批
		宁夏回族自治区西吉县	是	第6批
		江西省寻乌县*		第8批
28	广发证券	海南省五指山市		第3批
		海南省临高县		第20批
		海南省白沙黎族自治县*		第20批
29	国都证券	河北省围场满族蒙古族自治县	—	第4批

续表

序号	公司名称	已结对帮扶县名称	乡村振兴重点帮扶县	批次
30	国海证券	广西壮族自治区资源县	—	第6批
		江西省赣县	—	第6批
		云南省永胜县	—	第23批
		广西壮族自治区田东县*	—	第25批
		广西壮族自治区忻城县	是	第25批
31	国金证券	四川省九寨沟县	—	第5批
		四川省屏山县	—	第13批
		重庆市石柱土家族自治县	—	第13批
		江西省修水县*	—	第14批
		四川省色达县	是	第19批
		四川省得荣县	—	第23批
		四川省南江县	—	第23批
		新疆维吾尔自治区阿克陶县*	—	第23批
		新疆维吾尔自治区皮山县	—	第24批
		新疆维吾尔自治区莎车县	—	第24批
32	国开证券	陕西省安康市汉滨区	是	第3批
		湖北省蕲春县	—	第4批
		陕西省洛南县*	—	第13批
		贵州省务川仡佬族苗族自治县*	是	第13批
33	国联证券	安徽省宿松县*	—	第6批
		四川省平昌县	—	第6批
34	国融证券	内蒙古自治区武川县*	—	第3批
		内蒙古自治区敖汉旗	—	第5批
		安徽省砀山县	—	第7批
		贵州省务川仡佬族苗族自治县	是	第7批
		河北省滦平县	—	第8批
		内蒙古自治区察哈尔右翼中旗*	—	第9批
		安徽省舒城县*	—	第9批
35	国盛证券	江西省横峰县	—	第6批
		江西省寻乌县*	—	第6批
		江西省于都县*	—	第12批

续表

序号	公司名称	已结对帮扶县名称	乡村振兴重点帮扶县	批次
36	国泰君安证券	江西省吉安县	—	第3批
		四川省普格县	是	第6批
		安徽省潜山市	—	第7批
37	国信证券	新疆维吾尔自治区麦盖提县*	—	第1批
		贵州省三都水族自治县*	是	第6批
		贵州省织金县*	是	第6批
		新疆维吾尔自治区塔什库尔干塔吉克自治县	—	第6批
		新疆维吾尔自治区英吉沙县	—	第6批
		云南省龙陵县	—	第8批
		内蒙古自治区兴和县*	—	第12批
		贵州省道真仡佬族苗族自治县*	—	第16批
38	国元证券	安徽省寿县	—	第1批
		安徽省太湖县	—	第4批
		安徽省六安市裕安区*	—	第14批
39	海通证券	安徽省利辛县*	—	第4批
		江西省宁都县	—	第6批
		安徽省舒城县*	—	第7批
		黑龙江省延寿县*	—	第16批
		云南省西畴县	—	第20批
		新疆维吾尔自治区叶城县	—	第24批
40	恒泰长财证券	河北省承德县	—	第8批
41	恒泰证券	内蒙古自治区太仆寺旗*	—	第7批
		内蒙古自治区卓资县*	—	第9批
		内蒙古自治区翁牛特旗	—	第12批
		内蒙古自治区阿尔山市	—	第12批
		内蒙古自治区察哈尔右翼中旗*	—	第12批
		内蒙古自治区四子王旗	是	第12批
		四川省嘉陵区	—	第14批
42	红塔证券	云南省漾濞彝族自治县	—	第1批
		云南省禄劝彝族苗族自治县*	—	第20批
		云南省昆明市东川区	是	第20批

续表

序号	公司名称	已结对帮扶县名称	乡村振兴重点帮扶县	批次
43	宏信证券	四川省布拖县	是	第8批
		四川省盐源县*	是	第13批
		四川省新龙县	是	第17批
44	华安证券	安徽省宿松县*	—	第4批
		安徽省霍邱县	—	第19批
		安徽省临泉县*	—	第23批
		安徽省利辛县*	—	第25批
		安徽省岳西县	—	第25批
45	华宝证券	云南省江城哈尼族彝族自治县	—	第6批
		云南省宁洱哈尼族彝族自治县	—	第12批
		云南省镇沅彝族哈尼族拉祜族自治县	—	第12批
		云南省广南县	是	第12批
		广西壮族自治区上林县	—	第24批
46	华创证券	贵州省独山县	—	第4批
		贵州省西秀区	—	第4批
		贵州省贵定县	—	第12批
		贵州省思南县*	—	第13批
		贵州省晴隆县	是	第22批
47	华福证券	河北省阳原县	—	第4批
		宁夏回族自治区红寺堡区	是	第9批
		河南省兰考县*	—	第10批
48	华金证券	内蒙古自治区武川县*	—	第3批
		广西壮族自治区巴马瑶族自治县	是	第6批
		贵州省黔西县*	—	第6批
		云南省勐腊县	—	第7批
		安徽省砀山县*	—	第8批
		西藏自治区米林县	—	第8批
		安徽省萧县*	—	第9批
		黑龙江省林甸县	—	第17批

续表

序号	公司名称	已结对帮扶县名称	乡村振兴重点帮扶县	批次
49	华林证券	西藏自治区拉萨市达孜区	—	第5批
		西藏自治区拉萨市堆龙德庆区	—	第5批
		西藏自治区定日县	—	第6批
		西藏自治区江孜县	—	第6批
		西藏自治区拉孜县	—	第6批
		西藏自治区南木林县	—	第6批
		河南省新县*	—	第15批
		广西壮族自治区凤山县	是	第20批
		江西省寻乌县*	—	第20批
		西藏自治区那曲县（色尼区）	—	第24批
50	华龙证券	甘肃省武山县	—	第2批
		甘肃省舟曲县	是	第2批
51	华融证券	江西省瑞金市	—	第2批
52	华泰证券	安徽省金寨县*	—	第3批
53	华西证券	四川省北川羌族自治县*	—	第7批
		四川省古蔺县	—	第9批
		四川省叙永县	—	第9批
54	华鑫证券	贵州省剑河县	是	第4批
		河北省张家口市崇礼区	—	第17批
55	华兴证券	云南省富宁县*	—	第18批
		云南省马关县	是	第18批
		云南省丘北县*	—	第18批
		云南省西畴县	—	第18批
56	华英证券	贵州省赫章县*	是	第6批
		湖北省巴东县	—	第12批
		江西省鄱阳县	—	第13批

续表

序号	公司名称	已结对帮扶县名称	乡村振兴重点帮扶县	批次
57	江海证券	黑龙江省同江市	—	第12批
		黑龙江省富裕县	—	第12批
		黑龙江省桦川县*	—	第12批
		黑龙江省延寿县*	—	第20批
		黑龙江省克东县	—	第25批
58	金元证券	海南省白沙黎族自治县*	—	第7批
		海南省琼中黎族苗族自治县	—	第7批
		黑龙江省兰西县*	—	第13批
		海南省保亭黎族苗族自治县*	—	第23批
		新疆维吾尔自治区策勒县	—	第24批
59	九州证券	青海省祁连县	—	第4批
		江西省永新县	—	第7批
		四川省通江县	—	第17批
60	开源证券	陕西省汉阴县	—	第2批
		陕西省蒲城县	—	第13批
		云南省丘北县*	—	第20批
61	联储证券	安徽省阜南县	—	第6批
		河南省宜阳县*	—	第9批
		河南省鲁山县	—	第14批
		陕西省延川县	—	第22批
		甘肃省礼县*	是	第24批
62	民生证券	江西省赣州市南康区*	—	第5批
		新疆维吾尔自治区阿克陶县*	—	第6批
		内蒙古自治区太仆寺旗*	—	第7批
		湖北省罗田县	—	第12批
		河南省淅川县	—	第13批
		安徽省金寨县*	—	第13批
63	南京证券	宁夏回族自治区同心县	是	第3批
		贵州省从江县*	是	第25批
		宁夏回族自治区海原县*	是	第25批

续表

序号	公司名称	已结对帮扶县名称	乡村振兴重点帮扶县	批次
64	平安证券	河北省平泉市	—	第6批
		湖北省团风县*	—	第18批
		广西壮族自治区田东县*	—	第19批
65	山西证券	山西省汾西县	—	第1批
		山西省代县*	—	第7批
		云南省沧源佤族自治县	—	第7批
		山西省娄烦县	—	第13批
		山西省平陆县	—	第25批
66	上海证券	贵州省习水县	—	第7批
67	申港证券	河南省确山县	—	第7批
		江西省广昌县	—	第10批
		河南省宜阳县*	—	第13批
		湖北省团风县*	—	第20批
		甘肃省秦安县	是	第21批
68	申万宏源证券	甘肃省会宁县*	是	第1批
		新疆维吾尔自治区吉木乃县	—	第1批
		新疆维吾尔自治区麦盖提县*	—	第1批
		重庆市黔江区	—	第14批
		四川省白玉县	是	第19批
		四川省金阳县	是	第19批
		山西省隰县*	—	第25批
69	世纪证券	江西省于都县*	—	第6批
70	首创证券	河北省丰宁满族自治县*	—	第6批
		内蒙古自治区察哈尔右翼后旗	—	第25批
		内蒙古自治区科尔沁左翼后旗	—	第25批
		内蒙古自治区兴和县*	—	第25批
		内蒙古自治区卓资县*	—	第25批
		新疆维吾尔自治区洛浦县	—	第25批
		新疆维吾尔自治区墨玉县	—	第25批

续表

序号	公司名称	已结对帮扶县名称	乡村振兴重点帮扶县	批次
71	太平洋证券	云南省贡山独龙族怒族自治县	是	第1批
		湖南省新化县*	—	第7批
		河南省社旗县	—	第10批
72	天风证券	湖北省房县	—	第1批
		四川省苍溪县	—	第6批
		新疆维吾尔自治区巴里坤哈萨克自治县	—	第8批
		湖北省神农架林区	—	第11批
		湖北省利川市*	—	第12批
		宁夏回族自治区盐池县*	—	第13批
		吉林省汪清县*	—	第19批
		广西壮族自治区田东县*	—	第24批
		贵州省台江县*	—	第25批
		湖北省秭归县*	—	第25批
73	万和证券	海南省保亭黎族苗族自治县*	—	第6批
		贵州省三都水族自治县*	是	第23批
		湖南省汝城县*	—	第23批
		云南省施甸县	—	第23批
		湖南省桑植县	—	第25批
74	万联证券	湖北省秭归县*	—	第7批
		安徽省萧县*	—	第12批
		黑龙江省桦南县*	—	第13批
75	网信证券	山西省天镇县*	—	第12批
76	五矿证券	贵州省六枝特区	—	第5批
		甘肃省西和县	是	第15批
		甘肃省临洮县	—	第15批

续表

序号	公司名称	已结对帮扶县名称	乡村振兴重点帮扶县	批次
77	西部证券	陕西省白水县	—	第6批
		陕西省延长县	—	第6批
		陕西省洛南县*	—	第13批
		陕西省镇安县	是	第13批
		陕西省柞水县*	是	第13批
		陕西省山阳县	是	第13批
		陕西省丹凤县	是	第13批
		陕西省商南县	是	第13批
		陕西省商洛市商州区*	—	第13批
78	西南证券	重庆市城口县*	是	第1批
		重庆市酉阳土家族苗族自治县	是	第25批
79	湘财证券	青海省泽库县	是	第6批
		山西省天镇县*	—	第6批
		黑龙江省延寿县*	—	第9批
		河南省卢氏县	—	第9批
		内蒙古自治区科尔沁右翼中旗	是	第9批
		河北省丰宁满族自治县*	—	第13批
		湖南省芷江侗族自治县	—	第20批
		四川省仪陇县*	—	第21批
		河北省顺平县	—	第24批
		陕西省柞水县*	是	第25批
80	新时代证券	新疆维吾尔自治区阿图什市	—	第5批
		河南省淮滨县*	—	第7批
		广西壮族自治区东兰县	是	第25批
81	信达证券	新疆维吾尔自治区和田县*	—	第14批
		云南省元阳县	是	第14批
		贵州省大方县	—	第16批
		贵州省纳雍县	是	第16批
		贵州省织金县*	是	第16批
		青海省海东市乐都区	—	第23批

续表

序号	公司名称	已结对帮扶县名称	乡村振兴重点帮扶县	批次
82	兴业证券	云南省彝良县	是	第3批
		宁夏回族自治区隆德县*	—	第13批
		河南省栾川县	—	第13批
		西藏自治区八宿县		第20批
		甘肃省宕昌县	是	第21批
		江西省井冈山市*	—	第24批
83	银泰证券	湖北省咸丰县	—	第5批
		湖北省竹山县		第11批
84	英大证券	湖北省长阳土家族自治县		第8批
		甘肃省和政县		第25批
85	甬兴证券	甘肃省皋兰县	—	第25批
		四川省北川羌族自治县*	—	第25批
		四川省木里藏族自治县	—	第25批
		甘肃省天水市麦积区	是	第25批
		内蒙古自治区鄂伦春自治旗	是	第25批
		四川省雷波县*	是	第25批
		四川省盐源县*	是	第25批
86	粤开证券	江西省余干县*	—	第5批
		贵州省威宁彝族回族苗族自治县	是	第23批
		云南省镇雄县	是	第23批
87	招商证券	安徽省石台县	—	第3批
		河南省内乡县		第3批
88	浙商证券	江西省上饶县		第4批
		安徽省岳西县*		第5批
		安徽省灵璧县		第16批
		湖北省恩施市		第21批
		四川省仪陇县*	—	第23批

续表

序号	公司名称	已结对帮扶县名称	乡村振兴重点帮扶县	批次
89	中国银河证券	甘肃省静宁县	是	第1批
		内蒙古自治区林西县	—	第12批
		新疆维吾尔自治区和田县*	—	第13批
		山西省左权县*	—	第13批
		贵州省道真仡佬族苗族自治县*	—	第13批
90	中航证券	江西省井冈山市*	—	第2批
		宁夏回族自治区泾源县	—	第9批
		江西省上犹县	—	第9批
91	中金财富证券	甘肃省会宁县*	是	第1批
92	中金公司	湖南省古丈县	—	第4批
		安徽省岳西县*	—	第8批
		重庆市开州区	—	第14批
		重庆市奉节县	—	第20批
93	中山证券	云南省永仁县	—	第4批
		贵州省普定县	—	第6批
		湖北省建始县	—	第9批
		广西壮族自治区隆林各族自治县*	是	第12批
94	中泰证券	新疆维吾尔自治区疏勒县	—	第5批
		宁夏回族自治区固原市原州区	是	第6批
		安徽省临泉县*	—	第7批
		贵州省龙里县	—	第7批
		贵州省平塘县	—	第7批
		江西省修水县*	—	第7批
		安徽省舒城县*	—	第8批
		安徽省六安市裕安区*	—	第8批
		陕西省柞水县*	是	第12批
		河北省威县*	—	第17批
		贵州省赫章县*	是	第22批
		安徽省宿松县*	—	第23批
		陕西省略阳县*	是	第25批

续表

序号	公司名称	已结对帮扶县名称	乡村振兴重点帮扶县	批次
95	中天证券	黑龙江省桦南县*	—	第13批
		黑龙江省桦川县*	—	第14批
96	中天国富证券	贵州省黔西县*	—	第7批
		贵州省关岭布依族苗族自治县	是	第14批
		贵州省镇宁布依族苗族自治县	—	第14批
		贵州省紫云苗族布依族自治县	是	第14批
		贵州省台江县*	—	第17批
		贵州省赫章县*	是	第18批
		贵州省从江县*	是	第24批
97	中信建投证券	山西省吉县	—	第3批
		江西省安远县	—	第6批
		甘肃省礼县*	是	第10批
		湖南省花垣县	—	第19批
		江西省井冈山市*	—	第19批
		山西省代县*	—	第25批
98	中信证券	西藏自治区申扎县	—	第2批
		江西省会昌县	—	第8批
		甘肃省积石山保安族东乡族撒拉族自治县	是	第23批
99	中信证券华南	贵州省六盘水市水城区*	是	第5批
		江西省石城县*	—	第6批
		黑龙江省青冈县	—	第17批
		黑龙江省兰西县*	—	第17批
100	中银国际证券	黑龙江省延寿县	—	第5批
		贵州省六盘水市水城区*	是	第19批
		四川省喜德县	是	第20批
		广西壮族自治区龙胜各族自治县	—	第20批
		云南省宁蒗彝族自治县	是	第24批
		云南省丘北县*	—	第24批

续表

序号	公司名称	已结对帮扶县名称	乡村振兴重点帮扶县	批次
101	中邮证券	陕西省商州区*	—	第7批
		陕西省洛南县*	—	第23批
		山西省左权县*	—	第25批
		新疆维吾尔自治区麦盖提县*	—	第25批
		重庆市城口县*	是	第25批
102	中原证券	河南省固始县	—	第3批
		河南省兰考县*	—	第3批
		河南省桐柏县*	—	第7批
		河南省上蔡县	—	第8批

注：按证券公司名称音序排列；*表示该县有两家及以上证券公司结对帮扶。

专题研究篇
热点、难点

第6章

构建农村金融服务体系的现状、问题与对策
——基于广西农信的调研报告[①]

实施乡村振兴战略是以习近平同志为核心的党中央对"三农"工作作出的重大决策部署，是决胜全面建成小康社会、全面建设社会主义现代化国家的重大历史任务，是新时代做好"三农"工作的总抓手，也是金融机构做好农村金融服务工作的根本遵循。围绕实施乡村振兴战略和实现农业农村现代化总目标，如何构建一个功能完善、便捷高效、安全智能的农村金融服务体系，使更多的金融资源能够配置到农村重点领域和薄弱环节，是作为"三农"金融服务主力军的农信社亟待研究和迫切需要解决的重大课题。广西是一个农业大区，农业占比高、农村人口多，建设新时代中国特色社会主义壮美广西的重点和难点都在农村。在此背景下，广西农信[②]深入实施"深耕八桂、立足三农、振兴乡村、细作小微、衔接城乡、重龙特优、降险提质、改革增力"的32字战略导向，全力建设区域一流、全国农信领先的"六好"[③]银行，在推进完善农村金融服务的组织机构、产品供给、生态环境、要素支撑、社会责任履行等体系建设方面做了一系列富有成效的工作，同时也面临着新农

---

① 如未特殊说明，本章数据均源于广西农信系统。
② 广西农信是自治区农村信用社联合社和县级农合机构的统称，农合机构包括农村信用社（以下简称农信社）、农村合作银行（以下简称农合行）、农村商业银行（以下简称农商行）。
③ "六好"即2019年7月自治区党委主要领导对广西农信发展提出"服务好、改革好、风控好、班子和队伍好、作风好、党建好"的"六好"新指示。

村、新农户、新农民以及金融科技和数字化转型发展对现代化农村金融服务体系建设提出的新要求，机遇与挑战并存，责任与使命同肩，前景广阔，大有可为。

一、广西农信综合实力和服务能力全面增强

1951年，广西第一家农村信用社在贵县（今广西贵港市）黄练（莫村）诞生，广西农民有了自己的银行。2005年9月，广西壮族自治区农村信用社联合社（以下简称自治区联社）成立，在广西壮族自治区党委的领导下对全区县级农合机构党的工作实行垂直领导和统一管理，受广西壮族自治区人民政府的委托对全区县级农合机构履行管理、指导、协调和服务职能。截至2021年末，广西农信已走过波澜壮阔的70周年，自治区联社也已成立16周年。目前，自治区联社内设19个部室、8个办事处（党工部）、8个区域审计中心和1家金融信息科技服务公司。全系统共有91家县级农合机构（55家农商行、10家农合行、26家农村信用社联合社）、2319个营业网点（县级及以下营业网点占比84.65%）、2.5万名员工，营业网点占广西银行业机构的38%，是广西辖内网点和员工数量最多的银行业机构。

（一）综合实力显著增强，规模效益"六个第一"

截至2021年末，广西农信资产、存款、贷款余额分别达到10941亿元、9022亿元和7019亿元（见图1），分别是自治区联社成立时（2005年）的13倍、17倍和18倍。存、贷款余额占全区银行业比例由自治区联社成立时的12%、13%提升至24%、18%。面对经济下行和新冠疫情的冲击，广西农信整体经营状况并未出现大幅下滑，2021年在减费让利22亿元的基础上实现营业收入481亿元、经营利润191亿元、缴税近34亿元，分别比2018年末增加92亿元、16亿元、1亿元，六项指标均继续保持全区银行业第一。存、贷款市场份额分别居全国农信系统35家单位第2位和第6位。

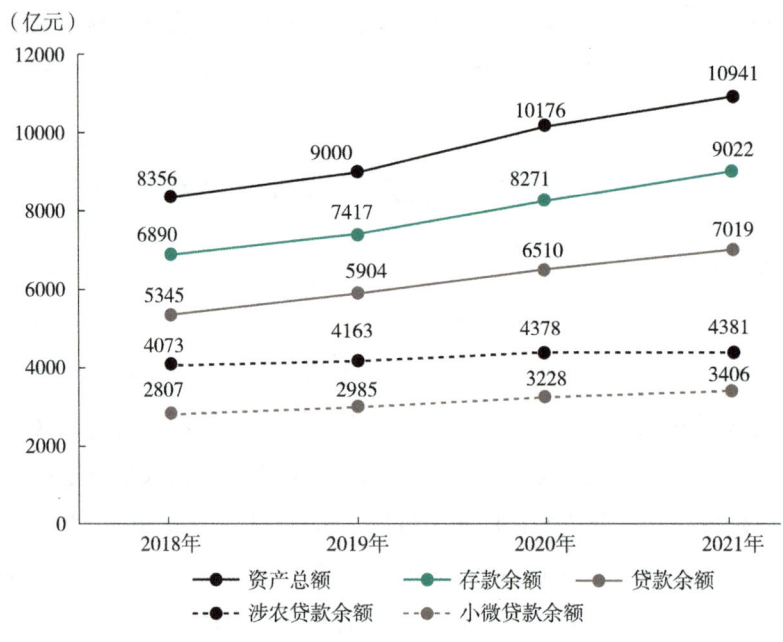

图1 2018—2021年广西农信资产状况

（二）普惠能力明显提升，服务乡村振兴"多项领跑"

广西农信涉农贷款、普惠小微企业贷款、农户贷款、脱贫人口小额贷款四项金融服务乡村振兴和实体经济指标均保持全区第一。中间业务收入、手机银行交易数、电子银行替代率等10余项指标进位全国农信系统前十。桂惠贷①累放金额、户数等9个领域位居全区第一。涉农贷款余额4381亿元、农户贷款余额2633亿元，分别占全区同业的40%、64%，在全国农信系统排名进位至第11、第12。2021年累放脱贫人口小额信贷46亿元，年末余额162亿元，在全国农信系统排名第3。服务全口径小微企业34万户，贷款余额3406亿元，余额占全区同业的33%，完成小微企业贷款"两增"目标。普惠型小微企业贷款还原后余额1554亿元，平均利率5.68%，比上年下降0.6个百分点。2021年累放"桂惠贷"645亿元，贷款惠及53059户、占比61%，直接降低企业融资成本13亿元（见图2~图4）。

---

① 桂惠贷：2021年起5年内，围绕广西经济社会发展重点领域和薄弱环节，广西统筹全区各级财政资金，每年安排40亿元，对辖内金融机构当年新发放且符合条件的贷款按照2~3个百分点进行补贴，引导金融机构每年投放约2000亿元优惠利率贷款。

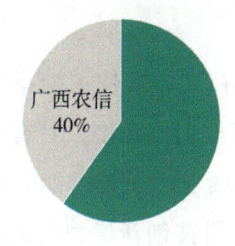 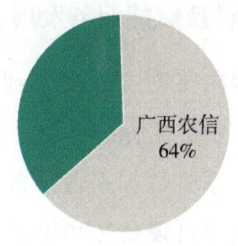

图2　广西农信涉农贷款余额占全区同业比例　　**图3　广西农信农户贷款余额占全区同业比例**

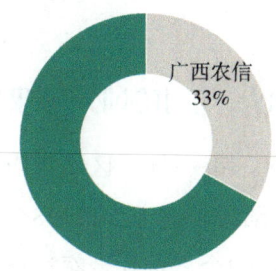

图4　广西农信小微企业贷款余额占全区同业比例

（三）改革化险成效明显，工作进度"历史最快"

2018年以来，新增组建开业26家县级农商行，其中2021年新增组建开业12家，为历年最多，新增数量、增长率均在全国当年未完成县级农商行改制省份中位居前列。股权管理同步加强，全区县级农合机构股本金余额247亿元，优化不适格股东1.45万户，法人股占比提升至44.50%。改革工作得到业内肯定，《改革创新驱动广西农信社高质量发展》于2021年12月荣获中国企业改革与发展优秀成果三等奖。2018年以来，不良贷款每年都实现"双降"，高风险机构数量显著下降，广西成功从2020年末全国高风险机构数量较多的9个省份出列。在做好自身风险化解的同时，紧跟"六稳""六保"要求，落实"应贷尽贷，应延尽延，应续尽续，应减尽减"等企业纾困解难政策，稳住市场主体，为部分受困区直国有企业提供阶段性流动性支持，帮助其尽快恢复生产，维护地方金融生态稳定，着力稳住地方经济大盘。

（四）科技赋能业务发展，跑出创新"加速度"

启动国内首创"区块链+数据标准"应用试点，在全国农信系统率先建立了省级区域级涉农数据标准体系。开发客户画像功能与客户挖掘模型，具有自主知识产权的"耘"系列数据平台孕育新生。2020年6月，广西农合机构智能客服机器人正式上线，该项目荣获2020年第四届农村中小金融机构科技创新优秀案例评选的"应用创新优秀案例"和"十大网络人气优秀案例"。"手机银行App""桂盛市民云"迭代升级，"广西农信涉农信息系统"在两个全国性行业评比活动中获得三个奖项。

（五）服务地方经济力度加大，干事创业"硕果累累"

2021年广西农信支持自治区、市、县（区）重点项目205个，贷款余额达230亿元；支持"一带一路"、西部陆海新通道项目158个，贷款余额达117亿元；支持"双百双新""四个一百"项目162个，贷款余额达156亿元，进一步发挥了广西地方金融排头兵作用。自治区联社履职评价不断进档升位，从2018年的第21位提升至2021年的第15位，连续8年荣获广西壮族自治区人民政府授予的"金融机构支持广西经济发展突出贡献奖"，先后获广西五一劳动奖状、全国五一劳动奖状、脱贫攻坚先进集体，近8年来连续入选"广西企业100强"前11名，连续6年入选"广西服务业50强"前5名，是2021年全区唯一被中国红十字会授予人道主义勋章的银行业金融机构。

二、广西农信构建农村金融服务体系的现状

（一）组织机构体系建设不断规范

广西农信坚持支农支小经营方向不变、县域法人地位总体稳定不变、农信体系完整性不变，以深化体制机制改革、完善公司治理为核心，充分发挥省级平台服务功能，突出县级农合机构市场主体地位，着力打造产权明晰、治理健全、资本充足、支农支小特色鲜明的现代中小银行体系。

一是建立健全省级行业服务大平台。自治区联社紧扣"管理、指导、服务、协调"的职能定位，对辖内县级农合机构注重管方向、管风险、管队伍、优服务、搭平台，搭建战略规划等十大服务平台，做实行业服务体系，发挥整体优势，切实解决了县级机构想做做不了、做不好的事。

二是持续深化自治区联社体制机制改革。以重构自上而下的股权关系、合理界定履职边界为核心，探索推进自治区联社管理体制改革。推进派出机构改革，淡化行政管理，2020年以来先后成立了南宁、玉林等8家区域审计中心。以深化劳动、人事、分配三项制度改革为重点，大力推进内部机制改革，重构组织架构、岗位"三定"管理、员工职级管理、考核分配"四大体系"，建立了以岗位任职资格和任职条件为核心的管理序列和专业技术序列双通道并行的员工职级管理体系，和以岗位价值与工作业绩为导向的考核分配体系。一系列具有"四梁八柱"意义的体制机制改革逐步落地生根，不断为广西农信改革发展释放新的活力。

三是稳步推进县级农合机构产权制度改革。按照现代金融企业制度要求，高标准严要求扎实推进县级农合机构达标组建县级农商行。在自治区党委、政府的高位推动、高位部署下，形成了一系列支持组建县级农商行的政策体系、工作机制、创新举措。政策体系方面，2020年以来自治区先后出台了《关于支持农村信用社改革发展政策措施》《关于推动农村商业银行高质量发展的指导意见》；工作机制方面，形成了自治区—市—县—农合机构的深化农信社改革领导机制、会商机制、分片区督导机制；创新举措方面，争取获得107亿元政府专项债资金，推出全国首例转股协议存款工具帮助县级农合机构补充资本，助力加快化险改制进程。全系统累计挂牌开业55家农商行，截至2021年末，县级农商行资产总额、存款余额、贷款余额分别达4441亿元、3869亿元、3135亿元，分别占91家县级机构相应指标值的43%、43%、45%，分别比2018年提升19、20、21个百分点（见图5、图6）。

四是持续完善现代公司治理架构和机制。积极推动把党的领导落实到公司治理各环节，全面完成党建工作要求写入公司章程。建立健全"三会一层"组织架构，设立"三农"服务委员会，推选具备"三农"背景的董事、监事，建立独立董（理）事人才信息库，配齐配强董（理）事、监事人员，初步搭建简明高效、符合实际、具有特色的公司治理架构和机制，规范了企业管理，增强了发展动力。

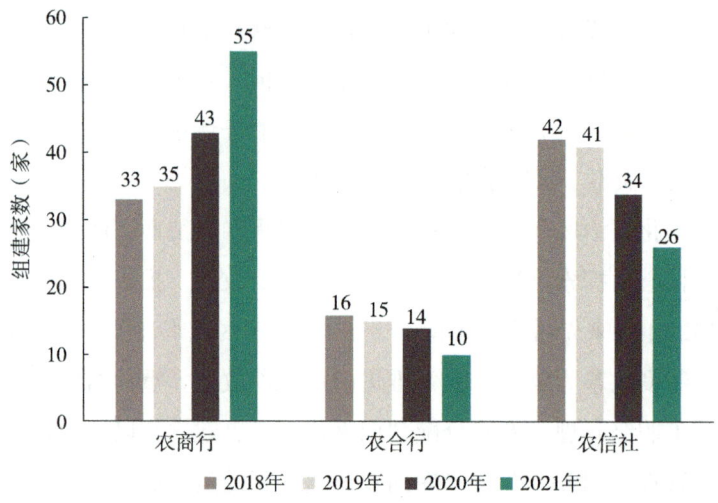

图5 2018—2021年广西农信县级机构组织体系类型

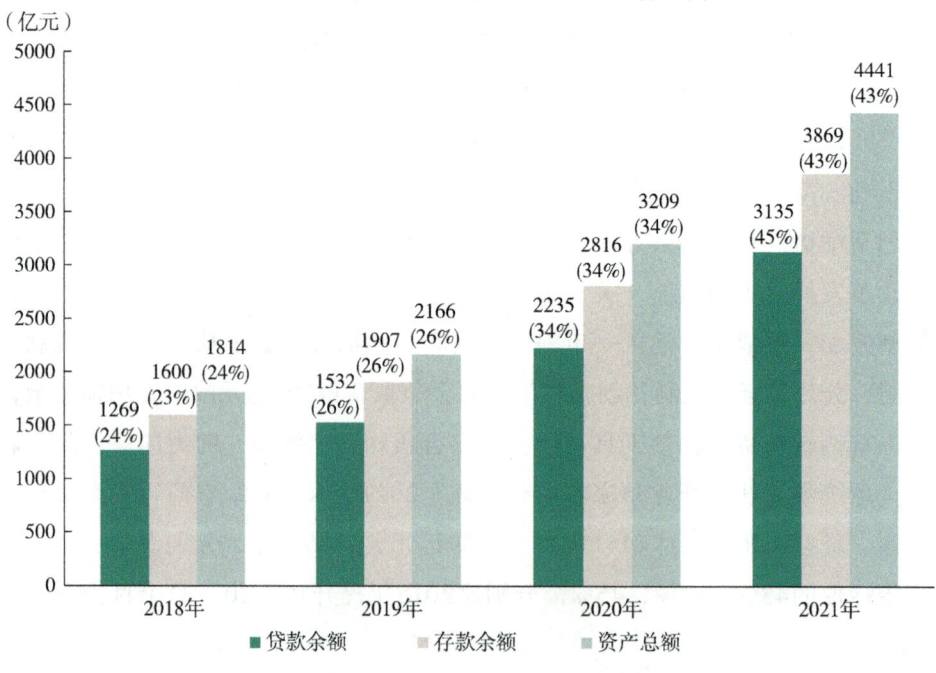

图6 2018—2021年县级农商行机构体系规模

（二）产品供给体系质量明显提升

广西农信立足区情农情，大力推动金融产品和服务创新，着力提高农村金融服务的覆盖面和可得性。

一是创新接地气的乡村振兴金融产品。以优化乡村振兴系列产品营销和服务为核心，大力推广"金猪贷""商摊贷""商税贷""易农经营贷""易农消费贷"等贷款和"易农宝""易商宝"等"易系列"信用卡产品。以"人才贷""劳模贷""工匠贷""致富带头人贷""乡村振兴电商贷"等产品为抓手，支持农业科技带头人、劳模、农业职业经理人、致富带头人、乡村工匠、村级集体经济经营管理者、农业科技人员及农村电商经营者创业展业。

二是创新有温度的护航市场主体产品。结合小微企业"短、频、快"的融资特点，积极推进小微企业专营机构和服务渠道建设，通过优化小微企业信贷流程、开辟绿色通道等举措，为小微企业提供贴心、高效服务。创新推出了林权抵押贷款以及以土地承包经营权、水域滩涂使用权、应收账款等作质押的30多个信贷产品，保理业务、跨境区块链平台出口融资业务、碳汇远期收益权质押担保业务、国内保函业务四项业务实现零的突破，满足了小微企业多层次、多元化的信贷资金需求。

三是创新更智慧的数字化金融产品。推出新版手机银行和网上银行，不断丰富"线上农信"服务内涵；推出安卓版e挎包，为企业提供上门开立账户服务，增强"三农"、小微企业客户金融服务获得感。不断丰富场景金融服务内涵，桂盛市民云App首度应用云服务技术，新增信用卡全模块、校企行业信用卡自动充值、线上填单取号、智慧银医、场景营销等功能，优化App界面UI，实现千人千面，提升桂盛市民云行业赋能能力；开展智慧银医双向转诊、区域就医业务，通过拓展基层医疗、二级三级医疗机构等单体医疗行业场景，实现三级联动。

四是创新更低碳的绿色金融产品。牢固树立绿色发展理念，坚持以"绿色金融+生态治理"守护广西的绿水青山。加强绿色信贷顶层设计，制定印发《加快推动绿色金融发展工作方案》《绿色信贷管理办法》等，加大产品创新力度，支持绿色产业发展。例如，广西横洲农信社年均累放1亿多元贷款，让一朵小的茉莉花做成了芬芳大产业，成为横州人的致富花、幸福花，走出了一条独具特色的农信支持"美丽乡村"的兴旺之路。截至2021年末，广西农信共设立55个绿色专营机构，绿色贷款余额78亿元，增幅为32%，是各项贷款增速的4倍。其中，生态环境产业贷款余额47.68亿元，基础设施绿色升级贷款余额19.98亿元，节能环保产业贷款余额5.30亿元，清洁能源产业贷款余额3.56亿元，清洁生产产业贷款余额1.32亿元。

五是创新一系列金融服务新模式。近年来，广西农信结合地方特色创新推出一系列便民富民金融服务新模式。例如，创新推出"银行+企业+农户""公司+基地+合作社+农户"等服务模式，推进传统农业向现代农业转变，推进农业与多产业融合发展。围绕国家"兴边富民"以及建设面向东盟的金融开放门户战略，创新"边民贷+边贸结算专户"的边民互市贸易结算"农信模式"，已在广西13个口岸推广运行，获得广西建设面向东盟的金融开放门户2020年度创新案例二等奖，并入选十大创新案例。

（三）农村金融生态环境体系整体迈向优化

广西农信紧抓建设升级农村金融改革"田东模式"六大体系契机，以完善信用环境体系建设为核心，以支付清算体系建设为抓手，深化银政、银担、银保合作，推进农村金融生态环境不断改善。

一是持续推进支付结算体系建设。对接中国人民银行大小额、中国人民银行超级网银、银联平台、网联平台、农信银资金清算中心等主流平台系统，并与支付宝、财付通（微信支付）、银联云闪付、京东支付、美团支付等开展了广泛的支付业务合作，搭建全渠道支付结算体系。同时，通过手机银行、网上银行、网络支付（第三方支付）等线上产品渠道，为客户提供覆盖线上线下、大额小额支付场景的支付结算服务，稳定性好、可靠性高、安全性强，充分满足了个人及对公客户多样的支付结算需求。近年来，广西农信手机银行、网络支付（第三方支付）用户及交易量不断攀升，截至2021年末，手机银行用户、交易笔数、交易金额分别是2018年末的2.3倍、1.7倍、2.1倍；网络支付用户、交易笔数、交易金额分别约是2018年末的1.7倍、2.8倍、3.0倍。手机银行和网络支付已经成为个人客户转账支付的主要渠道，平均每5个广西人中就有1人使用广西农信手机银行和桂盛卡绑定第三方支付。电子银行交易替代率达96%，比2018年末增加4个百分点（见图7~图10）。

二是搭建银政、银担、银保良好合作体系。持续深化与地方政府、区直行政事业单位、大型企业战略合作，为县级农合机构搭建营销平台。2021年末，共与37家厅局级单位签订战略合作协议，计划每年投放2000亿元支持乡村振兴；在广西农信成立70年之际，与全区20个国家乡村振兴重点帮扶县签订战略合作协议，20个国家乡村振兴重点帮扶县各项贷款较年初增加80亿元，余额达到863亿元，增速在10%以上。积极推进银保、银担合作，探索"银行+农户+农业保险保单质押融资"模式，拓宽特色产业金融服务覆盖面。积极推进银担合作，2021年与17家政府性融资担保机构合作发放新型"政银担"贷款4803户、67亿元，分别比2019年末增加4343户、50亿元；新型"政银担"贷款余额达88亿元。

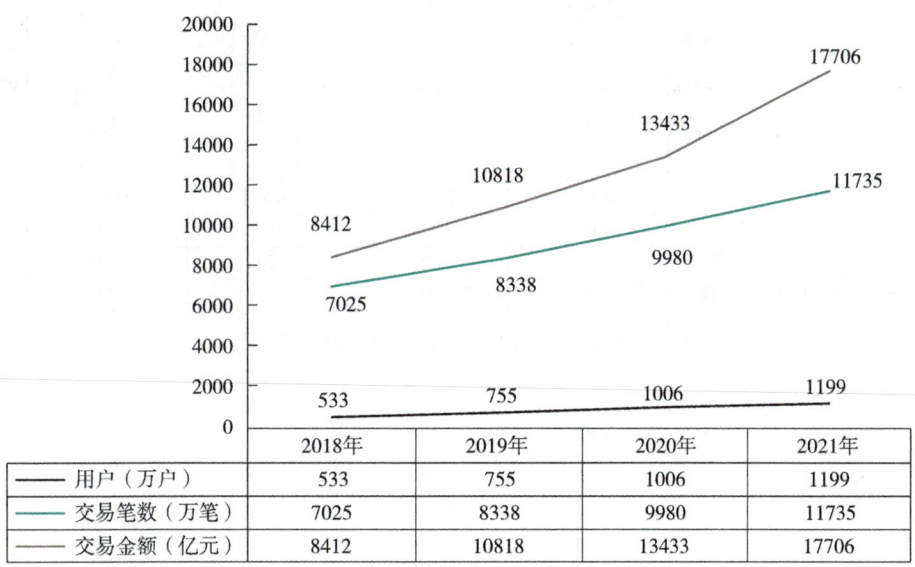

图7　2018—2021年手机银行用户及交易情况

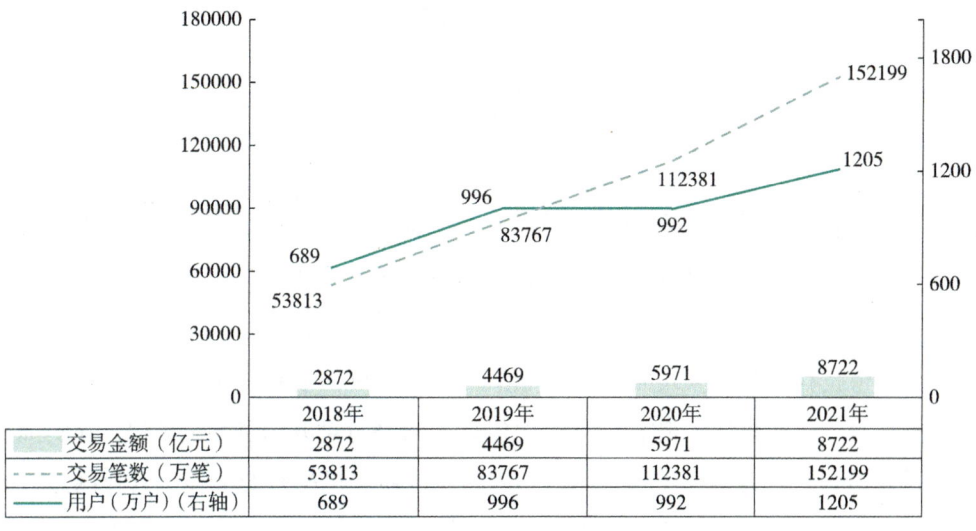

图8　2018—2021年网络支付（第三方支付）用户及交易情况

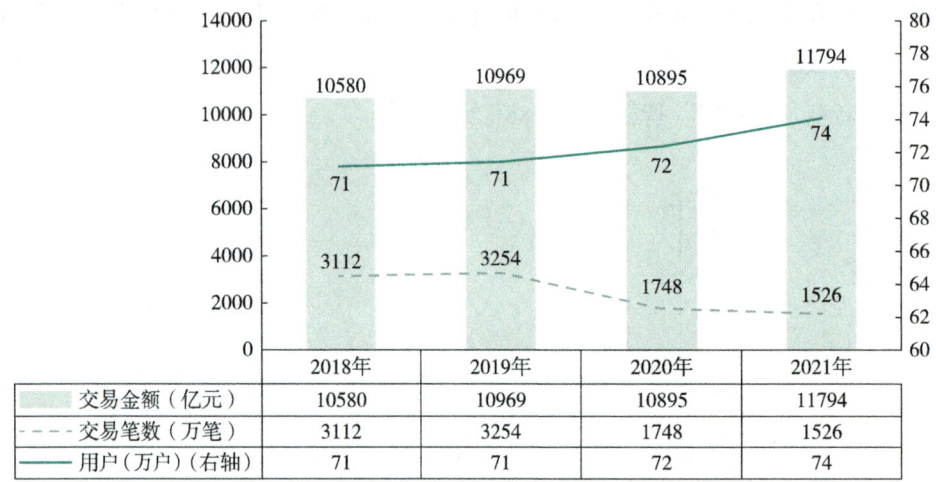

图9 2018—2021年网上银行用户及交易情况

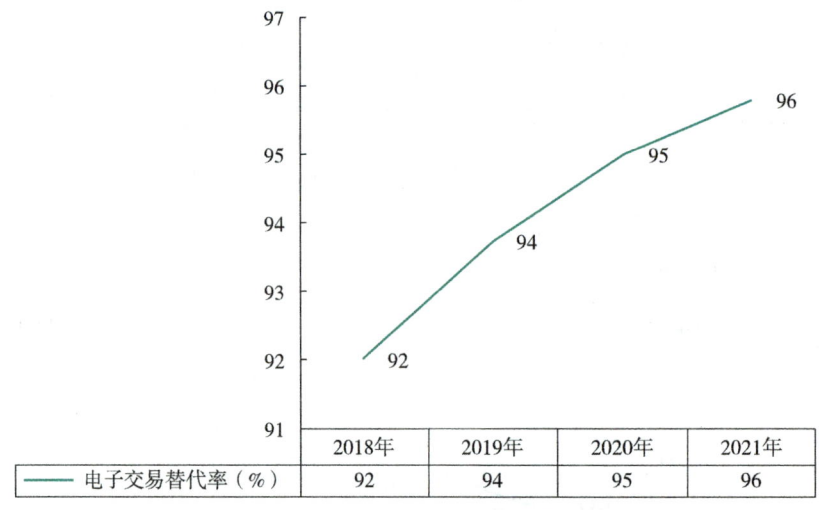

图10 2018—2021年电子交易替代率情况

三是依托科技赋能深入推进整村授信。为全区800万农户定制开发"桂盛富民金融服务平台",让数据多跑路、农户少跑腿,最快8分钟办结贷款全流程,扎实推进"整村授信、户户有信"工程。2021年末,全区农合机构有2300多个营业网点、超过4000名客户经理应用服务平台进村入户,有效走访农户156万户,授信78万户、金额767亿元,用信46万户、金额695亿元;已完成整村授信的行政村7038个,覆盖农户336万户，农户授信覆盖面持续提升，20个县域实现整村授信全覆盖。

（四）要素支撑体系能力持续增强

广西农信不断强化科技、数据、人才等要素支撑，筑牢风险防控底线，全面加强党建引领，服务"三农"的可持续发展能力进一步增强。

一是信息科技建设全面加速。探索成立桂盛金融信息科技服务公司，以独立法人的灵活体制，运用市场化的激励机制提供数字化、智能化、全方位的金融科技综合服务。加强金融科技发展的顶层设计，制定"1+3+10+N"金融科技发展新规划，落实科技赋能为第一驱动战略。加快推进信息科技系统建设。2021年全系统信息科技投入9.79亿元，比2019年末增加0.86亿元，完成22个应用系统建设和8403项系统功能开发改造。截至2021年末，广西农信建设运行的应用系统达到125个，基本覆盖主要内控管理、业务流程和电子银行、支付结算等服务渠道。全力做好网络安全运行保障，构建"终端安全一体化系统+全流量威胁感知系统+全边界安全防御"的多层级安全防护体系。与科技标杆和同业标杆强强联合，先后和华为、浪潮、浙江省联社等签订金融科技战略合作协议，在科技治理、系统研发、人才培养等领域深耕合作。

二是数据治理和应用能力不断提升。始终坚持把数据治理摆在突出位置，切实发挥数据运用在数字金融服务中的基础性作用。创新数据品牌，以"用数据服务，用数据管理，用数据经营，用数据创新"为理念，树立"桂数耘"数据品牌，推动数据标准云上运营和数据上云；创新数据标准，制定完成十一大主题域数据标准，创新建立涉农、绿色金融、档案管理、跨境征信、政务数据等特色标准，实现管好数、用好数、好用数；创新技术平台，以"标准赋能数据，数据赋能业务"为目标，率先建立金融数据标准共享平台，持续推进标准更新迭代和推广应用，并将数据标准提供给涉农行业、金融同业、跨境企业共建共享共用。深化数据运用，积极对接引入自治区大数据政务数据、人民银行金融数据、合规征信公司三方数据，实现内外数据互联互通、共用共享，在数据的积累和验证过程中形成多层次、多领域、多场景的业务实践，充分挖掘数据价值，促进区域金融及涉农行业数据的深度融合。

三是传统风控升级为智能风控。充分运用大数据等技术，有效构建智能风险防控模型。精准客户画像，上线个人客户画像功能与客户价值挖掘模型，为全区4767万个人客户生成750多项特征标签。精准识别客户风险，基于AI智能机器学习模型算法，开发高端客户流失预警模型、高端客户流失挽回模型、个人经营性贷款响应模型、农户小额信用贷款响应模型等，精准分析、识别、监测客户风险。强化系统管控，对行内数据、人民银行征信数据、政务数据自动交叉验证，智能识别潜在风险点，把准客户准入质量关、合理授信管控关、贷后预警处置关，线上贷款不良率控制在0.5%以内。强化人员管理，桂盛富民金融服务平台的人员定位、轨迹记录、客户地图、关系图谱、借名贷款预警等功能，可以加强对客户经理、审查审批人员的实时监测预警，有效降低操作风险。

四是"人才强社""人才兴农"步伐加快。推动"筑巢引凤""联智育才"，获批广西第六批博士后创新实践基地建设单位，打造高层次人才集聚小高地。健全上挂、下派、外派、轮岗培养机制，以及市场化选聘的引才、引智机制，拓宽人才引进渠道，重点引进紧缺人才。坚持党管干部原则，紧扣农信事业发展需要，选优干部、配强班子。2020—2021年开展了自治区联社71个中层管理岗位和64个县级农合机构高管岗位市场化选聘竞聘，从党政机关、国企、金融同业等外部单位引进中层管理人员21人。坚持重实干、重实绩、重担当导向，选任交流县级农合机构高管196人，占比近半。注重发挥"头雁效应"，选任交流"一把手"45人。干部人才队伍专业化、知识化、年轻化、梯队化建设成效明显。截至2021年末，全区农合机构本科及以上学历员工占比提升至68%，35岁及以下员工占比提升至47%，人才队伍专业化、年轻化、知识化建设步伐加快。

五是党建引领金融资源、人才队伍与乡村振兴大局有机融合。启动实施"党旗引领+金融先锋"暨"万名农信党员进万村"工程，由自治区联社、8个党工部、91家县级农合机构党组织书记亲自抓，把党员先锋模范作用发挥在服务群众最前沿，将金融服务搬到田间地头。同时，结合走千访万、信用体系建设，积极宣传党的"三农"政策和反诈反假、扫黑除恶等，把党的声音传达到最基层，将金融服务全面融入乡村治理，优化乡村信用环境、金融环境。截至2021年末，累计选派5414名党员业务骨干赴15883个村屯（社区）担任金融专员，金融专员村镇（社区）覆盖率超过98%。

（五）社会责任履职体系质效进一步增强

广西农信面向"客户、股东、监管、员工、合作伙伴"积极履行好社会责任，推进五个服务对象价值最大化。一是优化客户价值结构。强化战略思维和全局观念，重视客户、培育客户、稳固客户，优化客户价值结构，完善客户关系管理系统，加强对客户价值、客户黏性的画像分析和分层管理，稳固现有优质客户，积极拓展一批优质客户，不断提升优质客户占比。二是完善股东激励约束机制。全面加强穿透管理，严格清理问题股东，强化股东行为约束，不断优化县级农合机构股权结构，着力吸引认同服务"三农"战略、追求长期投资价值的资本入股。按照监管要求治理股权乱象，保障适格股东权益。同时，加强股权管理信息化建设，2020年新建股权管理系统在全区推广运行，把全区18万名股东纳入系统管理。全面实现股权登记托管，确权股权份额占比达99%以上。三是全面落实监管要求。坚决贯彻落实监管部门要求，强化底线意识，主动顺应监管、服从监管、拥抱监管，深入研究政策、认真把握政策、坚决落实政策，把贯彻执行监管要求贯穿到经营管理的全领域、全过程，坚持走合规、安全、健康、可持续的高质量发展之路。四是搭建员工出彩平台。实现员工培训全覆盖，有效提升员工综合素质。畅通员工诉求表达渠道，组织实施"和谐农信暖心工程"，承诺"为民办十件实事"，落实员工带薪休假制度，实施补充医疗保险制度和重大疾病医疗救助，让广大员工更好地共享改革发展成果。五是强化同业合作。与国家开发银行广西分行、中国进出口银行广西分行等10余家银行同业新签订战略合作协议，将在绿色金融战略、数字人民币、智能贷款、数字金融业务等领域开展深入合作，实现了广西农信与同业机构优势互补、信息共享，进一步拓宽了农合机构发展渠道。

三、广西农信构建农村金融服务体系面临的机遇和挑战

党的十九大以来，我国经济增长的目标、方式和动力发生了根本性改变，金融科技日益成为经济发展的核心驱动力，农业、农村和农民的发展状况和发展目标也发生了巨大变化，传统的农村金融服务体系随着宏观经济、农村市场和科技力量的改变也必将加速迭代升级。

(一)新一轮深化农信社改革要求组织机构体系进一步规范

2020年以来,全国开始了新一轮农信社改革探索,广西农信也迎来了改革发展的重要机遇期。国家发展改革委、中国人民银行、银保监会等部门发布了一系列关于深化农村信用社改革的政策文件,明确"一省一策"推进农信社改革。财政部等也出台了一系列的金融监管政策,对包括农信社在内的银行业机构股东股权管理、公司治理等提出了一系列监管要求。这些都对广西农信构建现代金融企业制度、加强经营管理、公司治理和内控合规建设提出了更高更规范的要求,对推进完善农村金融服务体系具有重要意义。

(二)多元化市场竞争加剧要求产品供给体系质量进一步提升

当前,农村金融市场多元化竞争趋势愈加激烈,股份制大行开始下沉服务重心,快速布局农村金融市场,依托自身的规模和技术优势不断挤压蚕食农信线上线下生存空间;以支付宝、腾讯、京东为代表的互联网金融和以微众、新网、网商为代表的互联网银行的快速兴起,进一步降低了农信等传统金融机构对客户群体的吸引力;村镇银行等新型农村金融机构也与农信业务的市场范围、客户群体高度重合,进一步加剧了市场竞争。农村金融市场格局的变化,要求广西农信必须研究客户需求新特点,依托科技赋能新产品新业务,尽快赢得市场竞争的主动权。

(三)农村金融服务创新要求农村金融生态环境进一步优化

当前,农村金融生态环境欠佳。例如,由于农村经济基础相对薄弱,公共基础设施尚不健全,互联网普及程度相对较低,农信社在农村布放金融基础设施、推广非现金支付工具、设置便民服务点等的成本相对较高,整合推广产品应用场景的难度相对较大;由于农村信用体系建设相对薄弱,农户诚信观念缺失、风险防范意识特别是网络安全意识淡薄,恶意逃废债、非法集资、银行卡非法买卖等金融案件频发,农村金融生态环境建设压力较大,在一定程度上阻碍了金融资源配置。另外,农村金融生态环境也面临农村风险分散机制、农村产权融资制度不够健全等客观难题。

（四）农信发展基础相对薄弱要求要素支撑能力体系进一步加强

由于县级农合机构发展基础薄弱，普遍"散小弱"，信息科技系统支持不足，对优秀人才的吸引力不大，公司治理和风险防控机制也不健全，离现代金融企业的标准还有较大差距。相较于先进同业，广西农信对大型科技公司提供的技术和平台仍存在一定程度的依赖，面临潜在的操作风险和网络风险，进而导致获客能力和产品竞争力减弱。信息科技建设和数字化转型也面临数据信息支撑不全面、数据标准不统一、数据共享难等问题。同时，相关专业人才储备不足也在一定程度上制约了要素支撑能力的提升。

四、新形势下广西农信完善农村金融服务体系的策略

站在"两个一百年"奋斗目标的历史交汇点上，面对构建新发展格局、全面推进乡村振兴和智能金融科技的新阶段，广西农信将奋力推进农村金融服务体系朝向功能完善、便捷高效、安全智能迭代升级。

（一）持续健全服务体系的体制机制

面对日益复杂的经济金融环境和非常难得的改革机遇，唯有深化改革、不断完善体制机制建设，才能打造符合农村金融发展新需求的产权明晰、治理健全、资本充足、支农支小特色鲜明的现代中小银行体系。按照有利于支持乡村振兴和实体经济发展、有利于防范化解风险、有利于完善自治区联社治理机制、有利于农信社高质量发展的原则推动自治区联社深化改革，科学制定履职正负面清单，完善行业服务大平台功能。有序推进县级机构改制，组建县级农商行，探索推进地级市城区机构整合。从完善制度和健全系统入手持续加强股东股权穿透管理，规范大股东行为，清理不适格股东，为良好公司治理奠定基础。强化关联交易管理，加快关联交易系统建设和制度完善，严密防范关联交易风险。坚持两个"一以贯之"，把加强党的领导和完善公司治理统一起来，建立健全、简洁、高效的治理架构和运行机制，不断完善专业委员会设置，配齐配强董（理）事、监事，进一步强化智力支撑和专业治理能力。持续推进派出机构改革，完善派出机构职能。继续深入推进劳动

用工、干部人事、收入分配三项制度改革，统一、畅通自治区—县两级机构工作，充分发挥"大平台+小法人"的灵活优势，为农村金融服务注入发展动力和活力。

（二）持续丰富服务体系的产品供给

农村地区是农信机构赖以生存的"根据地"。服务"三农"、服务小微企业、服务县域经济是创新金融产品的立足点和落脚点。牢固树立精品意识，加强对现有产品梳理整合，提高拳头产品对市场的覆盖面和竞争力。加大现代农业龙头企业和新型农业经营主体信贷投放力度，支持广西现代特色农业示范区、现代林业产业示范区、水产健康养殖和生态养殖示范区建设。加强小微企业贷款产品创新，用好"信易贷"平台，加大"商税贷""企税贷"等小微企业互联网贷款产品推广运用力度。健全绿色信贷管理体系，实现全生命周期流程管理，力争绿色贷款增长率超过当地同业平均水平，"两高一剩"行业贷款余额持续下降。抓好科技赋能乡村振兴金融服务，提高农户贷款渗透率和覆盖面。巩固行业场景的金融赋能优势，以"1+1+N"模式，即1个多行业场景平台（后端），1个"桂盛市民云App"（前端），赋能于学校、企业、机关、医院等N个行业场景，拓展行业客户。加强"利农商城"运营，打造信贷支持商户的提量增效渠道，服务乡村振兴的线上展示平台、金融产品的辅助营销通道、信用卡消费的配套积分商城。行业场景和金融场景双线推进，构建"线上农信"品牌。

（三）持续推进服务体系的环境优化

积极落实"地方政府引导、金融部门推动、多方共同参与"的工作机制，推进农村信用体系建设，持续开展信用户、信用村、信用镇（乡）创建，依托桂盛惠民金融服务平台不断扩大农村信用建档评价范围，推动"整村授信"工程。持续推进农村金融服务站和便民服务点建设，强化分类分级管理措施，进一步完善"区市县乡村"全覆盖的金融服务体系。不断优化手机银行、网上银行、微信银行、e支付、e挎包功能，加大线上业务推广力度，健全线上线下一体化服务，打通金融服务"最后一百米"。积极探索拓宽农业抵质押物范围，逐步解决农业融资缺乏抵质押物的问题。积极配合农村集体产权制度改革，稳妥试点农村承包土地经营权、集体资产股权担保融资。在试点地区稳慎探索宅基地使用权和农民住房财产权抵押贷款业务。探索农业企业、新型农业经营主体运用集体经营性建设用地使用权、公益林补偿收益、碳汇出让收益质押融资。继续探索完善温室大棚、养殖圈舍、大型农机具、渔船等抵押融资和生猪、肉牛、水产等"活体抵押+保单增信+银行授信"融资模式。加强政银企对接，深化与各行业主管部门、区直企业等的合作，进一步拓展合作的广度和深度。进一步深化与政府性融资担保机构的合作对接，积极探索"总对总"业务合作模式。

（四）持续加速服务体系的智能升级

牵住科技创新"牛鼻子"，走好科技创新先手棋。扎实推进金融科技"十四五"规划落地，优化"8+X"应用架构，广泛使用新兴数字技术，启动新一代系统建设，构建企业级业务中台、数据中台和技术中台，高标准、高质量推进数字农信发展，加速推动数字化转型。按照"前端聚焦需求、中端提升架构、后端整合应用"的原则，依托全生命周期IT管理系统，规范信息科技项目制度流程，有效响应基层农合机构业务需求，提高信息系统建设效率，强化信息科技服务支撑能力。探索对外科技输出，在"To C"端探索开放银行体系建设，在"To B"端探索供应链金融、企业现金管理等发展新路径，在"To G"端探索与政府的数据联通和开放共享。加紧构建大数据平台体系，实现数据治理的系统化操作，夯实数字化转型基础。丰富数据应用平台，建设领导驾驶舱系统、数据大屏可视化、报表自动化和客户服务体验管理平台等，强化数据创新在业务场景中的应用。建设"桂数耘"数据标准运管平台，构建"区块链+数据标准"全生命周期、可持续性、基于云化平台的运管模式，打造"耘"系列数据平台和数字产品品牌。加强数字化风控能力建设，实施实时反欺诈系统、不良资产管理系统、安全活体刷脸认证系统等系统，提升信息科技风险管控能力。

（五）持续激发服务体系的动力活力

矢志不渝坚持和加强党的领导，以高质量党建引领高质量发展。继续实施"万名农信党员进万村"工程，深入推进抓党建促乡村振兴。大力实施"双入双创"工程（把党组织嵌入公司治理各环节、党建工作融入生产经营全过程，促进党建工作创新创效）。紧跟新时代人才强桂战略，坚持党管干部原则，加大引才聚才育才力度，凝聚"头雁"效应，打造人才"雁阵"，加强领军型、复合型、专业型"三支队伍"梯队化建设。建立容错机制，让敢干者有"舞台"。树立重实干重实绩的用人导向，注重在改制化险前线、市场拓展一线、攻坚克难火线识别、考察、使用干部，让实干者有"平台"。加强年轻干部培养，让年轻干部在改革发展的一线实践中经风雨、见世面、壮筋骨、长才干。加强干部横向纵向交流，选优配强县级农合机构高管，优化班子专业、年龄、性别等结构。加大引才聚才力度，深入实施"三个一千"人才提升工程，提高金融科技、法律、涉农类专业人才储备，发挥博士后创新实践基地平台作用，设立人才发展专项资金，打造高层次人才小高地，不断优化人才队伍结构，形成各层次人才相互支撑的人才雁阵格局。加大教育培训力度，做好人才盘点，建立各类专业人才库，科学制定人才发展规划，健全分级分类培训体系，推行员工上岗资格培训，提高人才综合素质。

第 7 章

农商银行数字化转型中的难点与趋势

大数据、云计算、人工智能、区块链、物联网、5G通信等新技术迅猛发展，加之新冠疫情下数字化革命骤然提速，为银行业的数字化转型进程按下了"快进键"。

中国银行业协会发布的《2020年中国银行业服务报告》数据显示，2020年，银行业金融机构离柜交易达3708.72亿笔，同比增长14.59%；离柜交易总额达2308.36万亿元，同比增长12.18%；行业平均电子渠道分流率为90.88%。

一些大型国有银行、股份制银行、头部中小银行已经开启以"智慧、敏捷、开放、共享"为核心的"数智化"转型。

在数字化转型进程中处于"跟随"状态的农村商业银行、农村信用社等农村中小银行（以下简称农商银行），在答好这道"必答题"的过程中，在平台搭建、渠道创新、风险防控、产品突围、生态构建等方面取得了不同程度的进步，推动了服务优化和管理增效；同时，仍面临顶层设计缺失、组织架构固化、复合人才短缺、科技投入不足、数据能力薄弱等难题。

后疫情时代，亦是大转型时代，农商银行数字化转型将迎来更为深刻的变革，在金融科技的策略、组织、生态、应用、管理、业态等方面，将实现突破性进展。

一、分化与重构：农商银行数字化转型发展现状

在经济下行、疫情影响、利差收窄、大行下沉等多重挑战与压力之下，不少农商银行把加快数字化转型作为提升竞争力的"利器"。在这一进程中，分化态势愈加明显。

数字化转型走在前列的头部农商银行，大数据等基础支撑建设较为完善，线下网点智能化转型、线上业务布局、数据治理等转型初级阶段工作基本完成，已进入"数智化"转型阶段。

处于"第二梯队"的农商银行，正在零售、小微领域通过"单点切入、小步快跑"的方式探索转型。

还有部分农商银行仍在观望与徘徊，由于对数字化转型的认知不足、短期内无法看到转型带来的收益，尚未搭上数字化转型的快车。

对于前两类农商银行来说，数字化转型已经取得显著成绩，在一定程度上重构了业务模式、服务场景、管理方式，呈现出以下特点。

（一）平台搭建："大平台+小法人"作用凸显

农信机构独有的"大平台+小法人"体制机制，在数字化转型中发挥了积极作用。一方面，省联社搭建核心系统等大型金融科技平台，能为法人行社省去大量的人财物投入，帮助后者解决"想做做不了、做了做不好、做了不实惠"的难题。此外，省联社与金融科技公司、政府部门、同业机构等搭建"总对总"的合作平台，有利于法人行社在金融科技、构建生态等方面从外部借力。另一方面，"小法人"具有人熟地熟、"船小好调头"等优势，在数字化转型中则体现为可敏锐捕捉客户需求，决策链条短、调整快等特点。

同时，业内亦有关于省联社应提升科技支撑能力、响应能力、响应速度，以及为法人行社开放部分端口、实现数据交互的呼声。如何提升服务法人行社的能力？如何统筹兼顾好"保持技术架构和业务架构的整体性、统一性"和"满足辖内不同行社的差异化需求"二者的关系？这仍将是"大平台"需要着力之处。

> **案例：浙江农信统筹协调"大平台"与"小银行"的关系**
>
> ○ **省联社"大平台"提供多重支撑**
>
> 浙江省联社秉承"省县两级统分结合"的原则，打造"小银行、大平台"，通过服务转型、行社帮扶、项目敏捷管理、实践创新等机制，提升对行社系统建设需求的响应效率。
>
> 推进需求服务转型。立足行社特色业务，安排专人参与行社特色中间业务需求的对接和分析，提高行社特色业务的开发质量和效率。
>
> 加强行社信息窗口的建设。开通OA办公系统和"浙江农信人"App渠道窗口，及时更新已受理需求、开发进度状态，增加信息透明度。
>
> 建设统一外部数据接入平台。通过持续引入各类地方特色数据，兼顾小法人个性化业务的发展需要，助力其数字普惠金融深度及广度的持续拓展。
>
> ○ **兼顾"小法人"个性化的数字化转型发展需求**
>
> 建立"集中为主、明确分工、分级开发"的省县两级系统建设模式。浙江省联社牵头建设标准化产品、服务、渠道系统和IT基础应用平台；各行社在IT规划基础上，充分利用大平台支撑能力强的优势和参数化配置的特点，自主开发个性化特色业务和管理系统，实现省县两级分工协作、共同发展的目标。
>
> 强化省县两级沟通机制，大力建设运维、需求、技术三大响应渠道，以及完善科技联系行机制。通过点对点收集业务需求、征求科技信息工作建议、定期举行科技交流会和试点新业务新系统等方式方法，在支撑重点行社发展的同时，以点带面，促进全系统行社的科技创新和协调进步。
>
> 采用项目需求分层分类管理策略。省联社科技部门每年底向各业务部门和行社发通知，统一征集业务需求，并就收集到的年度新业务需求充分沟通讨论，尤其针对差异化需求，提炼共性、兼顾个性，为行社特色业务发展提供科技系统支持，最终在理事会审批通过后，向全省公开发布。

（二）渠道创新："线下+线上"双线出击

对于长期扎根农村金融市场、拥有人熟地熟等优势的农商银行来说，要在强化线下优势的基础上,以线下反攻线上,最终实现线下线上融合。围绕"线下+线上"的渠道创新,农商银行作出了积极探索。

在线上,手机银行、微信银行、远程银行普及开来,东部地区一些农商银行的电子渠道分流率达到95%以上;在线下,数字化驱动的网点转型正在推进,智慧柜员机、自助回单机、智能填单系统等智能设备和智能化运营系统推广使用,同时,融合"金融服务+电子政务+电子商务+民生服务"的村级综合服务点和社区银行,正以燎原之势在农村地区和社区生根发芽。例如,浙江农信"丰收驿站"、福建农信"福农驿站"、安徽农金"金农信e家"、新疆农信"普惠金融驿站"等,为广大农村、社区居民打通了综合便民服务"最后一公里"。

(三)风险防控:智能水平显著提高

目前,风险防控是农商银行大数据运用最为普及的领域之一。反欺诈系统、客户风险画像系统、客户风险预警系统等大数据风控系统的建立,有效协助业务人员全面深入地了解客户,全时监控,及时预警,为信贷全流程提供了决策辅助和管理抓手,推动风险防控从"人工风控"向"数字风控",乃至"智能风控"转变。例如,苏州农商银行从对公信贷客户风险画像切入,打造客户风险画像系统。该系统以客户为核心,整合行内跨条线、跨系统的业务及流程数据,引入多机构、多维度的外部数据,将传统的风控经验和量化模型相结合,全景展示客户的风险特征,形成客户风险画像报告及风险评分。同时,对风险画像报告中的负面信号进行解析和提炼,在信贷全流程中将严重负面的信号推送给客户经理与审批人。

(四)产品突围:"爆款产品"亮点频现

数字化转型不可能一蹴而就。一些农商银行通过大处(战略)着眼、小处(产品)着手,在细分领域、特色领域找准数字化转型的突破口,在大数据风控的基础上推出了一些数字化"主打产品"。例如,浙江农信"浙里贷"、安徽亳州药都农商银行"金农易贷"、吉林榆树农商银行"榆农快贷"等纯线上小额贷款产品,实现了"数据多跑腿"、客户一趟都不用跑,其方便、快捷的用户体验受到农户、市民、小微企业的欢迎,成为"爆款产品"。

案例：安徽亳州药都农商银行打造纯信用、全自动、纯线上产品"金农易贷"

安徽亳州药都农商银行推出的纯信用、全自动、纯线上产品"金农易贷"，是农商银行打造数字化"爆款产品"的先行者。

农商银行面对的客户往往是缺少抵质押、有效担保措施的农户、社区居民、创业者。由于信息不对称等因素，客户和银行双方面临贷款准入门槛高、额度界定难、利率定价难、风险把控难等诸多难题。近年来，亳州市政府启动智慧城市建设，坚持以数据为核心，坚持"集中建设、授权使用、共建共享"的原则，扎实推进政务数据汇集，建成全市基础数据平台，成为药都农商银行推出数字化贷款产品的"东风"。

为解决客户信息壁垒，提高授信评级科学化水平和风险防控力度，药都农商银行积极与政府部门对接，汇集了政府"智慧城市"公安、交通、税务、卫生、教育、燃气、水电等33个部门、193类市政信息数据，同时进一步融合行内金融业务数据和第三方数据资源。全维度、多角度的数据获取，成为解决信息不对称问题的关键，也为进一步全流程模型体系的构建提供了强有力的支撑。

数据采集完成后，该行进行征信数据解析和全量数据整合，打造了贷前准入模型、信用评级模型、实时风险控制模型、贷后风险预警模型"四大模型"。全流程模型体系的构建，有效解决贷前客户准入环节的逆向选择风险，解决贷中信用等级、利率定价等合理评估的问题，解决贷后实时风控、风控预警等体系不完善造成的道德风险问题。

此后，该行顺势推出纯信用、全自动、纯线上产品"金农易贷"，实现了自助授信申请、自动准入检查、自动风险预警、自动授信评级、自动利率定价、自助签订合同、自助借款还款，为辖内18周岁至65周岁的城乡居民、个体工商户、法人企业主提供50万元以内的信用贷款支持。通过大数据建模实现3分钟之内全部办结，全程无任何纸质资料、无断点；通过"一次核定、随用随贷、余额控制、循环使用"模式，提高客户用款便捷度，降低贷款使用成本。

从客户角度看，整个办贷过程无须到银行网点、无须找客户经理和支行行

> 长，融资的便捷度及信贷的获得感得到大幅提升；从银行角度看，准入与否、额度高低、利率高低均由系统研判，全程无人工干预，最大限度上防范从业人员道德风险。
>
> 截至2021年6月末，该行"金农易贷"授信超349亿元，通过率超50%，"金农易贷"用信余额占该行贷款总额的48%。

（五）生态构建："小生态圈"逐步形成

在场景、服务和技术驱动的当下，构建起农商银行自己的生态体系，为客户提供无处不在的场景化金融服务，已成为业内共识。依托点多面广、人熟地熟、政银关系紧密等优势，农商银行在场景金融、社区金融、供应链金融等方面开展跨界创新，将金融服务嵌入生活、生产、商业、政务等场景，形成了一系列具有本土特色的小型"生态圈"。

例如，在场景金融方面，不少农商银行打造了智慧菜市场、智慧停车场、智慧医疗"银医通"等；在社区金融方面，杭州余杭农商银行加强与政府部门、社区服务联盟、社区管理组织、社会机构合作，建设"社区大管家"平台，还为社区管理组织、居民提供资金监管、建立专项帮扶基金、各项便民金融服务及民生服务；在供应链金融方面，安徽亳州药都农商银行、山东昌邑农商银行等打通当地中药材、生姜等特色产业、核心客户及上下游客户的资金链、物流链、信息链和价值链，创新推出"金农信e链""畅e智慧生姜管理平台"等供应链金融平台。

二、壁垒与困境：农商银行数字化转型待解难题

相较于大型国有银行和股份制银行，农商银行受限于规模偏小、科技实力不强等因素，在数字化转型中面临更多困境。综合来看，主要有以下颇具共性的难题。

（一）顶层设计缺失

数字化转型对于银行来说，是"一盘棋"系统性工程，农商银行应该将其上升

到发展战略层面、融入整体的高质量发展中，制定明确的数字化转型战略，从战略规划、组织架构、资金投入、人员配置、激励机制等多方面做出统筹与规划，自上而下推动战略落地。目前大部分农商银行因为理念、战略的不足，缺乏数字化转型的顶层设计，多为局部创新，资源投入分散、效果欠佳。

（二）组织架构固化

虽然大多数省联社、农商银行已设立单独的金融科技一级部门，但传统组织体系中多为以职能为中心的组织架构，条线、部门各自为政、壁垒明显，业务和科技部门融合不够，协同效率低、成本高，难以形成创新合力。同时，传统"竖井"式的组织架构内部流程较长、环节较多，影响了数字化转型的效率。此外，数字化转型需要创新、开放、包容的企业文化，以及有效的容错、试错机制，这种新的文化环境也是农商银行亟须建立的。

（三）复合型人才短缺

"科技人员不懂业务，业务人员不懂科技"，金融科技复合型人才短缺是农商银行的一大"痛点"。理想的复合型人才，是既了解银行业务，又兼具技术分析能力，能够敏锐捕捉客户需求，快速组织开发出适合的新产品，或准确地将原有产品调整升级的人才。而目前农商银行在人才市场上竞争力不强，自主培养复合型人才的周期长、难度大，在一定程度上制约了数字化转型的进程。

（四）科技投入不足

数字化转型的竞争，本质是资本、人才、科技等因素下的综合实力竞争。与大行、股份行相比，农商银行的科技投入和科技人员占比偏低。根据各大行、股份行年报显示，2020年，大行、股份行的金融科技投入占营收比重普遍为2%~4%，科技人才占比大部分为3%~10%，而不管是在省联社层面，还是农商银行层面，科技投入和科技人才队伍建设都有较大的提升空间。

（五）数据能力薄弱

数据资产是金融业的战略资产、生产要素。获取数据、分析数据、运用数据、管理数据的能力，是数字化转型的基础。目前大部分省联社、农商银行在这方面明显能力不足，数据价值挖掘不充分、数据资产管理不规范，难以对数据资源进行全口径、全周期的有效管理；数据应用割裂，产品、场景较为单一。此外，一些农商银行存在过度依赖省联社、科技公司的问题，自身数据应用、管理、创新能力较弱。

三、开放与融合：农商银行数字化转型六大趋势

后疫情时代，亦是大转型时代。虽然面临着诸多挑战与困难，但同时，农商银行也迎来了全面推进乡村振兴、数字经济加速发展、新技术广泛应用等机遇，数字化转型将迎来更为深刻的转型创新。

（一）新策略：建立"强后台+大中台+敏前台"技术架构

银行数字化转型的核心，是通过应用技术和数据，重新定义和细化对外服务、对内管理的要素与流程，实现方便客户、降低成本、提升效率。为此，一些省联社和农商银行开始筹划调整后台、中台、前台的构架，"强后台+大中台+敏前台"的模式成为大势所趋。

强后台，即强大稳健的科技基础设施和基础科技系统，包括核心系统、云计算平台、大数据平台、人工智能平台等。

大中台，一般包括数据（广义的数据中台包括技术中台）、业务、产品、风控、运营、人力等中台，能够打破数据采集、计算、使用的"部门壁垒"，构建起大数据中心、风控中心、服务共享组件中心等，实现数据、技术等高度复用，在提升服务和管理效率的同时，降低创新成本。

敏前台，即前台应用可以灵活配置、快速优化，根据不同客户的特点、个性化需求，为其提供"千人千面"的定制化产品与服务。

案例：浙江农信建设数据、管理、风控三大中台

2017年，浙江农信提出中台理念，规划逐步形成"大中台—小前台"组织架构和决策机制。2019年，浙江农信提出中台战略，基于全省农信系统省县二

级法人的组织架构，启动建设数据、管理、风控三大中台，通过标准化机制建设，明确业务规范和流程，形成统一、集约的管理服务模式，全面降低沟通成本，提高协同效率，提升数字化管理和服务能力。

数据中台：基于省级数据仓库和大数据平台，针对省县两级服务架构，搭建客户、产品、渠道、运营、营销、风险等多主题数据集市，支持各级机构数据分析和建模专业人员对业务数据进行多维自助分析、挖掘和建模，最终形成可视化数据视图，为管理和经营提供数据支撑。

管理中台：在数据中台的基础上，集成涵盖客户中台、产品中台、运营中台、营销中台、风险中台等资源和功能，以数据实时挖掘和分析为基础，对前台的运营和营销活动进行实时、持续、精准的指挥、分析、评估、考核和督导，快速敏捷地适应市场变化，成为客户经理、大堂经理、财富经理、商户服务团队等前台部门的强力支撑和决策枢纽。

风控中台：基于客户交易风险、操作风险、信用风险，组建扁平化、集约化、专业化的远程风控团队，采用远程呼叫、远程视频、智能语音、生物识别等技术，以"人工+AI"双轮驱动开展7×24小时证件识别、客户核身、交易授权、信贷审批、风险预警等，建立省县协同的风险联防联控机制，全面提升风控能力。

（二）新组织：构建"敏捷组织+灵活团队+复合人才"组织体系

敏捷组织，即以客户为中心，能够对客户需求变化作出迅速反应的企业组织。对于农商银行来说，要确保数字化转型战略落地，需要打破部门壁垒，改变传统"竖井"式的组织架构，发挥"决策链条短、船小好调头"的优势，构建跨部门的"敏捷组织+灵活团队+复合人才"组织体系。

一方面，可建立金融科技委员会、大数据中心等跨部门的组织，统筹数字化转型，并建立灵活的项目推进小组；同时，赋予敏捷组织、灵活团队更多决策权和资源支配权，由传统的"命令+执行"的管理模式，转变为"授权+赋能"的管理模式。例如，浙江义乌农商银行成立"大数据中心"，并打破原有组织架构，围绕经营决策层、风险管理层、客户营销层、业务产品层、基础数据层，设立了"数据治理""风控数字化""行政管理数字化""考核评价管理数字化""营销数字化"五个项目推进小组，负责数字化转型具体项目的实施推进。推进小组每月召开一次会议，对数字化转型项目进行分析和评估，找到问题、差距，明确下一步工作目标、推进措施等。

另一方面，通过自主培养人才、外部引进人才、推动产学研融合等方式，打造既懂金融又懂科技的复合型人才队伍。例如，安徽亳州药都农商银行采取"自主培养、边干边学"的方法，业务部门和科技部门员工从小系统、小项目做起，全程参与提需求、写说明、出方案、画原型图、调模型等项目研发环节，逐步锻炼出复合型人才队伍，该行"金农易贷"上线的前三年共优化300多次，都由该行员工策划执行、自主完成。再如，浙江禾城农商银行强化数字化队伍建设，以业务模块小组的形式，加强学习讨论，打破各条线人员间的知识壁垒，营造"科技人员懂业务流程、业务人员有数字理念"的学习氛围，形成全员看数据、懂数据、用数据的数字转型文化。

（三）新生态：搭建触达"C端+B端+G端+F端"的多场景、开放式生态圈

移动互联时代，农商银行可通过"金融服务+非金融服务"融合，进一步融入生活场景、商业场景、社区治理等，实现金融数据与政务数据、商业数据的互联互通、跨界融合、开放共享，打破信息孤岛，形成触达"C端（个人）+B端（企业）+G端（政府）+F端（同业）"的多场景、开放式生态圈，构筑起竞争中的"护城河"。例如，浙江农信陆续建设了"9朵云"，即政务、社保、医保、健康、交通、校园、园区、社区、商户云服务平台，为5000多万个零售客户提供全方位服务。

C端（个人）：可融入衣、食、住、行、购物、医疗、教育、娱乐等场景，为C端客户提供支付缴费、财富管理、贷款融资、电子商务、电子政务、智慧医疗等"全旅程"数字化服务。

B端（企业）：可与企业、商场、商户、学校、医院、停车场、菜市场等B端客户合作，为其提供线上收单、支付结算、电子票据、交易数据管理、供应链金融等服务，甚至可以助力企业加快数字化转型升级。例如，广西农信通过向企业推介

"桂盛市民云"App和辅助打造智慧数据中心及智慧网络建设,帮助企业提升数据管理效率。

G端(政府):可协同政府推进智慧政务、社区治理、农村"三资"管理等。例如,陕西信合搭建"三资"平台,助力农村集体经济组织资金、资产、资源管理和集体经济发展,已实现全省9个地级市100个区县(含开发区)15698个农村集体经济组织"三资"管理平台全覆盖。

F端(同业):可为村镇银行等同业机构提供系统、渠道,实现合作共赢。

> ### 案例:福建农信创建"福农综合服务平台"
>
> 福建农信正在创建集资产信息登记、融资需求对接、政策信息发布、普惠宣传推广、农村要素流转"五位一体"的支农支小服务载体——"福农综合服务平台",以期实现主体多元化、产品多样化、渠道平台化、服务场景化、信用价值化、政银协同化的"六化"工作目标,推动综合金融服务、支农惠企利民政策、资源资产信息、配套服务机制、农民行为记录、要素登记流转、参与主体协同联建"七个上平台"。
>
> 截至2021年11月末,福建农信"福农综合服务平台"一期12个子系统中,6个子系统已经投产上线并在法人行社试点,包括:村务管理平台、资金综合管理平台、宅基地管理信息系统、大数据分析处理平台、事务(合同、招投标)管理、产权制度改革系统。
>
> 例如,已在龙岩市永定区试点的子系统"产权制度改革系统",串联起所有相关主管部门,实现了村集体股权质押贷款全流程在线申请、受理、审批功能,为当地农户提供了方便快捷、流程规范的线上融资服务。
>
> 一方面,该系统创新村集体资产股权质押贷款线上申请和审批,推动相关信贷档案电子化、信息化管理,实现了村集体资产股权数据资源归集、信息共享同步。农信社基层网点和产权登记主管部门只需登录该系统,即可实现农村集体资产股权信息查询、贷款申请、股权登记、质押审批等"全链条"办理。另一方面,推进了村集体资产股权质押登记便民化、高效化,既为乡(镇)乡村振兴服务中心工作人员提效减负,又为农户提供农信社线下网点"最多跑一趟"的"一站式"服务。同时,有效提高了农信社网点服务和获客能力,有助

于推进网点业务交叉营销，实现网点业务全面发展。

截至2021年11月末，试点上线"产权制度改革系统"的龙岩市永定区农信联社通过该系统已累计为农户办理"福股贷"股权质押贷款327笔、1529.18万元。

（四）新应用：实现"精准营销—批量获客—客户洞察—客户分层—智能风控—匹配产品—精细管理"全流程的数字化、智能化

目前大部分农商银行对大数据的运用集中在业务"点"上，尚未形成由点到面、全流程、系统性的数字化转型。而运用数字化思维对农商银行业务和管理进行流程再造，才是真正实现了数字化转型。一方面，这意味着客户体验的全面提升——客户能够享受到随时随地、无处不在的方便、快捷、精准的金融服务；另一方面，这更是运营模式的转变——IT系统真正成为员工的助手和业务的助力。

例如，浙江德清农商银行通过全流程数字化转型，实现智能化的客户洞察、客户分层、渠道分流、产品匹配、精准营销，并根据客户分层维护体系，建立更为高效、精准的服务渠道网络。扬州农商银行在全流程数字化管理中，依托大数据产生的客户分布图、热力图，不但实现了客户区域分析，更是为业务各环节人员对接客户提供了便利。安徽亳州药都农商银行共有190位客户经理，在数字化转型的赋能之下，每人管户达到1900户左右。

而数字化转型走在前列的农商银行，已经开始使用数字员工，即RPA（机器人流程自动化），为业务和管理赋能。例如，苏州农商银行数字员工团队建设项目初见成效，已完成平台部署及全行各业务条线数字员工岗位配置，设置了外管查询岗、报表查询岗、外汇牌价监控岗、日终票据清算检查岗、零售条线邮件批量处理岗、企业数据申报辅助岗、营销月报及班后练兵报表统计岗、学生缴费数据报送岗、监管条线公函邮件处理岗、公文管理岗等，在节省人力资源的同时，大大提高了工作效率。

（五）新管理：变"经验决策"为"数据决策"

在传统的管理模式下，银行内部管理、经营决策往往以"经验决策"为主。

伴随着数字化转型的逐步推进，一些农商银行加强对经营数据、员工行为数据等大数据的收集和分析，应用于经营决策、内部风控、薪酬激励、降低成本等方面，变"经验决策"为"数据决策"，实现科学决策、精细化管理。

例如，浙江东阳农商银行开发了"员工行为管理系统"，具有员工信息"全覆盖"、监督渠道"全方位"、异常行为"全掌握"的特点。该系统针对员工的日常行为表现，给其贴上红、黄、绿三种标签：红色是重点关注对象，黄色是次重点关注对象，绿色是一般关注对象，实现了员工行为精细化管理，提高了管理效能。2020年以来，该系统基础模块建设已在浙江农信系统推广使用。

再如，山东昌邑农商银行为解决总行机关工作量化难、考核难的问题，研发员工积分管理系统，对员工行为进行全方位展现，并通过积分形式予以量化。根据积分高低，对机关人员进行分类、分层、分档，与薪酬考核、评先评优、职位晋升相挂钩，切实提升机关整体运行效能。

（六）新业态：探索成立金融科技子公司

2022年，省联社改革终于迎来"破冰"，这将为申请金融科技子公司等新的资质牌照创造更便利的条件。公开信息显示，广西壮族自治区农信联社已于2020年末探索成立了金融科技子公司"桂盛金科"。据不完全统计，在全国银行业，截至2021年末，已成立19家银行系金融科技子公司。

省级联社（联合银行）成立独立法人的金融科技子公司，一方面，有助于以市场化的方式提升科技实力、吸引科技人才、激励科技创新，增强为法人行社数字化转型赋能的能力；另一方面，可以在对内赋能的基础上对外输出，向金融同业、政府部门、企业等输出平台系统、产品与服务，实现商业可持续发展。

以我国第一家银行系金融科技子公司——兴业银行旗下的兴业数金为例。截至2020年末，兴业数金"兴业云"已与395家中小金融机构签约，累计上线实施241家；兴业数金打造的"福建金服云平台"联结政府部门、中小微企业和金融机构，截至2021年12月中旬，注册用户超16万户，福建省内110家金融机构入驻，近500款金融产品上线，已解决各类融资需求近3万笔，金额突破1000亿元。[①]

---

① 资料来源：兴业银行相关公开报道。

第 8 章

农村信用社省联社改革进展、问题与前瞻
——江西省联社改革实践

改革必须坚持正确的目标导向；必须坚持市场化、企业化的改革方向；必须综合考虑利益相关者的利益，最大限度实现合作共赢；必须将自身改革发展融入县域，在解决当地经济发展的痛点和难点中形成自己的特色和优势，成就自身发展。

2003年，国务院印发《深化农村信用社改革试点方案》（国发〔2003〕15号），正式开启了全国农村信用社改革的大幕。历史已经证明，这是中国改革史上一项成果巨大的改革。农村信用社改革的过程，是中国特色农村金融体制艰难探索的过程，是农信社走向市场和现代金融企业的过程，也是金融企业把自身发展融入中国农村经济的过程。

一、一项伟大改革的背后逻辑

作为省政府分管金融的副秘书长及省农村信用社改革领导小组常务副组长，笔者[1]从2002年开始全过程参加了时任银监会领导在江西的改革调研。2003年，江西省政府正式向国务院申请作为农村信用社改革的首批试点省份。申请获批后，江西省政府着手组建省级联社，省联社履行对全省农信社管理、指导、协调和服务的

---
[1] 指肖四如，编者注。

职能。笔者有幸担任省联社理事长，全面推动从扭转形势到加快发展、从产权改革到制度重建、从机制创新到文化重塑的一系列改革和发展工程。2004—2014年，江西省辖内一个个金融风险高企、严重资不抵债、员工素质低下、服务手段落后、内部管理不规范、实际早已财务破产的农村金融机构，嬗变为在金融市场上极具竞争力，在管理、财务、流程和企业文化上基本符合现代银行企业标准的农商银行。同时，江西农信连续十年各类业务发展指标明显高于省内银行业金融机构平均水平，巩固并发展了农村金融主力军地位，为大量中小企业和城乡小微客户创造了价值，为股东创造了利润，为员工创造了未来，为社会创造了财富。

农村信用社改革实践创造了中国金融史上的奇迹：在国家有限投入的情况下，主要依靠体制机制创新，彻底解决了传统落后的农村金融机构长期形成的沉重历史包袱，使其成为充满活力的现代金融企业；通过产品和服务创新，大力缓解了小微金融服务成本高、效率低的历史性难题，使普惠金融走上了一条可持续发展之路。

分析近20年来农村信用社改革发展成效，其揭示的深层逻辑和发展原理有以下几点。

一是改革必须坚持正确的目标导向。即必须坚持三个"有利于"原则：有利于提升农村金融机构综合竞争力，有利于化解和防范系统性金融风险，有利于提升"三农"和县域经济的金融服务水平。所有改革方案及管理措施的设计必须围绕这一目标，以解决问题为导向进行。

二是必须坚持市场化、企业化的改革方向。通过改革更好地满足市场需求并适应市场竞争的需要，将农村信用社打造成"四自"（自主经营、自担风险、自我约束、自负盈亏）的现代银行企业，全面推行法人治理和科学管理机制。

三是必须综合考虑利益相关者的利益，最大限度实现合作共赢。农村信用社改革和发展事关客户、股东、员工、政府及各类经济组织，必须与利益相关方良性互动合作，营造最有利于发展的内部和外部环境。特别是与各级政府的良性互动是发现业务机会、破解改革发展难点、改善经营环境的重要条件。

四是必须将自身改革发展融入县域，特别是农村经济社会发展之中。在解决当地经济发展的痛点和难点问题中找到金融需求的重点，找到产品和服务创新的关键，形成自己的特色和优势，成就自身发展。

二、破解农商银行改革发展难题

在改革发展过程中，农信社/农商银行的过去和现在都面临着许多难题。有些是历史积累的难题，例如，管理不规范、财务包袱重、科技落后、整体竞争力弱等。有些是业务发展中的长期性难题，例如，强化风险管理与鼓励金融服务创新的矛盾；加大小微客户金融服务力度与服务弱势群体成本高、效益低的矛盾；技术环境、需求场景及机构竞争格局的变化，业务转型要求与农信社员工、机制、架构、技术等方面不适应的结构性矛盾等。除了历史积累的难题和业务发展难题之外，在管理体制上，当前大多数农商银行还面临两大难题：一是加强党的建设的政治要求如何与现代金融企业依法治理的管理要求有效结合；二是现代银行竞争所要求的独立自主性如何与省级管理机构行业管理关系相辅相成。

如何解决第一个难题，加强党建与强化现代企业管理的关系？江西农信提出企业党建与经营管理绝不能搞成"两张皮"，而是要把党的建设融入企业法人治理机制之中，做到"四个结合"：把党的政治建设与企业发展战略和服务宗旨的落实结合起来，坚持以经济建设为中心，即坚持以加快企业发展、改善农村金融服务为中心；把党的组织建设与优化企业人力资源配置结合起来，确保德才兼备的优秀人才进入企业各级管理岗位；把党的思想建设与弘扬先进企业文化结合起来，确保党的先进性，保证党员首先是优秀合格的员工；把党的作风建设与企业对干部的监督管理、风险责权的落实和干部考核结合起来，确保党的纪律在各岗位上得到落实，从制度上防范干部的道德风险。同时，把党的群众路线落实到为客户，特别是为小微企业客户提供合适、便利、周到的金融服务上，为各类主体发展排忧解难。

总之，融合不是替代，而是党的建设在各个环节上的落实，不搞"空对空"。

如何解决第二个难题，统筹好成员行社自主经营与省级管理平台的关系？法人行社完成股份制改造后，必须按照现代银行企业法人治理结构的要求进行治理，完善自主经营、自我发展的业务发展机制和自我约束、自担风险的风险内控机制，不断提升法人行社在金融市场上的竞争力，更好地服务于农村经济建设。省联社的职能主要是协调各方帮助农信社化解历史包袱，促使其不仅从架构上、资产质量和财务指标上，更要从机制上完成现代股份制银行企业的转换。当各地股份制农商银行组建完成后，省联社的主要职能应逐步转变到淡出行政管理、强化服务上来，解决单个法人"想办而办不了、办不好"的事情，成为全省农商银行的服务平台。

道理简单明白，为什么现实操作很难呢？部分省（市）尽管辖内县（市、区）都组建了农商银行，但基层法人受到的业务及人财物方面的干预太多，没有精力、动力和胆量去发展业务、创新产品和服务。而省联社总觉得对各级高管不放心、难放手，强化全方位监督。如此，管理机制可能又回到改革前的状况。后果是农商银行灵活自主的机制优势逐渐丧失，成为一些农商银行竞争力弱化、发展速度下降、不良资产上升的原因。

三、农商银行面临的挑战

在市场竞争格局不断变化的今天，农商银行面对经济下行，制造业、商业、房地产等行业重组所引起的不良资产反弹的挑战；面临技术创新，特别是移动互联、人工智能、区块链等新技术带来的金融新业态、新场景的挑战；面临金融机构、类金融机构多元化发展催生新的竞争主体的挑战；面临移动互联和大数据金融服务方式下国有银行、股份制银行及互联网公司对农村中小银行和传统优势市场（县域及农村、城镇社区）全方位的业务渗透等挑战，直接弱化了农商银行原有的优势。

在这些竞争挑战之下，一些农商银行应对有方、与时俱进，变挑战为机遇，发展比较好；另一些农商银行却日显被动，发展速度、质量、后劲都有所下降。因此，农村中小银行未来面临的最大挑战依旧来自农商银行系统自身。

目前，不少省级管理机构存在一种不对称的缺陷：有很大权力，但无对应的责任；有较高收入，而又没有创造绩效、防控风险的压力。这种权力与责任、利益与风险担当不对等的结构下，往往容易产生机构、人员及权力自我扩张的倾向。作为独立法人的农商银行，有充分责任，却无相应职权，这必然是以农商银行自主权弱化、积极性降低、活力削减、管理成本增加、效益降低为代价的。

一切权力的来源是绕不过去的干部管理权。组建农商银行时，尽管成员行的投资者主要是民营企业或自然人，由于在股权设计上实行股权分散，任何股东在高管人员选任上都不具有决定权，于是赋予上级党委提名并实际任命高管人员的职权，造就了只对上级负责的行政层级式体制。如果把握不好，不仅造成省级管理部门领导者缺乏必要的权力约束，更重要的是可能导致企业对投资者（股东）负责、对客户负责实际落空，法人治理和自主经营无法真正实行。

笔者曾一直探索解决这一问题的办法。一是制度规则上设定省联社权力边界，该成员行管的事，省级机构不必、也不能管。尊重法人治理机制下的用人程序，及时听取并尊重投资者（股东）的意见、建议。二是严格干部管理标准和流程，落实"当期绩效决定薪酬、长期业绩决定升迁、道德缺陷一票否决"的用人机制。同时，建立全方位德、能、勤、绩考核的流程和定量方法，严格干部培养、预选、选拔、考核、审定等各环节的标准和操作规范。三是完善省联社内部法人治理，强化对权力的约束、监督和制衡。对省联社的赋权部门应当增加对省联社的监督制约。同时，采用由省联社股东（社员）来考核评价省联社高管履职绩效的办法。四是依公司法建立独立的法人单位提名委员会参与高管提名和考察过程，并征求当地党委和政府意见。五是干部任用上落实党的民主集中制原则和成熟有效的操作办法，避免任人唯亲和"一言堂"。省联社领导要坚守宗旨、信念，真正把企业发展作为出发点。

四、坚定"小银行+大平台"战略

农商银行/农信社的管理体制是改革过程中的一个核心问题。从省联社功能定位的最初设计看，随着各地农商银行的相继组建，省级机构应坚定"小银行+大平台"的战略思路。

江西农村信用社改革十多年来，连续实现两个"明显高于"，即发展及质量改善速度明显高于省内银行业及全国农村中小银行平均水平。总结经验，两大战略至关重要：一是互动战略，即把自身发展融入当地经济社会发展战略，与政府及其他利益相关方互动合作，实现共赢；二是"小银行+大平台"战略，通过机制创新和股份制改革，激发小银行自主经营的内在活力和应对市场机遇的灵活性，同时做强做优省级服务平台，形成既有小银行灵活性又有大平台服务手段的规模效益和先进性的核心竞争力。

农商银行发展的内在需求呼唤大平台建设，这是社区银行面对开放性跨区域经济活动、小法人对接大市场、企业自主经营与系统性风险防范等内在矛盾所决定的。而实施好这一战略架构，关键是两点。

一是将成员行社打造成最具竞争活力的现代中小银行，是实施"小银行+大平台"战略的基础。笔者曾提出，按照"五大银行"战略增强各地农商银行的竞争力，即走差异化竞争的特色之路，建立全方位对接客户的服务机制，打造具有核心竞争力的特色银行；加快转变发展方式，不断提升资产质量，提升盈利能力、员工素质，努力打造可持续发展的优质银行；充分利用现代科技成果，真正建立起以客户为中心的业务信息系统和以价值创造为中心的管理信息系统，加快朝着科技银行的功能转型；完善"对外简化、对内优化"的操作流程，全面提升农信社精细化管理水平，打造精细化管理的流程银行；对内形成机会均等、公平竞争的机制活力，对外形成信用为本、合作共赢的良好环境，打造合作共赢的和谐银行。

二是健全省级平台的法人治理架构，是实施"小银行+大平台"战略的前提。省联社作为成员行社出资组建的股份制金融企业，必须建立有效的法人治理架构，以实现成员行社共同的价值目标，建立强大的服务平台和利益代言人，克服小法人对接大市场的种种矛盾和不足。按照银保监会和现代企业法人治理制度的要求，基于广义法人治理机制的思路，逐步建立现代公司治理机制，形成包括股东（社员）大会、董（理）事会、高级管理层及利益相关者之间相互制衡、相互融合的现代公司法人治理机制。凡涉及股东利益的重大事项、涉及省联社履职行为责权事项、涉及省联社发展方向和工作规划事项以及财务预决算事项等，须由股东大会决定。真正做到省联社大平台服务的内容产生于成员行社的内在需求，服务的效力由成员行社来评价，平台的功效靠成员行社的发展来检验，服务的成本由成员行社合理分担。省联社对成员行社的服务诉求形成"快速反应、无缝对接"的机制，及时为成员行社排忧解难。

为避免省联社在服务成员行社时可能出现的利益侵害和不当干预问题，省联社应注重建立健全"三大机制"。一是委托代理机制。对全体成员行社共同需求的服务事项，可通过股东大会作出决议，向省联社赋予权力和责任。二是利益分配机制。省联社作为成员行社入股组成的联合体，包括收益权在内的各项权利最终都归属于股东，不应通过服务谋求自身利益。三是风险控制机制。借助省联社平台的优势分散成员行社的经营风险，对省联社相关业务严格风险管理体系建设，保障股东的最终权益。

五、省级机构作为"大平台"的最佳载体形式

关于"大平台"建设的实现形式，一是在改革前，一些声音反对组建新的省级管理机构管理农信社，理由是农信社的改革方向是市场化和现代化银行企业，应放权于市场、放权于企业，笔者曾多次应邀参加相关部门的沟通会和研讨会，畅谈在当时情况下成立省联社的必要性及对功能定位的理解。二是改革取得初步成效之后，国家明确了农信社市场化、股份制现代银行企业的改革取向，并重申保持县域法人稳定，省级机构逐步淡出行政管理职能。强化服务功能的政策定位后，各省份又积极探讨省联社的最终改革模式，曾提出五种模式，即金融控股公司模式、省联社与省会城市农商银行合并模式、统一法人的全省农商银行模式、行业协会加服务公司模式、联合银行模式。三是近两年来，当大多数农信社完成股份制改革组建农商银行后，"联合社"名不副实，省联社也面临职能转变的迫切问题。作为一种事实上的权力机构（尽管没有充分法理赋权依据），强化管理常常会成为一种自发趋势（在没有明确权力边界和约束前提下），也必然引起服务弱化。这就容易造成，一方面重新为法人单位戴上"金箍"，另一方面基层法人迫切需要的大平台服务不能被满足。省级机构就可能偏离"三个有利于"的改革初衷，逐步失去其存在的实际价值，所以，改革迫在眉睫。

随着农村经济金融形势的发展，县级法人逐渐向省联社提出了更高的服务需求。省联社改革要有利于强化服务和减弱行政性管理行为，最终促进全省农商银行健康发展和金融服务水平提高。在目前省联社的基础上，由辖内农商银行出资联合组建股份制省级农村联合银行，持有限银行牌照，较为可行。

首先，有利于理顺行业内部管理关系。组建省级联合银行，既可以提供法人行社迫切需要而自身又无法满足的各种功能，如信息科技建设、结算服务、银（社）团贷款、资金融通、中间业务等；又可以在省级农村联合银行内部产权关系清晰、法人治理机制完善的新管理架构下，使基层法人行社有足够的话语权和表决权，充分发挥自下而上的民主管理权利，确保省级联合银行服务法人行社的宗旨不变。

其次，有利于理顺行管与政府的关系。由于省级农村联合银行具有银行企业属性，省政府可按照省级企业的管理方式对待之，从政策和法律层面上引导农信社/农商银行更好地服务"三农"，消除行业管理与法人单位经营自主权产生矛盾的因

素，使行业管理成为真正意义上的自律性管理行为。

最后，有利于理顺行管与监管的关系。省联社作为省政府行业管理机构，与监管部门的依法监管存在不同程度的重叠现象，增加了管理成本，不利于基层行社的业务发展。组建省级联合银行后，省联社转变为以服务基层法人为主的金融企业，这些问题将迎刃而解。此外，组建后的省级联合银行是由成员行社出资的股份制金融企业，能有效避免战略投资者通过自下而上参股或控股农村信用社而改变其服务方向，能保持农商银行"立足县域、服务'三农'"的本质和灵活性不变。

第 9 章

农村中小银行公司治理与风险控制探讨

农村中小银行机构活跃在中国城乡，是中国支持"三农"金融业务的核心力量，具备网点分布广、服务城乡能力强、乡村信贷规模大等特点。目前中国农村中小银行主要是由信用社、村镇银行以及信用社改制后成立的农村商业银行（以下简称农商行）等银行构成。银保监会数据显示，截至2021年末，全国共有农村中小银行3902家，其中农村信用社（含农商行、农村合作银行）2199家、村镇银行1651家、资金互助社39家、贷款公司13家。2018年以来，累计处置高风险农村中小银行627家，处置不良贷款2.6万亿元，金额超过前10年的总和。为建设现代化金融企业，健全完善公司治理制度，符合条件的农村中小银行，特别是信用社、村镇银行、农商行等普遍采取了"三会一层"的公司治理体制，但是在改革发展过程中也暴露出了不少风险问题。随着近期中国个别省份村镇银行出现破产重组的情况，强化农村中小银行公司治理已成为风险防控的重要抓手，关注农村中小银行风险控制成为共识。

一、农村中小银行公司治理与风险管理之间的关系

完善公司治理，不仅是金融机构持续健康发展的根基，更是防范金融风险的治本之计，对于农村中小银行而言，良好的公司治理尤为重要。目前，农村中小银行公司治理与高质量发展要求仍有较大差距，整体抗风险能力较弱，如何发挥监管之

力，促进农村中小银行在新形势下有效健全公司治理、防范化解金融风险、实现持续稳健发展值得思考。

（一）影响农村中小银行公司治理的内部因素

内部因素主要体现在农村中小银行管理组织架构、股权管理、风险监控、约束机制等方面。农村中小银行机构风险控制问题的根本在于权力制衡的失效。一是内部人控制问题突出，审批流程失效、监督缺位或失效、关联交易错综复杂等，最终导致风控失效，风险集中爆发；二是存在大股东控制问题，部分农村中小银行机构大量引进民营企业股东，通过入股、股份代持等，实际控制中小银行机构股权，通过信贷占款、通道业务、关联企业等取得借款优势，或实际上超过贷款集中度等，极易诱发银行机构信用风险，引发风险控制系统崩溃；三是农村中小银行经营情况信息不能及时公开，外部监督机制的有效性不足。

（二）影响农村中小银行公司治理的外部因素

1. 区域环境因素

由于农村中小银行的经营环境是以县域农村为主，区域特征比较强，绝大多数区域经济发展相对落后，在开展金融业务时受到当地经济、人文、社会条件的制约。目前农村中小银行以普惠金融为主线，主要针对区域性农业开展金融业务，由于区域环境各具特色，中国北部、南部、东部、西部地区区域环境差异较大，容易形成业务的操作风险。另外，"三农"业务信贷抵押物经常存在减值的可能性，农村中小银行为了实现盈利，往往会铤而走险或者脱离普惠金融的本质，形成相应的经营管理风险。

2. 平台环境因素

结合实际情况来看，县域营商环境并不乐观。一方面监管很难做到差异化，服务意识不强，主要扮演管理者的角色，这样就导致农村中小银行在进行公司治理时经常会遇到阻碍。另一方面，近几年来国有大型银行回归县域经营，既带来了先进的经营管理理念、技术资源和农村金融业务的创新，也加剧了农村金融业务的竞争。金融数字化转型势在必行，农村中小银行先天不足，金融科技基础薄弱，面对新的业务发展路径，很多情况下还需要摸着石头过河。

3. 产业环境因素

随着新冠疫情常态化管理，金融行业也受到了负面冲击，特别是农村中小银行涉农业务量大，农业发展受到的影响因素较多，面对农村经济发展受阻、信贷需求萎缩的实际情况，不得不考虑控制经营成本，寻找新出路。由于农村中小银行区域化的经营模式特点，客户群体主要是农户和农村小微企业，大部分农户和小微企业面临着农业需求和供给不力的冲击。服务客群经营困难导致农村中小银行的资产质量下降，贷款不良率上升。同时由于服务客户疫情期间经营效率下降、现金流不足、盈利性变弱等问题，银行揽储难度加大。由于绝大多数农村中小银行还是以存贷差为主要收入来源，利息收入的降低，将给经营、管理带来挑战，提升了业务风险的发生概率。

4. 市场环境因素

近年来，中国各级监管机构非常重视农村中小银行的公司治理情况，陆续发布《关于规范金融机构资产管理业务的指导意见》《商业银行股权管理暂行办法》《银行保险机构公司治理准则》《银行保险机构董事监事履职评价办法（试行）》等规章制度，着重对股东和股权管理进行规范，明确规定了入股商业银行条件，对主要股东进一步提出要求，强调董事监事履职的重要性、激励约束及信息披露等重点。一方面监管制度的完善起到了风险防范的作用；另一方面也给农村中小银行带来了挑战，监管的落实需要承担一定的成本，还要克服水土不服的问题。虽然目前中国农村中小银行普遍形成了"三会一层"的管理体制，但是落实情况令人担忧。

二、农村中小银行公司治理与风险防控的现状

（一）农村中小银行公司治理与风险防控取得的成效

农村中小银行公司治理体制改革日渐规范。为健全法人治理结构，解决所有者缺位的问题，建立完善"三会一层"制度。农村中小银行已初步实现了现代公司治理构架的从无到有，并稳妥开展高风险机构违规股东股权清理整治，把清理违规股东、开展市场化兼并重组作为重要抓手。同时继续深化改革，2021年10月，浙江农信社改革试点方案获国务院批准，2022年4月，浙江农商联合银行正式开业，吹响深

化改革的号角。

农村中小银行风险治理取得有效进展。银保监会数据显示，2018年以来，累计处置高风险农村中小银行627家，处置不良贷款2.6万亿元，金额超过前10年的总和。2018—2020年，农村中小银行股东专项治理累计对4000余名股东限制表决权、责令转让股权60余亿股，同时对100余家农村中小银行下调评估结果。

（二）农村中小银行公司治理与风险防控存在的不足

1. 组织结构有待优化

农村中小银行建立层次清晰、权责明晰、制衡有效的组织架构与制度体系是公司治理有效运行的制度保障。从2002年以后，农村中小银行历经数次改革，基本上形成了"三会一层"的公司治理结构，但是往往是"有形无神"，无法很好地发挥"三会一层"的作用。高级管理层大权在握，董事会、监事会、股东大会形同虚设，在履职方面没有很好地履行该履行的义务，造成了农村中小银行管理上监督缺失，无法有效形成制衡，并出现了一些风险事件。

2. 股权结构有待优化

农村中小银行股权结构问题突出。一方面股权结构过于集中，通常是国有股份占比较大，社会公众股权占比较少且相对分散，容易形成所有者缺位和内部人控制的问题。另一方面股东资质鱼龙混杂，一些问题股东利用自身优势，采取非法手段获得农村中小银行的实际控制权，赚取非法收益，给其他股东造成了很大的损失，并引起经营风险。

3. 风险控制制度有待优化

中国农村中小银行风险内控管理存在不足，大部分农村中小银行存在内控风险部门设置缺失、责任落实不到位的情况。在内审方面，更是无法有效做到及时发现风险问题，流于形式或不彻底、不严谨，没有形成健全的审计机制。在关联交易治理方面存在明显漏洞，识别关联交易能力有待提升，放松关联授信审查或刻意规避监管，形成对主要股东的利益输送。

4. 外部约束机制有待优化

目前农村中小银行信息披露机制不完善，外界社会无法得到及时、透明、真实的经营管理信息，容易造成农村中小银行风险不易发现、浑水摸鱼等问题。另外，由于农村中小银行根植于地方政府,监管缺失问题也不容忽视,经常是地方政府过分干预或者不作为,造成风险防控的漏洞,不能及时有效地解决风控问题。

风险防控对于农村中小银行来说是经营的底线,所以农村中小银行在建立之初就非常重视战略风险、信用风险、流动性风险、操作风险、声誉风险等防控,多年来风险防控能力也有所提升,但是由于公司治理一直无法达到质的改善,农村中小银行在经营中一直被风险问题所困扰。

(三)农村中小银行公司治理与风险防控反馈的诉求

农村中小银行的公司治理与风险防控工作任重而道远,公司治理和风险防控应形成一个有机整体、相互促进的良性循环。做好这项工作不仅需要农村中小银行充分发挥主观能动性,不断努力克服改革发展遇到的困难,同时也需要政府监管层面给予政策上的扶持,促进农村中小银行有效治理,做好风险防控。

1. 改革理顺体制机制诉求

在经历一段时间的改革后,农村中小银行化解了一定的风险,并建立起了现代商业银行的经营和风险管理制度。但是应该看到,在上一轮的改革中遗留问题也不少,面对利率市场化以及数字经济转型等挑战时,情况也不容乐观。特别是在进行法人治理体制改革中,农村中小银行或多或少都具有一定的国资背景,涉及地方政府投资等,政府进行了投资就会要求回报,特别是农信社普遍还是在政府和省联社的管理下,在理顺体制机制的进程中,需要政府及省联社减少不必要的干预,下放经营权力,轻管理重服务,只有这样才能有效推动改革,使银行经营与实际接轨,获得满意的成效。

2. 减税降费退税政策诉求

面对突如其来的新冠疫情冲击,农村中小银行机构坚决贯彻落实党中央、国务院有关决策部署,坚定支农支小市场定位和服务实体经济本源,聚焦脱贫攻坚、抗疫保供、乡村振兴等经济社会发展的重点领域和薄弱环节,作出了一定贡献,不过其利润率一直处在比较低的阶段,加之"三农"信贷业务本身具有高风险的特征,这就需要政府在减税降费上给予支持,希望有关部门能够降低农村中小银行税费水平,充分发挥其支持小微企业的优势。延续相关财税针对小微企业和个体工商户的各类免征税费的决定和优惠政策,以及阶段性减免或降低农村中小银行存款保险费率。

3. 资本补充不足诉求

根据中国银保监会公布的数据,2014年以来,我国银行业整体资本充足率呈现稳步提升的趋势,资本充足率从2013年底的12.19%提高到2020年一季度末的14.53%,提高了2.34个百分点。但农村中小银行的资本充足率却呈现较大波动,甚至出现逐年下降趋势,资本充足率由2014年底的13.81%下降至2020年一季度末的12.81%。全国10家上市农商行中已有多家逼近监管红线,存在较大的资本充足压力。

由于中国农村中小银行在贷款成本上的优势不如大型商业银行及股份制银行,故在监管部门倡导为中小微企业增量让利的同时,净息差进一步下降,影响了银行的盈利能力,从而使得内源性资本补充动力不足。目前农村中小银行想要开展金融业务就需要资本补充,主要渠道就是外源性资本补充,如发行金融债券等方式,但是由于发债流程监管上的要求较多,农村中小银行自身条件相对薄弱,造成了一定的发债困难。需要政府结合其实际情况,制定适合农村中小银行的发债政策,提供风险可控范围的政策便利。

4. 拓宽不良资产处置转让渠道政策诉求

《中国金融不良资产市场调查报告2022》指出,中小银行被认为是不良资产处置压力最大的金融机构。万得数据显示,截至2021年三季度末,我国农村商业银行的不良贷款率为3.59%,高于我国商业银行1.75%的整体不良率水平。银保监会最新披露的信息显示,2022年上半年,全国中小银行共处置不良资产6700亿元,同比多处置1640亿元。农村中小银行由于主营信贷业务,特别是与农业关联性强,不良贷款的问题是不可避免的。农村信贷业务产生不良贷款后,抵押物变现、核销不良贷款成为难题。这就需要结合农村实际情况,为不良资产处置提供更多对症下药的渠道,而监管部门开展不良贷款转让试点工作以来,针对农村中小银行不良贷款处置效果不是很明显,需要加大支持力度,放宽政策限制,鼓励更多的金融机构参与进来,增加不良资产处理市场的活力。同时,还需要开拓不良贷款资产证券化、组合应用现金收回等其他不良资产处置新方法。

5. 差异化监管政策诉求

农村中小银行有其不同于大型商业银行的经营特点,主营金融业务以信贷业务为主,相对比较简单,客户群体主要是农户和村镇小微企业,特别是从营业机构分布来看，普遍是在县域农村。综合上述特点，农村中小银行在落实监管要求时往往要花费大量的人力和资金成本，这样一来对于差异化的监管政策就有一定的需求。推动农村中小银行高质量发展，必须充分考虑机构定位特点和"大中小"差别，构建以公司治理为核心的配套监管政策体系，既对机构经营定位和风险防控起到有效约束作用，又合理降低小法人监管成本，通过"监管的适配性"激励农村中小银行提升"服务实体经济的适配性和有效性"。在遵循基本治理原则的前提下，推动农村中小银行构建更加简约高效的公司治理架构，建立更加科学规范的决策授权体系，形成兼顾效率与制衡的经营机制，持续完善小法人特色的公司治理制度安排，实现公司治理从形到神、从量到质的提升。

三、农村中小银行公司治理与风险防控的措施

近年来由于疫情导致的经济结构调整，农村中小银行经营面临很多风险，其原因大多与其公司治理缺陷或者运营不善相关。健全完善公司治理是内部控制治理与"三会一层"治理的基础，是有效控制风险、实现可持续发展的关键。

（一）提升乡村振兴服务能力和公司治理水平方面的措施

1. 坚持党的领导

完善农村中小银行公司治理，必须明确党的领导在公司治理中的重要作用。党的领导，在公司治理诸多环节，包括但不限于与董事会、监事会、管理层的沟通方面，都具备不可替代的重要性。在党组织会议上前置研究讨论重大决策、大额资金运作等"三重一大"事项，不断强化党组织对各项决议的领导和决策作用，充分发挥党对金融工作的领导力、意志力和影响力。

2. 完善"三会一层"公司治理体系

农村中小银行要全面认识"三会一层"的职责范围和理念，建立健全有效的治理机制和经营机制。加强董事会的职责定位，提高董事的专业性和独立性，充分发挥监事的作用。"三会一层"应严格按照职责边界和履职边界独立运作，根据现代金融企业管理要求，要加大职工监事和外部监事的比例，同时建立独立董事、监事的考核制度，定期考核和更换不称职的董事与监事，形成高效监督、整改的良性循

环，使得农村中小银行的管理能力不断增强。

3. 优化股权结构

通过专业的市场调查与研判，引入对"三农"业务认同的长期价值投资者，实现一定程度的股权多元化。在股权治理方面，一是可以通过着重提升机构投资者占比，防止出现股权过于分散，导致无法形成有效制衡；二是引导优秀的民间资本进入，一方面可以提升公司的活力，另一方面通过民间资本的进入，可以引进先进的管理理念和人才；三是建立有效的退出机制，针对有问题和不称职的股东，要及时予以清退。

4. 明确市场定位，突出战略优势

机构经营发展回归本源。农村中小银行作为农村经济市场的重要组成部分，应该在坚持主营业务的前提下，围绕国家大局，坚定支持小微企业，支持"三农"发展。一是结合辖内地区经济实际情况，合理合法、稳健谨慎地进行风险防控，下沉银行服务，提高服务能力，开拓新兴产品，从而增强自身竞争实力。二是完善内部激励约束机制，切实执行薪酬延期支付、追索扣回，加大各类考核评价中对党的领导、支农支小方面的倾斜力度。三是补齐信息科技短板，加大信息科技投入，充分利用大数据、云计算和人工智能等信息科技手段，提升风险防范能力和金融服务质效。农村中小银行要坚定市场定位，聚焦主业，回归本源，在立足辖内经济发展的基础上，让业务发展与内部治理相结合，不仅推动普惠金融业务，也要持续支持"三农"，支持小微企业。

5. 健全完善外部监督约束制度体系

以市场经济为准绳，提高董事会的专业性和独立性，以及监事会的监督作用，发挥市场经济对企业治理的积极作用。同时通过完善信息披露、外部审计等方式进行市场监督，形成良性监督机制；挑选有一定经验的职业经理人进行公司治理和建设，发挥其专业性，并对其推出的优势项目进行激励，促进其能力发挥，平衡职业经理人与内部人之间的关系。按照法律法规的要求，及时、准确、充分、有效披露涉及银行经营的重大事项，包括但不限于股权信息、财务状况、薪酬、风险状况、重大事项等信息，从而形成外部监督。同时，进一步完善中小银行信息披露的监管环境，明确信息披露范围、内容、时效、发布平台以及披露内容质量要求，健全公司治理外部约束机制。

6. 不断完善治理体系

农村中小银行发展起步较晚，公司治理仍处于初级阶段，企业文化建设、履行社会责任理念的融入也是非常重要的内容之一。一是将履行社会责任纳入企业文化建设中，明确社会责任践行目标，将其融入金融服务、产品创新、业务发展等过程中。二是要注重企业文化培育，将履行社会责任与员工关怀、思想教育等工作相结合，充分调动员工积极性和凝聚力，使员工树立主人翁意识，自主传播企业文化，增强企业软实力。三是坚定执行信息披露制度，定时定点、合理主动地向利益相关者进行信息披露，履行自身责任，增强社会公众及相关各方对机构的认知和信心，进一步优化外部形象。

（二）推进农村信用社改革、完善省联社治理机制、稳妥化解风险方面的措施

农村中小银行要按照市场经济的规则，明确自身内部产权关系，妥善处理历史遗留问题和包袱，完善信用社法人治理结构，坚持市场经济导向，落实股东权力，将实际经营权还给所有者，让股东群体为经营结果负责，夯实公司主体责任，从而进一步推进农村信用社的改革。

平衡好省联社行使行业管理权、行政管理权、金融监管权之间的关系。省联社由于其行政特性，因公共管理的需要而拥有了行业管理权。此权力通过社员大会共同制定规章，由省联社统一管理，提供信息服务；省政府作为风险承担者，授予省联社行政管理权；同时，也源于自身特性，行使金融监管权，从而对农信这一普通金融机构进行合理监管。

加强省联社行业管理与县级法人治理之间的关系。省联社根据省政府的授权，可以运用行政手段对县级法人实施管理，但省联社毕竟不能对辖内地区的经济状况做到全面、准确、及时的了解，无法及时有效地转变经营方式和手段，无法时刻跟进辖内现状，进行变更，这就使两者之间产生了矛盾。因此，省联社要充分放权，调动县级法人自身的积极性、创造性和责任性，让县级法人对所管银行的经营负责，对银行内的经营策略、人事安排、薪资分配等负责，对银行内的人员引进、信息交互、技术提升、产品推荐、业务拓展负责，对银行之间的良性竞争负责，最终对银行的经营结果负责。简而言之，就是省联社要尽可能减少对县级法人的行政干

预,最大限度地激发县级法人的自身经营能力。

加强省联社"大平台"与县级"小法人"市场主体地位之间的关系。由于小而散的行业缺陷,农信社无法获得高层次服务平台的资源,很多时候需要省联社提供助力,协助其进行业务的获取。但同时其对省联社的依赖性,很容易致使其自主经营的缺失,甚至完全依赖省联社,对省联社提供的项目过分执着。而省联社不断地提供项目,也容易让农信社忽略其辖内的小微企业、个体工商户、"三农"服务需求,从而因小失大,丧失其自身内部优势。因此,省联社要在帮助农信社获得很多优质项目的前提下,注重农信社内部需求和辖内优势项目的扩展。通过构造"八大中心",即产品研发推广中心、信息网络中心、规制建设推进中心、行业审计中心、企业文化中心、教育培训中心、党群工作中心、公共关系协调中心,提升县级"小法人"核心竞争力的同时,盘活县级"小法人"在小微企业、个体工商户、"三农"服务上的优势,充分利用其网点多、分布广、人员多的地理特性,自主经营,提高金融能力。

坚定法人治理,形成有效的权力制衡机制。坚持以市场经济为导向,让法人、股东自主经营,为银行经营结果负责。建立健全省联社"三会"议事规则和程序,明确理事会、监事会、社员大会和高级管理层之间的职责范围和关系,各自行使各自的职责,从而最终形成科学、合理、合法的权力制衡机制。

因地制宜,按照辖内实际经济水平积极探索,对股份制、股份合作制、合作制等各种产权制度不断尝试改进,努力建立与各地经济发展水平相一致的经营方式和运作理念。

(三)推进村镇银行化解风险改革重组方面的措施

兼并重组既可以推动农村中小银行自身发展,也可以科学合理地预防金融风险。通过兼并重组和区域整合,农村中小银行就可以跨区经营,获得更多客户资源和营业收入。同时,重组后的农村中小银行也能相互协作,通过资源整合,甩脱不良资产,兼并优势项目,在共同抵御金融风险的同时,增加营业收入,提高经济效益,下文从几个方面进行探讨。

第一,多模式探索,加强农村中小银行公司治理工作。积极发挥法人、股东的权利,探索其与农村中小银行共同的业务方向,对法人、股东行为作出正向引导，引导其在银行面对风险时增加资本共同抵御风险，引导其在投票权使用时更加积极合理，引导其在获得经济回报时作出适当让步；探索股东与法人携手共同治理模式，吸引有能力有水平有经验的股东参与银行业务管理；探索股东多方面监督机制，协助"一把手"管理好中小银行具体业务，增加中小银行的治理优势。

第二，在增强监督管理的同时加强市场约束，从而规范农村中小银行外部治理。建议统一监管标准，通过更高效的监督管理，促进中小银行外部治理的规范化。完善银行系统，将银行各项业务对接，加大监管力度，从技术层面实现对公司的无障碍监管。同时，积极推进辖内政府的监管，通过政府力量，加大对中小银行的监管力度，实现政府、银行、监管的三重保障，更好地发挥外部治理作用，定时定点进行信息披露，引入市场监管机制，给银行公司法人和股东正向压力。

第三，根据农村中小银行特性，完善行业形态。由于中小银行行业的特殊性，在兼并重组过程中，可以趁机以省联社为主推进机构整合，从而提高中小银行的经营收入；可以趁机减少中小银行公司数量，形成规范化良性竞争；可以趁机优化中小银行服务理念，完善服务制度，增加核心竞争力；可以趁机通过省联社、平台、集团公司等渠道，搭建新型平台，增加公司抵御风险的能力；可以趁机与地方政府、监管部门联系，搭建外部治理渠道。

第四，积极发挥地方政府作用。明确中小银行法人治理经营政策，积极发挥地方政府行政作用，根据地方经济发展形势和特点，因地制宜加大对不良资产的清理力度。

第五，对银行不良贷款进行市场化清理。通过改革增加不良贷款处理方法，拓宽处理渠道，提高处理效率，丰富处理结果。通过市场化方式增加不良贷款的清理。一是通过市场债务重组来处理不良贷款。二是通过证券化来处理，通过试点的形式对不良贷款进行处理。三是通过其他资本进入，增加不良贷款的处理条件和处理方式。

（四）推进数字化转型、提升公司治理与风险防控水平方面的措施

第一，线上与线下同步推进。农村中小银行由于覆盖广、人员多，数字化转型时不仅要进行线上迁移，也要线下发力，通过各网点工作人员和客户经理的服务推荐，进行线上线下的共同推进。

第二，积极向互联网平台、先进同业学习，借鉴其先进技术和经验，保持良性竞争优势合作关系，同时坚持以自我为中心，逐步培养自主研发创造能力。

第三，积极开发数字金融产品，将农村中小银行的数据资源转变为数字资产。利用数字金融产品特性，通过技术精准获客、智能风控，实现普惠金融服务与商业可持续之间的平衡。可以通过以下方式实施。一是扩容数据库。积极引入辖内政府数据、其他银行数据、其他合法第三方数据，进行数据共享。二是建立数据标准。农村中小银行的"小而散"特性导致农村金融数据不统一，通过重新梳理、规范各项数据标准，建立数据标准化体系，从而使各中小银行的金融数据可以相互参考、使用。三是深化数据应用。在建立数据标准后，各农村中小银行要积极应用，利用数据为本行发展提供建议和基础参考，从而促进银行与地方经济的联结。

第四，构建数字金融生态体系。以构建生态圈为最终目标，对农村惠普金融进行构建。一是丰富金融内容。在线下服务的基础上，搭建线上交易平台，打造以网上银行、手机银行、微信银行、网络支付、在线收单、在线智能客服、小程序等多方面线上金融内容，丰富辖内群众的金融使用形式。二是打造乡村振兴平台。根据辖内县城实际打造的金融服务平台，让数据多跑路，让农户少跑腿，有效缓解乡村振兴领域贷款难、贷款慢、贷款贵问题。三是拓展行业运用场景。促进教育、政企、医疗、交通等多场景运用，推动形成农信场景金融特色品牌及多行业场景生态圈。四是探索"农村金融+电商"模式，利用网络购物、达人带货、平台推荐等电商形式促进农产品销售。

第五，进行智能风控，完善信贷风险管理模式。借助数字化转型的机会，利用大数据、经济云等手段，搭建智能风控模型，既可以精准客户画像，进行客户价值挖掘，也可以通过数据连接，对客户进行风险识别。通过开发客户的流失和挽回模型、小微企业信用贷款模型、"三农"服务助力模型，帮助识别、分析客户风险。通过对政府数据、其他兄弟银行数据、第三方数据对比，识别潜在风险，通过把控客户的风险质量，来降低银行的经营风险。

参考文献

[1] 陆岷峰,周军煜. 中小商业银行:风险管理、公司治理与改革策略[J]. 济南大学学报(社会科学版),2020(04):100–113.

[2] 李蓉. 农村中小银行机构公司治理与风险防控探析[J]. 经济管理文摘,2020(21):17–18.

[3] 段胜. 地方政府专项债补充农村中小银行资本相关模式探索[J]. 地方财政研究,2021(02):31–38.

[4] 孙金霞. 中国银行业协会发布《全国农村中小银行机构行业发展报告》[N]. 农村金融时报,2021–12–20.

[5] 廖晨星.《2021中国资产管理行业发展报告》发布[N]. 闽北日报,2021–05–14.

第 10 章

新发展阶段农商行全面服务乡村振兴战略的路径探索
——基于安徽省联社实践[①]

民族要复兴，乡村必振兴。2022年中央一号文件指出，做好"三农"工作，要"立足新发展阶段、贯彻新发展理念、构建新发展格局、推动高质量发展"。作为深耕乡村的"农字头"银行，安徽农商行系统坚持立足支农定位，结合自身实际，积极推动高质量发展，对全面服务乡村振兴战略的路径开展有益的探索，逐步成为服务安徽乡村振兴的领军银行。

一、农商行金融服务乡村振兴的实践

（一）坚守支农定位，全面推动金融服务乡村振兴组织实施

一是加强领导组织。安徽省联社成立了由"一把手"挂帅的专门领导小组，自上而下推进金融服务乡村振兴各项举措落地，坚持把破解融资难问题作为总抓手，把增强金融供给作为落脚点。省联社设立乡村振兴工作部，统筹全省农商行服务乡村振兴发展规划、政策解读辅导、宣传营销、统计通报、考核监督等工作；全省30余家农商行以专设乡村振兴一级部门、二级服务中心或与信贷管理部门合署办公等

---

① 本章数据均源于安徽省农信系统。

形式，加大金融服务乡村振兴力度。

二是做好长期工作规划。安徽省联社早于2018年就制定全系统服务乡村振兴战略三年行动计划，明确了涉农信贷投放、提高金融服务质效、完善乡村产品和信用体系等发展目标，提出了加大支持农村产业、乡村建设、扶贫增收等多方面信贷投放，力争2022年末各项贷款余额突破万亿元，其中涉农贷款余额突破6000亿元。全省农商行围绕三年规划加快落实，截至2022年6月末，各项贷款余额达11139亿元，提前超额完成目标，其中涉农贷款余额达5585亿元，较年初增加365亿元，涉农贷款规模和增量均居全省银行业首位，以占全省总量20%的资金来源，发放了全省30%以上的涉农贷款、70%以上的农户贷款。

三是持续制定落实举措。2021年以来，安徽省联社连续出台《全面支持乡村振兴战略进一步提升农村金融服务水平的实施意见》《关于扎实做好2022年乡村振兴金融服务工作的指导意见》，明确目标举措，指导农商行持续扩大重点领域信贷投放，单列乡村振兴信贷计划，完善乡村振兴金融产品，助力巩固拓展脱贫攻坚成果、农业现代化发展、农业经营主体和乡村建设。积极指导农商行使用央行专项再贷款、再贴现，发挥工具精准滴灌乡村振兴作用，2021年运用央行资金发放各类涉农和小微企业贷款551亿元。

（二）创新产品服务模式，着力解决金融服务乡村振兴的难题

一是加强普惠产品创新。安徽省联社聚焦普惠金融、农业经营、乡村建设、绿色发展、产权改革五大领域，创设28款乡村振兴专属产品。创新打造"金农农e贷"纯信用线上农户贷款产品，实现手机银行一键申请、无感授信，采用"一次核定、循环使用"的便捷用款方式，极大提升农户贷款的可得性和便捷性。截至2022年6月末，有效授信49万户，贷款余额达150亿元，近70%授信客户为系统内"首贷户"。通过"乡村振兴贷"等产品，主动对接当地乡村建设规划，重点加大对乡村公共基础设施、公共服务设施和人居环境整治的支持力度。推出"道德贷""创业贷""助学贷"等特惠民生信贷，直接带动3万多名返乡农民工就业创业，为70万名寒门学子圆梦，助力脱贫攻坚成果同乡村振兴有效衔接。

二是加快金融科技创新。大力推广手机银行综合金融服务入口，丰富金融和生活应用，签约客户超1800万户，超全省总人口的1/4，实现农村地区移动金融服务

"户户通"。大力发展线上信贷，陆续推出"金农易贷"系列特色线上信贷产品，真正实现"数据多跑路，客户少跑腿"，贷款余额达2412亿元，增强了农村信贷资源的精准供给。构建覆盖营销服务、风险防控、智能授信等多领域的大数据应用平台，通过前、中、后台的数据整合运用，为数字化金融全面服务乡村振兴夯实基础。大力发展电子社保卡，拓展各类民生场景应用，截至2022年6月末，为城乡居民发放社保卡3600余万张，占全省社保卡发行量60%以上，顺利上线农民工保障工资代发系统，提升普惠金融服务乡村振兴覆盖面。建立农村地区支付生态，创新"金农信e付""云收单"等线上线下支付产品，涵盖客户主要消费支付场景，累计签约商户数超150万户，全面提升了农村地区支付结算、缴费等服务水平。

三是加强服务模式创新。针对农户缺乏抵质押物的困难，拓宽抵质押品范围。开展经营权、财产权、林权、"活体资产"等抵押贷款业务，提高涉农客户获贷便捷度，固镇、濉溪、五河等十余家农商行先后开办"生猪贷"等活体资产抵押贷款。针对风险分担机制薄弱的困难，拓展融资担保模式。安徽省联社与省农业担保公司签订合作协议，开展涉农贷款批量担保，对300万元以下贷款"见贷即保"，发放担保合作类涉农贷款超140亿元。多家农商行探索"农业保险+金融产品"服务模式，为当地新型农业经营主体提供经营贷款。

（三）支持重点领域产业发展，稳步提升金融服务乡村振兴的质效

一是全力做好粮食生产金融保障。安徽省是传统的优质粮食生产大省，以金融服务保障粮食安全意义重大。安徽省联社开发"收粮贷""粮储贷"等系列特色信贷产品，满足广大种粮户和新型经营主体对农业生产的融资需求。优先支持高标准农田建设、农田水利、农产品加工业、高端农机装备制造、冷链仓储物流和智慧农业等现代农业重点领域。结合地方资源，制定"一县一业"金融服务方案，帮助骨干龙头企业向粮食生产、加工、销售一体化产业链延伸。

二是助力脱贫攻坚成果同乡村振兴有效衔接。全面梳理脱贫人口和贷款需求，坚持"户贷户用户还"政策要求，积极推广"一自三合"（自我发展、合伙发展、合作发展、合营发展）模式的脱贫人口小额信贷，支持超过63万户建档立卡贫困户实现脱贫，发放各类扶贫贷款余额170亿元，其中脱贫人口小额信贷占全省总量近90%。安徽省联社全力做好宿州市桥佳村和云光村的定点帮扶，农商行全面对接各

乡村振兴重点帮扶县，真抓实干帮出实效。

三是增强新型农业经营主体信贷支持。开发"农机直补贷""振兴贷"等针对农业主体生产需求的产品，农商行自主创新研发的贷款产品达150余款。推广"银行+龙头企业+专业合作社+农户"等融资模式，支持家庭农场、农民合作社、龙头企业等新型农业经营主体发展。截至2022年6月末，全省农商行新型农业经营主体贷款余额达284.48亿元，较年初增长17.04%，高于各项贷款增幅9.73个百分点。凤台农商行创新集中产品推介会方式，建档新型农业经营主体645户，意向授信171户、1亿元。

四是稳步提升绿色金融服务水平。建立绿色信贷发展机制，从资源配置、资金定价等方面向绿色低碳产业倾斜，对环保不达标企业或项目实行"一票否决制"；创新绿色产品服务，马鞍山农商行发行了境内银行业于在岸市场发行的首单获气候债券标准认证的绿色金融债券；部分农商行构建"绿色贷款"通道，对符合绿色贷款条件的授信申请，实行优先准入、审批，严控从受理到办结的时限。截至2022年6月末，全省农商行绿色贷款余额达250亿元，投资绿色债券余额达5亿元。

（四）下沉服务重心，持续延伸金融服务乡村振兴深度广度

一是不断升级线下服务触点。加强"拎包银行""自助银行""汽车银行"等便民服务，持续加大电子机具的布放力度，累计布放便民机具12万台。推进集"金融服务、电子商务、电子政务、便民服务"于一体的综合金融服务室建设，打通乡村金融服务"最后一公里"，建成综合金融服务室5267个，实现综合金融服务到乡到镇、基础金融服务到村到社区。推动乡村振兴特色支行建设，打造了线下网点的服务模板。

二是推动"整村授信"高效开展。全面推广"整村授信"模式，搭建移动化数据采集平台，对接党建引领信用村采集数据，补充采集农户、新型经营主体等客户信息，打造行政村"信用共同体"，标准化开展信贷服务。截至2022年6月末，全省农商行签约行政村5544个，占全省行政村总数的38%；建档农户信息228万户，授信105万户、719亿元。歙县农商行在当地所有182个行政村开展整村授信，优化贷款结构、做小做散成效显著，个人贷款余额占比提高10余个百分点。

三是持续推进"三资"业务发展。着力推动"三资平台"建设，全省有48家农商行参与，其中17家农商行与当地政府对接实现了账户资金归集、日常支付结算

等服务。全省农商行农村集体组织累计开户1.5万户，占全省集体经济组织总数的92%，存贷款余额分别达到26亿元和13亿元。积极拓展信贷、乡村金融知识宣讲等服务，深化与农村集体经济组织全面合作，24家农商行自主创新研发的农村集体经济组织贷款产品达31款，贷款余额达3亿元。

（五）建立服务乡村振兴长效机制，形成内外联动的合力

一是强化党建融合机制。推动全系统农商行实行由行党委书记负总责、直接抓乡村振兴服务工作，支行党支部书记负责落实的责任机制，加强党对金融服务乡村振兴工作的领导。结合"党史学习教育"，依托"专题党课""大讲堂"等形式，加深员工"三农"情怀。

二是构建专业化人才机制。加强对乡村一线员工的关心关爱，在薪资待遇、晋升考核、生活保障等方面给予其优先考虑。派驻500名"金融村官"进村服务，加强基层党组织与乡镇党委、党支部党建结对共建，推动更多金融资源流向"三农"领域。将"支农支小有定力、服务乡村有感情"作为干部选配的重要标准之一；全面提升客户经理队伍素质，开展上门营销、尽职调查等实战培训，提升专业能力；持续优化员工队伍结构，全系统本科以上学历员工占比超70%，增强了服务乡村振兴的活力。

三是优化支农考核机制。推动农商行单列乡村振兴年度目标，在经济资本配置、费用安排等方面给予倾斜。完善差异化绩效考核和薪酬支付机制；指导全省83家农商行全部建立涉农贷款尽职免责制度，消除一线营销人员的惧贷、惜贷思想；根据支行风控能力和管理水平，下放涉农贷款审批权限，提高涉农贷款发放效率。

四是建立协作合作机制。安徽省联社先后与省农业农村厅、乡村振兴局等部门建立"总对总"联席会商和沟通机制；与11个市政府、长三角兄弟农信签署战略合作协议，围绕信贷资源配置、数据信息共享、项目融资推介等深入合作；与国家开发银行等同业单位合作支持革命老区振兴发展，形成同业优势互补。

二、农商行全面助力乡村振兴的路径探索

实现乡村振兴是前无古人的伟大创举，没有现成的、可照抄照搬的经验。金融服务乡村振兴同样没有现成可照搬的经验，只能靠自己去探索。当前，农村信用

体系不完备、农村市场竞争失序、风险补偿等配套机制不健全等困难依然存在。与此同时，我们也看到了各项政策支持、金融科技快速发展、深化农信社改革等带来的新机遇。安徽省联社将带领全省农商行进一步发挥好农村金融主力军的优势和作用，围绕巩固拓展脱贫攻坚成果和全面推进乡村振兴积极探索，全力推动金融服务优化升级，促进农业稳产增产、农民稳步增收、农村稳定安宁。

（一）坚持行业引领，完善金融服务乡村振兴的特色化体制

一是加强顶层设计，坚守支农定位。围绕全面支持乡村振兴，通过设立"三农"专业委员会等，完善支农支小及服务乡村振兴的行业指导意见和服务规范。健全以支农支小为导向的绩效考核制度，加大对成员行支农贷款、县域贷款等方面的监测和考核力度，新增可贷资金用于当地的比例原则上不低于70%，力争2022年新增乡村振兴领域贷款600亿元。

二是完善特色治理，强化政策激励。将加强党的领导融入公司治理全过程，健全符合小法人特点和支农支小服务导向的公司治理架构和治理机制，将乡村振兴考核纳入"三会一层"规范履职；优化股权结构，积极引进认同战略定位的优质法人股东，为坚定服务乡村振兴的战略定位夯实基础。加强政策协调，强化与相关涉农部门的常态联络，搭建政银合作平台，积极争取支持乡村振兴的相关货币、财税、风险补偿和金融监管等激励政策。

三是健全管理体制，优化平台服务。推动深化改革，明晰省联社行业管理职能，加强对全省农商行服务乡村振兴工作的管理、指导、协调和服务职能。推进"等级行"管理制度实施，完善侧重于乡村振兴的分类分级差异化考核评价机制。推动行业审计和巡察力量整合等举措落地，及时发现和查纠问题，督导农商行支农支小方向不偏移。完善支农支小保障、风险处置责任分担、系统内互助帮扶及救助化险等机制，构建风险管理体系。进一步完善行业服务，积极争取金融科技、资产管理、股权托管、保险代理、理财等金融牌照，增强大平台服务能力，为乡村振兴提供综合金融服务。

（二）围绕重点领域发展，做实做强乡村振兴金融供给

一是加强"两强一增"金融支持。聚焦服务安徽省"两强一增"（科技强农、

机械强农,增加农民收入)行动计划,加大对种业、粮食生产加工、油料作物、食用菌生产等领域的信贷支持力度,尤其加大种源等农业核心科技攻关的金融保障,与良种重大科研攻关项目、省级南繁科研育种基地开展专项对接。围绕国家级、省级农业产业链示范区和各地市农机产业集群,开展专项调度,加大对高标准农田、农田水利仓储物流等的中长期信贷支持力度。

二是加强农村产业融合发展金融支持。围绕一、二、三产业融合,聚焦农业产业链和供应链,开发农业产业链专属信贷产品,因地制宜推广"龙头企业+合作社+家庭农场或农户"等农业产业链、供应链融资模式。紧盯"物联网、电子商务+现代农业"等发展新业态,围绕农村流通网络建设、新业态市场主体等,提供资金结算、融资、财务管理等一揽子服务。支持"一乡一业""一村一品"特色农业产业,针对特色小镇开发、乡村旅游发展及养老健康等领域,加快配套金融产品的创新和完善,拓宽服务领域。

三是助力巩固拓展脱贫攻坚成果。加大对脱贫地区乡村特色产业发展和脱贫人口就业创业的支持力度。规范推广"一自三合"(户贷户用自我发展,户贷户用合伙发展、户贷社管合作发展、户贷社管合营发展)脱贫农户小微信贷模式,大力推广纯线上信用贷款"金农农e贷",对有发展意愿的脱贫户和边缘易致贫户"应贷尽贷"。从业务创新、信贷配置、绩效考核等方面,加大对国家乡村振兴重点帮扶县的金融资源倾斜力度,力争当地农商行每年贷款增速高于全系统贷款平均增速。由省联社和农商行领导班子带头,继续做好宿州桥佳村、云光村等的定点帮扶工作,提供政策、资金、技术、人才等支持,把定点帮扶"责任田"打造为金融服务乡村振兴"示范田"。

四是加强乡村建设金融支持。大力推广"乡村振兴建设贷"等产品,重点加大对道路、水利、清洁能源、文化产业等乡村公共服务设施建设等方面的信贷投入,力争2022年新增支持乡村建设类贷款200亿元。依托省联社聚合支付、便捷缴费等产品,为农村商户提供便捷的收单服务,推动农村支付结算体系建设,打造电子商务、居民生活缴费、场景融合的金融服务生态圈。

五是扎实推动绿色信贷发展。将绿色金融发展纳入年度工作目标,持续完善并围绕绿色产业指导目录,因地制宜开发绿色金融产品和服务。全面梳理存量客户,完善绿色企业名单信息,加强对高质量低碳项目及绿色产业的融资支持,提高绿色信贷占比。探索发行绿色金融债，支持农村生态保护等领域。探索逐步落实企业及上下游的ESG（环境、社会和治理）全流程风险管理。

（三）聚焦农村重点群体金融需求，满足多元化金融服务新需求

一是做大农户普惠小额信贷规模。全面开展信用户、信用村、信用乡镇创建及"整村授信"工作，紧抓扫村扫户等传统展业手段，推广"集中授信、整村批发"模式，完善信用贷款产品，结合"金农信e贷""金农商e贷""金农企e贷"，加大对不同诉求的小农户和普惠型企业客户的信贷支持力度。抓好线上授信、随用随贷、循环使用的"金农农e贷"产品推广，与整村授信充分结合，提高农户贷款的可得性和便捷性，力争2022年末"金农农e贷"授信规模达400亿元。

二是做好新型农业经营主体信贷增量扩面。积极争取新型农业经营主体主办银行，依托政府部门和"新农信贷直通车"等平台，加强经营主体的信息共享，对种养大户、龙头企业等主体实行名单制管理，拓展评级覆盖面。丰富融资模式，探索农村土地经营权抵押贷款，创新大型农机具、预期收益权和利用农村电商数据贷款等新融资模式，适当提高额度、延长期限，加大提供中长期贷款支持力度。实现2022年新增新型农业经营主体贷款100亿元。

三是做强农村集体经济组织综合金融服务。在推动"三资平台"建设的基础上，积极向集体经济组织提供资金结算、银行卡、移动金融等综合金融服务。积极尝试农村集体经营性资产股份质押贷款等信贷业务，同时针对村级集体经济组织的资产特征、资金需求等特点，适度优化信贷流程和授信模型，提高信贷业务质效。围绕党建引领信用村建设，将"三资"业务与党建引领信用村评级等有机结合，全面开展精准授信。

四是做实新市民金融服务精准对接。深入新市民群体进行需求调研，对接政府人力部门，建立健全信息台账，准确了解其住房、教育、家政医疗等方面的金融需求，扩大信贷"空白户"的贷款投放。加强与当地政府部门的协调对接，积极对接政府"大众创业、万众创新"政策，聚焦新市民创业就业集中的领域，对回乡创业大学毕业生、农民工等返乡人员加大支持力度。

（四）强化服务创新，激发金融服务乡村振兴新动能

一是加快普惠产品创新推广。面向不同主体的诉求，加强乡村振兴普惠金融产品推广力度，在乡村消费及民生领域，对符合条件的助学贷、消费贷等民生贷款做到应贷尽贷；加强"乡村振兴贷"推广，着力支持涉农项目和乡村基础设施建设；拓展"劝耕贷""丰收贷""旅游项目开发贷"等经营系列产品，协同推广"复垦贷""农业装备贷"等系列产品，助力农业产业化发展，解决农业大型机械、生产设备等融资需求；加大"能人贷""道德贷"等特色产品投放力度，提高对优质客户支持力度，助力乡风文明建设。

二是加强数字金融产品创新。不断深化大数据在营销、风控和管理方面的应用，充分对接政务数据，实现医保、社保、公积金等政务数据在不同服务场景的共享共用。加大"金农易贷"系列数字信贷产品推广力度，针对客户类型深耕细分市场，实现2022年新增贷款300亿元。推动网点智慧化升级、智能客服升级等，引入智能评级、智能风控、生物识别等技术，丰富"医疗云""餐饮云""交通云"等一系列智慧化应用，积极拓展智慧菜场、智慧景区和智慧停车等场景，实现人工智能在农村金融服务场景的嵌入。全面推动社保卡不断丰富应用场景，加大三代社保卡发卡力度，拓展人社、财政、医保等方面合作，突出代发、代扣、代缴等服务乡村振兴的民生应用。

三是拓展融资创新模式。全面推进"政、银、担、保"对接联动，重点针对家庭农场、农民合作社、产业龙头企业、乡村公共基础设施建设建立"名单库"，探索"农业经营主体+担保+保险"的联保模式。拓宽抵质押物范围，推广农业设施装备等抵押融资，以及生猪、水产等"活体抵押+保单增信+银行授信"的融资模式。围绕涉农核心企业及上下游产业链，创新推广供应链金融模式，降低产业链上的企业的融资成本。

四是加大管理服务机制创新力度。优化服务乡村振兴考核机制，从资源配置、激励、处罚等方面予以倾斜，完善乡村振兴金融服务统计制度，加强乡村振兴业务指标考核，并根据形势变化不断完善考核指标体系。完善尽职免责等制度，在依法合规的情况下，进一步优化涉农贷款审批制度。健全服务乡村振兴业务专项监测机制，细化监测内容和指标，定期分析和通报监测结果，引导金融服务乡村振兴工作

提质增效。加强乡村振兴服务队伍建设，明确一线员工的职能职责和工作规范，鼓励选派优秀青年干部参与乡村建设，加强特色乡村振兴金融服务相关的业务技能培训，切实提升一线服务乡村的水平。

（五）织密织牢服务网络，优化乡村振兴金融服务新体验

一是优化网点布局，推广线下特色服务。保持乡镇网点总体稳定，推进网点管理规范化和内部布局便利化，做实"网格化管理""五进"工作。持续推进传统网点、金融服务室、助农取款点等升级，丰富多媒体自助终端、便民机具等功能应用，拓展网点服务功能。因地制宜打造乡村振兴特色支行，树立线下服务乡村振兴标杆。继续选派"金融助理"助镇帮村，发挥资金、人才、客户资源优势，促进强镇兴村。

二是加速线上渠道拓展，提升农村金融服务体验。以"无感迭代、线上通办、打通权益"为目标，加快推出更适合农村客群需求的手机银行4.0，力争月活量达到350万人。丰富"金农云店"业务类型，接入消费贷款、理财、缴费等更多金融生活场景，打造"非接触"的综合金融服务超市。提升"金农信e贷""金农农e贷"纯线上数字化信用贷款覆盖面，发挥"随用随还"的便捷用信优势，支持涉农主体通过线上渠道更好享受信贷服务。

三是对接党建引领信用村建设，推动整村授信全覆盖。加大对农户、新型农业经营主体的信息采集和授信力度，实现党建引领信用村的评级数据互通互联，优化信用评级和风险防控模型，推动工作进一步标准化、规范化、自动化，确保2022年整村授信覆盖面达到60%以上，力争在"十四五"期间实现整村授信的行政村"全覆盖"。

四是推进"三资平台"建设，实现账户全覆盖。"三资平台"是助力乡村振兴的重要抓手，是加强与村级组织合作的"纽带"，农商行将进一步推动"三资平台"建设，充分发挥与地方政府的合作优势，加强与县（市、区）对接，争取平台建设，加快账户开立、资金归集、日常支付结算等服务营销推广，力争实现村级集体经济组织账户开立全覆盖，沉淀更丰富的数据，带动信贷更精准地向集体经济组织投放。

第 11 章
农村供应链金融的探索与成就

近年来，党和政府高度重视供应链金融在乡村振兴中的作用。2017年中央一号文件提出，支持金融机构开展适合新型农业经营主体的订单融资和应收账款融资业务。同年10月，国务院办公厅印发《关于积极推进供应链创新与应用的指导意见》，首次从国家层面强调了供应链创新与应用的重要性。2019年1月，中国人民银行等五部门联合印发《关于金融服务乡村振兴的指导意见》，提出鼓励发展农业供应链金融，将小农户纳入现代农业生产体系，强化利益联结机制，依托核心企业提高小农户和新型农业经营主体融资可得性。在党和政府的推动和支持下，涉农企业、银行、互联网平台等各方主体在农村供应链金融领域进行了大量的实践探索，这些探索也为破解"三农"融资难、融资贵问题提供了新的思路和方案。

一、农村供应链金融概述

（一）供应链金融的内涵及意义

供应链金融是指从产业链整体出发，运用金融科技手段，整合物流、资金流、信息流等资源，在真实交易背景下，构建供应链中占主导地位的核心企业与上下游企业一体化的金融供给体系和风险评估体系，提供系统性的金融解决方案，以快速响应产业链上企业的结算、融资、财务管理等综合需求，降低企业成本，提升产业链各方价值。

供应链金融的实质是通过贸易融资盘活企业流动资产中占用资金较多的项目。在正常经营过程中，企业需要在采购阶段预付资金、在生产阶段储备原料和存货、在销售阶段产生应收账款，各环节都会出现资金占用，需要融资。而这些融资需求基于供应链内企业的经营交易，只要供应链处于正常运转状态，企业的违约风险就整体可控。通过供应链中物流、资金流和信息流的封闭运行，供应链金融可以为供应链环节中相对弱势的中小企业提供基于真实贸易的融资服务，帮助中小企业盘活非现金流动资产。

开展供应链金融对参与其中的各方主体都有着积极的意义。一是提高供应链的运营效率。开展供应链金融能够整合链内企业的物流、资金流、信息流，帮助核心企业形成更为紧密、稳定的供应关系，也促使链内企业经营管理更加高效规范，提升链内所有企业的经营效率。二是降低信贷风险和融资成本。对于金融服务机构而言，通过供应链金融能够更好地掌握整个产业链条运转及链内企业的经营情况，降低授信风险。这也使得链内上下游中小企业的融资效率得到极大提升，显著降低其融资成本。三是推动供应链内企业高质量发展。通过开展供应链金融，链内各企业间信息更加透明，利益相互绑定，上下游关系更加紧密，经营环境更加稳固，促进供应链整体提质增效，推动链内企业高质量发展。

（二）我国供应链金融发展情况

1999年，深圳发展银行在华南地区以"票据贴现"业务最先介入供应链金融领域。20多年来，供应链金融在我国快速发展，从无到有、从简单到复杂，并针对本土企业进行了诸多创新，深入扎根各行各业，在经济领域发挥着极为重要的作用。根据智研瞻产业研究院数据统计，2016—2021年，我国供应链金融市场规模从16.7万亿元增长到28万亿元，年复合增长率达10.9%。随着我国经济的进一步增长和大数据、云计算、区块链等新技术的逐渐成熟，其规模将继续扩大。

我国供应链金融发展大致可以分为三个阶段。第一个阶段是线下模式，主要以商业银行为主导、以核心企业为信用载体、以人工授信为主要形式，为其上下游的企业提供融资服务。这个阶段强调对融资需求方静态"物"的控制。第二个阶段是线上化模式，主要特点是以核心企业为主导、多主体参与和运营线上化，这个阶段强调物流、资金流、信息流的动态掌握。第三个阶段是平台模式，随着互联网技术的深度介入，形成了一个综合性的大服务平台代替核心企业来给平台上的中小企业提供信用支撑，通过服务平台的联结作用实现"由链到网"的转变。这个阶段对物流、资金流、信息流等进行可视化追踪，实现产业生态和金融生态融合发展。随着技术的不断进步，我国供应链金融逐渐向打造一个跨区域、跨部门、跨链条的供应链生态圈方向演变。

（三）农村供应链金融的内涵及特点

农村供应链金融是在农村地区开展的服务"三农"的供应链金融，农村地区的经济活动主要围绕农业产业开展，农村供应链金融本质上就是围绕种植、养殖业的生产、流通、加工、销售等环节开展的农业供应链金融服务，其中涉及政府、金融机构、农业龙头企业、新型农业经营主体和小农户、农业社会化服务组织、互联网平台等相关主体参与。

农村地区开展供应链金融服务区别于传统工商业，具有鲜明的特点。一是"散、小、弱"，有资金需求的农业企业、新型农业经营主体和小农户分布在广阔的农村地区，大多数经济规模较小、经济实力较弱、可供抵押的资产不多，这也导致传统金融机构在农村地区的授信成本高；二是信息不对称，农村地区信用体系建设空白较多，很多新型农业经营主体和小农户缺乏征信记录，无法为其进行传统的授信评估；三是行业风险较大，天灾、病虫害等极大影响着农产品的产量和质量，多数农产品价格波动幅度较大，农村金融服务风控难度大；四是非标准化，除了少数大宗农产品，其余农产品一般是非标准化产品，授信评估、贷后管理和风险处置相对困难；五是周期性强，农村地区融资需求往往随农业周期波动而变动，在采购农业生产资料开展耕种时集中出现资金需求，而在收获之后出现集中还款。

正是因为农村供应链金融的这些特点，相对于汽车、化工、机械设备、计算机、通信等行业成熟的供应链金融模式，农村供应链金融仍然处于探索阶段，大规模可推广的经验还未形成。但是，随着我国农业现代化进程的加速，尤其是新型农业经营主体的大量涌现，农业组织化、规模化生产程度进一步提高，农村供应链金融将迸发蓬勃生命力，在乡村振兴事业中发挥重要的作用。

二、农村供应链金融的创新探索

典型农村供应链金融基于农业核心企业的产业链开展,在这种模式中,农业龙头企业具备较强的产业链控制能力,在长期业务开展中了解和掌握了上下游的经营状况和信息数据。这些信息数据为银行等金融机构授信提供了精准的支撑,从而更好地为上下游的涉农企业、新型农业经营主体和小农户提供融资服务,典型的案例是依托中粮集团开展的"五里明"模式。此外,近年来政府部门、行业服务组织和互联网服务平台也依托自身优势切入农业产业,整合农业产业链资源开展供应链金融服务创新。

(一)基于核心企业订单的农村供应链金融探索

"五里明"供应链金融模式是农村供应链金融早期探索的一个经典案例。五里明镇位于黑龙江省肇东市,是黑龙江省重要的产粮大镇,主要种植作物为玉米。从2008年开始,五里明镇政府以现代农业示范区为载体,建立了政府、龙头企业、商业银行、科研院校、农业开发公司和农民专业合作社有机衔接的农业产业链生产要素配置模式。这种模式提高了农业生产组织化程度,实现了项目、资金、市场、科技、土地等各类生产要素有效整合。

"五里明"供应链金融模式可分为两个模块。一是农业组织化模块。由镇政府成立肇东市五里明镇胜利农业开发有限公司,负责农业财政项目的承接和农民专业合作社的管理,下设8个农民专业合作社,实行"六统一"管理,即统一整地、统一良种、统一机播、统一田管、统一收获、统一销售。农民以土地入股农民专业合作社并在合作社务工,获得分红和工资收入。二是农业产业链模块。通过"中粮集团生化能源(肇东)有限公司+农民专业合作社+农户"开展订单农业,依靠稳定的供应关系为专业合作社和农户提供金融服务。农民专业合作社与中粮集团签订订单,凭订单到龙江银行贷款,待粮食收获交付中粮集团后,中粮集团按照约定将粮食款支付到龙江银行指定账户,龙江银行在扣除贷款本息后将剩余资金拨付农民专业合作社(见图1)。

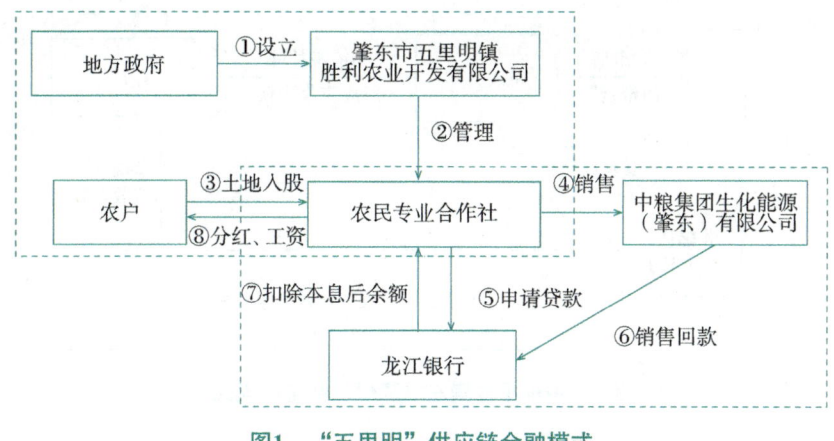

图1 "五里明"供应链金融模式

(二) 基于政府平台的农村供应链金融探索

广西崇左市是全国最大的甘蔗种植基地和蔗糖生产基地，甘蔗种植是当地重要的支柱产业和当地农民主要的经济来源。近年来受疫情影响，当地制糖企业销售速度放缓，食糖库存量上涨，企业蔗糖收购款支付压力较大，导致产业链上游的蔗农销售回款账期拉长，生产经营的流动资金缺口较大，蔗农种植信心受挫，制约着当地蔗糖产业的健康可持续发展。

中征应收账款融资服务平台（简称中征平台）是中国人民银行征信中心牵头组织，并由下属子公司中征（天津）动产融资登记服务有限责任公司建设运营的应收账款融资信息服务平台。央行崇左市中心支行充分发挥中征平台信息服务作用，结合当地甘蔗产业实际需求，指导涉农银行机构开展应收账款供应链融资业务。首创"中征平台+新型农业经营主体+糖企+银行"四位一体应收账款在线供应链融资模式，指导涉农银行机构开发信贷产品"甜蜜贷"。核心企业糖厂通过中征平台为上游种蔗主体登记应收账款，上游种蔗主体通过中征平台已经登记的应收账款向银行提出贷款申请，银行在确认应收账款的基础上进行授信评估发放贷款。通过中征平台申请供应链融资产品"甜蜜贷"，甘蔗种植大户最高可贷100万元，平均贷款利率3.9%，较普通贷款低1个至2个百分点（见图2）。

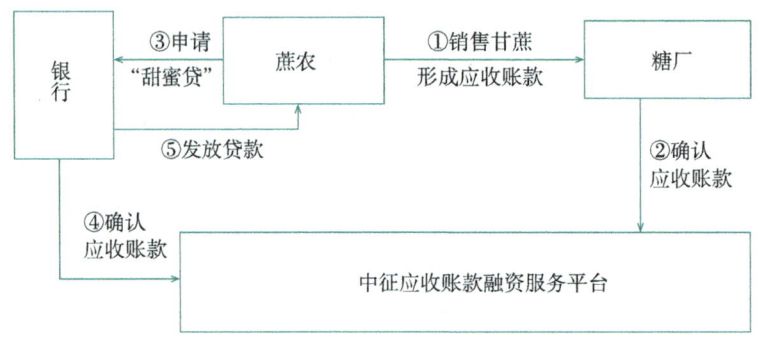

图2 中征平台崇左甘蔗供应链金融模式

截至2022年9月5日，央行崇左市中心支行依托中征平台构建蔗糖在线供应链4条，累计支持糖厂上游751户新型农业经营主体和种蔗农户，累计贷款7.34亿元。通过中征平台开展供应链融资业务，有助于解决应收账款确权难的问题，授信审批时间较传统贷款服务大幅缩短，满足了新型农业经营主体和蔗农"短、小、频、急"的融资需求，推动了乡村产业良性循环发展。

（三）基于行业服务平台的农村供应链金融探索

全国棉花交易市场根据国务院《关于深化棉花流通体制改革的决定》（国发〔1998〕42号）批准设立，由中华全国供销合作总社主办，是服务国家棉花宏观调控、促进棉花产业规范发展的主要行业平台。近年来，全国棉花交易市场全力打造交易、监管物流、资金服务、数字信息四大服务平台，并建成覆盖全国的客户服务网络体系、棉花第三方监管网络体系、业务运营和风险防控体系以及技术支撑体系，为进一步服务我国棉花产业尤其是新疆棉花产业的发展创造了良好条件。

2014年，党中央、国务院决定在新疆开展棉花目标价格改革试点。2015年起，受新疆棉花目标价格改革试点工作领导小组委托，棉花交易市场在做好新疆棉专业仓储监管的基础上，承担了目标价格改革信息平台的建设和运维工作。信息平台整合了新疆维吾尔自治区和新疆生产建设兵团的发展改革委、农业农村局、财政局、纤维质量监测中心、税务局、农业发展银行等单位的信息资源，结合交易市场原有皮棉信息采集系统和入库监管棉花库存管理信息系统等，建立起包括种植面积核实、籽棉交售量实时统计、棉花加工企业公示、专业仓储、在库公证检验、监督管理等在内的一整套监管及信息追溯闭环体系，实现了种植面积、品种、销售数据、价格、加工能力和销售流向等数据的采集和综合分析，为新疆棉花目标价格改革试点政策提供了有力支撑。

棉花交易市场依托目标价格改革信息平台在在库监管、交易监管、履约保障和运输配送等方面的优势，通过银行为所服务的企业在线办理仓单质押。具体如下：①皮棉加工商向纺织企业销售棉花，签订购销合同，形成应收账款；②纺织企业向皮棉加工商支付20%货款；③纺织企业向保理公司、银行等金融机构申请融资，并申请棉花质押；④交易市场审核在库棉花是否符合标准等信息，代办棉花质押手续，将棉花质押给保理公司、银行等金融机构；⑤保理公司、银行等金融机构经棉花交易市场审核通过，向办理棉花质押手续的融资企业支付融资款；⑥融资到期，纺织企业偿还保理公司、银行等金融机构融资款；⑦棉花交易市场代办解质押手续后，纺织企业提货（见图3）。

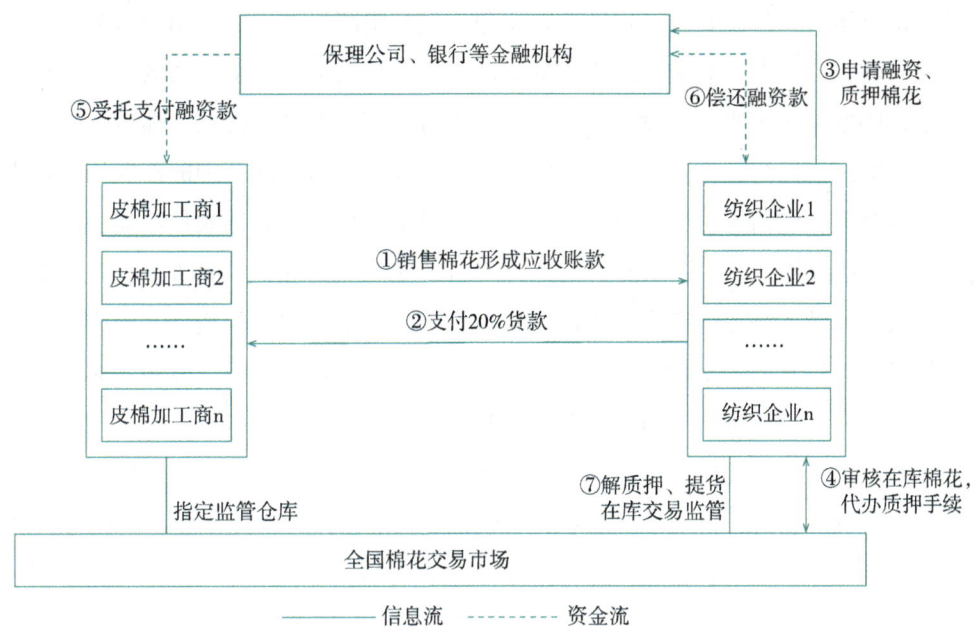

图3　全国棉花交易市场供应链金融模式

据全国棉花交易市场内部数据，截至2021年底，全国棉花交易市场联合合作银行累计为1000多家涉棉企业提供融资1200多亿元，成为除中国农业发展银行以外对涉棉企业提供融资规模最大的资金服务平台，有效缓解了涉棉企业的资金紧张状况，支持了中小涉棉企业发展。

（四）基于电商平台的农村供应链金融探索

蚂蚁科技集团股份有限公司（以下简称蚂蚁集团）是阿里巴巴集团在支付宝的基础上，于2014年10月成立的金融服务平台。目前蚂蚁集团业务范围包括支付宝、花呗、借呗、余额宝、芝麻信用等，并发起设立网商银行，构建起广泛覆盖的金融服务生态系统。近年来，随着各方市场主体纷纷下沉激烈争夺农村市场，国内各主要电商平台也进行了大量的农村金融探索，如蚂蚁集团的"旺农贷"、京东集团的"京农贷"、苏宁易购的"惠农贷"。此外，国内大型农业龙头企业也依托自身的电商体系创新开展农村金融服务，如大北农集团旗下农信互联开展的"农信贷"、深圳诺普信农化公司旗下田田云商的"农机贷"和"种植贷"。

2015年9月，蚂蚁集团发布了首个农村供应链金融产品"旺农贷"，并在17个省份开展试点运营，为涉农企业提供金融服务。蚂蚁集团将"三农"用户分为金字塔结构分布的三个层次，对应三层不同的需求。第一种需求居于金字塔的底层。针对该需求，蚂蚁集团主要为其设立数据化金融平台，即经由网络方式，通过蚂蚁集团发起成立的网商银行、支付宝平台、蚂蚁集团保险平台为全国范围的涉农用户提供综合金融服务，包括支付、保险、信贷等。针对金字塔的中间层农户小规模经营的资金需求，蚂蚁集团在2015年推出"线上+线下"熟人信贷模式，即在信息化和金融服务欠缺的县域、乡村，联合阿里巴巴村淘合伙人、中和农信的线下"熟人"，为用户提供经营性贷款等金融服务。而服务居于金字塔顶层的种植、养殖户时，则与先进的农业龙头企业进行合作，为其提供贷款担保与金融服务。近年来，随着互联网技术的不断提升，蚂蚁集团提出了数据化产业链融资模式，在多个县域合作开展了"智慧县域"项目，打造了"旺农贷"联合放款平台，为农民专业合作社/农户提供信用贷款服务，缓解了农民专业合作社/农户在种植养殖活动中的资金与销售上的后顾之忧。

"旺农贷"供应链金融模式基于阿里巴巴的生态体系，依靠其长期的客户数据信息积累以及强大的销售渠道,为农业产业链中各方主体提供全程"金融+供销"服务。该模式首先由农业龙头企业与农民专业合作社/农户签订销售订单,约定农民专业合作社/农户按照企业的要求进行农产品的生产,产出的农产品由企业回收,同时,企业还为农民专业合作社/农户提供技术服务支持。然后农民专业合作社/农户根据销售订单向蚂蚁集团申请贷款,蚂蚁集团根据阿里巴巴生态圈中积累的大量数据对农业龙头企业、农民专业合作社和农户进行授信评估,并根据评估发放贷款,指定贷款只能在农村淘宝采购生产资料,并使用"旺农付"定向支付管理系统对这些资金的使用状况进行监督。农民专业合作社/农户完成农产品生产并交付农业龙头企业后,农业龙头企业可依托天猫商城或者淘宝电商平台进行销售,并为农民专业合作社/农户偿还蚂蚁集团的贷款本息。这个模式还引入了保险公司,既能为农业生产提供农业保险服务,又能为贷款提供担保(见图4)。

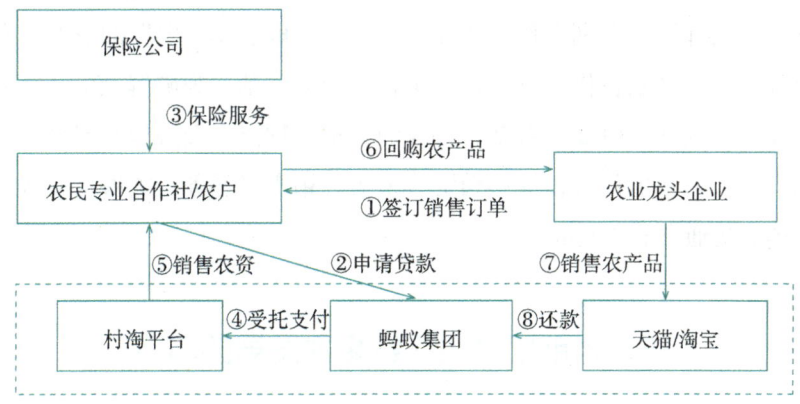

图4 "旺农贷"供应链金融模式

(五)模式对比

"五里明"供应链金融模式是借用中粮集团的信用优势,通过稳定的订单关系,为产业链上游的农民专业合作社提供融资服务,优势是破解了新型农业经营主体自身信用不足导致的贷款难。不足之处在于对核心企业的信用要求较高,仅适用于大型农业龙头企业,普通农业企业难以支撑起稳定的产业链条,与上下游涉农经营主体的联系也不够紧密,难以做到物流、资金流和信息流的闭环管理,金融机构展业难度较大。

中征平台崇左甘蔗供应链金融模式是监管部门发挥其信用服务平台优势开展的探索，有一定的创新借鉴意义。但其仍然是一种传统商业银行授信为主的模式，供应链的利益联结不紧密，闭环管理能力不足，模式的可持续性仍有待观察。

全国棉花交易市场供应链金融模式本质是大宗农产品（棉花）的仓单质押融资，基于市场自身建立起来一整套监管及信息追溯闭环体系，能够实现对于棉花的物流、资金流、信息流的严格控制，是天然的开展供应链金融服务的场景。全国棉花交易市场与金融机构合作开展的供应链金融服务实现了全程线上办理，申请便捷，放款高效，融资成本低，在支持中小涉棉企业的发展上发挥着重要的作用。不足之处在于对产业链上游尤其是棉农的金融服务探索还不多。此外，其他农产品现代化程度不高，复制推广的可能性较低。

"旺农贷"是电商平台主导的供应链金融模式，是农村供应链金融的重要创新方向。互联网电商用"平台思维"将整个产业连接起来，产业链上下游企业从"竞争"转化为"协作"，互利合作、相互依存，让"散、小、弱"的农业经营主体形成一个整体，为发展农村供应链金融奠定良好产业基础，为破解融资难、融资贵提供了新思路、新模式。电商平台基于自身的渠道、物流、金融等生态系统，利用互联网、物联网技术上的优势，提供融资、采买与销售等服务，能够更好服务新型农业经营主体和畅通农业产业链。

三、当前农村供应链金融发展的困境

（一）行业自律机制仍不够健全

我国供应链金融发展过程存在着自律机制不健全、运作标准化缺失等问题，需要统一、专业的行业自律协会推动整个行业加强规范建设。2019年10月，中国银保监会办公厅发布《关于加强商业保理企业监督管理的通知》，同年11月，国家发展改革委印发《关于推动先进制造业和现代服务业深度融合发展的实施意见》，接连两个文件直指监管问题和行业认知的痛点。2021年7月，中国互联网金融协会发布《供应链金融监管仓业务规范》团体标准，该项标准是国内发布的首项有关供应链金融的行业自律规范，对于推动供应链金融行业规范开展业务具有标志性意义。

（二）农村金融基础设施建设薄弱

当前，我国农村地区金融基础设施建设还较为薄弱，主要体现在农村信用体系建设不足，信用空白较为普遍，农民的信用意识还不高，农村经济主体信息储存在不同部门，信息的调用和交叉验证难度大。这些问题导致严重的信用不对称，限制了农村供应链金融的发展，亟待进一步完善我国农村信用体系建设，从而促进农村供应链金融发展，提高对农村地区经济主体的金融服务水平。

（三）农业生产具有周期性，非标性明显

农业生产具有明显的周期性，在服务此类产业时，贷款发放和回笼的周期性较为固定，资金使用的脉冲性明显。此外，我国幅员辽阔，不同地区种植的作物种类差异较大，农业生产的非标性明显；加之各地风俗人文也不尽相同，农业供应链金融企业需要因地制宜，建立一套差异性的风控模型。

（四）农业生产组织化程度较低

我国农业生产长期处于小农状态，农业生产的组织化程度不高，缺乏规模化的经营主体，导致金融机构服务成本较高。近年来，我国政府不断推动适度规模经营，打造新型农业经营主体，但从小农经济过渡到规模化经营还需要较为漫长的过程。因此，农村供应链金融的发展环境并不理想，传统涉农服务平台在整合资源、发展供应链金融服务方面面临的困难较大。

（五）农业企业整体实力还不强

从我国农业产业发展现状来看，农业产业市场集中度仍较低，农业企业的整体实力还不强，缺乏核心竞争力，规模普遍偏小，信用评级大多不高。农业供应链中关键的核心企业，对于产业链条上涉农企业、新型农业经营主体和小农户的带动能力还不够，在产业链中的核心作用没有得到有效发挥。

（六）农业信息化、数字化程度低

我国涉农企业受限于自身经济实力和管理层的认识，信息化建设、数字化管理

程度还较低，产业主体依靠线下纸质化交易，数据缺失、信息无法及时更新等问题凸显。供应链金融对底层资产控制能力和技术能力要求较高，实时了解全产业链的经营运转情况，对整个供应链的物流、资金流、信息流实行闭环管理，从而降低授信风险，涉农企业信息化水平较低的现实困境严重制约了农村供应链金融的发展。

四、供应链金融的未来趋势及政策建议

（一）供应链金融的未来趋势

1. 供应链金融发展的线上化大趋势

随着供应链信息化程度的提升和电商平台的兴起，供应链金融的受重视程度与日俱增，不少金融机构正尝试自建平台，或与电商平台合作，开展线上供应链金融服务。同时，各参与主体为实现资源整合，优化物流链、资金链和信息链，积极建立线上供应链金融服务平台为大型企业和上下游中小企业提供定制化的金融服务。对于融资企业，可在供应链金融服务平台自助申请贷款，平台系统通过实时审批，可实现自动放款。企业每次借款、还款均可通过线上完成，随借随还、手续简便，大幅降低了中小企业的融资成本，提高了企业的资金周转率。供应链金融发展的线上化趋势，拓宽了传统供应链金融的范围边界，打破了传统商业银行主导的供应链金融模式。

2. 供应链金融发展的垂直化和细分化大趋势

不同行业有着不同的行业特性，如钢铁行业、服装行业、农业的生产流程与市场结构差异巨大，这促使供应链金融向更精准、更细分、更专业的方向发展。不同产业链上的企业，其金融服务需求各不相同。而各供应链金融参与主体，则需要根据行业差异和企业需求来为其定制金融服务、提供灵活和个性化的供应链融资产品。未来，各供应链金融的参与主体，只有不断深耕各自所在的产业链，在充分了解行业特性的基础上，结合自身的分析与研判，才能为各垂直细分供应链上的企业提供个性化的供应链金融产品和服务。同时，未来将出现更多的细分行业供应链金融模式和平台。

3. 大数据作用将在供应链金融领域得到充分体现

区别于传统金融，供应链金融为了将贷款风险降到最低，更看重企业的动态经营数据，不再单纯看重贷款企业的财务报表等静态数据。同时，供应链金融参与主体在掌握了客户的动态交易信息后，如果不能及时、准确地进行整理和分析，将无法有效开展供应链金融服务。就趋势而言，大数据的应用和大数据平台的建设将是供应链金融发展的关键。通过自建大数据平台或者与大数据机构合作，供应链金融参与主体可以快速地进行大量且非标准化交易数据的整理和分析，提高供应链金融的服务效率和准确性，降低参与各方的资金和时间成本。

（二）对农村供应链金融创新发展的建议

1. 因"链"制宜加强产品设计

各地农业气候、地理条件大相径庭，农业现代化水平参差不齐，因此农村供应链金融服务要因地制宜提供个性化的供应链金融产品。供应链金融设计要根据农产品的生产周期、产品特征、供应链上农业经营主体的融资需求特点和经营规模等，差异化地为处于核心企业上下游的经营主体提供预付账款、应收账款、存货等个性化的融资产品和服务，从而提高供应链金融的应用广度和效率。

2. 培育壮大农业经营主体

提高农业生产的组织化程度，通过农业龙头企业和新型农业经营主体的发展壮大，促进农业供给侧改革，优化农业生产结构，使得农业生产更加集约化、组织化、专业化、现代化，形成更为稳定的农业产业链金融，为农村供应链金融的创新发展夯实基础。

3. 加强农村金融基础设施建设

推动金融机构、核心企业、政府部门、第三方专业机构等各方加强信息共享，建立统一的动产和权利担保登记公示系统，加强统一的动产和权利担保登记公示系统的数字化和要素标准化建设，做好新型农业经营主体的信用体系建设。

4. 加强金融科技创新运用

金融科技的快速发展对于加快金融创新、降低服务成本、提高服务效率、加强风险控制等都起到了非常重要的作用。农村供应链金融服务的创新发展离不开金融科技的发展，要充分利用区块链、大数据、云计算等技术，通过"金融科技+供应链场景"重塑农业产业链，实现农业产业链前端、中端、后端各个环节的深入融合，确保物流、资金流和信息流一体化的闭环管理，从而提高农村供应链金融服务效率和风险管控水平。

5. 做好金融风险防范

加强核心企业信用风险防控，根据核心企业及供应链整体状况，建立一揽子风险识别和防控机制。完善农村供应链金融服务对象的信息采集和授信评估，做好产业链的物流、资金流和信息流的闭环管理设计，降低信息不对称和道德风险。加强农业供应链金融的风险评估机制建设，根据不同企业生产经营特点，建立相适应的风险控制机制，做好预案和加强监控。根据核心企业及供应链整体状况，建立基于核心企业贷款、债券、应付账款等一揽子风险识别和防控机制，充分利用现有平台，加强对核心企业应付账款的风险识别和风险防控。通过引入农业保险公司和农业信贷担保公司，分担农业生产经营中的自然风险、价格风险及信贷风险，保障农村供应链金融服务的可持续发展。

6. 加强农业供应链金融应用教育

认知和应用技术的提升是农业供应链金融创新发展的关键。政府机构、供应链金融的核心参与方，应利用其渠道和专业上的优势，加强培训教育，助力农业供应链金融的认知和应用技术水平提升。一是强化宣传，可通过公益性活动，多渠道向供应链金融参与方，特别是农户宣传相关知识，提升其认知水平。二是提供补贴和优惠，支持和鼓励农户、中小企业尝试参与农业供应链金融应用。三是加强培训，通过理论教育与实践结合，加快多层次的人才培养，提高供应链金融的应用水平。

参考文献

[1] 马翠莲.供应链金融迎来黄金发展期[N].上海金融报，2016-01-26.
[2] 韦霞萍，何晓明.互联网背景下供应链金融的发展与前景探析[J].计算机时代，2018（01）：23-26.
[3] 孟庆海.农业供应链金融创新发展研究[J].辽宁经济，2021（01）：68-71.
[4] 张国云.在现代流通"双循环"中的金融魔力[J].中国发展观察，2020（18）：27-31.

第 12 章

商业金融与合作金融携手促进农村普惠金融高质量发展

2022年2月28日，中央全面深化改革委员会第二十四次会议审议通过了《推进普惠金融高质量发展的实施意见》。会议强调，要优化金融机构体系、市场体系、产品体系，有效发挥商业性、开发性、政策性、合作性金融作用。农村金融是我国普惠金融体系建设主战场和最难啃的硬骨头。经过数字普惠金融的实践创新，"三农"领域信贷服务已经有了很大突破和改善，但仍然存在很多挑战。农村信贷业务信息不对称、服务成本高、风险高、收益少，导致商业金融机构从事农村信贷的意愿和能力都不足，存在客观的服务边界。政策性金融虽然可以起到引领和加速作用，但难以成为可持续的市场主流。中央在此时提出发展合作性金融，说明合作金融是迫切需要的，也具备了发展的政策环境。在这样的大背景下，央行在2021年底发布了《地方金融监督管理条例（草案征求意见稿）》，其附则的第三十三条是关于对开展信用互助的农民专业合作社的监督管理，明确了合作金融应在农民专业合作社内开展的政策方向。

生产、供销、信用"三位一体"的农村合作经济组织内部开展的信用互助业务是合作金融的一种形式，因其在社会资源、产业基础、供应链体系等方面的优势，可以解决商业金融机构难以克服的障碍，也可以成为政策性金融在基层的落脚点和传递手。但因我国尚未建立合作金融的法律制度体系，信用互助业务缺少法律保障和有效的监管，面临政策风险和法律风险。合作经济组织自身治理也存在问题，存在较大的道德风险、业务风险等隐患。如何促进信用互助业务健康和可持续发展，需要在实践中不断摸索和创新。

笔者根据多年从事农村金融创新实践的体会，结合国内外发展经验，提出商业银行、政策性金融工具与信用互助业务相互借力、联合发展的政策建议和操作思路，并重点讨论商业银行与信用互助业务之间的双向委托代理机制。

一、商业银行农村信贷服务的边界

（一）传统商业银行农村信贷服务的边界及成因

在城乡二元结构的经济发展模式下，我国农村地区普遍存在不同程度的需求型金融抑制和供给型金融约束。[①] 任何金融业务都要根据特定细分市场的风险、成本（收益）、流动性等因素进行产品设计，而特定产品设定了服务对象的条件和范围，虽然通过调整风险管理方法、降低成本或利用率覆盖成本等方式可以不断拓展服务对象的范围，但受客户条件和利率承受能力以及金融机构网点、人力资源、信息来源等服务能力双重限制，其服务范围总是存在着能力边界和商业可持续性边界。当"三农"领域投资回报率低于市场平均回报率，且在农村信贷业务存在地板约束而利率上限存在制度约束的条件下，以为股东谋取最大化利润为目标的商业金融机构没有主动从事农村信贷的意愿和积极性。这种边界就将那些难以满足信贷条件的群体排斥在金融服务之外，产生金融排斥[②]现象。[③] 在农村，金融排斥存在的主要原因有以下三方面。

第一，抵押品缺失。商业银行传统信贷业务习惯以抵押品作为风险管理手段，为解决农户和农业经营者缺少抵押品的问题，有关部门推出了农村承包土地经营权抵押贷款试点。但因在法律制度、经营权流转变现渠道、经营权价值评估机制等方面缺少配套措施，试点过程中存在困难和障碍。[④] 即便土地经营权可以有效抵押，

[①] 中国人民银行研究局（所）.制度可能性边界、农村金融组织结构与市场竞争——美国的经验教训及中国的实践 [A]. 中国人民银行金融研究重点课题获奖报告 2008[C]. 北京：中国金融出版社，2009.

[②] 金融排斥指社会中的某些群体没有能力进入金融体系，没有能力以恰当的形式获得必要的金融服务。或换言之，指金融机构没有能力和恰当的方式为某些群体提供有效的金融服务。

[③] United Nations. Building Inclusive Financial Sector for Development-Executive Summary. New York, 2006.

[④] 包力雅，侯云峰，马牧兰.农村承包土地经营权抵押贷款试点中面临的困难及政策建议 [J]. 农牧经济，2015（05）：72-73.

仍然会有部分农村群体依旧难以提供合规抵押品，需要创新无抵押的小额信用贷款模式。其实，抵押品是金融机构采用的一种简单的风险保障措施，虽然有效，但因抵押品变现存在成本，就增加了服务的总成本。抵押贷款方式主要应用于具有较大外部风险的经营主体，当因外部市场风险等原因导致违约时，抵押品变现是一种兜底措施。

第二，信息壁垒。真正有效的和基础性的信贷风险管理是信用管理，即根据客户信用信息和财务状况等数据，对客户还款意愿、能力和违约风险进行判断，据此进行授信。信用管理的前提是有可靠的信用数据。由于农村金融长期存在压抑和排斥现象，在金融领域存在较严重的信息不对称：一方面，没有接受过银行服务的农业经营主体和农户缺少信用信息，金融机构若要获取其初始信息，就要通过网点和人员并付出较高的代价；另一方面，经营主体和农户也缺少对金融产品和服务的了解，存在交易障碍。

第三，网点覆盖不足。网点和人员是传统金融模式必不可少的服务手段，是产品营销、客户管理、信息采集、售后管理等业务的终端，也是主要的成本组成。网点布局和设置、人员的安排，要根据服务地区人口密度、自然环境、交通条件等因素进行效率测算和成本核算。商业银行在农村的网点密度和人员配置数量都远低于城市地区，在农村提供金融服务的能力明显不足。

（二）数字金融创新对农村信贷服务边界的拓展也有局限性

以互联网、生物识别、大数据等信息技术为基础的数字金融创新，为信贷模式创新、拓展信贷服务的范围和边界提供了技术和管理手段。

一是拓展了信用数据来源。互联网平台将市场交易行为搬迁到网络数字虚拟交易系统中，让现实市场难以采集的零散而频繁的交易数据得到采集和存储。生物识别技术为数据来源的真实性提供了保障，提高了数据的质量。大数据分析则将繁杂的数据转化为明晰的交易关系和可解释、可预测的交易行为等有意义的信息，并生成可视化的关系结构和行为画像。金融机构就可以利用大数据，对没有征信信息的"白户"进行分析，并建立信用分析模型，用于信贷审核。

二是降低了数据获取成本，提高了数据分析效率。其实，在互联网普及之前，小额信贷机构就已经普遍采用了非征信数据分析——"打分卡"技术，只不过不是通过互联网渠道收集数据，而是通过投入人力资源在现实场景中采集数据。[①] 人力成本增加会使信贷的边际效率和效益递减，最终还是会遇到边界。互联网作为基础设施的普遍应用，极大降低了数据采集的成本，而人工智能大数据分析技术的发展也提高了数据分析效率，节省了信审时间和人力成本。

三是互联网交易平台和社交媒体为金融产品投放提供了新渠道。通过社交媒体等平台，可以对大数据分析筛选出来的潜在客户精准投放产品广告，与物理广告渠道相比，提高了投放效率，降低了营销成本。以上这些创新让金融服务的边界再次被突破，进一步触及更多传统金融机构难以触及的群体。

但是，数字金融服务也依旧存在服务边界。首先，数字金融服务对象是互联网用户，农村地区依旧有很多人不曾使用在线平台交易，也不曾使用各类社交媒体软件，存在数据鸿沟。其次，一些新型农业经营主体可能加入了供应链，与合作社和农村社会化服务组织及农业企业产生了交易，但其交易数据大部分仅用于农业供应链内部，金融机构难以获得数据。最后，更重要的是，随着个人信息保护相关法律法规的完善，获取数据的成本会增加，也会限制某些对大众投放互联网和电信广告的方式和渠道。强弩终有其末，任何模式都有其发展限度。

因此，只要农村还存在大量数字金融难以有效服务的群体，就需要能在现实社会触达他们的渠道和方法。农村合作经济组织开展的信用互助业务，即农村合作金融可以承载商业银行难以拥有的功能和作用。

二、"三位一体"合作经济中的合作金融是农村普惠金融高质量发展的突破口

（一）合作金融是农村普惠金融体系的重要组成部分

全球金融体系是一个三足鼎立的市场，不仅有政策性（或开发性）金融和商业（逐利性）金融，还有一支重要且独立的力量，那就是合作金融（或互助金融）体

[①] CGAP/World Bank. Credit Scoring In Financial Inclusion-How to use advanced nalytics to build credit-scoring models that increase access. Washington DC, 2019.

系。《推进普惠金融高质量发展的实施意见》明确将合作金融与商业金融、政策性金融并列，作为普惠金融发展的重要组成部分。合作金融属于全球合作社体系的组成部分，而合作社是在19世纪中叶发展起来的一种带有社会主义基因的经济制度，很早就得到马克思、恩格斯的关注和支持。中国共产党在新民主主义革命阶段和社会主义建设初期就倡导和推动过合作经济发展。在欧美、日本等发达经济体，合作经济与合作金融非常活跃，尤其是在农村金融领域，合作金融甚至是农村金融体系的基础，是主要的金融服务提供方式。往年中央一号文件多次提到发展属于合作金融范畴的资金互助业务，有关部门和部分地区推动了农村新型合作金融试点。

实践证明，合作金融只要坚持合作经济的原则，其在农村就具有商业金融、政策性金融无法比拟的优势。首先，合作金融不以营利为目的，而以为社员提供最优服务为宗旨，这样就挤出了资本对利润的诉求，只要能够覆盖成本就可以实现业务和财务的可持续发展，激活了商业金融机构因低回报而不愿触及的市场；其次，合作金融通过建立在农村血缘、地缘、业缘等关系基础上的熟人社会信用和利益共同体，加之一人一票的民主决策规则，形成了内部有效的风险管理机制；再次，合作金融组织成员之间信息对称性强，沟通与传播便利，加之所需专职业务人员少，交易成本较低，可以最大限度让利于成员；最后，合作金融贴近成员生产和生活，可以为成员提供快捷便利的服务。总之，合作金融可以真正做到既"普遍"，又"实惠"。[①]

（二）"三位一体"合作经济内的信用互助是新型农村合作金融发展的方向和必由之路

2021年中央一号文件明确提出开展生产、供销、信用"三位一体"综合合作试点。在"三位一体"的农民合作经济组织框架内开展信用互助业务和新型合作金融创新，既是当前的政策要求，也是农村合作金融发展的必然出路。其优势在于，第一，通过合作社可以整合农村土地、劳动力和资本等要素，有利于农业向规模化、标准化、集约化方向发展，提高农业生产效率和回报率，为金融业务打牢实体经济

---

① 中国国际经济技术交流中心.国际减贫合作促进体制机制创新助推扶贫长效机制建设——以四川省仪陇县民富农村可持续发展服务中心为例[EB/OL].（2021-01-05）[2022-05-06]. http://www.cicete.org.cn/article/fp/fpzl/bgal/202101/20210103028678.shtml.

基础；第二，合作社将分散的农户及其他经营主体整合起来，可以进一步扩大市场规模，降低交易成本；第三，"三位一体"合作经济组织可以打通生产和供销环节，形成高效的农业和农村产业链供应链系统，并形成有效的信息链和价值链，为金融服务提供可以依托的场景和充实的数据。

（三）信用互助业务发展存在的障碍和风险

一是我国尚未形成合作金融领域的法律体系，存在法律障碍和风险。虽然央行在《地方金融监督管理条例（草案征求意见稿）》中明确了农民专业合作社内信用互助业务的政策地位，如果照此颁布就为地方制定信用互助业务监管办法提供了法规依据，但在顶层设计上仍缺少明确信用互助性质、规范信用互助业务、处理各种责权关系的合作金融法。信用互助业务在开展过程中，可能会遇到各种与现行法律法规相冲突的环节，让开明的政策成为一扇难进的玻璃门。特别是合作社内能否开设资金池的问题，可能会触碰到非法集资和非法吸收公众储蓄的法律界限，在试点过程中遭到过禁止。其实，资金池并不会必然产生系统性风险，而没有资金池的合作金融会有损合作金融特有的信用模式和交易便利性。

二是合作社发展过程中存在的问题会影响信用互助业务的健康发展。自《中华人民共和国农民专业合作社法》颁布后，全国农民专业合作社数量扩张很快，到2019年已超过210万家。因合作社不需要验资，有些合作社动机不纯，没有真正想着为社员服务，发展过程中出现了合作社数量不实、质量不高的问题，有不少合作社有其名无其实，沦为"空壳社"，给合作社整体社会形象造成不利影响。[①]也有一些合作社虽然正常经营，但未按照合作社原则发起和治理，农户并未真正参与，违背了合作经济组织的宗旨和性质，也就无法发挥合作经济的优势。如果农民专业合作社不规范，在其内部开展信用互助业务，不仅不能体现合作金融的优势，还存在极大的风险。

---

① 中国网.全国农民专业合作社超210万家将注销"僵尸社""空壳社"[EB/OL].（2019-03-01）[2022-05-10]. http://k.sina.com.cn/article_3164957712_bca56c1002000p2g7.html.

三是被严格限制在基层合作社内的信用互助业务缺少活力和吸引力。调剂资金余缺和掉期使用是信用互助业务的主要功能,由于农村信贷需求存在较强的季节周期性,如果信用互助范围过小、资金规模太少,那么互助资金流动性会严重不足,难以维持信贷交易。难以交易则对农民没有吸引力。

四是农民专业合作社缺少必要的管理人才,管理能力欠缺。虽然合作社内的信用互助不需要商业银行所需的管理人才,但很多合作社管理人员不懂基本的金融知识,甚至不会记账,很难有效管理信用互助业务。

五是信用互助业务的监管机构缺位,监管手段严重不足。虽然信用互助业务交由地方金融监管部门管理,但县一级缺乏专业的监管队伍。经验表明,合作金融很难在村一级单独开展,也难以保证自律。其他国家的合作金融组织都会形成合作社联合社或行业协会,由联合社与行业协会的专业人员对基层合作社开展自律性管理,作为监管的补充。但现行政策不允许跨村联合,只能在各村分散经营,意味着监管负担和成本将大到难以实施。[①]

这些问题一直存在于资金互助和新型合作金融的试点过程中,因为始终没有得到有效解决,形成了"一放就乱、一管就死"的恶性循环。昔日农村合作基金会也是因为这些问题而最终瓦解。不从根本上解决这些制度和管理问题,信用互助业务和新型农村合作金融就难以可持续发展。

在国际上,很多发展中国家的互助合作金融在发展过程中也面临同样的问题,通过商业银行与信用互助组织建立互利共赢的紧密合作,是一种很有效的解决方式。

三、商业金融与合作金融协同发展的国际经验

不同于欧美和日本等发达的市场经济体已经建立的完善而发达的合作金融体系,一些发展中国家在培育合作经济的过程中,政府通过金融政策和政策性金融工具,鼓励银行机构与信用互助组织开展业务合作,共同促进金融服务为农村贫困和

[①] 孙同全,张照新. 四川仪陇农村扶贫资金互助社调研报告 [EB/OL].(2020-12-25)[2022-05-18]. http://www.cicete.org.cn/article/fp/fpzl/bgal/202012/20201203026088.shtml.

低收入群体提供有效而可持续的金融服务。

(一) 孟加拉国格莱珉银行本质上是一家互助性合作制银行

孟加拉国格莱珉银行是"小组贷款"（group lending）模式的经典代表，也是银行机构与信用互助组织完美结合的经典范例。格莱珉银行大部分客户是不识字的贫困妇女，银行无法与她们签订有效的贷款合同，因而她们不可能获得传统银行的服务。为突破信贷鸿沟，格莱珉银行建立了客户小组和中心会议制度。① 小组长和中心主任负责召集会议，项目贷款申请、初审、发放、回收等业务都是在中心会议上由组员自主完成，银行信贷员只是监督和出纳角色。在银行初创阶段，小组成员之间相互担保，其后虽然解除了组员担保，但坚持用中心会议制度开展高强度的信用教育并公开成员借贷信用情况。虽然小组和中心并非法人建制，但因坚持每周例会，实际形成了一个紧密的社会组织。格莱珉银行虽然没有也不可能与不识字的小组长和中心主任签署代理协议，但通过简单的贷款条件约束，实际上将部分信贷管理功能外包给小组和中心，包括推广、信审、贷款发放和回收、客户教育等。这种模式充分利用了较稳定的社群形成的社会关系和社区信用资源，让以前银行绝不可能服务的对象成为可能的客户。② 将格莱珉银行与合作金融组织进行对比，可以发现它本质上是一个全国范围的互助性合作银行体系，具体体现在如下方面。

一是格莱珉银行是客户所有的。除政府在成立银行时少量注资外，其产权主要由800多万名贫困客户所有，而非外部投资者所有。客户同时是出资者，这就意味着格莱珉银行是客户的互助金融组织，具有合作金融的互助性本质。

二是格莱珉银行是非营利性的，以为客户提供最优质的服务为目标和宗旨，与合作金融的原则一致。格莱珉银行的非营利性早期体现在章程中，即规定禁止分红，后来调整为可以分红，但因每个贫困客户股份极少，即便分红也不可能成为谋生的手段，因此客户参股和交易的目的是获得金融服务，而不是以股份谋利。

三是格莱珉银行小组模式其实是合作金融组织中社员参与管理的体现。合作金

---

① 格莱珉银行要求所有借款客户必须加入5人信贷小组，5个小组形成一个中心，必须参加每周召开的中心会议。

② 杜晓山，张睿，王丹. 执着地服务穷人——格莱珉银行的普惠金融实践及对我国的启示——兼与《格莱珉银行变形记："从普惠金融到普通金融"》商榷 [J]. 南方金融，2017 (03).

融组织是有着共同关系的个人联合建立的，成员平等参与管理是合作金融基本原则之一。格莱珉的信贷管理是在其中心建制下开展的，每个中心成员平等参与和监督信贷审批过程，贷款决策由小组和中心负责。信贷员只是旁观者、观察员和议事秩序维护者。每个信贷中心其实就是一个信用互助组织。

四是格莱珉银行的基层营业所是一种信用合作组织。营业所是相对独立的自负盈亏的机构，虽然没有独立的法人地位，但有独立的债权债务关系，每个营业所以其客户的股金和存款为基本资产，独立核算风险、成本和收益。这就做到了风险被隔离在每个营业所之内。这也与合作金融体系相似。合作金融体系是由基层的信贷互助社为基础的，每个互助社的社员以其股金和存款集体承担风险，并分担成本，共享收益。因每个互助社将风险封闭在规模有限的内部成员之间，因此一般不会产生全国性的系统性风险。格莱珉银行与合作金融系统一样，在基层营业所和互助社基础上，建立营业所和互助社的联合体，为基层营业所和互助社提供技术和管理支持，并形成营业所和互助社之间的资金融通机制，前提是建立合理的风险准备金制度和严格的评估及审计监督制度。

为什么格莱珉银行创始人尤努斯教授没有依据孟加拉国合作社法建立合作银行，而以一种特殊的商业银行牌照发展互助金融呢？原因可能有三个。一是孟加拉国等南亚国家的政府通过财政支持对合作社进行深度管控，将合作社作为政策金融的通道和工具，这有悖于合作社自主管理和市场化原则；① 二是其客户绝大部分是没有土地的农村赤贫妇女，无法加入农业合作社；三是文化因素造成赤贫妇女难以主动走出家门参与组建合作社，也没有合作社管理能力，更适于被动参与外部机构组织的活动。

尤努斯教授在美国推广格莱珉银行小额信贷的做法可以佐证其举办合作金融的初心。据新加坡2009年2月6日《联合早报》报道，尤努斯教授希望在陷入经济衰退的美国开设信贷合作社。尤努斯表示，正在申请美国信贷合作社的执照，以便"在任何州都可以运作"。②

孟加拉国格莱珉银行虽然在法律上不是合作银行，基层也没有信用合作社建

---

① 吴远富. 中外合作社立法研究 [A]. 广西民族学院学报（哲学社会科学版），2006（04）.
② 中国新闻网. 孟加拉国"穷人银行家"要在美国开信贷合作社 [EB/OL].（2009-02-06）[2022-05-10]. http://news.sohu.com/20090206/n262090069.shtml.

制,但以一个银行的合法地位和全国经营的牌照、不持股的专业的管理团队和有效的管理体系以及联系所有成员的中心会议制度,建立了一个庞大的全国合作制银行,形成了一个适合孟加拉国情与成员实际情况的合作金融体系。其成功模式和经验值得借鉴。

(二)商业银行与信贷互助组织——"村银行"(village banking)模式

"村银行"模式是指银行等信贷机构通过在农村发展可以存贷的类似"银行"功能的社区信贷互助组织,形成互助资金池和自我管理能力,然后依托这些社区组织开展信贷业务的模式,这个模式在拉美和印度比较流行。"村银行"模式与格莱珉银行一样也是针对贫困和低收入群体的,不同的是,其客户并非都是赤贫农户,所在社区的居民都可参加,更具有包容性。其具体做法是,在乡村和城镇社区建立10~50人的互助性储蓄信贷组织,鼓励会员积累储蓄。每个互助组织的存款统一在商业银行开设一个托管账户,每个客户在其中获得一个虚拟账户,形成一个虚拟的社区银行系统。互助组织接受商业银行的培训并成立管理委员会。"村银行"不是正规的合作金融机构,而是一个非法人的信贷互助组织。

互助组织有两个资金来源,一是商业银行的贷款,二是成员存款。在第一种情况下,商业银行以贷款方式按固定周期向互助组织提供种子资金,金额等于成员个人请求的总和。所有成员联合签署贷款协议,形成联保。商业银行根据协议向其成员发放贷款,还款则是由互助组织将成员借款统一按期偿还。在第二种情况下,成员如果按时分期偿还商业银行的贷款,就可以立即从互助组织存款账户获得一笔追加贷款。追加贷款的金额由每个成员自己的储蓄账户余额决定,包括储蓄产生的利息和对其他人的罚款。[1]

墨西哥著名的小额信贷银行——康帕塔莫斯银行(Compartamos)[2]开展农村小额信贷业务时也采取了"村银行"模式,建立互助协会,要求成员定期开会,共同审议成员的贷款申请,然后把批准的申请提交给银行,由银行再次审核后向成员发

---

[1] Bandini De Unánue, Gabriela: Village Banking As A Sustainable Livelihood Strategy In Rural Mexico. Netherlands, 2013.

[2] 康帕塔莫斯银行最初是由安信永国际资助成立的社会发展组织,因其小额信贷业务获得巨大成功,经国际金融机构投资改制为小额信贷银行,并于2007年上市,成为全球首家上市的小额信贷机构。

放贷款。贷款回收时,则由互助协会的主任和簿记员收取成员分期还款的现金,统一到银行办理还款手续。银行派监督员(supervisor)参加互助协会的例会,保证会议严格按程序进行。某客户如果出现拖欠,其他成员有催收责任。如果出现坏账,所有成员承担还款义务。

以美国非营利机构安信永国际为代表的很多非营利机构是"村银行"在拉美的开拓者,他们当初建立"村银行"的目的是通过储蓄和信贷互助提升弱势群体自力更生的能力。商业银行在为这些信贷互助组织提供服务时发现其价值,并将其开发成一种有效的信贷业务模式。在这个模式中,非营利机构、商业银行和互助组织之间形成了多赢的互利合作的关系。非营利机构推动了互助组织的发展,为商业银行提供了低成本获得大量客户的渠道,降低了交易成本;互助组织成员储蓄的资金池,为商业银行提供了有效的风险保障。互助组织则得到了商业银行的贷款和账户管理服务;由于有商业银行的贷款加持,互助组织的储蓄更加稳定,凝聚力增强,可以在社区发展中发挥更大的作用。商业银行则为非营利机构提供了资助,并将一种公益事业转化为规模更大、更可持续的商业活动,更好地实现了非营利机构的使命。

印度工业信贷投资银行(Industrial Credit and Investment Corporation of India,ICICI)[1]也采用了"村银行"模式开展业务。印度央行要求所有商业银行开展农村信贷等国家优先领域业务,但ICICI在农村没有网点,于是在2001年并购了在印度南部农村地区从事农村小额信贷业务的马都拉银行及其77个分支机构。马都拉银行的小额信贷业务采取了20世纪90年代由印度国家农业和农村发展银行开创的互助小组模式。该业务模式与康帕塔莫斯银行的"村银行"非常相似,ICICI为每个互助小组整体授信和批发贷款,并由互助小组在内部开展小额信贷业务。ICICI还将对互助小组的能力建设、日常监督和催收等业务外包给社会公益机构。ICICI还充分利用了银行的科技优势,为互助小组开发了信贷管理系统,所有小组和成员在该系统内注册和办理贷款业务。[2]

---

[1] 印度工业信贷投资银行(ICICI 银行)由印度工业信贷投资公司于 1994 年设立,整个银行集团除了作为主体资产的银行之外,还拥有证券、人寿保险、财产保险、资产管理、风险基金管理等 6 家附属子公司,2005 年成为印度第二大银行。

[2] 张海峰. ICICI 银行农村业务的商业模式演进[J]. 三农金融,2009(03).

（三）国际经验的启示

无论是格莱珉银行"小组贷款"还是"村银行"模式，都成功地为传统商业银行难以覆盖的群体提供了有效的信贷服务，且获得了较大规模的可持续发展。这些模式所在国家的合作金融都不发达，存在大量非正规合作金融组织，与我国的情况相似，所以值得我国借鉴。

分析国际成功模式的经验可以发现以下几个关键因素。

一是商业银行提供集体账户托管服务。这既为非正规的信用互助组织提供了合法经营平台，也减轻了互助组织记账负担和成本压力；托管账户形成的资金池，既方便了业务清结算，又为银行提供了联合信用保障。

二是商业银行为信用互助组织提供信贷杠杆。商业银行基于互助组织集体账户资金池、联保责任和信用记录，可以为互助组织和其成员授信。这既可以增加互助组织资金来源，满足成员不断发展的资金需求，增强互助组织的凝聚力和生命力，也为商业银行拓展了业务和市场。

三是商业银行派人观察或监督互助组织的管理并提供培训。这既解决了金融监管机构无法对非正规合作金融组织进行有效监管的问题，也解决了信用互助组织能力不足问题。商业银行派出的人员并非信贷员，无须具备信贷业务能力，只需有基本知识和责任心就能胜任，人力资源成本较低。

四是政府或非营利机构在信用互助组织初建阶段发挥了孵化作用。社会的组织成本由公共服务承担，相当于对商业银行和互助组织的补贴，其产生的组织创新效能比直接提供资金补贴的效果更好。

四、探索我国商业银行与信用互助业务合作发展之路

上述国际成功模式的共同点是在商业银行与农村非正规合作金融组织之间建立互利共赢的、紧密的合作关系，这既有利于商业银行拓展农村金融业务边界，也可以帮助信用互助业务长期稳定发展并获得更多的资金来源。为推动我国农村普惠金融高质量发展，应积极推动商业银行与"三位一体"合作经济组织在信用互助业务方面的合作。结合我国国情，可以考虑采取以下策略和措施。

（一）完善合作经济组织资金托管账户管理机制

托管账户是商业银行与合作经济组织信用互助业务进行合作的基础设施和平台。将合作经济组织的账户交由银行托管，有很多好处。从合作社角度看，由银行提供账户管理服务可以减轻财务管理负担，解决合作社管理能力不足问题；还可以获得银行提供的专业财务服务。从银行角度看，托管账户可以获得合作社和成员的交易数据，为信审提供依据；可以形成稳定的存款来源；可以开展应收账款抵押贷款、账户服务等业务；对互助资金专项账户的托管可以便利信用互助业务的清结算；有利于银行执行与合作社及成员的借贷合同。从监管角度看，可以委托银行对信用互助业务进行监控，解决监管手段不足的问题。

当然，对于合作经济组织而言，让银行托管账户也有不利的一面，涉及机构和社员数据的管理、借贷合同的执行等情况。合作社应在权衡利弊的情况下，妥善决策并仔细设定托管权限。

（二）创新信贷业务和服务模式

基于账户管理，银行与信用互助业务在嫁接过程中可以开展信贷业务和非信贷业务创新以及支付结算业务创新。[①]

从银行角度来说，可以通过托管账户开展应收账款抵押贷款、互助资金担保贷款，可以给合作社及社员授信并通过合作社给社员批发贷款，可以为合作社提供类似支付宝的小额信用证服务，还有理财和其他非信贷业务服务。

从合作社角度来说，可以通过托管账户委托银行向社员放贷，解决合作社没有放贷资质的问题，规避非法经营的法律风险。合作社可以委托银行直接通过托管账户执行借贷合同，特别是在贷款逾期时，可以避免因熟人关系造成的执行障碍。

（三）打造银行数字化合作社综合服务平台

既然信用互助业务要在"三位一体"的合作经济组织框架内与生产和供销合作相结合，那么银行在与信用互助业务联结的时候，就要从合作社综合业务发展的需

---

① 陈林."三位一体"合作经济的金融构造：商业银行嫁接信用合作机制[J]. 农村金融研究，2022（03）.

要出发，开发数字化合作社综合管理信息系统，并向合作社及社员配置终端设施和应用软件。合作社综合管理平台将为银行开展数字金融创新提供最有效的场景，并从中获得有价值的数据。

综合服务平台的核心是账户系统。要根据合作社为社员服务的宗旨，做到账户的统分结合，既要有合作社的集体账户，也要有社员的个人结算账户。账户系统应该能便捷地实现合作社内部和外部交易的支付结算功能，并辅助完成按交易量分红的记账与核算功能。

合作社账户的这种特性与分布式的区块链系统具有天然的耦合性。可以考虑将数字化合作社综合服务平台建立在联盟链基础上。每个基层合作社都是一个私有链，每个社员都是一个节点，合作社内实行全链计算，并形成封闭的账簿。所有合作社作为节点，形成联盟链，将已形成的合作社账簿参与联盟链计算。这样就可以解决公有链全网计算效率低下的问题。此外，可以将合作社原则与分配方式转化为智能合约，通过一人一票的共识机制实现社员参与和平等管理。

（四）支持公益性社会组织参与

在农户自发参与合作经济组织的积极性有待提高的现实情况下，需要有人培育和推动。合作社组织创新工作具有较强的社会性和外部性，不宜由商业银行承担，需要政府和公益性社会组织出面。在政府人力资源有限的情况下，公益性社会组织可以发挥更大的作用。可以考虑在县级招募或建立非营利的合作经济组织服务机构，由政府通过采购服务或补贴为其提供工作经费，委托其协助政府对合作经济组织提供能力建设服务，并为合作社的规范发展进行评估和监督。商业银行也可以履行企业社会责任的方式资助这些机构，委托它们协助提供服务。

商务部中国国际经济技术交流中心与联合国开发计划署在四川广安市和仪陇县，湖南城步县，福建古田县等地与地方政府合作开展的"扶贫与可持续发展项目"以培育规范的、可持续的"三位一体"农民合作组织为核心，为此创造性地在各地成立了非营利的民富农村可持续发展服务中心（简称民富中心），从事合作社及信用互助业务的孵化培育、能力建设、管理服务等工作，并受政府委托，协助政府对合作社特别是信用互助业务进行督导和监管。项目还开发了合作社综合服务软件。项目结束后，已有商业银行主动与仪陇县民富中心沟通，计划开展合作，探索商业银行推动合作经济组织内的信用互助业务发展的创新模式。项目评估报告充分肯定了民富中心这一组织和机制创新，认为其对解决地方政府在培育和管理合作社及信用互助业务过程中存在的问题提供了可供选择的方案。

实践探索篇
创新、问题与建议

第13章
政策性金融机构新探索

一、国家开发银行服务乡村振兴战略的实践探索（2021）[①]

国家开发银行（以下简称开发银行）在以习近平同志为核心的党中央坚强领导下，认真贯彻党中央、国务院关于巩固拓展脱贫攻坚成果、全面推进乡村振兴的决策部署，以服务国家战略为己任，强化开发性金融使命担当，不断完善机制建设，加强工作谋划和组织推动，加大"三农"金融支持力度，提升金融服务效率水平。2021年全年发放涉农贷款4128亿元，为巩固拓展脱贫攻坚成果、全面推进乡村振兴提供有力支持。

（一）主要做法

党中央、国务院文件多次对开发银行服务乡村振兴提出明确要求，做好乡村振兴金融服务是开发银行服务国家战略的重要内容。开发银行党委高度重视，着力从以下方面系统推进开发性金融服务乡村振兴工作。

1. 健全工作机制，加强服务乡村振兴的组织领导

一是成立党委领导下的乡村振兴工作领导小组，总行25个部门为成员单位，统筹推进全行乡村振兴、定点帮扶、对口支援等工作。通过召开乡村振兴工作领导小

[①] 本节数据均源于国家开发银行内部资料。

组会议，传达学习习近平总书记关于乡村振兴重要指示精神，研究部署乡村振兴金融服务工作。二是将扶贫金融事业部调整为乡村振兴部、普惠金融部、行业四部三个一级部门，于2021年5月挂牌成立乡村振兴部，各分行明确乡村振兴牵头处室，以专门机构和专业力量，切实加强乡村振兴业务的统筹推动和综合协调。三是召开2021年乡村振兴工作会议暨脱贫攻坚总结表彰会议，对巩固拓展脱贫攻坚成果同乡村振兴有效衔接工作进行研究部署，并在乡村振兴工作领导小组会议、全行季度工作会议、各类专题会议上提出工作要求。四是建立乡村振兴定点联系工作机制，总行领导小组每个业务推动部门定点联系两三家分行，立足部门职能，在乡村振兴政策宣传、行业指导、需求对接、项目推动、资源协调等方面为分行提供乡村振兴"一行一策"针对性指导支持，凝聚协同高效的乡村振兴合力。五是加强党建引领，发布《关于深入推进抓党建促乡村振兴工作的通知》，从切实肩负起抓党建促乡村振兴的政治责任、全力做好乡村振兴金融服务、筑牢抓党建促乡村振兴的组织保证、夯实抓党建促乡村振兴的作风保障、加强对抓党建促乡村振兴的推动实施五个方面提出了12条具体举措。将支持脱贫地区巩固拓展脱贫攻坚成果、全面推进乡村振兴纳入行党委"我为群众办实事"实践活动重点民生项目清单，确保相关工作落到实处。

2. 完善政策体系，抓好党中央、国务院政策文件贯彻落实

一是根据2021年中央一号文件精神，出台开发银行《关于支持全面推进乡村振兴 加快农业农村现代化的意见》，聚焦巩固拓展脱贫攻坚成果同乡村振兴有效衔接、推进农业现代化、实施乡村建设行动等领域，明确重点支持方向和工作举措。二是根据央行等六部门《关于金融支持巩固拓展脱贫攻坚成果 全面推进乡村振兴的意见》和《金融机构服务乡村振兴考核评估办法》等要求，研究制定《国家开发银行关于支持巩固拓展脱贫攻坚成果 全面推进乡村振兴的意见》，从资源配置、贷款定价、评审条件、贷款期限、尽职免责等方面提出了一系列差异化政策举措。三是根据中央关于支持国家乡村振兴重点帮扶县的战略安排，研究制定《"十四五"时期支持国家乡村振兴重点帮扶县的实施方案》，提出了10项具体支持举措。四是优化调整了考核机制，对总行业务归口部门和分行同步设置乡村振兴考核指标，捆绑考核，压实两个责任，调动两个积极性。延续对于巩固拓展脱贫攻坚贷款利润补贴、不良容忍度等考核政策，确保过渡期政策不变，推动力度不减。

3. 坚持"四个不摘",持续支持巩固拓展脱贫攻坚成果

为支持巩固拓展脱贫攻坚成果,防止发生规模性返贫,大力支持脱贫地区补齐发展短板,开发银行认真落实中央精神,明确保持过渡期内金融帮扶政策和力度总体稳定,持续做好相关金融服务,2021年向脱贫地区(829个脱贫县)发放各项贷款2714亿元。一是加大对脱贫地区重点领域融资支持,发放易地搬迁后续发展贷款204亿元,贷款余额702亿元,累计惠及搬迁群众约106万人,直接带动4462名已脱贫人口就业增收。二是加大协同力度,进一步深化东西部协作。召开开发性金融服务东西部协作推进会,支持东西部协作项目124个,发放贷款277亿元,惠及脱贫人口2015人,其中发放劳务协作贷款124亿元,带动脱贫人口1441人。发挥客户资源优势,先后为江西赣州、贵州遵义举办招商引资对接会,根据当地资源优势和产业需求,组织数十家龙头企业与地方政府现场对接。与会各方围绕有关项目情况、农产品推广、返乡创业等问题深入研讨,达成一系列合作意向,取得较好成效。三是落实支持国家乡村振兴重点帮扶县的政策举措,对重点帮扶县予以倾斜支持。向160个国家乡村振兴重点帮扶县发放各项贷款857亿元,贷款余额达5114亿元。四是扎实推进定点帮扶工作。行领导带队赴4个定点帮扶县调研,推进定点帮扶工作。完成中央单位定点帮扶全部196项工作任务,向4个定点帮扶县发放各项贷款17亿元;安排捐赠资金3290万元;培训基层干部、乡村振兴带头人、专业技术人才5862人。继续做好消费帮扶工作,直接购买脱贫地区特色农产品1068万元,帮助销售328万元。通过联合调研、举办地方干部培训会等方式加强与中央党校、公安部、中央政策研究室等中央单位的定点帮扶合作,汇聚帮扶合力。五是扎实做好助学贷款工作,发放国家助学贷款379亿元,支持家庭经济困难学生467万人,同比分别增长44亿元、17万人,支持金额和人数双创历史新高。

4. 聚焦重点领域和薄弱环节,推动农业现代化

粮食安全是"国之大者"。开发银行积极发挥开发性金融功能作用,围绕保障粮食安全和重要农产品稳定供给,加大对现代农业支持力度,重点服务高标准农田等农业基础设施建设,支持种源技术攻关,推进农业绿色发展。截至2021年底,累计发放现代农业贷款3668亿元,贷款余额达865亿元;其中2021年发放378亿元。

一是支持高标准农田建设,围绕国家2021年建设1亿亩高标准农田的目标任务,对接地方政府,加大高标准农田融资支持力度,累计支持高标准农田建设约300万

亩，发放贷款124亿元。2021年，实现开发银行系统内首个省级统筹高标准农田建设项目——山西省100万亩高标准农田建设项目评审承诺，通过引入耕地占补平衡指标市场化交易，有效解决高标准农田建设资金问题，获得农业农村部高度认可。二是支持种业发展，累计发放种业贷款95亿元。主动对接民族种业企业资金需求，运用开发银行科技创新和基础研究专项贷款支持种源"卡脖子"技术攻关，提升良种自主创新和保障供应能力。重点支持四川、江西、天津、新疆等种业项目建设，用于支持生物基因科研场所、技术研发中心等建设，以及引进种源和国际先进育种技术等。三是支持重要农副产品供给保障能力建设，以支持地方农垦集团和行业龙头企业为重点，累计发放贷款1860亿元。四是自2020年以来，连续两年设立春耕备耕专项贷款，助力保障种子、农药、化肥等农资生产流通资金需求，支持粮食、棉花、油脂、糖类、乳制品、肉类等农副产品保供。2021年发放春耕备耕贷款177亿元。五是支持乡村产业发展，围绕地方优势产业，因地制宜，在广西南宁、江西鄱阳湖、贵州遵义、宁夏灵武等地，重点开发评审一批可复制可推广的服务乡村振兴典型项目。重点支持湖北潜江、贵州湄潭、江苏丹阳、甘肃古浪等国家级、省市级现代农业产业园建设，累计发放贷款103亿元。此外，开发银行还积极通过转贷款支持小微企业、农村新型经营主体发展乡村产业，2021年共发放转贷款2355亿元。

5. 发挥中长期融资优势，支持农村基础设施补短板

一是积极服务接续实施农村人居环境整治提升五年行动，将县（区）域垃圾、污水处理作为改善农村人居环境的着力点和服务美丽乡村建设的重要切入点，大力开展"百县千亿"专项金融服务，选派80名优秀干部到基层一线推动工作。结合地方经济发展水平和融资需求，制定县域垃圾、污水处理工作的推动方案，与地方政府召开县（区）域垃圾、污水处理工作会，建立定期会商、信息共享、联合推进等工作机制，汇聚银政企多方合力，精准支持县（区）域垃圾、污水治理工作。创新市场化融资模式，积极推行生态环境导向的开发模式（EOD），积极探索垃圾、污水处理"六个一点"模式，即"居民缴一点、地方补一点、企业担一点、部委奖一点、社会捐一点、综合项目平衡一点"的市场化、可持续融资模式，以市场化原则引导激励更多社会资本投入。2021年授信贷款超过1500亿元，支持建成覆盖县（区）域、辐射农村的高标准垃圾、污水处理设施和配套体系建设，覆盖超过200个县（区），为实施乡村振兴战略构建良好的生态环境基础。二是聚焦农村公路、农村供水、农村电网等短板，着力改善农村基础设施、公共服务和人居环境。2021年发放涉农贷款项下农村基础设施贷款1468亿元，贷款余额达1.15万亿元，主要支持完善农村地区的道路、水、电、气、信息网络等基础设施，文化、教育、卫生等公共服务设施等，助力城乡公共服务均等化。在甘肃省高台县，开发银行协助当地政府探索构建农户、银行、政府三方联动，以县农投公司总担保、群众联户保、农户三权保、亲情签字保四种担保为基础的"三联四保"市场化融资模式，破解了村庄建设和农房改造提升"钱从哪里来"的难题。近两年来，开发银行已向高台县乡村振兴生态产业项目——农村房屋新建及改建工程提供1.32亿元贷款，支持高台县新建农户房屋864户，改建农户房屋759户，并对新建示范点的水电路、给排水等基础设施进行配套建设。三是发行首期乡村振兴专题人民币金融债券100亿元，所募资金将主要用于向污水处理和美丽乡村建设等乡村振兴相关领域项目提供贷款。承销9只乡村振兴债券，总金额达105.5亿元，支持了生猪收购、乡村基础设施等领域。四是聚焦农村土地综合整治，助力乡村振兴战略。组织召开全行全域土地综合整治业务培训会，建立项目开发储备库。苏州市相城区黄桥街道全域土地综合整治试点项目实现授信承诺100亿元，贷款发放20亿元。

6. 开展先行先试，推进开发性金融服务乡村振兴示范区建设

一是研究制定关于建设开发性金融服务乡村振兴示范区的指导意见，将福建省三明市、江西省赣州市、贵州省遵义市、四川省泸州市、陕西省延安市确定为开发性金融服务乡村振兴示范区，给予差异化政策安排。二是召开开发性金融服务乡村振兴示范区建设工作推进会议，同地方政府共同探索谋划示范区建设政策举措，并举办遵义招商引资对接会，邀请40余家在粤龙头企业与遵义市及务川、正安、道真三县对接特色产业和"十四五"重点项目。三是加强与示范区所在地政府对接，2021年已编制完成江西赣州、贵州遵义、四川泸州三个示范区融资规划，谋划支持一批乡村振兴重大项目和重点项目，力争在示范区探索出一系列可推广、可复制的模式案例，以点带面促进开发性金融支持服务乡村振兴取得全面突破。2021年向开发性金融服务乡村振兴示范区发放涉农贷款135亿元。

7. 坚持规划先行，科学谋划业务发展，持续做好融智服务

将融智作为支持巩固拓展脱贫攻坚成果、推进乡村振兴的重要抓手，发挥专家优势，做好规划咨询、干部培训等融智服务，助力脱贫地区科学发展。一是编制完

成开发银行《"十四五"时期巩固拓展脱贫攻坚成果和乡村振兴专项规划》，科学谋划业务发展。积极围绕地方资源禀赋和发展实际，编制完成37份乡村振兴融资规划，其中，省级融资规划12份、市级融资规划11份、县级融资规划14份。共梳理谋划乡村振兴建设项目2060个，融资需求1.9万亿元。二是为云南、河北、江西、贵州、新疆等地50个县（市、区）地方干部举办4期乡村振兴研讨交流，将专题讲座与互动教学有机结合，助力革命老区、定点帮扶地区、边疆民族地区等重点帮扶地区提升可持续发展能力，共计为384人提供融智帮扶。

（二）存在问题和未来展望

开发银行在服务乡村振兴工作中取得了较好成效，但也面临一些困难和问题。例如，我国农业农村基础设施薄弱，建设资金缺口巨大，融资需求迫切，乡村振兴公共服务类和准公共服务类项目公益性强，项目自身现金流不足；乡村振兴融资主体大多位于县域，主体实力较弱，产业发展滞后，融资模式构建存在一定困难。下一步，开发银行将坚持以习近平新时代中国特色社会主义思想为指导，认真贯彻党中央、国务院关于巩固拓展脱贫攻坚成果、全面推进乡村振兴的决策部署，以高度的责任感、使命感落实好中央对开发性金融服务乡村振兴的要求。

1. 深入开展学习

进一步提高政治站位，强化使命担当。坚持稳字当头、稳中求进，聚焦主责主业，做好统筹谋划。加大工作力度，加强调查研究，把握农业农村发展规律，不断改进工作方式方法，提升服务质量，从实际出发，实事求是，因地制宜推进乡村振兴工作。

2. 大力支持巩固拓展脱贫攻坚成果

对脱贫县和脱贫人口做到"扶上马，送一程"，保持5年过渡期内主要金融帮扶政策总体稳定。支持脱贫地区和脱贫人口开拓适合地方发展的特色产业，巩固脱贫成效。继续做好易地搬迁后续发展、东西部协作金融服务和定点帮扶工作。

3. 加大对乡村振兴重点领域支持力度

重点支持粮食和重要农产品供给保障能力建设、现代种业发展、现代农业设施装备建设、乡村产业发展、农业绿色产业发展，支持农村公路、农村供水、县（区）域垃圾污水处理等农村基础设施薄弱环节。推进春耕备耕专项贷款相关工

4. 落实重点区域差异化支持举措

落实对国家乡村振兴重点帮扶县的差异化政策安排，集中资源支持重点帮扶县。积极推进开发性金融服务乡村振兴示范区建设，探索出一系列可推广、可复制的模式案例，以点带面促进开发性金融服务乡村振兴取得全面突破。

5. 高质量做好乡村振兴规划咨询服务

进一步深化银政合作，聚焦国家乡村振兴重点帮扶县、乡村振兴示范区、共同富裕示范区、重点革命老区、农业现代化示范区等重点区域，编制乡村振兴融资规划，因地制宜设计开发性金融服务方案，实现160个国家乡村振兴重点帮扶县、开发性金融服务乡村振兴示范区全覆盖。

二、中国农业发展银行的创新探索（2021）[①]

2021年，中国农业发展银行（以下简称农发行）深入学习贯彻习近平新时代中国特色社会主义思想，全面贯彻落实党中央、国务院方针政策和决策部署，坚持稳中求进工作总基调，扎实推进党史学习教育，制定实施农发行"六个坚持"总体战略、"四个全力"发展战略和"十四五"发展规划纲要，沉着应对内外部挑战，全力服务国家战略和乡村全面振兴，全年累计投放各类贷款2.34万亿元，年末贷款余额达6.69万亿元，完成净利润248亿元，国有资本保值增值率达112.65%，履职发展实现"十四五"良好开局，为全面推进乡村振兴、促进农业农村共同富裕贡献了智慧和力量。

（一）全力服务乡村振兴

农发行胸怀"国之大者"，坚守主责主业，聚焦"三农"重点领域、薄弱环节和脱贫地区，全力服务乡村振兴"六大领域"，发挥"国之重器"作用。

1. 坚决维护国家粮食安全

农发行坚持服务国家粮食安全初心不动摇，坚持做好粮棉油信贷工作，夯实立

[①] 本节数据均源于中国农业发展银行内部资料。

行之本、筑牢发展之基，更好发挥收购资金主渠道作用，彰显"粮食银行"品牌。

一是全力支持政策性粮棉油收储。2021年投放粮油收购贷款3424.42亿元、棉花收购贷款545.67亿元，支持企业收购粮食、棉花分别占全社会收购量和新疆棉花产量的60%以上。大力支持糖、肉、化肥等重要农产品和农用物资专项储备，2021年累计投放专项储备贷款171.03亿元，有力保障重要农产品市场供给。

二是大力支持粮油市场化收购。顺应粮油市场化改革，2021年投放粮油市场化收购贷款1500.60亿元，支持企业收购市场性粮油3471.93亿斤。

三是积极支持粮食全产业链发展。创新信贷模式和信贷产品，围绕供应链、产业链，积极支持粮食生产、精深加工、"北粮南运"、粮食调销等，推动粮棉油信贷业务向更高质量、更高水平发展。2021年投放各类粮棉油贷款7129.82亿元，年末粮棉油贷款余额达17139.09亿元。

2. 支持巩固拓展脱贫攻坚成果同乡村振兴有效衔接

脱贫攻坚战胜利后，守稳巩固阵地的任务依然艰巨。农发行坚持组织领导不减弱、扶持政策不减少、工作要求不减轻、考核标准不减低"四个不减"，完善服务乡村振兴机构设置，将扶贫综合业务部调整为乡村振兴部，推进政策、制度、产品、工作和机制"五个衔接"，2021年投放巩固衔接贷款5981.81亿元，在金融服务中发挥先锋主力模范作用。

一是突出支持重点区域领域。大力支持脱贫地区巩固"两不愁三保障"成果，防止发生规模性返贫。2021年投放精准帮扶贷款4841.89亿元，贷款余额达15809.40亿元，继续保持金融同业首位。新发放项目帮扶贷款1558.68亿元，预计项目建成后将帮助脱贫地区新改建农村公路26.98万公里、住房5.34万套、医疗机构41个、学校56所，新建高标准农田127.12万亩。聚焦160个国家乡村振兴重点帮扶县，出台31条差异化措施，投放各项贷款502.39亿元，贷款余额为2114.41亿元。投放易地搬迁后续扶持贷款670.71亿元，贷款余额达1212.05亿元，覆盖611个大中型集中安置点。

二是加强服务乡村振兴战略合作。在全国金融机构中率先与农业农村部、国家乡村振兴局签订三方战略合作协议，围绕11个领域开展深入合作，在河北、浙江、贵州等省联合开展政策性金融服务乡村振兴创新示范。调整优化省际结对关系，支持开展产业、劳务、消费等东西部协作。作为行动主体参与"万企兴万村"行动，支持引导民营企业参与乡村振兴。

三是扎实推进新阶段定点帮扶工作。坚持融资、融智、融商、融情"四融一体",大力支持吉林大安、贵州锦屏、广西隆林、云南马关巩固拓展脱贫攻坚成果,助推实现乡村振兴。全年向定点帮扶县投放信贷资金12.07亿元,召开招商引资对接会,签订意向合作金额约50亿元;与中央农广校合作举办3期培训班,培训定点县干部和乡村振兴带头人301人;投入无偿帮扶资金2115万元,购买脱贫地区农产品累计2766万元;创新"银行+保险"协同帮扶防返贫等一系列帮扶模式。

3. 支持推进农业现代化

乡村振兴的基础和关键是产业兴旺。农发行认真贯彻落实"藏粮于地""藏粮于技"战略,全力支持发展现代农业。

一是支持农地提质增效。围绕保护耕地,加大力度支持高标准农田建设、黑土地保护、中低产田改造、耕地土壤污染治理与防治、全域土地综合整治试点等项目。创新发展"农地+产业导入""农地+碳汇交易""农地+供应链"等模式,2021年投放农地贷款1448.44亿元,年末农地贷款余额达2916.09亿元,推动构建现代农业经营体系,促进农业转型升级,凸显"农地银行"特色品牌形象。

二是支持农业科技创新。2021年投放农业科技贷款267.15亿元,积极支持种业振兴、高端农机装备、智慧农业、生态环保、农业科技贷款创新平台等重点领域科技成果转化以及现代农业科技创新推广应用,推动农业与科技深度融合。

三是支持农村现代流通体系加快建设。2021年投放农村流通体系建设贷款715.64亿元,大力支持农产品批发市场和冷链物流建设、农产品流通设施和物流配送体系建设,以及农村电商、中央厨房等新型业态,助力提升农产品流通效率和农村消费升级。

4. 支持农业农村基础设施建设

2021年投放基础设施贷款8940.22亿元,服务城乡融合发展和农村现代化建设。

一是大力支持乡村建设行动。加大力度支持以农村厕所革命、垃圾污水治理和村容村貌整体提升为重点的农村人居环境整治,统筹推进农村生活基础设施、环境综合整治、居民住房条件、公共服务设施、乡村开发建设等领域提档升级,2021年投放改善农村人居环境领域贷款1632亿元,提升乡村宜居水平。持续加大对农村路网建设的信贷支持力度,2021年投放农村路网建设贷款488.03亿元,年末贷款余额达3157.06亿元,支持新改建农村公路11766公里、国省道3362公里,新改建桥梁1646

座，实施农村公路养护工程871公里、公路安全防护工程2263公里，让农民生产生活更加便利。

二是大力推动城乡融合发展。2021年投放城乡一体化贷款4046.07亿元，支持以县城为重要载体的城镇化建设，推动城乡基础设施和公共服务普惠共享、互联互通。合规稳健支持棚户区改造、城镇老旧小区改造、保障性租赁住房等重大民生工程，2021年投放棚户区改造贷款754亿元，贷款余额达1.3万亿元，当年支持棚户区拆迁13628万平方米，新建安置房217万平方米，有效改善4万户、6万人的住房条件；投放城镇老旧小区改造贷款42.89亿元、保障性租赁住房贷款7.73亿元。

三是大力支持水利建设。农发行在金融机构中率先出台服务国家水利建设的指导意见，2021年投放水利建设贷款1273.92亿元，贷款项目2175个，年末贷款余额达4887.96亿元，重点支持重大水利工程建设，持续支持农村饮水安全、病险水库除险加固、防洪抗旱减灾等民生工程项目，进一步擦亮"水利银行"特色品牌。

5. 助力经济社会绿色转型

积极为农业农村绿色发展提供融资融智服务，打造"绿色银行"品牌。

一是聚焦重点领域支持农业农村绿色发展。围绕六大绿色产业，持续加大对"三农"领域绿色信贷支持力度。对使用绿色债券资金支持的贷款给予FTP价格优惠，优先受理、入库、调查、审查、审议审批符合绿色标准的贷款项目，对绿色金融改革创新试验区绿色信贷项目实施差别授权，2021年储备绿色项目2924个，新增绿色信贷项目1821个，投放绿色贷款4008.81亿元，年末绿色贷款余额达11713.74亿元，占全行贷款余额的17.52%，支持绿色项目5540个。绿色信贷余额在全国24家主要银行中排第六，增量排第五。存量绿色信贷项目共计减排二氧化碳当量2331.58万吨、细颗粒物9.79万吨，节水7496.60万吨，节约标准煤1162.75万吨，凸显环境社会效益。

二是拓宽绿色资金筹集渠道。创新发行绿色债券产品，国内首单发行36亿元碳中和债券，募集资金用于贷款支持造林及再造林等森林碳汇项目。截至2021年末，累计发行经公开认证的绿色债券756.2亿元人民币、5亿欧元，绿色债券余额达61亿元人民币，有效引导社会资本支持农业农村绿色低碳发展。成功请领央行碳减排支持工具资金0.73亿元，成为首批成功领用的银行之一。

6. 服务区域协调发展

出台支持长三角一体化高质量发展、成渝地区双城经济圈建设、中部地区高质量发展、西部大开发、革命老区振兴发展、浙江高质量发展建设共同富裕示范区等实施意见，精准对接区域发展重大规划和重点项目，加大力度支持区域经济高质量发展，助力优化完善区域发展格局。

一是聚焦主责主业服务区域重大战略。围绕京津冀协同发展、长江经济带发展、粤港澳大湾区建设、长三角一体化发展、黄河流域生态保护和高质量发展等重大国家战略，不断加大信贷投放力度。2021年投放京津冀协同发展地区贷款1309.01亿元，余额达3150.69亿元；投放粤港澳大湾区贷款489.19亿元，余额达1204.62亿元；投放长三角一体化地区贷款4179.69亿元，余额达11336.49亿元；投放长江大保护贷款2566亿元、黄河流域生态保护贷款819亿元。

二是加大政策倾斜支持区域协调发展。加大资源倾斜保障力度，全力支持西部大开发、东北全面振兴、中部地区崛起、东部率先发展及革命老区等特殊类型地区加快发展，不断增强金融支持区域发展的平衡性和协调性。2021年投放西部大开发地区贷款5942.88亿元，余额达20289.57亿元；投放中部崛起地区贷款5208.75亿元，余额达18863.81亿元。

（二）丰富完善支农手段

围绕主责主业，不断创新优化金融服务，提升支农水平。

1. 减费让利服务实体经济

坚持优惠支农、让利于农，帮助企业纾困解难。2021年新发放贷款平均利率比金融同业低68BP；通过主动免除、让渡客户等方式为企业客户减免费用30025万元；实现中间业务收入5063万元，降幅为53%，让利实体经济约63亿元。积极发展普惠金融，2021年线上线下联动向2.1万户小微企业发放贷款719亿元，普惠小微贷款余额达253.98亿元，较年初增长32.12%。认真贯彻国家降低小微企业融资成本要求，利率比同业大幅优惠，2021年各省级分行涉农普惠小微贷款平均利率仅为3.50%。

2. 发展国际业务

围绕主责主业，不断完善跨境综合金融服务，2021年办理国际结算203亿美元，跨境人民币交易231亿元，外汇资金交易228亿美元，贸易融资投放20.49亿美元，外汇业务收入1.24亿元。利用国际市场保障粮食安全，支持重要农产品和涉农物资进口超110亿美元，合计约2500万吨。其中服务大豆进口88.46亿美元、1638万吨，约占全国进口的16%；棉花进口45万吨，约占全国进口的18%。深入开展国际交流合作，与亚洲开发银行、新开发银行（New Development Band，NDB）签订服务乡村振兴备忘录，共同支持我国农业现代化与绿色发展、农村基础设施建设和人居环境治理；推进10个国际金融组织和外国政府贷款项目，总规模达124亿元；当选亚太农协副主席单位。

3. 发展投资业务

创新推进股权投资业务，中国农发重点建设基金有限公司、北京先农投资管理有限公司、现代种业发展基金有限公司等参控股公司平稳运营。稳步发展债券承销业务，重点支持长江经济带发展、长三角一体化发展、黄河流域生态保护和高质量发展等区域发展战略。2021年注册非金融企业债券融资产品4只，注册规模30亿元（不含债务融资工具项目），发行非金融企业债券融资产品7只，发行规模达42亿元。

（三）优化筹资机制

积极拓展支农资金来源，2021年累计供应资金67546亿元，较上年增长21.21%，为全行实施经营计划、推进重点任务及服务国家"三农"战略提供了及时足额资金保障。

1. 持续巩固市场化发债筹资主渠道

作为我国第三大发债主体和最大的"三农"债券发行主体，农发行依托国家信用，恪守发行人义务，通过市场化发债引导境内外资金回流反哺"三农"。2021年发行境内政策性金融债券1.66万亿元，年末境内存量债券余额近6万亿元；发行境外债券40亿元，年末境外存量债券余额为220亿元。紧跟国家政策导向，聚焦"三农"重点领域，首发用于森林碳汇的碳中和债券，持续创新发行支持高标准农田建设、冷链物流建设、"南繁硅谷"建设等特色主题债券，推出农发行首单LPR浮息债券、30年超长期债券。首次实现农发债一级柜台发行，首创直投招标模式试点，助力农发债标债远期实物交割业务成功上线。

2. 合规稳健组织存款

不断优化服务，吸引和留存客户，大力营销财政存款、债券资金和非贷客户存款，2021年末存款余额达1.02万亿元，有效发挥组织存款支农惠农履职保障作用。

3. 主动争取央行再贷款资金支持

抓住新设碳减排支持工具的有利时机，强化政策传导，2021年末申领资金0.73亿元，利率为1.75%，成为首批成功领用的银行之一。

（四）强化风险管理

坚持把风险防控放在更加重要的位置，深入推进全面风险管理，狠抓内部控制和合规经营，筑牢防线、守住底线，坚决维护国家经济金融安全。农发行资产质量保持稳定，各类风险总体可控。

一是深化全面风险管理体系建设。抓牢抓实信用风险防控，着力提升各类别风险综合管控水平，不断提升风险管理能力。突出抓好不良贷款控新降旧，2021年新发生不良贷款73.97亿元，清收处置不良贷款55.16亿元，有力控制增量风险，有效压降存量风险。2021年末本外币合计不良贷款余额为238.29亿元，不良贷款率为0.36%；贷款拨备率为4.02%，比年初提高0.19个百分点，风险抵补能力得到提升。2021年未发生洗钱风险事件。

二是加强内控合规管理。坚持"制度+流程+工具+文化"总要求，持续推进全面依法治行。扎实推进联合监督机制、"三合一"专员上岗等内控合规体制改革，深入开展"内控合规管理建设年"活动，聚焦五大领域开展专项审计，深入推进内外部监督检查一体化整改工作，进一步提升整改质效。聚焦案防关键节点开展专项治理，印发案防网格化管理规范，有效提升案件联防联控能力。

三是强化信贷基础管理。健全信贷制度体系，完善授信管理和差别授权体系，加强客户统一授信制度建设，有效提升信贷综合服务能力。抓好信贷关键环节管理，优化放款监督流程，研发并试行贷后暨库存巡查系统，提升放款监督和贷后管理质效。加强信贷关键岗位人员资质准入管理，持续强化信贷队伍建设。设立完善信贷"四个中心"，启动新一代信贷管理系统建设。不断强化信用审批管理，持续推动省级分行信用审查中心成立及规范运行，推进专兼职相结合的审议机制建设，研究探索信贷审批人分级管理机制，纵深推进信用审批改革。

（五）持续深化改革创新

改革创新是破解发展难题的动能和路径，农发行不断完善体制机制，进一步提升治理体系和治理能力现代化水平。

一是加强公司治理。把党的领导融入公司治理各环节，修订完善董事会议事规则、董事会授权管理办法等相关制度，认真落实重大事项党委前置研究程序，修订、制定农发行党委工作规则、高级管理层工作规则、省级分行党委工作规则等，规范议事决策的程序和要求，公司治理结构进一步完善，董事会战略决策作用不断增强。

二是深入推进"八项改革"。稳步推进资产负债管理体制改革，全行资产负债管理体系逐步健全，实现更高质量的"量、价、险"统筹平衡。深入实施以客户为中心的服务管理体系改革，向建设成为满足客户需求的现代化流程银行迈出新步伐。深入推进全面风险管理体系改革，风险识别、计量、监测、控制水平再上新台阶。加速推动内控合规管理体系改革，建立完善纵向到底、横向到边的内控合规管理体系，内部控制与业务流程、管理流程深度融合，有效防范案件风险。全面强化信贷管理体系建设，前、中、后台和四级行联动，体系科学、服务高效、管理规范、队伍精良的信贷管理体系逐步完善。做深做实财务管理体制改革，初步建成以服务战略为核心、以规范管理为基础、以价值管理为主线、以科学管理为重点的集约高效的现代银行财务管理体系。运营集约化改革取得突破，建设农发行集中运营平台，运营全国大集中试点成功，实现重要系统交互融合，运营作业链效率得到提升。人力资源管理体制改革围绕组织架构、人员配置、人才管理、行员等级、绩效考核、薪酬福利、教育培训等部分，推动实现人力资源战略、策略、管理制度和人力资源技术的有效提升。

三是创新推进"八大工程"。在党建领航工程方面，全面落实新时代党的建设总要求，始终把坚持党的领导、加强党的建设作为"根"和"魂"，从"强引领把方向、打基础固根基、抓融合促发展、严责任强保障"4个方面明确了20项具体任务，做到党的领导更加有力、引领保障作用更加充分。重点客户工程方面，开展"乡村振兴你我同行"重点客户专项营销活动，推动联动营销，落实高层营销和一体化营销，全行摸排重点客户4362户，签订战略合作协议企业99

户，加大与央企在乡村振兴领域的合作力度。重点项目工程方面，紧紧围绕国家"十四五"规划102项重大工程项目、国家重大发展战略和重点任务，加强项目营销培育力度。截至2021年12月末，项目储备库在库项目12248个，拟申请贷款金额60149亿元，增幅分别为42%和59%。小微企业服务优化工程方面，在降低普惠小微企业融资成本、优化调整小微信贷政策、推进供应链金融等方面持续加大力度，发挥农业政策性金融支农支小的作用和担当。支农资金筹集优化工程方面，通过完善支农筹资体系建设，优化组织协调机制，提升服务质量等措施，实现各类资金来源结构优化、期限优化、成本优化和相互协同，保障支农资金来源长期稳健。数字赋能工程方面，研究谋划农发行"十四五"信息科技发展规划，重点项目建设稳中有进，数据治理专项行动顺利收官，运维安全和基础设施建设有序推进，使科技支撑更加有力。人才强行工程方面，研究制定人才强行工程实施意见，着力打造讲政治、讲奉献、懂金融、懂农业、爱农村、爱农民的高素质专业化人才队伍。文化铸魂工程方面，从战略高度推进文化建设，使全行员工文明素养、全行文明程度得到明显提高。

三、中国出口信用保险公司创新支持农业"走出去"的实践与建议（2021）[①]

近年来，中国出口信用保险公司（以下简称中国信保）对农业"走出去"持续予以高度关注，并将农业作为重点承保支持行业之一。2021年，中国信保短期出口信用保险支持农产品出口117.8亿美元，已决赔款为2522万美元；海外投资险支持农业对外投资5.4亿美元，无已决赔款，涉及农业科技示范园区、橡胶种植、海洋渔业养殖等领域。

（一）支持农业"走出去"的现状

1. 发挥政策性职能，加大政策支持力度

作为我国唯一的政策性保险机构，中国信保积极发挥政策性职能，对关系国计

---

① 本节数据均源于中国出口信用保险公司内部资料。

民生和我国对外经贸合作的重点行业给予持续关注，并不断加大政策支持力度。具体而言，一是2021年以来，中国信保在年度业务承保政策中明确，农业是海外投资保险积极支持类行业，在项目需求集中或项目险国别承保上限额度紧张的情况下，重点支持农业对外合作部际联席会议①推荐的项目，优先推动推荐项目承保；二是针对产业定位清晰、发展前景好的境外农业合作区，探索通过全险种方式提供对合作区建设、投资、贸易需求的全方位支持；三是探索针对海外农业合作区（示范区），研发新的出口信用保险承保模式，在国别整体开发背景下加大对海外农业合作区（示范区）的支持力度，发挥其在农业海外投资中的积极作用。

中国信保项目险（中长期出口信用保险、海外投资保险）项下，对农业海外投资项目，在优惠费率、承保模式等方面给予重点支持，特别是通过商务部确认考核的境外经贸合作区，或国家发展改革委、商务部、农业农村部等政府部门确认的境外合作示范区或试点合作区的农业项目。同时，对于农业海外投资项目主体的出口业务，在短期出口信用保险的保单承保、费率定价、审批效率、限额满足率等方面予以积极支持。

2. 强化政企合作，完善既有联动机制

中国信保加强与农业主管部门的沟通合作，继续深度参与农业农村部主导的农业对外合作部际联席会议相关活动，完善政策性保险支持农业"走出去"的"政府—保险机构"联动机制。具体而言，主要包括以下几个方面：一是参加与农业"走出去"有关的政策咨询与培训、海外农业投资风险分析与展望、具体海外农业投资项目推介、海外农业项目融资框架搭建、海外法律与追偿渠道建设等活动，介绍农业"走出去"面临的国家风险、行业风险和买家风险，引导农业企业合理利用出口信用保险，尽可能为更多的农业企业提供政策性保险服务；二是在农业对外合作部际联席会议框架下深化与地方政府、行业协会的合作，推动省级和地市级分支机构分别做好对农业重点企业和小微企业的精细化服务，在部分东部沿海经济发达省份搭建农业对外投资项目统保平台，与地方政府共同形成支持农业海外投资的强大合力；三是坚持好的经验做法，继续参与农业"走出去""10+10"及"20+20"

---

① 2014年底，经国务院批准，由农业部门牵头的农业对外合作部际联席会议正式成立，此后每年都会举行全体会议，有力支持了我国农业对外合作尤其是农业项目"走出去"。

工作机制[①],做好面向潜在"走出去"企业的农业项目筛选、评审和推广,进一步加大对优质农业海外投资项目的支持力度。

3. 推动多险种有效联动机制创新

一方面,推动贸易险和项目险联动机制创新。中国信保在对重点农业企业和农业龙头企业主营业务进行全面梳理的基础上,面向这些企业制定包括农业相关产品出口、农业项目境外投资在内的一揽子服务方案,以这些企业的整体业务作为承保审批、项目评审的标的,实现贸易险和项目险风险认定和服务方案差异的"内部化"。

另一方面,推动贸易险项下各险种联动机制创新。中国信保在农业产业链承保理念指引下,不仅着眼于承保企业的对外业务,而且扩大至着眼于国内国外整体业务,根据农业企业实际业务诉求,促进短期出口信用保险、进口预付款保险、国内贸易保险等多个政策性险种和商业性险种有机联动。同时,加强与商业银行的联系,为保户提供以保单为基础的贸易融资解决方案。

(二)支持农业"走出去"的创新

1. 推动现代农业产业链承保模式创新

中国信保将现代农业产业链划分为上中下游三类。其中,上游为农药、化肥等农业投入品及研发相关行业,中游为农林牧渔初级产品及其初加工产品相关行业,下游为农副产品精深加工及其延伸产品与服务相关行业。2021年,现代农业产业链承保主要服务于上游农化行业以及下游农产品深加工行业,服务客户共计731家,承保买方(供应商)突破2.5万家,承保金额(包括短期出口信用保险和国内贸易险)扩大至258.9亿美元;其中,短期出口信用险保额为234.8亿美元,同比(下同)增长30%,支持了183个国家(地区)的农产品出口。此外,支持乡村振兴帮扶地区农业企业数增至约240家,短期出口信用险保额扩大至5.1亿美元,增长17.1%。2022年1至8月,贸易险现代农业产业链[②]合计承保198.9亿美元,同比增长44.7%,尤其是支持了对钾肥、磷肥等化肥销售企业的上游采购,确保了重要农业原材料的供应

---

① "10+10"是指农业农村部牵头,10家农业企业和10家金融机构就具体项目进行交流合作;"20+20"是指农业对外合作部际联席会议机制下20家成员单位和20家农业企业的合作与对接。

② 指对现代农业产业链上相关企业对外农产品出口提供的保险。

保障。

从链式承保架构来看，结合我国农业"走出去"发展趋势和重点企业发展现状，中国信保的农业产业链承保初步形成了以中国中化集团有限公司、中农集团控股股份有限公司等产业链龙头企业为核心，以上中下游重点企业为节点，以其他中小微企业为延伸的产业链业务架构，打造了从农资贸易、初级农产品贸易到农产品加工，再到海外销售的产业链承保模式。

2. 促进产业链风控与承保协同创新

中国信保将拓展农业产业链承保与加强产业链风险管理相结合，持续提升产业链承保质量。具体而言，一是加强农业产业链内的行业和大型买家的风险信息共享，与产业链内上下游重点企业、行业协会建立顺畅的信息沟通机制，尽量早发现风险信号（如价格波动带来的潜在风险），尽早制定最优的风险化解方案。二是坚持以客户为中心的理念，进一步提高响应客户风险管理需求的效率，在经济形势或行业形势不确定性较高的时期加快产业链业务风险提示频率，优化业务审批环节的风险提示，尽可能为客户提供有针对性的风险防范建议，帮助企业提前做好风险应对。三是建立基于农业产业链维度的风险排查机制。制定农业高风险国家和高风险买家清单，对清单内的国家和买家加大监测力度，进一步提高风险排查的精准性和有效性，防范产业链上各家企业经营风险和海外买家经营风险的扩散与传导。

3. 探索金融科技提升服务质效创新

自2019年开始，中国信保启动大规模的金融科技赋能出口信用保险全流程改革，且已经取得初步成效。金融科技对农业承保的作用主要表现在如下方面。一是利用大数据挖掘技术，依托国别数据库、资信数据库以及海内外资信渠道等资源，研究形成农化行业月度信息报告和农业行业月度信息报告，2021年共发布24期，全面梳理农业行业政策、市场特征、市场主体跟踪及贸易情况，并及时为企业提供风险异动等相关信息。二是对农业产业链上的各类企业进行"数字画像"，充分运用数字化工具和手段，提高内部审批效率，不断提升风险跟踪识别的时效性。三是推广金融科技在实际业务中的应用，通过"信步天下"App拉近与企业的距离，并凭借良好的界面和简便的操作获得企业的信任感；依托海量承保数据和国内外买家资信信息，构建出更加精确的风险保障和融资方案。

(三)支持农业"走出去"的主要问题

首先,从农业产业链承保的角度来看,出口信用保险对农业"走出去"企业的覆盖面依然不高,特别是国内贸易险、进口预付款保险的承保规模较小,内外贸一体化及链式承保的基础相对薄弱,在聚焦重点农产品、强化重点企业承保方面尚存不足。

其次,农业产业链承保具有较强的行业特殊性,农化行业、农产品行业、农产品加工行业等细分行业呈现出不同的行业特点,需要进一步加强行业研究。例如,农产品行业中的水产养殖行业更易受国内外市场价格波动的影响,在提供保险服务时就要引导企业警惕上下游价格波动所导致的全行业普遍亏损,进而可能引发的企业信用风险。

最后,保险供给与市场主体需求有所失衡。一方面,目前,受产品创新体制机制所限,中国信保尚未针对农产品出口和农业海外直接投资推出专门的保险产品,既有产品多年来缺乏实质性优化升级,产品调整的灵活性相对不足,产品创新、研发和审批流程时间过长,无法及时满足农业出口和投资企业的需要。另一方面,农产品出口的主力军仍是中小微企业,龙头企业匮乏,同时海外投资企业又有很多是中小型民营企业,抵御风险冲击和参与国际竞争的能力相对较弱。在此情况下,中国信保主动思考农业企业需要什么样的保险、在合规前提下如何提供更多样化的保险服务的意识尚存不足。总体而言,出口信用保险供给与农业企业潜在需求存在一定程度的"脱钩"现象,保险产品和服务与农业"走出去"实际需求的差异,使得保险覆盖面与社会各界的预期有所差异,进而使得近年来承保规模未有较大增长。

(四)支持农业"走出去"的相关建议

为进一步发挥出口信用保险的风险保障和融资便利作用,建议中国信保从以下几个方面坚持政策性保险的基本定位,进一步发挥对农业企业"走出去"的支持作用。

1. 进一步发挥产业链承保的积极作用

随着《区域全面经济伙伴关系协定》的正式生效,农产品行业将迎来更为广阔的出口市场,同时也将面临强大的外部市场竞争,这些新情况、新变化将倒逼我国农产品行业重塑产业链和价值链。具体建议如下。

一是推动农业产业链承保创新，加强产业链供应链研究，助力区域产业"延链""补链"，特别是加强对上游种业、农业装备等农业投入品及研发，中下游农产品及加工与服务等领域的关注。

二是进一步梳理现代农业产业链重点领域、重点企业现状，坚持以客户为中心的理念，以农业龙头企业和重点企业为主要抓手开展全方位服务，进一步加大承保力度。

三是加强出口贸易险、国内贸易险和进口预付款保险的有效联动，进一步增加针对农业产业链承保的资源配置，落实国内国际双循环新格局下国家对内外贸一体化发展、保障产业链供应链稳定的要求，更好地帮助农业企业开拓国内和国际市场。

四是强化对大宗商品价格波动、政策调控、国别风险等方面的跟踪监测，关注高效种养与绿色生产等关键环节技术创新、大型农化企业跨国经营趋势及其上下游交易需求变化，进一步提高风险前瞻研判能力，防范重大信用风险事件沿产业链供应链蔓延扩散。

五是推进共建"一带一路"农业合作高质量发展，不仅重视大的海外直接投资项目，还要重视"小而美"的农业项目，运用项目险和贸易险助力有实力的农业企业"走出去"，帮助企业积极参与全球产业链重塑。

2. 争取各级政府的政策和资金支持

鉴于出口信用保险的政策性属性，中国信保历来重视与各级政府保持密切沟通，通过政企联动扩大出口信用保险覆盖面。就支持农业"走出去"而言，一是建议从全国层面，重视农业对外合作部际联席会议的影响力，继续深度参与"10+10"及"20+20"工作机制，建立与农业"走出去"工作相关的各部门对出口信用保险的正确认知，进而更加便利地与农业企业就境外业务进行沟通。同时，与国家政府部门就支持境外农业合作区、海外农业合作区（示范区）投资项目持续沟通，推动形成具有典型性、示范性的支持案例。

二是推动地方政府将出口信用保险纳入地方农业"走出去"支持政策体系，寻求地方政府在政策允许的范围内加大针对农业企业的保费补贴力度。同时，争取将出口信用保险作为地方政府支持农业发展的常态化政策措施，扩大出口信用保险在地方企业中的认可度。

3. 持续构建以客户为中心的数字化服务场景

构建以金融科技为支撑、以客户为中心的综合性数字化服务场景，已经成为我国金融机构未来较长时间内的主要发展方向。具体建议如下。

一是基于更好地发挥政策性职能的大方向，在已经重组公司业务发展和内部治理架构、调整小微客户部为数字金融部的基础上，加大数字金融部、信息技术部与内部各业务部门和地方分支机构的沟通协调，进一步将以大数据、区块链、人工智能、云计算为代表的金融科技与实际业务开展和风险管理相结合，通过技术提升和制度规范增加定量分析和数据分析在业务承保、项目评审、风险管理、客户服务中的比重。

二是结合地方农业企业"走出去"实际情况，构建以农业龙头企业和重点企业为核心的"政府—银行—保险—企业"综合性数字化服务平台。政府层面，各地商务厅、农业农村厅、乡村振兴局等职能部门需要整合可以公开的政策、信息和数据，及时收集并帮助农业企业解决开展对外贸易和投资时的实际困难；金融机构层面，商业银行和政策性银行可以和中国信保加强业务合作，推出特色化信贷产品，并就重大农业对外投资项目进行专项对接，特别是对高风险国家的投资项目，探索建立"一案一策"的沟通协调机制。

三是促进金融科技赋能农业产业链承保，根据细分产业链的特点，构建基于小微农业企业的（主要开展对外贸易的企业）、相对统一的投保和服务平台，基于共性问题给出风险解决方案；构建基于龙头企业和重点农业企业的，包括风控、融资、增信、内外部业务衔接、市场开拓、未来风险预测等功能在内的个性化数字场景，并以此作为辐射服务产业链上其他企业的"基地"。总体上，则以构建、完善具有农业发展特征的数字化场景，作为未来一段时间内支持农业"走出去"、提升对农业企业服务质效的主要抓手。

第14章
商业银行的创新服务[①]

一、中国农业银行坚守服务"三农"职责使命 努力为农业农村优先发展贡献高质量金融服务

中国农业银行（以下简称农业银行）深入贯彻落实中央全面推进乡村振兴战略部署，坚持服务"三农"基本定位，把服务乡村振兴作为全行工作的重中之重，持续向县域农村倾斜政策资源，不断改革创新，强化科技赋能，加大金融供给力度，努力打造服务乡村振兴领军银行，为全面推进乡村振兴、促进农民农村共同富裕提供高质量金融服务。截至2022年6月末，农业银行县域贷款突破6.9万亿元，比年初增加7176亿元，同比多增1107亿元，增速为11.5%，高于全行1.9个百分点，县域贷款增量、全行占比创近10年新高；涉农贷款余额达5.3万亿元，新增5571亿元，增速为11.8%，全方位满足"三农"领域的金融需求。

（一）为助力巩固拓展脱贫攻坚成果作出新贡献

农业银行坚决贯彻落实中央关于巩固拓展脱贫攻坚成果同乡村振兴有效衔接的决策部署，持续加大对脱贫地区和脱贫人口金融服务力度，积极开展定点帮扶、东西部行协作和消费帮扶等非信贷帮扶工作，确保帮扶政策连续稳定、靶向不偏、力

[①] 本章数据均源于各商业银行内部资料。

度不减。

1. 接续做好脱贫地区脱贫人口金融服务

聚焦832个脱贫县和脱贫人口低收入群体，大力支持脱贫地区重大工程项目、现代农业和乡村特色产业、乡村建设、易地扶贫搬迁后续帮扶等重点领域，出台专项支持政策，创新推广金融产品，延伸服务网络，切实支持脱贫地区巩固脱贫成果。大力推广脱贫人口小额信贷、"惠农e贷"等多种产品，支持脱贫人口增收致富。截至2022年6月末，农业银行在832个脱贫县贷款余额达1.6万亿元，增速为9.54%。

2. 全力做好国家乡村振兴重点帮扶县金融服务

对国家确定的160个乡村振兴重点帮扶县，出台支持国家乡村振兴重点帮扶县工作实施方案，制定年度工作计划，最大限度给予政策资源倾斜，确保贷款每年增速高于全行贷款增速。联合国家乡村振兴局，面向普通农户创新推出纯信用、额度大、期限长、利率优惠的"富民贷"贷款产品，实现在国家乡村振兴重点帮扶县全覆盖。截至2022年6月末，农业银行在160个重点帮扶县贷款余额达2956亿元，增速为11.1%，高于全行增速1.6个百分点；"富民贷"余额达27.8亿元。

3. 深化东西部协作、消费帮扶等非信贷帮扶

国家调整东西部省际协作关系后，及时完善东西部分行结对帮扶关系，全面对接国家东西部协作工作安排。深入开展消费帮扶行动，2021年直接购买和帮助销售脱贫地区农产品13.1亿元，被发展改革委评为"全国消费帮扶助力乡村振兴典型案例"。

4. 继续做好定点帮扶工作

贯彻落实党中央关于中央单位做好定点帮扶的工作要求，逐年出台定点帮扶专项意见和年度帮扶工作方案，扎实做好资金、项目、人才、消费等多方面帮扶，接续做好4个定点帮扶县帮扶工作。截至2022年6月末，4个定点帮扶县贷款余额达146亿元。

（二）金融服务全面推进乡村振兴成效突出

围绕乡村振兴重点领域和薄弱环节，按照县域高于全行、重点领域高于县域的高标准，加大信贷投放力度，创新产品和服务模式，助力乡村全面振兴。

1. 服务国家粮食安全战略

把保障国家粮食安全和初级农产品供给作为服务"三农"的头等大事，瞄准种子和耕地两个要害，实施金融服务国家粮食安全专项行动，加快粮食主体和骨干企业等全产业链发展。落实国家"藏粮于地、藏粮于技"战略，围绕高标准农田建设、水利灌溉工程和农业科技，创新支持模式，加大信贷投放力度。出台种业信贷政策和服务方案，助力打好种业翻身仗。大力服务重要农产品稳产保供，在春耕备耕、"三夏"生产等重要农时，做好专门政策安排，强化金融服务。综合运用优惠利率、续贷、展期等方式，对临时性经营困难的农业企业和受疫情影响农户给予支持。截至2022年6月末，农业银行粮食重点领域贷款余额达2351亿元，增速为22.1%，高于全行12.6个百分点；种业领域贷款余额达226亿元，增速为46%。

2. 大力支持乡村产业发展

聚焦乡村特色产业、农产品加工流通、乡村旅游等重点产业，优势特色产业集群、农业产业园区、农业产业强镇、农业全产业链重点链典型县等重点区域，实施金融服务乡村产业发展专项行动，积极支持农村电商、产供销一体化等乡村产业新业态，加大信贷支持力度，提升金融服务水平。与全国工商联共同开展"金融服务进民企"专项活动，创新"联企兴村贷"金融服务模式，为下乡民企提供金融支持。制定金融服务世界遗产景区的意见，完善旅游景区贷款管理办法，支持乡村旅游业复产复业。创新完善农业生产托管贷、农产品产地冷藏保鲜设施建设贷款等乡村产业贷款产品，持续提升金融服务乡村产业能力。截至2022年6月末，农业银行乡村产业贷款余额达1.36万亿元，增速为19.1%，高于全行9.6个百分点。

3. 加大乡村建设支持力度

对接国家乡村建设政策部署，印发《关于做好金融服务乡村建设工作的指导意见》，实施金融服务乡村建设专项行动，重点支持国家农村道路畅通工程、农村人居环境整治提升五年行动等农村基础设施建设，加大信贷投放特别是中长期信贷支持力度。加大对县域医院、学校、养老机构等金融支持力度，助力补齐县域乡村民生短板弱项。着力支持城乡融合发展试验区、国家级特色小镇等重点区域建设，服务县域内城乡融合发展。积极支持农村流通物流体系、汽车下乡、县域农村家电家具家装升级，服务县域农村居民消费升级。截至2022年6月末，农业银行乡村建设贷款余额达1.43万亿元，增速为12.0%，高于全行2.5个百分点。

4. 助力农业农村绿色发展

围绕农村垃圾污水治理、农村"厕所革命"、农业面源污染治理等重点领域，下发农业农村绿色发展重点项目名录，逐一制定服务方案对接。制定《推进黄河流域生态保护和高质量发展意见》，大力支持沿黄河9省区重点工程建设。创新优化产品服务，在金融同业中首批开展碳中和债融资业务，推出湖北"碳汇林业贷"、福建"林业碳票"质押担保贷款等区域特色产品，助力守好绿水青山。

5. 深化农村改革金融服务

持续扩大"两权"（农村承包土地的经营权、农民住房财产权）贷款、农村集体经营性建设用地使用权抵押贷款、林权抵押贷款等覆盖面，着力做好农地金融服务。围绕农村改革释放的农村集体股权收益权等新要素，加快金融产品创新，探索信贷支持农村集体经济组织发展有效模式。

（三）"三农"金融服务数字化水平不断提升

农业银行主动服务国家数字乡村战略，启动实施数字乡村金融服务工程，加快推动科技赋能"三农"金融服务。

1. 大力推广"三农"线上融资服务

持续开展农户信息建档，加大"惠农e贷"投放力度，将支持范围由种养户逐步拓展到农村加工商贸流通经营户、农家乐经营户、专业市场经营户、旅游景区商户。创新推广线上供应链融资产品，聚焦涉农供应链上游推广"应收e贷""票据e融""保理e融"，聚焦涉农供应链下游推广"订单e贷"，针对撮合性农村电商平台推广"仓单e贷"，实现全方位线上融资服务。截至2022年6月末，"惠农e贷"余额达7081亿元，较年初增加1634亿元，服务农户427万户。

2. 助力乡村治理现代化

全面推广农村集体资金、资产、资源"三资"管理平台，为村集体资产核资、产权改革、资金流转和乡村治理提供强大科技支撑。积极参与全国农村集体资产监管平台建设，主动参与地方政府数字乡村建设，在部分省份推出区域特色乡村治理服务平台。截至2022年6月末，农业银行与全国1275个县签署合作建设"三资"平台协议，已在908个县上线，覆盖12.3万个行政村。

3. 积极搭建县域农村特色场景

围绕农业产业化龙头企业、专业市场等县域核心市场主体的数字化需求，打造供应链融资、智慧市场场景。围绕部分农业子行业，创新智慧农业场景，助推农业生产智慧化。围绕县域农村公共服务和生活消费需求，大力构建智慧医疗、智慧教育、智慧食堂、智慧党建、智慧旅游等金融服务场景，为县域农村居民提供便捷的线上综合服务。截至2022年6月末，县域特色场景总数达1.5万个。

4. 加快推动手机银行下乡

创新推出"功能简捷、操作流畅、权益优惠丰富、产品推荐精准"的农户专属的手机银行乡村版，加载信贷、缴费、理财等农民专享的惠农金融产品，让广大农户会用、爱用、享用农业银行手机银行服务。推出藏文、维吾尔文等少数民族语言功能，更好满足不同地区农村客户的需求。截至2022年6月末，农业银行手机银行县域注册客户数量达1.86亿户，县域月活跃客户数量超过6000万户。

（四）农村普惠金融服务广度深度进一步拓展

农业银行积极落实中央"把普惠金融发展重点放在乡村"的要求，进一步下沉服务重心，增加农村普惠金融服务供给，推动普惠金融服务惠及千家万户。

1. 加大对农户和县域小微企业金融支持力度

做好对种养大户、家庭农场、农民专业合作社等新型农业经营主体的信贷服务，面向涉农小微企业、个体工商户、普通农户大力开展涉农普惠金融服务，为农民增收致富提供全面金融支持。截至2022年6月末，农业银行农户贷款余额超2.1万亿元。

2. 拓展农村基础金融覆盖面

持续完善物理网点、自助银行、惠农通服务点、手机银行、远程银行和流动服务"六位一体"的立体式服务渠道体系。向县域倾斜网点资源，全行迁址和新建网点重点布局到县域、城乡接合部和乡镇地区。截至2022年6月末，农业银行有县域网点1.26万个，占全行网点数量的56%，是全国唯一在全部县域都有网点的金融机构。深入实施金穗惠农通工程，加大电子机具在脱贫地区和中西部偏远农村的布放力度，在偏远地区和脱贫县开展流动服务，延伸基础金融服务触达面。

3. 积极做好惠农资金、农民工群体、特殊地区金融服务

开展惠农惠民财政补贴资金"一卡通"专项金融服务，助推惠农惠民财政补

贴资金方便、快捷地发放到农民手中。贯彻落实中央关于农民工作的一系列工作部署，制定专项金融服务方案，推出专属金融产品，为农民工提供就业、工资支付、创业融资等综合服务。对边疆地区、革命老区出台专项支持政策，从派驻帮扶干部、增设网点、出台差异化区域政策等方面加大支持力度。

4. 助推农村金融生态环境改善

通过党建结对、组建驻村工作队等形式，持续开展金融知识下乡活动，助力提升农村居民金融意识。深入开展"服务乡村治理创建信用村、信用户"工程，构建农村群众诚实守信激励机制，助力农村信用环境优化。进一步加强防范网络电信诈骗、打击非法集资的宣传力度，助力提升农村居民风险意识。

5. 坚持向"三农"客户减费让利

对"三农"县域客户执行更为优惠的贷款利率，实施开户结算等费用减免。

（五）多方合作服务乡村振兴取得积极进展

农业银行加强银政、银担、银企、同业等各方协同，为服务乡村振兴汇聚最广大合力。

1. 强化银政合作

加强与国务院国资委、农业农村部、科技部、水利部、文旅部、全国工商联等部门合作，共同支持现代农业、农业科技、水利设施、乡村旅游、农村商贸等发展。加强与省级政府合作，共同推动地方现代农业产业发展、美丽宜居乡村建设、数字乡村建设等乡村振兴重点领域发展。创新合作机制，与国家乡村振兴局、四川省政府合作打造全国首个乡村振兴金融创新示范区。与西藏自治区政府合作，积极打造金融支持边境村寨乡村振兴示范点。

2. 强化银担合作

加强与国家农业信贷担保联盟有限责任公司及各省级农担公司的合作，积极推广"见担即贷""见贷即担"业务模式，不断扩大担保范围。进一步深化与国家农担公司在具体领域的合作，共同参与农业农村部组织的新型农业经营主体信贷直通车活动，联合出台支持农产品仓储保鲜冷链设施建设方案，大力支持家庭农场、农民专业合作社、农业龙头企业、农业产业化联合体等各类新型农业经营主体。截至2022年6月末，与所有省级农担公司合作开展业务，合作额度超过1900亿元，贷款户数超30万户。

3. 强化银企合作

与6家涉农央企分别签订服务乡村振兴战略合作协议，在巩固拓展脱贫攻坚成果、国家粮食安全和重要农产品稳产保供、乡村产业发展、乡村建设行动等领域加强合作。加强与农业产业化龙头企业、大型农产品专业市场等合作，构建"公司+农户"、"专业市场+商户"、供应链金融等服务模式。

4. 强化同业合作

加强与政策性银行、地方涉农金融机构的业务合作，各展所长、优势互补，在乡村振兴、绿色金融、数字化转型、区域协调发展、普惠金融等方面加强合作，共同支农。

（六）乡村振兴金融服务支持保障更加坚实

农业银行坚持以党建引领发展，不断强化服务乡村振兴体制机制，加大资金资源倾斜力度，完善政策制度体系，加快金融产品和服务模式创新，切实加强服务乡村振兴的支持保障。

1. 强化服务乡村振兴组织和资源保障

农业银行总行成立金融服务乡村振兴领导小组，在总分支行均设立了乡村振兴金融部，为三农金融事业部提升服务乡村振兴能力提供有力的组织保障。加强党建引领服务"三农"工作，将抓党建促乡村振兴纳入全面从严治党工作考评、党组织书记抓基层党建工作述职评议考核，充分发挥基层党组织战斗堡垒和党员先锋模范作用，持续转变服务"三农"工作作风，让广大党员干部在服务乡村振兴、打造县域领军银行中锤炼本领。单独安排县域贷款、涉农贷款和乡村振兴重点领域贷款计划，倾斜配置财务费用、固定资产、工资等各项经营资源，优先满足服务乡村振兴需要。

2. 不断充实完善政策制度体系

不断优化完善"年度信贷政策指引+行业信贷政策+区域信贷政策+专项信贷政策"的"三农"差异化信贷政策体系，确保乡村振兴重点产业、重点区域、重点领域都有针对性的信贷政策对接。针对乡村振兴中不同群体、不同场景的综合金融需求，从零售对公、线上线下等多维度，制定出台服务乡村振兴的支持政策和行动方案，全方位对接乡村振兴各类金融需求。

3. 积极创新服务乡村振兴产品模式

依托"总行统筹、分行为主、基地示范"产品创新机制，总分联动进一步丰富服务乡村振兴产品体系。截至2022年6月末，设立"三农"产品创新基地总数达79家，向"三农"产品创新基地适度下放权限，激发基层行创新活力。积极打造服务乡村振兴拳头产品，乡村振兴千亿元级拳头产品达11项、百亿元级特色产品达15项。围绕粮食安全战略、乡村产业发展、乡村建设行动等，创新推广市场化支持高标准农田金融服务模式、服务乡村产业九大模式等。发挥集团联动优势，通过产业基金、债券投资承销、理财融资等多元化方式支农惠农。截至2022年6月末，"三农"产品总数已达271项，有效覆盖了乡村振兴各领域、各主体的多元化金融需求。

4. 加强服务"三农"人才队伍建设

将境内分行人员招聘计划的50%以上用于县域，继续实施县域差异化招聘政策，加大当地生源招聘力度，有效充实基层服务力量。多措并举培育"懂农业、爱农村、爱农民"服务乡村振兴金融工作队伍，聚焦乡村振兴深入开展东西部行协作"双百"干部人才结对帮扶计划，组织双方互派"双百"干部；深入实施金融人才驻县帮镇扶村富民行动，选派万名优秀干部到县乡村挂职。

农业银行服务乡村振兴工作获得各级政府、社会媒体、农民群众的广泛认可，品牌形象更加彰显，社会影响力进一步扩大。在党中央、国务院隆重召开的全国脱贫攻坚总结表彰大会上，农业银行有5个集体、3名个人获得表彰，是获表彰数量最多的金融机构之一。各级党政领导多次对农业银行服务乡村振兴作出批示，肯定农业银行的做法和成效。农业银行连续两年（2020年、2021年）获得中国人民银行、银保监会组织的金融机构服务乡村振兴考核评估最高等级优秀档次评价。新华社、《人民日报》、央视等主流媒体多次报道农业银行服务乡村振兴情况。农业银行先后荣获《金融时报》"金龙奖——年度最佳服务乡村振兴银行"、《财经》"长青奖——年度乡村振兴银行"等多项奖项。

展望新征程，服务乡村振兴使命光荣、责任重大。农业银行将认真践行金融工作的政治性和人民性，不断提升专业性，坚守服务"三农"初心，聚焦服务农业农村高质量发展，以更高站位、更大力度、更实举措，着力健全"三农"金融服务体系，强化"三农"金融供给，努力打造服务乡村振兴领军银行，奋力谱写金融服务乡村振兴、促进农民农村共同富裕的新篇章！

二、中国建设银行积极探索金融助力乡村振兴综合服务体系建设

中国建设银行（以下简称建设银行）坚持以习近平新时代中国特色社会主义思想为指导，深入贯彻党中央、国务院乡村振兴战略决策部署，发挥新金融思维、科技、产品优势，突出数字化经营和生态圈打造，初步构建包括一个"裕农通"乡村振兴综合服务平台（村链）、线上线下两大涉农信贷产品包、一系列涉农专业化生态场景、一套涉农金融数字化风控体系在内的"1211"乡村振兴综合服务体系，深耕乡村广阔市场，引灌金融活水到田间地头。

（一）打造服务乡村的"村链"工程

着力打造线下"裕农通"普惠金融服务点、线上"裕农通"App相结合的乡村振兴综合服务平台，形成服务乡村振兴的"村链"，将新金融服务乡村振兴的理念、方式、打法在乡村落地落实。

1. 建设"裕农通"普惠金融服务点

2016年以来，建设银行与村委会、供销合作社、村口超市、卫生诊所、退役军人服务站等主体合作，建设"裕农通"普惠金融服务点，提供金融与非金融服务。截至2022年9月末，建设银行共设立"裕农通"普惠金融服务点48万个，覆盖全国八成的乡镇及行政村，接入十大类40项民生服务场景，提供基础支付、反假币反洗钱宣传、金融知识普及等基础金融服务，以及水电气缴费等非金融服务。

（1）完善服务功能，丰富服务场景

依托"裕农通"普惠金融服务点，提供金融服务、便民事务、乡村政务、电子商务四大民生服务。一是金融服务。在"裕农通"服务点提供基础支付、反洗钱宣传、金融知识普及等服务，将银行的窗口搬到村口。二是便民事务。通过一点接入，与政府有关部门加强合作，打通服务渠道，提供社保、水电、燃气、供暖、医疗等缴费服务。三是乡村政务。与智慧政务系统对接，提供智慧村务、党费、团费收缴等多种服务。四是电子商务。与美团优选、拼多多、京东等互联网企业联手，整合电商、物流资源，开展乡村消费扶贫，打造产供销一体化的数字化农业生态场景。

（2）完善合作机制，丰富合作模式

广泛连接乡村涉农服务主体，探索多种"裕农通"合作方式。一是"裕农通+村'两委'"模式。与村"两委"合作，将"裕农通"普惠金融服务点建在村委会，充分发挥党建引领作用，提供党群服务、社会保障、户籍申报等高频服务。截至2021年底，村"两委"合作共建服务点占比达37%。二是"裕农通+商超"模式。与乡村的便民店、连锁超市、农资农具店等合作，为农户提供生活用品交易、农资采买等服务。截至2021年末，建设银行共拓展消费型商户服务点14万个，活跃率普遍在85%以上。三是"裕农通+供销合作社"合作模式。与供销合作社村级供销综合服务社共建服务点，依托供销合作社系统的供应链、产业链，为上下游小微企业、专业合作社等提供更多金融服务支持。截至2021年底，供销合作社类型的服务点近3.5万个。四是"裕农通+益农信息社"合作模式。与农业农村部信息进村入户工程结合，将益农信息站点发展为"裕农通"服务点，信息站站长可为周边农户提供金融服务及益农社的农业服务，共同助力乡村振兴。截至2021年底，供销合作社类型的服务点共5.3万个。五是"裕农通+卫生系统"。与社保卫生部门合作，以农村诊所为渠道，将诊所医生准入为"裕农通"普惠金融服务点业主，为县域农村客户提供集社保、诊疗及普惠金融服务于一体的综合服务。

（3）加强资源配置，服务成效突出

加大"裕农通"普惠金融服务点战略性费用配备力度，并配套相关政策，服务成效显著。一是助力服务点业主增收。2021年，配置"裕农通"普惠金融服务点业务管理费用近10亿元，"裕农通"业主累计获得近2亿元的佣金收入。二是助力地方政府，打造抗疫宣传的阵地。2021年春节期间，推出"返乡人员登记服务"，助力全国1775个县的返乡人员健康登记。为3.6万名村医及村医业主提供最高保额的"护医抗疫"专属保障，共计360万元，为上千万农户提供防疫复工支持。三是赋能残疾人群体。与残疾人联合会合作，开展残疾人证预申领服务试点，将耗时几个月的流程缩短至几周，试点的重庆万州区已全辖覆盖。

2. 打造线上"裕农通"综合服务平台

通过实践的探索、科技的应用、需求的挖掘，面向乡村大场景，"裕农通"不断叠加新场景，打造了"金融服务+智慧村务+便民服务+电子商务"乡村振兴综合服务平台，主要触点为手机App，将过去单独的"裕农通"线下服务点打造成线上线下融合的一体化、全方位、智能化的"裕农通"乡村振兴综合服务平台。"裕农通"线上综合服务平台自2020年9月在河北省上线以来，逐步向全国推广，构建起乡村全场景综合服务体系，村民在手机上足不出户即可办理业务。

（1）丰富金融服务

一是深化贷款服务。部署丰富农户信贷产品，包括裕农快贷、农担快贷、农链贷、托管云贷（集体版）等产品。线上办理农户贷款，从测额到贷款支用全流程指尖办理。二是推广数字货币。2021年9月上线数字人民币相关功能，促进数字货币在乡村落地推广。三是完善金融功能。增加"裕农钱包"绑定他行卡范围，上线吉祥三宝、裕农安心保等普惠型保险产品，进一步扩展了平台金融服务的边界。

（2）拓展非金融服务

一是对接智慧村务。目前，推广分行均已上线地方特色政务，河北、山东、山西等地上线道德积分系统，探索助力乡村治理。二是加载电子商务。积极配合"裕农优品"专项行动，上线"善融商城"商品分享、善融特色馆等内容。三是做深产业服务。上线江西脐橙产业线上贷款、产品溯源等功能，上线山东牡蛎溯源及牡蛎行情展示功能、内蒙古奶业补贴申领功能。四是做实社会服务。上线"疫路通"速递功能，增加社保缴费、宅基地入户调查等便民服务。

（3）打造推广典型模式

基于总行统一的底层架构，分行结合地方特色，聚焦党建引领、产业兴旺、民生服务等主题，打造特色化模式。一是湖南省分行打造"两端合一"模式。整合"裕农通"业主与农户终端App功能，将"裕农通"综合服务平台的部分非金融功能布放至智慧终端，上线"乡情圈"等服务。二是黑龙江省分行打造"数字农业"平台。在"裕农通"综合服务平台基础上，围绕"数字农业"建设农村综合生态体系，整合26个模块，统一政府及建设银行多平台入口。三是安徽省分行打造"省厅共建"模式。与安徽省农业农村厅合作上线"裕农通（安徽）乡村振兴综合服务平台"，集成相关5个子系统，建设农业农村管理信息系统，助力政府提高农村公共服务能力。

3. 推动"村链"工程线上线下融合

推动裕农通服务点和App在客户体系、交易体系、运营管理体系、智能设备等方面深度融合。一是客户体系融合，发挥业主作用，宣传推介"裕农通"App，探索线上线下共同服务客户的有效方式。二是交易体系融合，支持推广线下交易、线上查询，线上预约、线下办理，线下咨询、线上自办。三是运营管理体系融合，整合后台报表统计、管理菜单等基础功能，强化线上线下一体化数据分析、管理功能协同。四是智能设备融合，升级"智慧助农终端"，同时兼容以客户自助为主的互动屏模式和以业主代办为主的智慧终端模式。

推动裕农通"村链"与建设银行"双子星"深度融合。发挥手机银行全场景金融服务优势，整合"裕农通"服务乡村生态建设能力，打通用户和流量的双向循环，实现场景共建、流量互引、功能联动。促进"裕农通"与"建行生活"协同发展，形成"商超类服务点+建行生活""业主激励+建行生活""'裕农通'线上平台+建行生活""'G端合作'+建行生活"四种模式。

（二）打造线上线下两大涉农信贷产品包

1. 强化涉农产品创新，打造两大涉农信贷产品包

（1）打造"裕农快贷"线上产品包，重点服务农户客群

运用"农业大数据+金融科技"，通过细分农业生产及特色产业链等服务场景，打造以农户客群为主、法人客群为辅的线上"裕农快贷"产品包。在农户整体授信工作中，坚持科技引领、数字驱动的农户信贷经营理念。一是创设农户专属信用评分模型。结合行内外客户数据信息，细分客户群，分别进行风险画像和信用评分。二是引入多种外部数据。引入土地流转、农业生产补贴、农业保险、农业订单等数据，用于客户身份识别，支持客户评级授信。三是对接农业农村部新农直报系统。获取"信贷直通车"和冷藏保鲜设施建设数据，设置专属授信模型，提供授信支持。同时，在国有大行中首次将卫星遥感技术创新应用于乡村振兴领域，实现金融科技在"农业+金融"领域的新突破。四是提炼农户贷款风险特征。结合农村社会治理、农业生产经营和农民生活实际提炼总结农户贷款风险特征，牢固把握风险控制与合规理念，促进农户贷款高质量可持续发展。截至2021年底，全行线上"裕农快贷"产品达50多个。截至2022年9月末，农户贷款余额达9091.20亿元，较年初新增1890.79亿元，增速为26.26%。

（2）打造"乡村振兴贷"线下产品包，重点服务对公涉农客群

2021年，为更好地贯彻落实中央关于保障国家粮食安全、大力发展乡村产业等

决策部署，积极开展"乡村振兴贷款"产品创新。一是推出"高标准农田贷款"产品，围绕保障国家粮食安全和重要农产品稳产保供，助力高标准农田建设。二是推出"设施农业贷款"产品，促进农业规模化、产业化发展，助力现代种养业。三是加强与农担系统合作，优化"乡村农担贷"产品，破解"三农"融资难题。四是创新"集体三资"贷款（集建地版）产品、"集体三资"贷款（农业生产托管版）产品，在部分分行试点，重点支持农村集体经济组织信贷需求。截至2021年底，全行线下"乡村振兴贷"产品达50多个。

2. 聚焦重点领域和重点主体，加大信贷投放力度

（1）做好重点领域信贷支持

紧扣中央实施乡村振兴战略规划部署，围绕赋能乡村产业、新型农业经营主体、农村基础设施、城乡融合发展等重点领域，做好信贷支持。截至2022年9月末，建设银行涉农贷款余额达2.92万亿元，较年初新增4751.31亿元，增速为19.44%。

（2）加大对新型农业经营主体信贷支持力度

围绕现代种养业、农产品加工流通业、农业科技创新、现代种业等农业供给侧结构性改革重点领域，深化产业链和供应链金融应用，加大对新型农业经营主体的信贷支持力度。与国家农担公司合作，按照"政府引导、市场运作、风险共担、合作共赢"的原则，共同支持新型农业经营主体从事农产品产地冷藏保鲜设施建设。截至2021年末，新型农业经营主体贷款余额达1272亿元，比年初新增167.89亿元，增速为15.21%。

（3）大力支持农业农村绿色发展

围绕农村人居环境综合整治、农村土地整治修复、生态循环农业发展、绿色资源开发利用、农业面源污染治理、生态系统修复与保护、县域清洁能源和节能环保产业发展七大领域，创新金融产品，加大信贷投放力度。截至2022年9月末，涉农绿色贷款余额达5783.50亿元，较年初新增1713.62亿元，增速为42.10%。

（4）聚焦巩固脱贫攻坚成果与乡村振兴有效衔接

制定工作方案，修订乡村振兴重点地区差别化政策，加大对巩固拓展脱贫攻坚成果、乡村振兴重点帮扶县等重点领域金融资源投入。截至2022年9月末，脱贫地区各项贷款余额达8419亿元，比年初新增958亿元，增速为12.84%；国家乡村振兴重点帮扶县各项贷款余额达1045亿元，比年初新增136亿元，增速为14.92%。

3. 优化资源配置，强化业务保障

（1）倾斜信贷资源

安排普惠金融贷款专项计划，足额保障普惠型涉农贷款新增需求。将农林牧渔业、卷烟制造、制糖业、水产品加工、其他农副食品加工等相关涉农行业列为优先支持行业，要求优先支持行业整体贷款余额保持正增长。编制农林牧渔业信贷政策，增强信贷支持。下调农林牧渔业项目准入底线标准，将"资本金比例不低于30%"调整为"资本金比例不低于20%"。截至2022年9月末，普惠型涉农贷款余额达3921.62亿元，较上年末新增967.35亿元，增速为32.74%。

（2）强化激励政策

为提升分行乡村振兴贷款投放积极性，对客户信用等级10级（含）以上的当年新发生乡村振兴固定资产贷款，比照基础设施领域贷款，经济资本考核按7折计算；对裕农快贷、个人支农贷款，比照普惠金融贷款新增按经济资本9折计算；对新发生农户生产经营贷款（单户授信小于500万元），内转价格下降50个基点，在特定时期（丰收节、旺季）、特定区域、特定场景（烟农）下调利率水平。

（3）扩大可接受押品范围

拓宽农村资产抵质押物范围，将温室大棚（抵押率30%）、大型农机（抵押率30%）、涉农知识产权（质押率30%）、集体林权（抵押率30%）、海域使用权（抵押率30%）纳入押品创新试点范围。在辽宁省、河南省、广东省等分行开展养殖圈舍（抵押率40%）、大型养殖机械（抵押率40%）、生猪活体（抵押率40%）、奶牛（抵押率50%）等活体类押品试点。

（三）打造系列涉农专业化生态场景

按照"建平台、搭场景、扩用户"的新金融思路，围绕农业、农村、农民，建设一系列涉农专业化生态场景，深化金融服务，构建服务乡村振兴有效模式。

1. 打造特色农业产业链生态场景，支持农业产业化发展

（1）制定农业产业链综合服务指引

聚焦粮食安全、奶业振兴、肉牛、水果、蔬菜、花卉等特色农业产业，制度性构建六大涉农产业链服务指引，结合产业链条不同场景和区域个性化需求，实现系统、产品和服务模块化装配，全场景、全客群、全产业链的一、二、三产业融合发

展涉农金融服务新模式。

（2）搭建农业产业链服务平台

一是建设推广土地流转系统。推广土地流转平台，为政府部门提供土地流转管理服务，为新型农业经营主体、农户等提供线上信贷服务。二是上线"数字化农业产业链服务平台"。推进新疆分行"梨城飘香"库尔勒香梨数字交易平台、四川分行"农业产业链平台"、甘肃分行"农牧乳业综合金融服务平台"、陕西分行"农牧行业服务平台二期"的开发建设。三是加快农业生产托管服务平台建设推广。依托黑龙江分行数字农业领域—农业生产托管"兰西模式"的先进经验，在山西、河北复制推广。

（3）积极推进系列实践探索

目前，建设银行已开展内蒙古奶业振兴生态场景、云南普洱茶香生态场景、山东寿光蔬菜生态场景、广西糖产业生态场景、贵州猕猴桃生态场景等建设工作，围绕农业产业链条，充分运用建设银行融资、融智、金融科技等综合化经营优势，加大产品和模式创新力度，提供综合化金融解决方案。比如，在湖北，与省农业农村厅共建"农业大数据库"平台，采集小龙虾产业数据近10万户。在吉林，建立集电子交易、仓储物流、展示展销、信息服务于一体的肉牛产业生态服务系统，为核心企业及上下游家庭农场、农户、经销商等主体提供综合化服务。在北京，与华都峪口禽业有限公司一起建设"蛋鸡大数据金融应用中心"，为公司"智慧蛋鸡"平台提供支付结算、线上交易、财务管理等服务。通过"E信通"产品提供供应链融资近1亿元。创新"裕农快贷——峪口蛋鸡养殖贷"产业链贷款产品，为公司下游养殖户提供信贷服务。

（4）打造"裕农市场"服务模式

开发建设专属服务农批农贸市场的标准化、智慧化"裕农市场综合服务平台"，集成农批农贸市场平台领域的主流功能，并融入数据驾驶舱和大屏展示等前沿功能，将金融产品融入平台功能中。开发"农产品冷链物流贷款"，面向农批农贸市场管理方等企业法人和新型农业经营主体，用于满足农产品冷链物流设施购置及建设、农产品冷链物流日常经营周转融资需求。在河北、湖北、山东、广东四省全域试点，在江苏、重庆等15个省份30个市场重点推进。截至9月底，新增贷款投放47.76亿元，贷款余额达64.18亿元；新增个人账户9.79万户，对公账户1.36万户，收单商户2.89万户；市场管理方等账户资金沉淀30.68亿元。

（5）建设数字化"裕农托管"服务模式

建设银行与地方农业农村主管部门深入合作，搭建农业生产托管服务平台，联结政府、托管服务组织、农户等用户，整合存量资源，盘活数据资产，通过多种方式与农村产权、智慧农业、数字乡村等系统实现互联互通。基于农业生产托管场景，创新推出"托管云贷"，打造"生产托管+农村金融+农业保险+粮食银行"金融服务模式。总行层面，加强顶层设计，创新推出"农业生产托管贷款"专属产品，解决农业生产托管资金不足、资源整合的难题，支持托管组织发展农业生产社会化服务，助力小农户与社会化大生产有机融合。

（6）建设综合化"裕农合作"服务模式

针对农民合作社融资难、销售难、管理不规范问题，建设银行从综合金融服务出发破解农民合作社发展难题。一是以信贷产品为抓手，创新金融服务产品，提供契合农民合作社经营特点的一揽子金融服务，如账户开立、收单结算、票据贴现等，并围绕农民合作社上下游农药、化肥、农机、加工等环节，构建相适应的供应链金融服务产品或模式。二是整合合作社数据，通过代理记账、系统对接等方式，整合农民合作社相关数据，实现成员管理、智慧记账、金融服务等全功能覆盖。三是做大产品销售，组织策划系列推介活动和专题活动，推动农民合作社及其社员入驻建设银行善融商务"裕农优品"专区，销售其生产的农产品。

2. 打造乡村政务场景，支持乡村治理水平提升

积极打造农村"三资"管理平台、农村产权交易平台、阳光村务服务平台等，搭建数字化基层治理服务场景，创新推进平台化经营。

推出农村集体"三资"监管平台。上线706个县（区）级"三资"监管平台，满足集体经济组织收支管理、财务管理、合同管理、统计监管等需求。

推出农村产权交易平台。上线109个县（区）级农村产权交易平台，规范农村产权交易品种、数量、价格等信息发布，实现农村产权资源要素合理、高效、顺畅流转。

推进"智慧村务"平台功能优化迭代。结合村务管理和民生服务实际需求，采用标准化流程服务村务管理，打通基层政务服务"最后一公里"。"智慧村务平台"服务64302个村委会客户。在苏州永联村，打造数据共享平台，汇聚村民信息、土地确权信息、村企财务等数据1.4亿余条，为村民信用评分提供数据支撑。

搭建"道德银行"平台。围绕农村信用体系建设，在湖南、山西、河北等地，提供积分审核、积分评议、积分公示等服务，用户达26万余人。

3. 打造其他重点场景，服务农户致富增收

构建乡村消费场景。发挥"善融商务"平台优势，开展消费帮扶，助力贫困地区乡村振兴。打造"央企扶贫馆"专区。截至2021年底，已有水利部、国资委和47家央企入驻"央企扶贫馆"，累计销售额达2.69亿元。打造"裕农优品"专区，开展"春耕""夏耘""善融9周年裕农优品专场""农民丰收节"等主题营销活动。截至2022年9月末，专区入驻商户842户，累计商品销售额4.14亿元。

打造培训场景。基于"裕农通"普惠金融服务点，线下建设2531家"裕农学堂"，线上在建行研修中心"金智惠民 裕农学堂"频道共享课程300余门，开展金融知识、农业技术、乡村文化等培训。组织"建党百年百县书记新金融专题培训班"，加强国家乡村振兴重点帮扶县金融人才培训，增强重点帮扶县内生发展动力。在上海交通大学举办2021年"建设银行——央企乡村振兴培训班"，邀请农业农村部、国资委及19家央企参加培训交流，推动在乡村产业、乡村建设等领域的合作。

（四）建立一套涉农金融数字化风控体系

1. 强化"裕农通"合规管理

"裕农通"是扎根农村、服务农民的重要渠道，不仅要用得好，也要管得好，为民服务行稳致远。

一是建立"裕农通"服务点合规管理制度体系。应用数字化工具，推行服务点线下网格化、线上智能化风控体系建设，强化对服务点经营风险与合规问题的远程管控。打造"人、物、场、网"一体化风控体系，从业主、设备、经营场所、线上线下服务网络4个维度加强风险管控，确保不留死角。加强"裕农通"合规管理制度建设，出台一系列制度办法，从业主管理到交易管理，从员工管理到外包管理，从线下服务点管理到线上平台管理，都作出了严格的制度规范。

二是加强对服务点交易情况的实时监测。依托金融科技手段，搭建起"智能驾驶舱"系统，将监管和审计等重点关注的合规风险事项与发展质效问题纳入系统智能化管控。针对服务点监督管理半径大、风险识别评估难、被动管控效能低等痛点，在准入退出控制、综合风险评级、即时监测预警、黑白名单管理等方面，实现

了动态管理。

三是强化服务点运营日常管理。2021年，以稳定规模、优化结构、加大促活力度、保障合规经营为目的，开展"三促三清"专项工作，加速提升服务点的活跃率、农户签约、高星级占比，清理长期不动户、零签约服务点、不合规服务点。经过4个月的专项工作，服务点的服务质效得到了明显提升，服务点的活跃度提升37个百分点，签约农户增速达24%，高星级服务点占比提升2.9个百分点。

2. 加强信贷风险管理，强化业务可持续发展

信贷支持乡村振兴将风险管理视为业务发展的生命线，将风险指标作为业务发展的关键指标，确保贷款放得出、风险管得住。

一是建立完整的涉农贷款管理制度体系。将涉农贷款融入全面、主动、智能的集团统一风险管理体系；制定涉农业务风险偏好，明确业务重点发展方向，规定涉农贷款不良容忍度指标；优化完善涉农信贷业务尽职免责机制，出台《涉农信贷业务尽职免责管理办法》，明确了涉农信贷业务尽职免责认定标准、尽职免责情形，优化工作流程，引导相关岗位人员勤勉尽责；加强涉农行业政策研究，定期开展涉农贷款资产质量分析。截至2021年末，建设银行涉农贷款不良率大幅下降，由2019年末的2.57%降到2021年末的0.98%，下降1.59个百分点；农户贷款不良率由0.52%降到0.33%，下降0.19个百分点。

二是打造农户信贷数字化智能体系。农户信贷具有分散化、小额化、批量化的特点，风险相对传统对公贷款较为分散，但由于涉农数据的相对缺失、实地贷前调查的难度较大，农户贷款的真实性问题相对突出。我们牢牢抓住真实性这个核心，在确保"真农民真贷款"上下功夫：不断强化贷前客户准入和信用评价、贷中授信评级和放款支用、贷后现场检查和非现场抽查的全流程风险管控；打造可视化、智能化的农户信贷贷后管理系统，形成大数据选客避险、智能化监测识险、模型化规范控险、常态化制度处险的风险管理模式，对可疑贷款主体、异常资金流向等关键风险点和信贷资产质量进行实时监测；注重加强全生命周期农户信贷产品管理，定期开展农户信贷创新产品后评估，优化完善产品设计。

（五）探索推进系列重大创新

贯彻新发展理念，挖掘金融的社会功能，发挥体制优势，积极推进创新实践，引金融活水到乡村发展薄弱环节和重点领域。

1. 聚焦农村社交，打造"裕农朋友圈"

围绕农民社交，与重庆日报报业集团合作，整合党报的政治资源、银行的金融资源、乡村的治理资源及各类社会资源，依托"上游新闻"手机App，打造国内首个农民线上社交综合服务平台——"裕农朋友圈"，设立裕农咨询、农民夜话、田园牧歌、金融服务等板块。通过平台化运营、数字化经营、嵌入式服务，为农民群体提供多种金融、非金融服务。中共重庆市委宣传部、重庆市农业农村委员会、重庆市银保监局、重庆市司法局、重庆市乡村振兴局等多家单位入驻"裕农朋友圈"，金融服务乡村振兴生态初见雏形。2022年9月30日，平台浏览量达9亿人次，日均200万人次以上；通过跳转等方式，累计办理查询、金融业务和民生服务30余万次。

2. 创新工作机制，打造"金融村副主任"模式

与地方党委政府合作，创新人才培养机制，打造"金融村副主任"模式，共同深化农村金融服务，助力农村经济发展、农民增收致富。在内蒙古，联合呼伦贝尔市阿荣旗委组织部，为全旗148个村各配备1名"金融村副主任"，帮助农民掌握了解金融产品服务，协助办理金融业务等，收到了积极效果，并在全自治区推广。阿荣旗148名"金融村副主任"协助完成"裕农快贷"授信4421笔，授信金额达3.11亿元。在安徽，与地方党委政府合作，创新设置乡镇金融专职副书记，选派村委会金融主任助理。在河北，积极打造"村委会+金融顾问+裕农通"发展模式，选择村委会或非村委会成员为建设银行裕农通金融顾问，协助宣传关于金融助力乡村振兴有关政策，推广金融知识与金融业务。

3. 积极开展农村信用体系建设

一是打造"信用村、信用户"模式。湖南分行推出标准化、可复制的乡村积分系统；苏州分行以"数字永联"系列产品打造金融科技赋能基层治理的样板；上海分行与当地政府合作挖掘"信用村"中的乡村信用；安徽分行通过参与党建引领信用村活动扎根乡村。

二是搭建信息平台及信用评价系统。湖北分行以信用评价系统建立农户精准档案；陕西分行打造"农牧行业服务平台"，纾解涉农数据痛点；山东分行打破系统壁垒，构建农村信用体系平台；天津分行以"结对包村工作统计系统"破解信用信息收集难题。

三是试点推进"三位一体"金融服务。紧密配合农业农村重大改革，积极赋能生产、供销、信用"三位一体"合作经济，探索商业银行嫁接信用合作机制。在四川省、河南省部分县市选取特色场景，开展线上线下业务模式试点。创设合作经济互助增信贷款、合作经济互助委托贷款等新产品，并在四川等地实现首批投放。

4. 推进新金融助力县域经济发展

建设银行高度重视金融服务县域经济社会发展，制定了《关于在加强服务全面推进乡村振兴事业中实现县域机构高质量发展的指导意见》，提出了具体的发展目标、工作任务，给予相关政策配套支持，把县域支行打造成服务乡村振兴的"桥头堡"。为打造金融助力县域经济的示范样板，引导全行更好地做好县域金融服务，2021年，总行在全行范围选择2家二级分行和8家县支行，开展为期100天的新金融助力县域经济高质量发展专项工作，探索出一系列有效做法。活动期内，共发放涉农贷款46.28亿元，占示范机构全年新增的43.55%；发放农户贷款17.56亿元，占示范机构全年新增的60%。

5. 探索推进乡村振兴示范区建设

全面推进乡村振兴是全社会的一项共同任务。监管机构非常注重发挥示范引领作用，专门出台政策，推动开展金融服务乡村振兴示范区建设。建设银行认真落实银保监会要求，分别与河北省邯郸市、安徽省定远县联合开展金融服务乡村振兴示范区建设试点，探索金融高质量服务乡村振兴的有效路径，从支持重点农业产业链、加强农村信用体系建设、打造经济发展示范村、打造智慧农业、支持农村土地改革、加大对脱贫产业扶持力度等方面，进行积极探索。

三、中国邮政储蓄银行服务乡村振兴的实践探索

中国邮政储蓄银行（以下简称邮储银行）认真贯彻党中央、国务院关于"三农"工作的各项决策部署，落实监管机构要求，坚守服务"三农"、城乡居民和中小企业定位，立足自身资源禀赋，深化三农金融事业部改革，加快推进"三农"金融数字化转型，打造服务乡村振兴数字生态银行，全力支持乡村全面振兴，开启

"十四五"时期服务乡村振兴新篇章。

（一）2021年邮储银行服务乡村振兴的成效

1. 涉农信贷投入稳步增加

截至2021年末，涉农贷款全年累计投放超8000亿元，余额超1.61万亿元，全年净增近2000亿元，较年初增长14%。涉农贷款余额占客户贷款总额的比例约为1/4，占比居国有大行前列。普惠型涉农贷款余额近5000亿元，较年初增长超600亿元。

2. 金融帮扶力度持续加大

截至2021年末，在832个脱贫县各项贷款余额超3500亿元，较年初增长超500亿元，年增速近15%。在160个国家乡村振兴重点帮扶县各项贷款余额达414亿元，较年初增长50亿元，年增速近14%，高于全行各项贷款平均增速。

3. 农村普惠金融服务不断深入

截至2021年末，全行服务县域个人客户超4亿户，建成信用村19.08万个，评定信用户363.64万户。专注于服务农户和个体工商户的小额贷款业务余额超9100亿元，累计放款超6万亿元，服务超5000万人次，单笔金额仅10余万元。

4. 农村金融服务体验不断升级

截至2021年末，小额贷款全年线上放款笔数占比近95%。基本实现了基于移动展业的小额贷款全流程数字化作业，信贷员可携带Pad上门服务，当场办理业务，最快可当场签约放款。县域手机银行客户约2亿户，占全行手机银行客户数的比例超60%。

（二）邮储银行服务乡村振兴的主要举措

1. 强化顶层设计，保持服务乡村振兴定力动力活力

（1）加强服务乡村振兴组织领导

2021年，坚持党委对服务乡村振兴工作的领导，充分发挥支持乡村振兴领导小组作用，设置乡村振兴及普惠金融管理委员会，在原有三农金融事业部的基础上，调整设立三农金融事业部（乡村振兴金融部）。出台"十四五"时期服务乡村振兴落实意见，明确"12345"工作框架[①]，推出服务乡村振兴"十大核心项目"[②]，并组织召开全行服务乡村振兴工作部署会，对相关工作进行宣贯。建立党组织书记服务乡村振兴基层联系点机制，推动各级领导干部深入一线，了解实际情况，解决实际问题。编制全行服务"三农"和县域经济典型案例，在全行宣传推广，发挥典型引领作用。

（2）强化服务乡村振兴政策保障

在经营绩效考核中设置乡村振兴考核指标，提高相关指标考核权重。给予普惠型涉农贷款、金融精准帮扶贷款内部资金转移定价减点优惠，加大涉农贷款信贷额度和资本配置倾斜力度。适度提高涉农贷款不良容忍度，制定涉农贷款和精准帮扶贷款尽职免责政策，充分调动基层行服务"三农"的积极性。研究制定乡村振兴重点领域差异化授信政策，成立乡村振兴专业信审队伍，优化乡村振兴重点领域信审偏好。出台支持国家乡村振兴重点帮扶县工作方案，加大对国家乡村振兴重点帮扶县的资源投入，不断优化"敢贷、愿贷、能贷"机制。

2. 聚焦重点领域，全力做好乡村振兴金融服务

（1）助力巩固拓展脱贫攻坚成果同乡村振兴有效衔接

严格落实"四个不摘"要求，在由脱贫攻坚转向全面推进乡村振兴过渡期内，保持内部资金转移定价、授信准入、尽职免责等主要金融帮扶政策总体稳定。制定脱贫人口小额信贷政策，加大对脱贫地区信贷投放力度，全力支持建档立卡脱贫人口、边缘易致贫户发展生产，助力脱贫地区县域支柱产业和优势特色产业发展。总结全行金融扶贫典型做法，在全国范围内宣传推广，实现扶贫经验在乡村振兴中的应用。制定公司金融支持革命老区振兴发展工作方案，支持革命老区巩固拓展脱贫攻坚成果。

（2）加强乡村振兴重点领域金融服务

把种子、谷物种植等行业列为鼓励进入类重点行业，制定春耕备耕金融服务方

---

① "12345"中的"1"是坚持"三农"金融数字化转型"一条主线"；"2"是发挥"线上+线下"和邮银协同两项优势；"3"是搭建农业农村大数据、银企银政对接、邮银协作三大平台；"4"是对接农户与信用村、农村资源、政府政务、集团会员四类数据；"5"是建设县域农村生产经营、日常消费、涉农产业生态、集团协同、农村政务五类场景。

② "十大核心项目"是指数字化农村信用体系建设、"邮e链"产业链、主动授信和白名单客户营销、邮银协同的惠农合作、集约运营和数字化风控、县域场景建设、乡村振兴公司业务生态版图、直销协同的"三农"生态建设、"三农"金融数据中台、"三农"金融品牌建设。

案,下发粮食行业服务指引,助力保障国家粮食安全。拓宽抵质押品范围,发展农村承包土地经营权抵押贷款,探索开展农机具、农业商标等抵质押融资业务,推广农户信用贷款。积极参与农业农村部"农业经营主体信贷直通车活动",深化与全国农担体系合作,共同支持农业经营主体发展生产。聚焦乡村振兴重点行业,开发产业链经营贷款产品,支持小农户和现代农业有效衔接。推出幸福美丽新村建设、集体建设用地租赁住房、节能环保等贷款产品,推动"医院贷""学校贷"等公共服务类和其他民生资源类贷款发展,落地农产品批发市场建设贷款项目,积极助力乡村建设行动。

(3)持续做好农村地区基础金融服务

优先在金融服务空白乡镇及薄弱地区增设营业网点,持续依托遍布城乡的服务网络,布放自助设备,建立助农服务点,保障县域基础金融服务供给。加大手机银行县域推广力度,丰富线上服务功能,优化线上服务体验,打造百姓身边的银行。启动县域移动支付受理环境建设项目,推动移动支付在商超便利店、餐饮、教育、医疗等县域重要便民场景中的广泛应用。截至2021年末,邮储银行拥有近4万个网点,其中约70%分布在县及县以下农村地区,县域布放自助设备近10万台。

3. 坚持科技赋能,探索农村普惠金融服务新模式

传统农村金融具有"两高一难一慢"的特征,即高风险、高成本、管理难、见效慢。金融科技的发展为破解农村金融市场融资服务难题,打通农村金融服务"最后一公里"提供了"金刚钻"。近年来,邮储银行不断将农村普惠金融服务与新兴科技相结合,强化科技赋能、创新驱动、协同合作,推动"三农"金融数字化转型,积极探索农村普惠金融服务新模式,开启了高质高效服务乡村振兴的新局面。

(1)打造数据赋能线上驱动的服务新模式

在服务模式、客户授信、贷后管理等各个环节,应用大数据、移动互联网等技术,对传统金融服务模式进行变革。一是充分发挥线下资源禀赋优势,积极在县域地区应用移动展业设备,推广基于移动展业设备的小额贷款全流程数字化作业模式,提高线下作业效率。二是整合行内外数据资源,开发授信模型和策略,创新推广"极速贷""小微易贷"等线上金融产品,通过"数据多跑腿、用户少跑路",提高客户融资可得性和便利性。三是丰富智能化风险预警模型,推进贷后管理自主化智能化,推广还款提醒和催收等智能外呼功能,强化"三农"金融业务技防能力。截至2021年末,邮储银行线上化小微贷款产品余额突破7000亿元,较上年末增加2560亿元,增幅超50%。其中,"极速贷"产品余额超2770亿元,较上年末增加1400多亿元。

(2)大力推进信用村普遍授信

发挥"人工+数字化"优势,一方面利用移动展业设备,按照"一筛二访三审核、四采五评六公示"的工作流程,积极开展信用村、信用户建设;另一方面加强与政府、数据公司等第三方机构合作,探索大数据建村和政府推荐信用村模式,建立主动授信体系,创新线上信用户贷款产品,努力追逐"让绝大多数农户都能有邮储银行授信"的梦想。在河南,邮储银行成立农村信用体系建设领导小组,出台农村信用体系建设配套激励政策,有效推进农村信用体系建设。截至2021年末,邮储银行河南分行共建设信用村3.19万个,评定信用户30.21万户,累计为2.14万户信用户授信,发放纯线上信用贷款6.26亿元。

(3)加大农业产业服务生态打造力度

围绕"一县一业、一村一品"和"小而美""美而优"的农业特色产业,将金融服务嵌入农业产业链和商圈场景,通过数字产业链金融服务,为产业链各环节客户提供高效便捷的线上金融服务。同时,与邮政集团实施推广惠农合作项目,联合开展农村客户走访活动,为广大农村客户提供"寄递+电商+金融"一揽子综合服务,构建邮银协同惠农服务生态。在黑龙江,邮储银行与当地涉农公司合作,依托"邮e链"平台与公司系统对接,以农户、粮食购销经纪人在公司存储粮食生成的电子仓单作为质押,向借款人提供贷款支持,既解决了农户、粮食购销经纪人在收粮旺季的资金回笼问题,又帮助公司增强了粮食仓储服务能力。截至2021年末,邮储银行黑龙江分行已经为501户粮食收购主体提供贷款资金超8亿元。

(4)积极开展涉农平台互联合作

推进传统"银政""银担"合作线上化,推动与农村产权交易、农村"三资"管理等新兴平台的合作,通过系统对接、数据互联等方式,不断创新线上金融产品,提升乡村振兴金融服务质效。在安徽,邮储银行推出"邮担云通",创新全国银行系统与全国农担系统合作新模式,建成了首个银行系统与农担系统全流程对接的信息交互平台,可以为客户提供业务全流程线上办理服务。在黑龙江,邮储银行与省农业农村大数据平台合作,推出"智慧龙江"数字农服"极速贷"产品,支持省内农户通过手机银行在线办理贷款。截至2021年末,"智慧龙江"系列"极速贷"累计放款近80亿元。

(三)下一步工作思路

民族要复兴,乡村必振兴。当前,国家对金融机构服务乡村振兴提出了更多更高要求,邮储银行将坚守服务"三农"、城乡居民和中小企业定位,立足自身资源禀赋,加强组织领导和政策支持,坚持以"三农"金融数字化转型为主线,以农村信用体系建设为抓手,以"三农"金融集约化运营为支撑,扎实推进服务乡村振兴"十大核心项目",打造服务乡村振兴数字生态银行,全面提升服务乡村振兴的能力和水平,为乡村全面振兴贡献更大力量。

1. 扎实做好乡村振兴重点领域金融服务

一是坚决助力巩固拓展脱贫攻坚成果。严格落实"四个不摘"要求,接续做好脱贫人口和脱贫地区金融服务,以国家乡村振兴重点帮扶县为主,积极支持脱贫地区产业升级和重点项目建设。二是全面做好重点领域金融服务。聚焦粮食和重要农产品保供、现代农业和乡村产业发展、乡村建设行动等重点领域,加强板块联动、总分联动、邮银联动,创新金融产品和服务模式,加大涉农信贷投入力度,做好乡村振兴综合金融服务。三是积极做好重点主体金融服务。加大对家庭农场、农业龙头企业等新型农业经营主体信贷支持力度,接续做好普通农户金融服务,支持农村客群创新创业,不断提升新市民金融服务水平。

2. 加快推进金融科技赋能乡村振兴

一是加快"三农"金融数据中台建设。持续整合行内数据资源,加快推动外部数据合作落地,不断推进"三农"金融数据中台建设,夯实"三农"金融数字化转型基础。二是推进产品服务转型升级。运用大数据、云计算等信息科技,创新金融产品和服务模式,大力发展"极速贷""小微易贷"等线上金融产品。推动线下产品数字化改造,推广全流程数字化作业模式,将金融服务送到田间地头。三是推进"三农"金融集约化改革。稳步推进审查审批集中运营,扎实推动贷后管理集中运营,加强信息科技在贷后管理中的应用,不断提高"三农"金融服务质效。四是强化智能风险防控能力。完善客户风险评估、预警等模型规则,不断提高风险管理的前瞻性和有效性,推动"三农"金融业务长期稳健发展。

3. 深入开展农村信用体系建设

一是积极做好信用村信用户评定。充分利用村"两委"、乡贤能人等人熟地熟优势，开展信用村信用户信息采集；同时，加强与政府和第三方数据平台的合作，探索推进政府推荐信用村和大数据建村，通过线上线下融合模式，持续提升农村信用体系建设效率。二是积极稳妥推进农户普遍授信。按照"整村授信、应授尽授"思路，健全主动授信机制，推广农户普遍授信试点，努力让大多数农户有邮储银行授信，为亿万农户提供综合金融服务。三是建设行政村可视化管理平台功能，完善行政村画像，为加强信用村建设，服务农村重点客群提供数字化管理支撑。

4. 构建"三农"金融服务生态体系

一是加强与邮政集团协同。充分发挥邮政集团商流、物流、资金流、信息流"四流合一"优势，围绕农村重点客群，深化各个板块协同联动，为更多农村客户提供"金融+寄递+电商"一揽子综合服务，打造邮银惠农协同服务生态。二是积极发挥邮惠万家直销银行的作用。积极探索"母子协同"服务乡村振兴新模式，推动相关模式和重点产品落地，不断提升协同效率，发挥协同服务乡村振兴效应。三是深化与政府、企业、担保、保险等外部平台的合作。持续推动合作模式线上化，提高信息共享和产品对接效率。积极参与农村智慧政务平台建设，推动金融服务融入农村政务服务场景。健全"邮e链"平台功能，将金融服务嵌入更多农业产业链和商圈场景，提高农业产业线上金融服务能力。四是推动线下金融服务场景线上化。推进县域移动支付受理环境建设提档升级，加快手机银行"三农"版建设，加大手机银行县域推广力度，努力为更多农村客户提供更加高效便捷的金融服务。

参考文献

[1] 姚红. 用实干实绩践行服务"三农"使命担当[J]. 中国农村金融，2022（17）：36-38.

[2] 李永生，姜玉桂，刘月姣. 支农支小 普惠万家——专访中国邮政储蓄银行副行长邵智宝[J]. 农村工作通讯，2022（12）：22-24.

[3] 李永生，姜玉桂，刘月姣. 支农支小 普惠万家——专访中国邮政储蓄银行副行长邵智宝[J]. 农产品市场，2022（12）：8-13.

第 15 章

大宗商品交易与农村金融服务

一、大连商品交易所"农民收入保障计划"的深化实践与发展[①]

近年来,受国际地缘政治趋于复杂影响,逆全球化和贸易保护主义抬头导致国际贸易摩擦频繁,并与全球极端天气频发共同导致全球农产品供应风险上升。我国农产品价格受国内外相关市场影响波动幅度加大,农产品市场风险增加,粮农收益以及重要大宗农产品供给均受到威胁。为实现巩固拓展脱贫攻坚成果同乡村振兴有效衔接的目标,应持续优化完善我国农业风险管理体系,将防止规模返贫以及保障重要大宗农产品供应有效结合。大连商品交易所(以下简称大商所)在中国证监会的正确领导下,深入贯彻落实中央一号文件指示精神,始终致力于协同发挥农业保险和期货衍生品的各自优势,持续优化完善以"保险+期货"为主模式的大商所"农民收入保障计划"(以下简称农保计划),进一步探索期货市场服务"三农"、巩固拓展脱贫攻坚成果、全面落实乡村振兴战略的有效路径,实现"保收入、促生产、稳粮安"的总体目标。

(一)"保险 + 期货"模式介绍

"保险+期货"模式是中国保险市场和期货市场在各自探索保障农民收入的过程

---

① 本节数据均源于大商所内部资料。

中因为相互需要而自发合作形成的创新模式。对于保险市场来说，政策性的农业保险经过多年的发展已经获得农户的广泛认可，然而随着农产品价格波动加大，广大农户对提高种植、养殖收益的需求不断提升。对于期货市场来说，2005年大商所就启动了"千村万户"市场服务工程，常年坚持将期货价格信息和风险管理培训送到东北粮食主产区，利用期货及衍生品工具帮助农民管理生产经营风险。然而受限于我国农户规模较小、资金实力和知识水平等限制，农户直接参与期货市场具有较大的困难。

2015年，大商所引入保险公司，组织和引导期货市场与保险公司合作，正式推出"保险+期货"模式。该模式通过"两次风险转移"将农户面临的价格波动风险转移到期货市场。具体来看，保险公司设计基于农产品期货市场价格的保险合同并销售给农户，实现"风险的第一次转移"，即当农作物实际价格或收入低于保险合同中约定的目标价格或收入时，保险公司将向农户赔付二者之间的差额；同时保险公司通过购买期货公司风险子公司的场外期权将风险转嫁给期货市场，类似于期货市场给保险公司提供了"再保险"，从而实现了"风险的第二次转移"。

2018年，大商所认真总结过往实践经验，推出了涵盖"保险+期货"、场外期权、基差收购等多种形式，期货公司、保险公司、银行等多类型金融机构共同参与的综合性农保计划，致力于通过多类型金融机构跨界合作和多结构运行模式的集中尝试，探索建立期货市场服务保障农民合理收入的整体框架。

（二）2021年农保计划的实践与进展

2021年，大商所以"服务国家战略、引导政府参与、提升机构能力、满足市场需求"为导向，坚持"点线面"相结合的总思路，有针对性地开辟风险管理项目板块，在2021年农保计划中通过分散化解粮食、油脂油料、生猪等重要大宗农产品市场风险，助力养殖户和产业主体稳健运营，对我国重要农产品保障形成有力支撑，有力推动我国农业风险管理体系不断优化，助力保障农户权益和重要大宗农产品供应。

1. 大商所加大对贫困地区的政策倾斜力度，助力保障农户收益

2021年是巩固脱贫攻坚成果与乡村振兴战略有效衔接的关键一年，大商所为保持对贫困地区项目支持政策的连续性和稳定性，共设立31个"保险+期货"帮扶专项项目。不仅如此，大商所鼓励在曾是国家级贫困县的地区开展项目，有效保障农民收入，全力确保相关地区"脱贫不返贫"；在分散项目中，继续在贫困地区推进种植类和养殖类项目，加大对涉及生猪的养殖类项目和保障新型农业经营主体的种植类项目的支持力度。2021年是西藏和平解放70周年。大商所紧跟中央的决策部署，为落实证监会加大对西藏自治区"保险+期货"支持力度的指示精神，首次在西藏地区开展"保险+期货"项目。7个西藏专项饲料项目服务养殖户1万余户，保障生猪、肉牛等牲畜约14.5万头，赔付37万元。通过项目开展，西藏地区地方政府、养殖户对"保险+期货"有了初步认识，为今后持续助力西藏乡村振兴迈出了坚实的第一步。

2. 大商所积极引导政府深度参与县域覆盖项目，提高项目对农户的保护力度

2021年，大商所在黑龙江、辽宁、内蒙古、山东、河南、河北、安徽等省份的18个粮食主产县开展玉米、大豆县域覆盖收入险，二者覆盖产量和种植面积合计分别达253.75万吨和585.58万亩，理赔赔付1.74亿元。2021年大商所主动商请粮食主产省份的省级政府部门联合推动项目开展工作，特别是在项目理赔过程中，农保计划项目由所在地的地方政府全程督导，组织提供包含合理测产、及时理赔等证明函作为申请结项的关键材料，优化理赔效率。同时大商所引导地方政府深入项目运行全流程，保障项目运行质量，确保项目顺利运行。2021年，黑龙江同江市玉米项目因遭受自然灾害而损失严重，单户涉及最大理赔额近900万元，其中县政府及相关单位全程参与测产核产工作，保证理赔工作高效、公正、严谨和合规。

同年7月，河南地区出现罕见特大暴雨，其中长垣县和息县灾情极为严重，这两县均成功立项县域覆盖项目。为确保农民收益获得有效保障，大商所主动担当，尽可能提供便利和支持，将出单期限延后两个月。同时大商所协调地方政府指导督促各项目方精确勘察投保地块，做到能保尽保、应赔尽赔、早赔快赔，最大限度保障受灾地区农民的基本收入。在各方的努力下，项目顺利出单，最终实现赔付816万元（赔付率为57%），给当地近2.8万户受灾农户吃了"定心丸"，也为当地的防灾减损和复工复产工作提供了强有力的支持。

3. 保费自筹比例显著提升，"输血"转为"造血"，农保计划持续帮扶农户

近年来，大商所一直在积极引导各方承担保费，特别是提升各级政府和农户的保费缴纳比例，有助于农保计划能够长期高效运行。2021年，农保计划全部项目总保费为6.69亿元，其中自筹保费为4.14亿元，占比为62%，同比增长13个百分点。具体来看，18个县域覆盖项目保费自筹比例达到69%，同比增长22个百分点；183个分散项目中保费自筹比例为52%。特别是生猪项目获得了地方政府的大力支持，全国20个省份的65个项目均获得了政府补贴，其中湖南、广西、贵州、海南4个省份财政厅发布了专项补贴政策文件，要求省、市、县各级财政向农户补贴保费，开展生猪价格保险项目，充分体现了地方政府和投保主体对"保险+期货"的认可。

此外，期货公司在开展项目过程中普遍盈利，市场机构持续开展项目的动力日益增强。整体上看，期货公司通过场内对冲操作能够有效覆盖所承保现货的价格风险并获得一定利润。2021年全年参与"保险+期货"项目的期货公司所有项目权利金收入达4.4亿元，扣除期权赔付、手续费支出等相应成本后，实现总盈利7911万元，单个项目平均盈利超过33万元。

4. 引入行业主体和金融机构参与形成合力，进一步夯实农业支持保护体系

大商所不断丰富"保险+期货"模式的内涵和外延，以期货市场价格发现和风险管理功能发挥为出发点，推动多类型金融机构跨界合作，为农户提供风险管理的整体解决方案。一方面是引入粮食现货企业，探索"保险+期货+基差收粮"模式，解决农民"粮往哪里卖"的难题。该模式的主要做法是由收粮企业与农民签订基差合同，约定基差，农民在期货盘面择机点价，以"期货价格+基差"方式形成粮食收购价格。截至2021年底，大商所已支持资金约1450万元，引导北大荒粮食集团、山东圣丰种业等大型粮贸企业，以基差点价的形式向农户完成粮食收购29笔，累计收购玉米、大豆65万吨。另一方面是引入银行，探索"保险+期货+银行"模式，解决农民"钱从哪里来"的困扰。"保险+期货"的风险管理功能，可以起到给农民增信的作用。目前，已有工商银行、建设银行、邮储银行等12家国有银行和地方商业银行参与了大商所"保险+期货"项目，以保险额度为依据，发放信用贷款（或提升授信额度）超2.3亿元。

（三）2021年农保计划典型案例

1. 县域全覆盖项目——鲁证期货山东济阳玉米收入险项目

山东省济南市济阳区是粮食生产大县，小麦和玉米分别为春秋两季作物，种植面积达到120余万亩，是当地重要的粮食作物。为保障济阳区春、秋两季主粮作物的综合收入水平，2021年，在大商所、各级政府支持下，鲁证期货携手中华保险推出玉米收入险。

（1）基本情况

该项目承保玉米种植面积45.81万亩，折合现货量22.9万吨，共计为济阳地区4.6万户农户提供收入保障。经与政府商议，综合考量农户意愿、当地情况，该项目约定目标亩产为0.5吨/亩，总保费为3166.17万元，保险保障金额近5亿元。2021年济阳区玉米种植区域受涝灾影响较大，同时风灾、雹灾等对玉米的产量造成了不同程度的影响。该项目到期时，根据约定计算实际价格为2527.53元/吨，结合各地块实际减产情况，该项目最终实现理赔总金额约为1766万元，有效避免玉米种植户因极端天气影响导致亏损情况的发生（见表1）。

表1　　2021年济阳地区玉米分地块实际收入及赔付情况

地块性质	面积（亩）	实际产量（吨/亩）	实际价格（元/吨）	实际收入（元/亩）	赔付情况（万元）
绝产	1508.53	0	2527.53	0.00	162.92
受涝灾地块	65671.75	0.34025	2527.53	859.99	1444.84
风灾倒伏地块	144.51	0.35589	2527.53	899.52	2.61
受雹灾地块	22090.62	0.3995	2527.53	1009.75	155.19
合计					1765.56

（2）项目成效

近年来，山东省积极落实财政部、农业农村部、银保监会关于扩大三大粮食作物完全成本保险和种植收入保险的指示精神，数次发文表示力争到2022年使收入保险成为山东省农业保险的重要险种。济阳区全域覆盖的玉米"保险+期货"收入保险的成功实践为山东省农业保险的转型升级提供了基础经验，通过收入保险与完全成本保险的互相配合，进一步提升农户种粮的积极性，为当地农户提供了全面种粮收益保障，在稳定山东乃至全国主粮作物供应、防止耕地"非粮化"倾向方面提供了解决方案，具备较强的示范意义。

2. 分散项目——新湖期货万源畜禽饲料价格险

近年来，我国玉米、大豆价格波动加大，我国养殖企业面临的风险加剧。2021年，我国生猪产能逐步恢复，带动饲料需求增加；同时受农资地租等成本上涨等影响，我国饲料成本大幅上升，养殖企业和养殖户面临的饲料成本价格风险越来越突出。2021年，新湖期货股份有限公司（下称"新湖期货"）联合中国工商银行总行（下称"工行"）、中国太平洋财产保险股份有限公司（下称"太保产险"）等主体共同在四川省万源市开展畜禽饲料价格保险分散项目，为当地养殖企业、合作社、家庭农场和养殖场等32个养殖主体提供饲料价格保险，通过为养殖主体提供畜禽饲料价格保险，有效解决养殖成本不稳定的问题，助力养殖主体稳成本、保收益。

（1）基本情况

在当地政府引导下，大商所和工行为养殖主体提供保费补贴，同时工行为养殖主体提供融资贷款。养殖主体通过购买太保产险畜禽饲料价格保险规避饲料原料价格风险，太保产险通过购买新湖期货子公司——新湖瑞丰场外期权转移价格风险，新湖瑞丰通过期货市场场内期货和场内期权转移风险（见图1）。

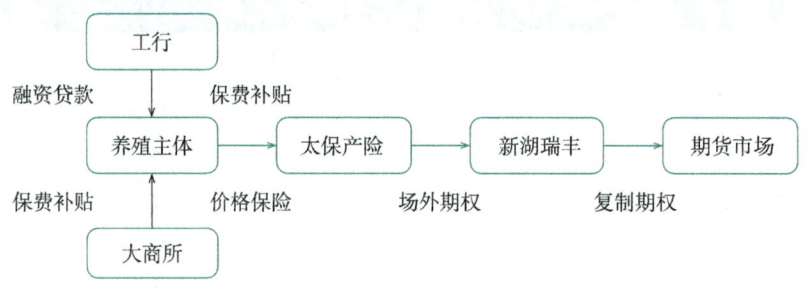

图1　项目运行流程

项目共分为三期，保费总额达73万元，到期后理赔金额达31万元，赔付率为42.49%。

以万源市兴酉畜禽养殖专业合作社为例。该合作社参与第三期饲料价格指数保险，覆盖玉米46.91吨、豆粕6.3吨，农户自缴保费成本为529.14元。2021年11月23日四川当地玉米和豆粕现货价格分别为3020元/吨和3560元/吨，2021年12月22日当地玉米和豆粕现货价格分别为3120元/吨和3760元/吨，若该合作社未参与项目，则其在现货市场饲料成本共上涨了5951元。而通过项目投保，该合作社获得赔付3229.6元，有效弥补了现货市场饲料成本上涨的部分损失，对冲了饲料成本上涨风险。

（2）项目成效

该项目采用"保险+期货+银行"的创新模式，全方位解决养殖饲料价格风险和融资需求。其中工行为养殖户提供融资贷款350万元，有效解决养殖户融资难题；保险产品采用饲料价格保险,有效覆盖了养殖产业链前端饲料采购风险。该项目不仅有利于当地农业实体产业了解熟悉农保计划,加强利用金融创新工具保障农业健康可持续发展的意识,同时也为后期"保险+期货+银行"模式推广积累了宝贵经验。

3. 分散项目——大地期货郾城区生猪收益指数险

2021年以来,国内生猪价格连续下跌,同时生猪养殖成本端——豆粕和玉米价格震荡上涨。面对成本端饲料价格上涨和销售端生猪价格下跌的双重价格风险,多数生猪养殖户养殖利润大幅缩水并逐步转为亏损。在此背景下,为助力生猪养殖户确保养殖收益稳定以及生猪供应稳定,大地期货在大商所的支持下,在河南省漯河市郾城区开展了生猪收益指数"保险+期货"项目,依据大商所生猪、玉米、豆粕期货自行拟合生猪收益指数,同时兼顾养殖户面临的生猪价格下跌和饲料成本上涨风险,提供更加全面的价格风险保障。

(1)基本情况

该项目服务郾城区38户生猪养殖户,共覆盖育肥猪2.52万头。项目保费共计约165万元,其中政府补贴50万元,占总保费的30.30%;养殖户自缴50万元,占总保费的30.30%;大商所补贴支付65万元,占总保费的39.40%。

该项目由养殖户向太保产险购买生猪收益指数保险,太保产险向大地期货风险管理子公司购买场外期权实现再保险;到期后,若生猪收益指数低于目标价格时,参保养殖户获得差额赔付。在前期项目设计的过程中,大地期货了解到养殖户的育肥猪平均出栏重量为120千克,按照料肉比3:1,结合参保养殖户实际养殖饲料配比(玉米70%、豆粕20%)得到一头育肥猪出栏所需的玉米、豆粕消耗量,将三者拟合成生猪收益指数。最终保险方案挂钩标的为该生猪收益指数,贴合养殖户实际养殖情况(见图2)。

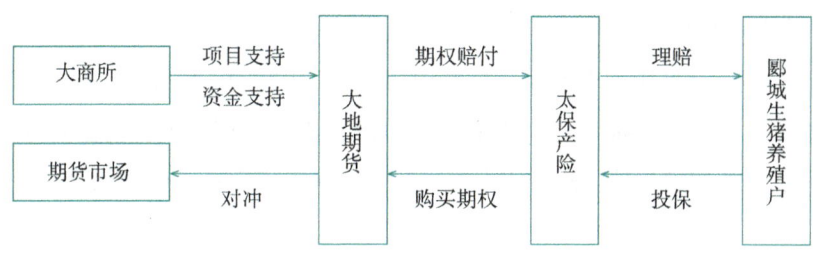

图2 项目运行流程

（2）项目成效

郸城区是生猪调出大区，全区生猪存栏50万头，年出栏生猪近100万头，生猪养殖是当地的重点支柱产业，也是农户的主要收入来源。在项目运行期间，生猪价格大幅回调，猪饲料价格持续维持高位，参保养殖户的养殖利润大幅下降。最终本项目赔付481万元，赔付率为291%，充分展示了生猪收益指数"保险+期货"模式在有效防范价格风险方面的作用，保障了生猪养殖户的收益，大大减轻了其经营压力。

（四）"保险+期货"模式面临的问题及障碍

1. 尚未形成"保险+期货"中央及地方财政常态化补贴机制

"保险+期货"要实现大范围推广，关键是要建立稳定可持续的财政补贴机制。现阶段财政补贴的形式主要是财政直补和以奖代补[①]两种形式，目前"保险+期货"模式尚未被纳入中央财政补贴体系中，因此财政支持有限。从2015—2021年大商所"保险+期货"项目情况看，交易所支持资金占比约50%，财政资金承担约27%，且以地方财政为主，财政资金补贴不足的同时还面临着地方政府财力有限的问题。

2. 我国再保险体系不断发展，"保险+期货"未来发展方向和定位需进一步明确

2020年8月27日，中国农业再保险股份有限公司（以下简称中农再）成立，我国农业再保险体制机制不断发展完善。我国中农再承担的职能与美国联邦农作物保险公司（FCIC）较为类似，未来或将承担对我国农产品收入保险定价以及再保险等职能，这与我国"保险+期货"模式特别是期货市场提供的"再保险"职能有一定重合，而中农再未将"保险+期货"模式纳入《政策性农业保险再保险标准协议》（2021年版），因此"保险+期货"模式未来发展方向和定位还需进一步明确。

3. "保险+期货"覆盖面需进一步扩大

当前进一步优化"保险+期货"模式面临的首要问题在于相对于我国巨大的种养规模，"保险+期货"试点覆盖面积较小。自2015年试点以来，"保险+期货"模式一直由各大期货交易所大力推动。虽然项目试点均取得了很好的效果，试点品种、规模和覆盖范围都在不断扩大，但是当前"保险+期货"试点项目覆盖面相对有限：一是我国农产品期货品种仍然不够丰富，覆盖面尚不完整；二是"保险+期货"试点

---

① 《中央财政农业保险保费补贴管理办法》（财金〔2021〕130号文件）。

品种有限，尚未覆盖所有上市农产品期货。

4. 相关主体对"保险+期货"模式的认知需进一步提升

2021年，根据财政部、农业农村部和银保监会三部门的文件，在部分省份[①]实行的保险项目中，只有少部分县区选择试点以期货价格作为理赔标准的收入险。虽然这类保险更契合保险产品对未来风险设定的需求，具有较高的真实性，保障效率更高，但在实际操作中，这类收入保险覆盖面积有限，大多数地方政府、保险机构和农户仍选择传统的以产量为标的的农业保险。部分农民对"保险+期货"模式的认知仍停留在投资产品上，并未将其视为保险产品。

（五）相关建议

2021年底中央农村工作会议强调，保障好我国初级农产品供给是一个重大战略性问题，同时要确保猪肉、蔬菜等农副产品供给安全。因此为进一步确保我国粮食安全，提高重要农产品供应能力，建议将"保险+期货"模式纳入农业政策性保险支持体系中，提高农户种养收益保障力度，从而激发种养积极性，同时持续优化"保险+期货"产品设计、再保险机制创新等，加大宣介力度，提高产业主体认识，进一步提高保险市场和期货市场协同效率，提高"保险+期货"保障重要大宗农产品供应战略、服务农业风险管理以及助力全面推进乡村振兴的能力。

1. 推动"保险+期货"纳入我国政策性农业保险体系顶层设计

我国已具备发展"保险+期货"模式的基础。一方面，"保险+期货"模式获得认可，已多次被纳入中央与相关部门政策文件，具备纳入我国农业政策性保险体系顶层设计的政策基础；另一方面，"保险+期货"试点项目获得地方政府和市场主体的认可，为持续推进发展打下市场基础。因此，在当前高度重视农业市场风险的背景下，建议进一步发挥"保险+期货"保障农民合理收益和转移价格风险的作用，推动"保险+期货"进入农业政策性保险体系顶层设计，将其纳入中央和地方财政支持范围；同时可参考美国农业收入险模式，基于政策性农业保险"保基本、宽覆盖"定位，确定对"保险+期货"支持的方式和水平。

---

① 中原农业保险股份有限公司推出黑龙江省中央财政玉米和大豆收入保险，实际价格定为约定月份玉米期货合约在约定采集期内各交易日收盘价的平均值；辽宁省在6个县开展收入保险，目标价格设定为70%现货价格和30%期货价格的拟合价格；安徽省在2021年6月成功出单玉米收入保险。

2. 推动构建多层次农业风险保障体系,促进政策性农业保险市场化风险管理工具有机统一

当前广大农户仍以保证基本收益为主要目标,规模性企业则多以利益最大化为目标,因此建议对不同类型经营主体分类施策,对于广大农户仍以政策性农业保险为主,保障农户基本收益。对于新型经营主体或有更高保障需求的规模性企业,在通过政策性农业保险保障基本收益的基础上,鼓励引导其利用商业保险、场外期权或者直接进入期货市场等多种方式,提高保障水平。

3. 推动"保险+期货"收入保险模式纳入财政补贴范围,更好服务"国家支持+市场运作"的风险管理机制

2019年起,财政部、农业农村部、银保监会在全国范围内开始探索玉米、小麦、水稻三大主粮作物完全成本保险和种植收入保险试点,如今已扩大至全国13个省份。虽然目前黑龙江省、辽宁省等省份的玉米种植收入险试点已选用期货价格作为定价依据,但无论是在国家还是各省试点方案中,均尚未明确将"保险+期货"收入保险模式纳入财政补贴范围内。"保险+期货"作为农业保险的一种表现形式,建议财政部、农业农村部、银保监会将"保险+期货"收入保险模式正式纳入财政补贴范围内,给予相同水平的保费补贴,进一步丰富种植收入保险模式,更好地推动我国农业保险高质量发展。

4. 进一步提高"保险+期货"项目覆盖面,提升对农民的保护力度

期货市场在积极服务国内大循环、国内国际双循环的同时,针对我国区域经济和产品结构差异大的问题,要兼顾地方特色产品的区域微循环,特别是应加大对刚脱贫地区的支持力度。具体建议如下:一是要逐步增加"保险+期货"覆盖品种数量,逐步将品种覆盖面扩大到所有重要大宗农产品;二是要加大对部分区域的支持力度,通过研发当地特色品种促进农村经济发展,同时研究与之对应的"保险+期货"项目,助力当地农户有效保障收益;三是推进"保险+期货"项目与涉农指数品种融合研究。加大对"保险+期货"与涉农指数如温度指数等创新性模式的研究力度,丰富基于衍生品市场的"三农"服务工具箱,为农民收益提供更加有效的保障。

5. 进一步加强"保险+期货"模式宣介,提高相关部门、保险公司、期货公司和农户的认识水平

部分地方政府、农户仍把"保险+期货"看作"投资工具",期待获得额外收益，这一认知背离了保险利益和保险补偿等保险基本原则。一方面建议相关部门、保险公司和期货公司进一步普及农业保险的初衷和本质，即农业风险管理重在管理风险和不确定性，以较少保费投入避免可能发生的收益损失。另一方面建议借助农业保险的强大基层基础，加大期货市场服务"三农"和保障农民收入的培训力度，切实纠正两个误区（并非保障水平越高越好、投保后并非理赔越多越好），提升各方对农业保险、"保险+期货"业务、农业风险管理工具的认识水平。

二、郑州商品交易所服务农村金融的实践探索[①]

农业丰则基础强，农民富则国家盛，农村稳则社会安。由于国内外形势复杂多变，国内外农产品生产和贸易受到严重影响，价格波动幅度加大。未来涉农大宗商品供求情况和宏观经济发展仍面临复杂多变的环境，农产品价格大幅波动的风险仍客观存在。促进涉农期货、期权品种发展，加快涉农风险管理工具体系建设，对当前农业稳定发展和国家经济安全有着十分重大的意义，也是郑州商品交易所（以下简称郑商所）落实国家农业发展战略、践行服务农业产业发展的重要方向和抓手。

（一）2021年郑商所农产品期货期权市场运行情况

1. 期货、期权市场交易情况

2021年全国期货市场累计成交量约为75.14亿手，累计成交额约为581.20万亿元，同比分别增长22.13%和32.84%。2021年我国商品期权市场成交量占期权市场的98%，商品期权市场成交额占期权市场的79%，商品期权市场持仓量占全市场的96%。

郑商所2021年全年累计成交量为25.82亿手，占全国期货市场成交量的34.36%，同比增长51.75%；全年累计成交额为108.00万亿元，占全国期货市场成交金额的18.58%，同比增长79.73%。目前郑商所涉农品种达20个，其中期货品种包括强麦、普麦、棉花、白糖、菜籽油、早籼稻、油菜籽、菜籽粕、粳稻、晚籼稻、棉纱、苹果、红枣、花生、尿素15个，期权品种包括棉花、白糖、菜籽油、菜籽粕、花生5

---

① 除另有说明，本节数据均源于郑商所内部资料。

个。2021年郑商所成交较为活跃的涉农产品有菜籽粕、白糖、棉花、菜籽油、苹果、尿素、红枣、白糖期权、棉花期权（见表2）；2021年郑商所新上市的农产品是花生期货。

表2　郑商所2020—2021年较活跃涉农品种交易情况

品种	年份	成交量（万手）	同比变化（%）	成交额（亿元）	同比变化（%）	年末持仓量（万手）	同比变化（%）
菜籽粕	2020	15989.38	15.79	38616.03	20.62	47.90	45.17
	2021	26892.72	68.19	77267.62	100.09	59.69	24.62
白糖	2020	12455.12	10.70	65179.89	9.54	55.90	42.70
	2021	11645.80	-6.50	65815.21	0.97	53.88	-3.62
棉花	2020	10833.84	69.36	69730.13	59.47	63.57	-9.37
	2021	11352.36	4.79	99055.86	42.06	57.36	-9.77
菜籽油	2020	10544.73	179.06	89970.16	233.73	16.14	25.05
	2021	11275.52	6.93	123831.61	37.64	25.81	59.94
苹果	2020	6300.93	68.20	46761.67	38.94	32.92	231.26
	2021	10549.27	67.42	68075.41	45.58	23.27	-29.31
尿素	2020	1664.62	254.67	0.56	244.22	5.57	-3.73
	2021	4123.20	147.70	1.91	239.70	10.85	94.79
红枣	2020	652.62	—	3279.91	—	2.69	—
	2021	2432.82	272.78	15649.86	377.14	8.57	218.76
白糖期权	2020	625.43	-7.65	47.47	-11.05	10.71	18.15
	2021	1088.76	74.08	75.51	59.07	14.19	32.47
棉花期权	2020	498.21	43.84	55.35	37.11	10.58	-1.19
	2021	818.23	64.23	148.55	168.38	13.13	24.06

资料来源：中国期货业协会。

2. 市场功能发挥情况

农产品期货市场的价格发现和套期保值功能，为服务农业和农村经济持续稳定健康发展作出越来越多的贡献。除不活跃品种外，郑商所大多数涉农品种期货能充分、提前反映现货市场供需情况，大多农产品期现货价格呈现高度趋同性（见表

3），为充分发挥期货市场价格发现、套期保值功能奠定了坚实的基础。

表3　郑商所2021年主要涉农品种期现货价格相关性

品种	菜籽粕	白糖	棉花	菜籽油	苹果	尿素	棉纱	花生
相关系数	0.86	0.93	0.98	0.97	0.82	0.89	0.97	0.87

资料来源：中国期货业协会。

（二）郑商所服务农业产业发展的实践

郑商所作为我国第一家商品期货交易所，起源于粮食批发市场，在服务我国农业发展领域具有先天优势。2021年对郑商所而言是特别的一年，在大宗商品市场行情剧烈波动、特大暴雨汛情和新冠疫情三重考验下，郑商所胸怀大局、排除万难、多措并举，做好服务国家战略、服务实体经济工作，在助力我国农业产业发展方面，探索出新路径，多方式多渠道发挥期货市场功能。总体来看，期货市场在服务农业产业发展方面的作用进一步凸显，具有持续性、深入性和有效性。

1. 积极拓展涉农产品工具供给

品种工具创新是期货市场服务实体经济的根本抓手。多年来，郑商所不断跟踪关注农业产业发展需要，心系农业，潜心研发可满足农业发展需要的各类可上市新产品。2021年2月1日，郑商所成功上市花生期货。花生期货上市一年来，整体运行平稳，功能发挥初步显现。一是交投初步活跃，日均成交8万手，日均持仓9万手，日均换手率为0.89。二是期现货价格相关性较高，主力合约价格与现货价格的相关系数接近0.9，表明花生期货价格可有效反映市场供需。三是市场积极有序参与，对花生期货认知程度不断提升，已有500余家产业企业开户并参与交易，在全国开展花生贸易前10名的企业中，已有8家参与花生期货交易；在全国进行花生消费前10名的企业中，已有9家参与花生期货交易。

尤其值得关注的是，花生期货交割还体现出以下几个特点。一是规模方面，交割货物量较大，均顺利完成交收。首个合约顺利交割量折合现货5100吨。截至2022年1月底，花生期货共经历4个交割合约，累计交割3679手，折合现货18395吨。二是主体方面，行业各方积极参与交割，涵盖产业中的生产、加工、进口、出口及消费等各环节合计25家产业客户，进一步促进了期现货市场的有机融合，交割在产业链各主体的作用逐步显现。例如，青岛鲁星食品有限公司（以下简称青岛鲁星）是国内一家长期从事花生贸易的企业，年贸易量超过16万吨，其中进口量超过10万吨，是国内多家大型压榨企业和食品加工企业的核心供应商，参与了花生期货首个合约的交割。2021年6月，青岛鲁星与境外贸易商签订花生采购合同，采购5000吨，但受7月压榨企业逐渐停收、花生价格进入低迷期等因素影响，其面临着9月到港后亏损的风险。青岛鲁星通过交割套利，顺利在花生期货2110合约上卖出套保，实现交割2000吨，拓展了采购和销售渠道，保障了进口花生安全。

花生期货的上市，进一步完善了我国油脂油料期货品种体系，为农户和实体企业提供有效的价格预期和风险管理工具，有利于保障花生种植农户和相关企业的利益。花生期货的平稳活跃运行，进一步巩固了期货市场服务油脂油料产业发展的能力，对保障我国油脂油料安全意义重大。

2. 持续优化"保险+期货"项目

作为期货和保险跨界融合的金融创新模式，"保险+期货"自2016年起已连续6年写入中央一号文件，充分体现了资本市场服务实体经济的能力和价值。2021年中央一号文件明确提出，发挥"保险+期货"在服务乡村产业发展中的作用。截至2021年末，郑商所累计完成127个棉花、白糖、苹果、红枣等农产品"保险+期货"试点项目，累计支持资金3.17亿元，保险理赔金额达3.28亿元，共有25万农户受益，有效服务了相关产业发展。

2021年，郑商所认真践行2021年中央一号文件关于"保险+期货"与服务乡村产业发展的相关要求，一方面高质量完成2020年支持的31个"保险+期货"试点项目赔付，实际赔付总额达1.44亿元，平均赔付率高达110.98%，为历史最高，为近11万亩苹果和16万亩红枣产业发展保"价"护航；另一方面根据市场发展需要，2021年投入资金1.2亿元，在新疆、甘肃、广西等8个省份继续加大支持力度，在棉花、白糖、苹果、红枣4个品种上开展"保险+期货"试点，新增花生、甜菜品种试点，创新开展新型农业经营主体专项项目，探索苹果收入险试点。同时，注重引导多方力量参与"保险+期货"，地方财政联动结合、社会资金积极参与：推动甘肃中央财政保险奖补资金支持苹果"保险+期货"项目，实现了以财政资金为主推动试点落地实施的新模式，在财政资金常态化、机制化支持"保险+期货"试点上率先取得突破；在河南、山东与政府部门联合开展的苹果、花生试点中，财政为试点提供

50%的保费补贴，外部资金约占预算总保费的42%，比2020年提高近10个百分点。

"保险+期货"相当于为保险公司投保，通过期货市场分散风险，期货和保险两种金融手段形成合力，为农户和农业提供最终保障，在促进农户稳收增收和打造特色农业产业群方面作用明显。第一，农户稳收增收方面，农户承担少量保费，即可获得收入保障，有效应对"因灾减产""丰年难丰收"等难题。尝到了甜头的果农，风险意识逐步增强，从过去"不肯保"到现在"争相保"，还通过苹果期货价格了解全国市场和远期苹果价格，从以前"听果商报价"变成现在"与果商议价"，掌握了更多主动权。第二，打造特色产业群方面，郑商所依托"保险+期货"项目，培育"市场牵龙头、龙头带基地、基地连农户"的特色产业集群。在产能过剩日益明显的趋势下，针对单个问题、局部解决问题的思路和做法对于农产品滞销等经常性问题仅是"杯水车薪"，缺乏用"一盘棋"理念解决问题的思路。面对以上问题，郑商所拟定《苹果期货助力产业振兴行动方案》，并稳步实施。该方案不仅引导产业主体积极利用"保险+期货"项目化解经营风险，同时引入龙头企业、金融机构等组织参与期现货市场，打造优势特色产业集群，推动形成"价格有参考、风险可对冲、标准能落地、融资有渠道"的经营和管理模式。例如，陕西省延长县依托"保险+期货"县域覆盖试点，着手构建"交易所搭平台、地方政府引导、金融机构支持、龙头企业带动"的"四位一体"服务模式，打造配套完善、具有竞争力的特色产业集群。

3. 推出"商储无忧"试点，解决承储企业后顾之忧

化肥是粮食的"粮食"，对粮食增产贡献率在40%以上，但国内化肥资源不仅紧缺，且存在生产和使用时间不完全匹配、产销地需长距离调运等矛盾，加上我国农业主产区洪涝等自然灾害可能频发，因此国家保持一定数量的化肥储备是必要的。2020年，经国务院批准，"中央救灾化肥储备""化肥淡季商业储备""国家钾肥储备"统一整合为"国家化肥商业储备"，并规定国家化肥商业储备企业在实际运行中遵循企业承储、政府补助、市场运作、自负盈亏的基本原则。因此，国家化肥承储企业在经营过程中会面临承储期间化肥市场价格下跌的风险。为降低国家化肥承储企业的风险管理成本，转移承储企业承储期间化肥价格下跌的风险，郑商所推出尿素"商储无忧"项目。

2019年8月，尿素期货在郑商所上市。经过近两年的运行和市场培育，企业认可度逐步提高，行业影响力日益明显，为郑商所创新解决承储企业面临的难题奠定了基础。在广泛听取行业呼声、深入调研行业痛点和深入研究论证的基础上，郑商所于2021年1月启动了"商储无忧"试点项目，对参与国家化肥商业储备项目的春耕肥承储企业提供相应资金支持，单个试点项目最高支持尿素储量2万吨，最高支持金额为50万元。

"商储无忧"试点项目通过支持承储企业参与尿素期货套期保值过程中产生的交易、仓单、检验等部分费用，降低企业风险管理成本，帮助承储企业转移承储期间价格下跌的风险，为承储企业规避库存贬值风险提供有力抓手。

首年度（2021年）"商储无忧"试点项目，确定了河南、安徽、山东三个粮食主产区共5家农资供应龙头企业[①]为首批试点。试点期间，5家试点企业严格按照规定，完成了国家相应的储备和检查，货物存储安全合规，同时结合市场价格情况及承储要求，有效对冲了10万吨尿素的货物贬值风险，为500万亩良田的尿素供应提供了有力保障。此外，由于国家商业储备项目对不同时期的货物在库量有明确规定，面对递增的尿素在库量要求，承储企业还可以通过买入交割补充商储资源，使化肥供应更加稳定。"商储无忧"不仅为保春耕用肥供应、稳定农业种植成本贡献了期货力量，还解决了承储企业化肥储备周期长、数量大、承储期满出库时销售价格可能面临较大亏损的痛点。

项目试点效果良好，获得市场和政府的高度认可。在郑商所支持下，一批行业先进企业将尿素期货和国家化肥商业储备项目有效结合，收到了较好效果。例如，中农集团控股股份有限公司（以下简称中农集团）是2020—2021年度承担化肥储备任务量最大的企业，也是首批"商储无忧"试点项目的参与企业之一。2020年底，尿素现货市场价格波动，给企业按时购进尿素带来较大挑战。中农集团在尿素2101合约买入套保1.2万吨尿素，并持有至2021年1月交割接货，及时补充承储库存1.2万吨。通过买入套保及交割，不仅提前锁定了该部分货源的采购成本，也避免了大量采购导致现货市场价格大幅上涨的情况，间接稳定了春季尿素价格。

首年度"商储无忧"项目顺利完成，赢得了国家发展改革委、农业农村部、

---

① 分别为中农集团控股股份有限公司、中化化肥有限公司、安阳万庄新肥科技有限公司、成都云图控股股份有限公司、安徽辉隆农资集团股份有限公司。

中国氮肥工业协会等单位的高度肯定,被央视、《人民日报》、新华社等50余家媒体正面报道百余次。"商储无忧"试点项目鼓励企业套期保值的核心措施还被写入国家发展改革委《关于进一步做好国家化肥商业储备管理工作的通知(征求意见稿)》中。"商储无忧"首批试点的平稳、顺利结束,实现了企业积极、货物安全、政府放心,为保障国家粮食安全、完善大宗商品储备制度探索出一条新路径、新模式。

4. 创新期现结合模式,探索服务农业新路径

2021年5月26日召开的国务院常务会议(以下简称国常会)明确提出,支持大型企业搭建供需对接平台,用市场化办法引导上下游稳定原材料供应和产销协作,做好保供稳价。为落实国常会要求,郑商所积极探索"平台+龙头""平台+平台"合作新模式,引导产业链企业利用市场化手段做好长期保供稳价工作,探索期现结合服务实体经济的新模式。

(1)"平台+龙头",架起棉花产业保供稳价新桥梁

2021年9月9日,郑商所携手棉花行业首家国家级农业产业化龙头企业——中华棉花集团有限公司(以下简称中华棉)开展"平台+龙头"合作,在郑商所综合业务平台上推出中华棉仓单购销专区,支持大型企业搭建重点行业产业链供需对接平台,服务产业链企业保供稳价。

中华棉作为国内经营规模最大的棉花企业,近年来以郑商所期货场内定价为基准,积极发挥资源、资金、渠道等综合优势,打造中华棉资源购销平台,创新大宗农产品经营模式,全面提升营销服务能力和产业延伸能力,在棉花价格上涨时不捂盘,实现了期现结合的创新平台化运营。截至2021年底,中华棉平台累计投放资源总量超过120万吨,成交总量接近110万吨,服务22个省份1500多家下游纺织、贸易客户,稳定了下游客户原料供给,增加了棉农收益,成为保障国内棉花市场供给、平稳市场价格的"稳定器"(见图3)。

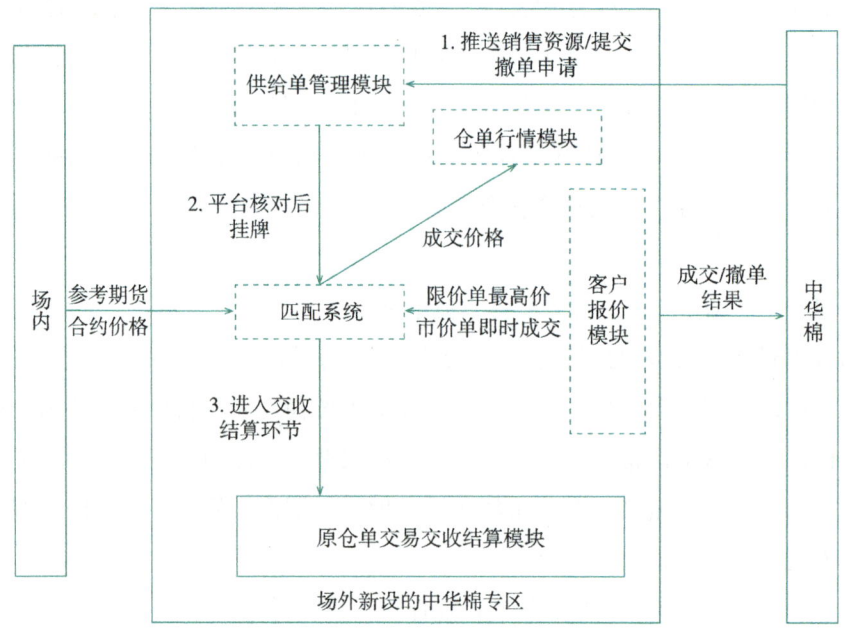

图3　郑商所综合业务平台中华棉仓单购销专区业务框架

此次双方携手上线中华棉仓单购销专区，发挥了期货商品标准化程度高、期货仓单流通效率高等优势，提高了棉花现货交易中质量甄别、商品流通等环节的效率，探索了期货市场带动现货市场规范发展和中国特色市场流通体系建设的新模式，有利于凝聚服务保供稳价、助力棉纺产业高质量发展的合力。依托该专区，中华棉服务的中下游棉纺织客户和郑商所综合业务平台上的产业客户均可购买中华棉挂牌的棉花期货仓单，通过"基差报价、期货点价"的交易模式，实现期货现货融合、场内场外互通、上游下游联动。截至2021年底，专区吸引7家买方企业参与报价竞购，共成交棉花仓单56张，合计2402.49吨，初步达到了预期效果。这种创新合作方式得到棉花产业企业的认可，被《人民日报》等多家媒体纷纷报道。

（2）"平台+平台"，探索服务白糖产业发展新途径

2021年12月27日，郑商所与广西省级现货交易平台——广西泛糖科技有限公司（以下简称泛糖科技）合作推出"平台+平台"合作模式，在郑商所综合业务平台开设白糖基差贸易泛糖科技专区，持续探索食糖企业利用期现市场的新方式。

专区的上线，解决了因升贴水标准不透明而造成的定价困难、手续烦琐、结算

复杂等诸多问题。专区以白糖期货合约实时价格为白糖现货的定价基准,郑商所负责组织客户进行前端的基差报价、期货点价,泛糖科技组织客户办理后端的现货交收。客户通过专区可"一站式"完成基差挂牌、点价与自动套保平仓、生成贸易合同等,操作高效便捷。同时,借助泛糖科技白糖现货交易平台在货源组织、货物错配交收、供应链一体化管理等方面的优势,客户在货源选择上的个性化、精细化需求也能得到较好的满足(见图4)。

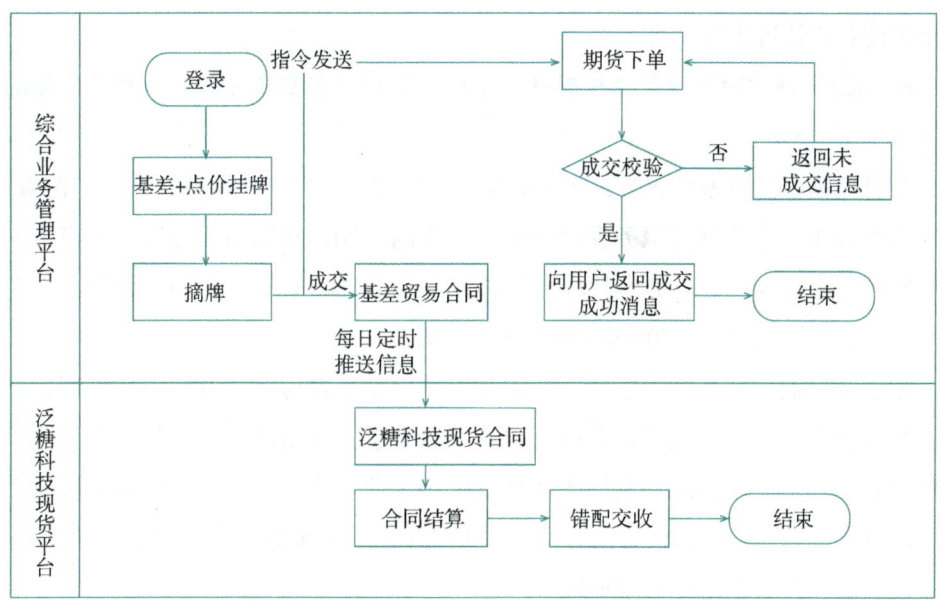

图4　郑商所与泛糖科技基差贸易现货交收合作流程

5. 充分发挥期货交割标准作用,引领农产品高质量发展

商品期货具有标准化的特点,期货交易所在制定期货交割标准时,通常参考现货市场中贸易量最大的商品标准,并组织开展大量深入市场的调研活动,会同农业专家、行业代表等遍访相关产业的上中下游,在深入掌握市场主流标准和企业实际需求及变化基础上制定期货标准。同时,期货交易所在制定农产品交割标准时,要求期货交割品具有明确的仓储和包装规范,尽可能确保商品在储存、交割环节不降低质量,促进商品在更大范围高效流通。这些标准具有市场代表性和一定权威性、引领性,提升农产品在生产、流通方面的标准化要求,在一定程度上促进我国农业

的高质量发展。

如苹果期货上市后，期货市场为苹果产业提供了价格参考和风险管理等工具，期货标准也成为许多企业收购苹果的参考标准。如在鸡肉期货研发过程中，郑商所创新研发质检工具，通过鸡肉期货交割标准引领产业发展。此外，为解决红枣感官指标人为检验误差大及缺乏统一定量标准的问题，联合企业成功研发红枣期货感官指标检验仪，准确率高达98%，效率较人工提高了约两倍，实现了红枣外观质量指标的高精度和自动化检验，红枣期货感官指标检验仪被中国商业联合会评为2021年度全国商业科技进步特等奖。

6. 创新举办"期货服务乡村振兴"论坛，强化对涉农企业、新型经营主体的投教服务

为贯彻国家乡村振兴战略，深入落实2021年中央一号文件精神，深化"保险+期货"试点效果，建立期货服务乡村振兴长效机制，2021年郑商所分别与延安市、第一师阿拉尔市、桐柏县、静宁县政府等联合举办了"稳企安农 护航实体"——期货服务乡村振兴论坛15场，700多家涉农企业参加。

论坛建立起以郑商所为主导，地方政府、保险、银行等多方参与的机制，广泛动员社会各界力量，有效带动财政支农、普惠金融、价格保险、期货服务等业务的有机融合，形成了多方跨界共同支持涉农中小企业和服务"三农"的长效机制。同时，引导并支持会员单位联合地方政府举办"期货服务乡村振兴"相关活动8场，培训基层干部、涉农企业员工等900多人次。

（三）郑商所进一步服务农业发展的思路

2021年，郑商所承受住了行情、汛情、疫情"三重"考验，始终以服务国家战略、服务实体经济为核心。在助力农业发展方面，持续深化对期货市场服务农业、服务乡村振兴战略、服务实体经济的规律性认识，不断积淀助力我国农业产业高质量发展的"郑商所经验"。

未来，郑商所将在中国证监会领导下，坚守服务国家战略、服务实体经济、服务我国农业发展的初心，秉持"让实体看见方向、助经济稳健运行"的使命，持续营造服务实体经济的良好环境，着力创新涉农产品，进一步提升服务农业产业的质量，持续挖掘服务农业经济的深度，助力我国乡村振兴战略目标的实现。一是持续站位大局,助力重要农产品分类调控。切实提高政治站位,把"稳字当头、稳中求进"贯穿于各项工作始终。牢牢守住口粮品种阵地,风险防范措施走在风险曲线前面,坚决防止因境外市场波动、突发舆情事件等引发投机炒作;加强对油、糖、果等其他重要农产品市场行情的预研预判,防患于未然;助力国家化肥商储工作,持续推进"商储无忧"项目试点。二是聚焦关键领域,健全涉农品种体系。深入贯彻新发展理念,聚焦强化现货农业基础支撑的关键领域,针对薄弱环节丰富涉农期货衍生品供给,进一步完善农业风险管理闭环。三是多点突破,推进"保险+期货"提质增效。优化项目运作模式,引导政府财政投入,推进"增品、扩面、创新、优化",更好发挥农业风险管理功能。四是健全机制,进一步推进乡村振兴。持续深化脱贫地区帮扶,加大对定点帮扶县的各项投入,完善帮扶机制、细化帮扶责任、创新帮扶措施。

# 第 16 章
供销合作社体系与农村金融服务[①]

金融是现代经济的核心,农村金融是农业社会化服务体系的重要组成部分,对农业农村经济社会发展具有重要的支撑作用。当前,我国农业发展正处于由传统农业向现代农业转型的关键时期,如何充分激发农村金融活力,增加农村金融供给,解决小农和小微企业融资难、融资贵问题,是解决好"三农"问题的关键所在。

近年来,党中央、国务院出台了一系列政策措施推动我国农村金融发展。2015年,国务院印发《推进普惠金融发展规划(2016—2020年)》,从机构体系建设、产品和服务手段创新、基础设施建设、法律法规体系建设等方面推进普惠金融发展;2018年中央一号文件指出,要提高金融服务水平,健全适合农业农村特点的农村金融体系,推动农村金融机构回归本源,把更多金融资源配置到农村经济社会发展的重点领域和薄弱环节,更好满足乡村振兴多样化的金融需求;2018年9月,中央印发的《乡村振兴战略规划(2018—2022)》从健全金融支农组织体系、创新金融支农产品和完善金融支农激励政策三个方面提出了农村金融发展的框架规划;2019年,央行等五部门联合印发《关于金融服务乡村振兴的指导意见》,对标实施乡村振兴战略的三个阶段性目标,进一步明确了相应阶段内金融服务乡村振兴的目标;2022年3月,央行印发《关于做好2022年金融支持全面推进乡村振兴重点工作的意见》,提出23条举措,对金融支持乡村振兴进行全面细致部署。同年4月,银保监会

[①] 本章数据均源于各供销合作社内部资料。

印发的《关于2022年银行业保险业服务全面推进乡村振兴重点工作的通知》则从确保涉农金融投入稳定增长、优化涉农金融供给体制机制、聚焦服务乡村振兴重点领域、提高新市民金融服务水平、增强保险功能作用、强化农村金融环境建设等方面提出具体工作举措。

一、供销合作社为什么开展农村金融服务

（一）我国农村金融服务发展现状

在国家的重视和推动下，近年来我国农村金融改革不断深化，农村金融服务水平有效改善，金融供给能力不断提升。截至2021年底，全国银行业金融机构涉农贷款（不含票据融资）余额达43.21万亿元，同比增长10.9%；普惠型涉农贷款余额达8.88万亿元，较年初增长17.48%，超过各项贷款平均增速6.18个百分点，其中，单户授信500万元以下的农户经营性贷款余额达6.07万亿元，较年初增长16.47%。目前，我国已初步形成银行业金融机构、非银行业金融机构和其他微型金融组织共同组成的多层次、广覆盖、适度竞争的农村金融服务体系，农村金融在促进农业产业化和提高农民生产生活水平中发挥了重要作用。

但也要看到，当前农村金融仍然是我国金融体系的短板，尤其在农业农村各项事业快速发展的今天，农业经营主体旺盛的资金需求难以得到满足。可以说，农村金融仍然是制约农业现代化的重要瓶颈，与乡村振兴的总体要求还不适应。这主要表现在金融支农体系不健全、农村金融供给仍然不足、农村金融服务的针对性不强、政府普惠金融基础设施建设滞后等方面。

一是金融支农体系不健全。国有商业银行将重心从农村转向城市，县以下网点不断萎缩。农信社逐步改制为农商行，从自身利益出发导致服务"三农"的功能弱化。村镇银行、小额贷款公司还不成规模，农村资金互助组织没有明确法律定位，在服务"三农"中的应有作用没有得到充分发挥。

二是农村金融供给仍然不足。高风险低收益是农村金融的典型特征，也是制约农村金融服务开展的一个重要因素。农业生产受季节、天气等自然条件变化的影响大、风险也大，而且附加值不高。金融机构在向农户和农村经济组织发放信贷时，

所投入的人力、物力和财力远比把信贷投放到城镇、大中型项目等要多得多，但回报并不是很高，在一定程度上影响了金融机构支持乡村发展的积极性，客观上造成乡村资金回流城市的现实。

三是农村金融服务的针对性不强。农业信贷有"小、快、短、频"的特点，当前虽然各类金融机构不断探索，但受限于农村借贷对象缺乏有效抵押物、征信信息不全、金融生态环境较差等因素，真正适应农业农村需要的金融产品创新还不够，种类也不多。

四是政府普惠金融基础设施建设滞后。目前，我国金融基础设施建设滞后于金融业务创新，在金融指标体系建设、征信体系建设、支付体系建设、机构体系建设、监督体系建设、教育培训体系建设等方面还存在缺失，对金融创新的支撑作用有待提升。

（二）供销合作社开展金融服务有条件成为商业金融的有益补充

商业金融机构在农村开展贷款业务经营成本高、风险大、效益低，难以满足农业新型经营主体和小农户"小急频快"的资金需求，而供销合作社长期扎根农村，渠道健全、网络完善，有条件成为商业金融的有益补充。开展金融服务帮助解决小农、小微企业等群体的金融需求，有助于做大经济底部，拉动消费需求，推动农业农村经济发展。

供销合作社是党领导下的为农服务的综合性合作经济组织，是党和政府做好"三农"工作的重要载体。开展金融服务，是党和政府交给供销合作社的责任与使命。《中共中央 国务院关于深化供销合作社综合改革的决定》（中发〔2015〕11号）要求供销合作社要稳步开展农村合作金融服务。2021年中央一号文件要求深化供销合作社综合改革，开展生产、供销、信用"三位一体"综合合作试点，健全服务农民生产生活综合平台。这些都是中央统筹推进农业经营体制创新、农村金融体制改革、供销合作社综合改革的决策部署，是供销合作社的责任与使命。

供销合作社在开展农村金融方面还具有得天独厚的优势。

一是组织体系优势。供销合作社拥有中华全国供销合作总社、32个省级社、342个市级社、2402个县级社、30281个基层社组成的五级组织结构，发展了18万家农民专业合作社、近40万个农村综合服务社，构建起了联结城乡、遍布全国的流通网络，网点达98.5万个，覆盖全国80%以上的乡镇和1/3以上的行政村，这为开展金融服务奠定了坚实的组织基础。

二是信息对称优势。供销合作社长期深耕农村，与农民联系紧密，具有较大的"熟人"优势，可以有效解决信息不对称的问题，降低开展金融服务的风险。

三是产业发展优势。供销合作社开展的经营业务涵盖农资、日用消费品、农副产品、再生资源等各个行业，覆盖农业生产、加工、仓储、流通各个环节，具备开展各类农村金融服务的产业优势。

四是传统优质的品牌优势。供销合作社是为农服务的"国家队"，在服务农民中积累了良好的信誉和口碑，赢得了广大农民的信任，这是其他金融组织所不具备的品牌优势。

此外，开展金融服务，也是供销合作社自我完善的重要途径。供销合作社开展金融服务，充分发挥资金对于实体经济的促进作用，可以补齐供销合作社业务短板，连接生产、流通环节，结合土地托管、农资供销、农产品流通等优势，更好地完善供销合作社服务功能、拓展服务领域；可以为供销合作社开展经营服务引入更多资金、信息、客户等资源，增强用户黏性，推动供销合作社传统业务提质扩容、转型升级；可以提升供销合作社经济实力，反哺传统微利、薄利行业，更好提高为农服务能力，履行供销合作社服务"三农"的宗旨使命。

二、供销合作社农村金融服务实践探索

近年来，供销合作社系统凭借自身优势，在合作金融、融资担保、小额贷款、供应链金融、合作发展基金、合作保险等金融和类金融领域进行了一系列探索和实践，取得了积极成效，在打通金融惠农"最后一公里"，促进农业生产、流通等方面发挥了独特作用。各地供销合作社认真贯彻落实中央文件精神，整合内外资源，积极开展各项金融服务。

（一）开展资金互助合作

供销合作社系统的资金互助业务主要集中在贵州、安徽、山东和浙江等地，尽管由于目前资金互助业务法律依据不足、监管缺位、经营管理不够规范、易形成非

法集资隐患等多种原因，银保监会和各地政府大多持谨慎态度，各地资金互助业务发展大多呈萎缩态势，但十余年来，各地供销合作社发挥优势、严控风险，引导农民开展资金互助整合内部金融资源，仍然对于解决农民融资难融资贵问题、助推当地特色产业发展、推动当地乡村振兴作出了积极贡献。

1. 通过成立资金互助组织，为农民提供资金调节服务

浙江省鼓励引导有条件的合作社坚持会员制、封闭性原则，在农民合作经济组织联合会（简称农合联）成员内部组建农民资金互助会，与当地农信机构合作，开展资金互助、担保，资金互助组织负责业务决策、账目管理，农信机构为资金互助组织提供开户结算、资金托管、借款复核、技术支持等服务。在对农民资金互助会的监管方面，明确落实县级政府作为监督管理、风险防范处置的第一责任主体，地方金融管理部门负责业务指导和监督。目前，各地均已制定出台了相应的农民资金互助会管理和配套的监管办法。

贵州省的农民资金互助组织由供销合作社组织农民发起成立，在工商或民政部门注册登记。由于20世纪末供销合作社股金清退工作不彻底，目前存在大量以股金服务公司为载体的资金互助组织。贵州省政府自2020年9月开始组织对全省股金服务组织清理整顿，目前，社员数量、吸纳股金余额和调剂股金余额均呈现下降趋势。

2. 合作社内部资金互助，在社员之间办理短期小额资金互助业务

2014年底，国务院批准山东为全国农村合作金融唯一试点省。2015年2月，省政府办公厅下发了《关于印发山东省农民专业合作社信用互助业务试点方案和山东省农民专业合作社信用互助业务试点管理暂行办法的通知》。山东省供销合作社抓住全国唯一农民专业合作社内部信用合作试点省的机遇，在基层选择部分产业基础较好、积极性较高、体系化运作的合作社进行试点，截至2022年10月，山东省供销合作社参与试点的专业合作社108家，占到了全省试点总量的40%。自2003年至今，山东省供销合作社信用互助服务金额累计达300多亿元。

山西省供销合作社2016年起在系统推进农村资金互助合作试点，从市、县社推荐的16个专业合作社中筛选出8个专业合作社作为首批省级农村资金互助合作试点单位，省社统一挂牌试点开展金融互助合作业务。2017年，省社在总结试点经验的基础上，稳步扩大试点数量，强化试点监管，提升试点质量，按照"有进有出"的动态管理原则，取消部分试点，新增11个试点单位，并全部纳入省、市、县三级监管体系。

在试点过程中，始终坚持社员制、合作制、封闭性、规范管理、属地管理的原则，引导农民以土地经营权、现金、设备、劳务等形式入社参股，推行"以农产品加工企业为龙头，以农产品种养基地为基础，以农民专业合作社为支柱"的运作机制。

3. 浙江省温州市瓯海区供销合作社试点推进的农民资金互助会典型范例

瓯海区是国家金融综合改革和农村改革试验区。2012年下半年，瓯海区供销合作社开始试点推进组建农民资金互助会，整合农民闲散资金在互助会内部统筹调剂，在一定程度上缓解了农民贷款难问题。截至2022年2月，共发展农民资金互助会5个，发展会员15053人，累计发放互助金14.5亿元，为当地农业产业发展提供了有效资金支持。丽岙侨乡花卉专业合作社及其资金互助会就是其中的典型。

2013年1月，瓯海区丽岙街道20多家农业企业和800多户花农组建成立丽岙侨乡花卉专业合作社，从事绿化苗木、室内花卉及蔬菜种植等业务，形成了花木和蔬菜种植、销售的完整产业链条。同年2月，合作社858名成员共同发起设立丽岙侨乡花卉专业合作社资金互助会，吸收入会资金1108万元，通过投放互助金帮助会员组织生产。

丽岙侨乡花卉专业合作社资金互助会始终坚持依法合规经营，借鉴农商行的运行机制，建立起了严格的内部控制制度。组织架构方面，会员代表大会、理事会、监事会、经理层各司其职，保证了高效顺畅运转。资金筹措方面，以会员入会资金和吸收会员的互助金作为主要来源，筹资总额上限5000万元，规定单个会员出资不超过筹资总额的一定比例。会员的入会资金可以内部转让，会员可参与互助会盈余返还及红利分配。资金借贷方面，坚持小额分散的原则，综合考虑防范风险、服务会员、资金效益、持续发展等因素，既审慎又灵活，规定单户一般为2万~10万元，最高不超过50万元，2万元及以下凭农户个人信用即可投放，2万元以上需要其他会员信用保证。风险控制方面，规范执行借款申请、调查论证、集体会办、经理审定、签订合同、办理借款等操作流程，规定互助金准备金率不低于13%，并由监事会负责内部稽核，每月将稽核报告书和财务会计报表上报地方金融管理部门。

多年来，丽岙侨乡花卉专业合作社资金互助会运营情况良好，成立至今不良率仅为1.2%，低于同期银行数据。截至2022年2月，互助会向会员投放互助金余额达4850万元，为会员分红300多万元，帮助400多户农民解决了生产资金短缺问题。

依托农民专业合作社发展农民资金互助会，一方面可以给农民提供比社会借贷和小额贷款公司更低的利率，让农民以比农商行贷款更便捷的程序和更低的门槛获得生产资金，另一方面还能依托农民专业合作社为农民提供信息发布、技术指导、统购统销等各项产前、产中、产后全程农业社会化服务，受到了合作社社员的肯定和欢迎。

（二）开展融资担保业务

各地供销合作社通过多种途径探索为新型农业经营主体和农户提供融资担保服务，着力解决农民及涉农小微企业贷款难、抵押品不足等问题。主要有两种方式。

1. 积极争取财政支持，整合供销合作社系统资源，与社会资本联合成立政策性融资担保公司

通过与银行合作，为农户、农民专业合作社、农业产业化建设项目从银行取得贷款提供担保。担保公司把注册资金存入银行或信用社，以此为担保金，获得3~10倍于担保金的授信额度；银行或信用社对担保公司推荐的农民合作社和农户给予融资服务，政府每年提取一定的风险基金补偿公司担保损失。其中，龙岩市的供销合作社助农增信贷款模式比较典型。

（1）建立供销农业服务公司和供销助农信贷风险补偿基金

一方面，从2016年3月起，龙岩市供销合作社牵头，省、市、县三级供销合作社联合，先后合作组建市、县两级供销农业服务公司，作为供销合作社助农增信贷款平台。截至2018年底，共成立供销农业服务公司8家，其中市级1家、县级7家，实现了全市全覆盖。另一方面，龙岩市供销合作社与地方财政共同出资，在全市所辖的7个县（市、区）设立了"供销助农信贷风险补偿基金"，并联合农业银行、邮储银行、农商银行、村镇银行等多家与供销合作社系统建立合作关系的商业银行，按照风险基金1∶10的比例向农户发放无抵押、低成本、简便快捷的助农贷款。市、县两级供销农业服务公司坚持政府引导、市场运作的方式，兼顾公共性和公益性，充分发挥供销信贷风险基金作用，通过"农业服务公司+县级基层供销合作社+市级供销合作社+供销信贷风险基金"实现跨领域、跨地域信用合作，确保助农服务建得好、服务优、可持续。

2021年1月，龙岩市供销助农风险补偿机制被福建省普惠金融改革试验区推进小组评定为第一批全省可复制创新成果，龙岩供销助农增信贷款模式也成为全国首创普惠金融模式之一。自该模式实施以来，已累计设立8只"供销助农信贷风险补偿基金"、金额达5360万元；已累计开展助农增信服务7579户、贷款10.65亿元，其中，2021年新增助农增信服务1795户、贷款2.68亿元。

（2）加强与商业银行合作

在建立供销农业服务公司和供销助农信贷风险补偿基金的基础上，龙岩市通过与商业银行合作，整合市、县、乡、村供销合作社和金融机构的资源，建立了覆盖市、县、乡、村的四级金融服务体系，实现"四级联动、社银融合"。在全市供销合作社系统大部分乡镇的基层组织、农村经营网点均设立了能为广大农户提供一站式服务的金融服务网点，让广大农户在家门口就能体验到"供销合作社+银行"的供销普惠金融服务。龙岩市供销合作社还积极与合作银行沟通协商，为农户争取优惠的贷款利率。

（3）风险防控和流程机制完善

在信贷风险防控方面，龙岩市设置了单户贷款限额，市级公司单户贷款限额50万元，县级公司20万元，建立"农户+自然人担保+供销助农信贷风险补偿基金+银行"的信贷风险补偿机制，当出现不良贷款时，按约定从风险补偿金中补偿，合理控制了信贷风险。

在健全完善信贷审批流程与跟踪监督机制方面，龙岩市供销合作社不断完善优化评级授信、用信流程、档案管理及信息收集制度，实行一站式上门服务，做到手续简便，办结时间短，且对已评级授信的农户，在2~3年内再次申请办理贷款时不再要求提供基础信贷资料；建立跟踪监督服务机制，加强对企业信贷资金使用监督，使资金按合同约定用途使用，为贷款农户提供产前、产中、产后的全程社会化服务，定期作出贷款客户经营状况调查报告，及时提供新的金融产品。

2. 供销合作社与政策性融资担保公司合作，其中与国家农业信贷担保联盟公司的合作最为密切

2019年初中华全国供销合作总社（以下简称总社）与国家农业信贷担保联盟公司签订战略合作协议后，双方在系统内开展广泛务实合作，形成了"供银担"信贷融资担保、"核心企业+农户"供应链信贷担保、共建基层业务网点等多种典型模式。

（1）优势互补的"供银担"信贷融资担保模式

供销合作社系统一直深耕农村，积累了可观的新型农业经营主体信息及数据，客户质量相对较好，信息较为真实全面，农担体系具有专注农业金融的专业优势、良好的银担和政担关系以及专门的财政支持政策。双方发挥各自优势，在客户挖掘、联合尽调、风险共担、风险补偿金设立、代偿追偿等方面进行探索与尝试。一是加强信息和数据对接，联合做好客户推荐与共管。省级农担公司借助供销合作社多级系统推荐客户的优势，不仅能拓宽获客来源，也能降低业务成本，促进业务上量。各省在合作过程中都将政策性业务作为合作的基本前提，对业务对象、业务范围、单户金额等都作了详细要求。二是建立风险分担机制，设立担保风险补偿基金。三是建立逾期项目共同清收机制。

（2）"核心企业+农户"供应链信贷担保模式

国家有关部门多次出台相关政策文件，鼓励银行、保险等金融机构开展农业供应链金融服务与创新，将金融服务延伸至种植户、养殖户等终端农户。供销合作社系统拥有农业产业化龙头企业2000多家，在农资生产、物流、农产品加工和仓储等方面具备农业产业链优势，部分省份充分利用这一优势，开展"核心企业+农户"供应链信贷担保业务模式，积累了较好的实践经验。例如，2019年山西农担公司与山西省供销合作社的直属企业山西农资集团合作，联合邮储银行，共同开发了农业供应链信贷担保产品"供销担—农资担"，为山西农资集团下游的农资经销商提供融资服务，解决肥料购销中融资难、融资贵问题。

（3）共建基层业务网点模式

浙江省农合联上下联动的紧密度较高，基层网点众多，新型农业经营主体的数据积累丰富，通过合作设立基层办事处、代办点方式，充分发挥其熟人熟地优势，探索形成了共建基层业务网点模式：一是依托农合联基层组织，共建合作网点；二是细化合作网点职能，严格执行准入标准；三是落实风险共担，细化督导与激励措施；四是整合供销合作社系统数据资源，优化大数据风控能力。共建合作网点模式，既为地方担保机构分散了风险，赢得了更多合作银行的增信，又解决了浙江农担公司金融支农的"最后一公里"难题，能够迅速建立起一支业务队伍，让创新实践在短时间内落地开花。

此外，辽宁省供销合作社通过引入省农业信贷担保有限公司，与省农担公司、金融机构对接，建立了"辽宁省供销合作社金融支持项目推进小组"，制定了辽宁省供销合作社金融支持项目发展总体方案，为开展金融服务奠定了基础。内蒙古自治区赤峰市供销合作社争取赤峰市巴林右旗政府出台《巴林右旗金融扶贫贷款支持产业发展实施方案》，通过"政银担"模式，由政府为供销合作社下属鹏途牧业发展有限公司及牧民提供风险补偿金，内蒙古财信农业信贷担保有限公司为当时符合条件的贫困户和新型经营主体提供融资担保，农行按不超过政府设立的"风险资金池"十倍为符合条件的农户投放贷款。河北省承德市供销合作社创新金融扶贫模式，成立了"政银企户保"金融扶贫平台，通过"政府搭台增信、银行降槛降息、企业农户承贷、保险兜底保障"的多方联动金融扶贫模式，打通了一条从金融机构到贫困农户借贷放款的"绿色通道"，为贫困户及农户脱贫致富引入了资金活水。

（三）设立合作发展基金

供销合作社系统探索设立合作发展基金，通过合作发展基金项目，统筹用于基层供销合作社和为农服务项目建设，促进供销合作社综合改革发展，进一步提升供销合作社系统为"三农"服务的能力和水平。总社利用自有资金设立合作发展基金，主要用于支持基层社加强组织体系、服务阵地和经营网络建设，累计安排资金1.06亿元，支持212个基层社建设为农服务项目。在总社的示范带动下，各地按照中央11号文件要求，积极探索设立多种形式的合作发展基金，目前已有26个省份设立了不同层级的合作发展基金。从实践看，各地合作发展基金大致分为按照合作制组建的发展基金和按市场化运作的股权投资基金两种模式。

1. 上海市供销合作社系统基金的设立及运行情况

上海市供销合作发展股权投资基金是按市场化运作的股权投资基金，于2019年1月正式成立，3月7日在中国证券投资基金业协会备案成功，进入投资运营阶段。基金认缴规模为5亿元，投资人包括上海新农村建设投资股份有限公司、上海市供销合作总社和上海益民食品一厂（集团）有限公司（受上海市财政局、上海市国资委委托出资），2019年2月第一期认缴资金2亿元到位，2020年2月第二期认缴资金1亿元到位。基金管理人为上海新农村建设投资股份有限公司，托管人为中国建设银行股份有限公司上海第五支行。在投向上，基金以服务"三农"、助力供销合作事业发展的项目为主，优先支持上海新农村流通服务网络建设工程项目，其中上海地区投资额大于基金总投资的60%。基金通过公益性项目与经营性项目相结合，既做到支持上海市供销合作社系统农业服务体系建设，同时兼顾基金合理收益，其中涉农公益性项目投资额大于基金总投资的60%。

2. 江西省供销合作社系统基金的设立及运行情况

2017年7月，江西省供销合作社被总社确定为"供销合作社合作发展基金"专项改革试点单位。2017年9月，省社下发《江西省供销合作社合作发展基金试点实施方案》（赣供合字〔2017〕31号），对合作发展基金的基本情况、来源、管理、使用等作了明确规定。同年12月，省社下发《关于印发〈江西省供销合作社合作发展基金试点项目推进实施方案〉的通知》（赣供合字〔2017〕41号），明确南昌市新建区、九江市永修县及萍乡市湘东区为合作发展基金首期投入的试点地区，并对项目建设的目标任务、建设要求和时间进度等作了明确规定。同时，省社印发《江西省供销合作社合作发展基金管理办法》（赣供合字〔2018〕31号），明确了基金管理部门、基金申报批复流程、基金投资方向、基金验收事项等相关问题。

江西省级合作发展基金首期1500万元主要来源于江西省财政安排的引导资金。根据基金试点工作方案，江西采取项目方式推进基金试点工作，省社选择了三个县级社共19个基层社进行基金项目试点，用于基层社建设和为农服务项目，同时，选择其他设区市1~3个基层社同步实施合作发展基金非试点县项目，首批合作发展基金项目总数为30个。省社从合作发展基金中拨付每个项目50万元资金，由项目所在县级政府按1∶1配套，在每个点投入50万元配套资金，再由县社根据各点建设内容投入一定比例的自筹资金，集中开展以基层社、农民合作社、农民合作社联合社、惠农服务中心"三社一中心"为主的供销合作社基层组织体系和服务体系建设，开展土地托管、农资供应、农村电商、再生资源利用、乡村加油、农技培训、医疗保健、合作金融等生产生活服务，同时结合各地实际情况开展其他特色服务。2018年初，三个试点县区及其他非试点县区实施合作发展基金试点项目方案全部报批，所有项目均完成了招投标及规划手续，目前合作发展基金1500万元已分三批全部拨付完毕。

经过几年的发展，江西省供销合作发展基金项目运转良好，取得了积极成效。一方面，合作发展基金打造乡镇为农服务综合体、惠农服务中心等，高度契合了农业农村经济的发展需要和实施乡村振兴战略的要求，得到当地党委政府的高度重视和支持，全部试点县及绝大部分非试点县都下拨了1∶1的配套资金，有的还安排了建设用地；在建设规划上，项目所在地党委政府也全程参与，对江西省供销系统综合改革工作起到了较好的推动作用。另一方面，通过合作发展基金实施项目建设，推动了基层社从提供单一的农村流通服务转变为提供土地托管、粮食烘干、无人机打药、农机农技培训、庄稼医院、仓储、电商、快递等农业生产生活多元化服务，极大地拓宽了供销合作社为农服务领域，丰富了基层社为农服务功能，与农民联结更紧密、为农服务功能更完备、市场化运行更高效，基层社面貌焕然一新。

3. 安徽省供销合作社合作发展基金设立及运行情况

安徽省供销合作发展基金于2017年2月24日正式成立，2017年3月14日在中国证券投资基金业协会备案，注册资本5亿元，实缴到位2.55亿元。其中，中央财政出资1亿元，由省财政厅代行出资人职责，委托现安徽省供销集团有限公司（以下简称省供销集团）持股，剩余出资人由省供销集团、合肥市供销合作社、有关社有企业、基金管理人构成。

安徽省供销合作发展基金属于公司制基金，自成立以来，该基金严格按照《中华人民共和国公司法》的各项规定，遵循《安徽省供销合作发展基金管理暂行办法》和《安徽省供销合作发展基金实施方案》中的各项条款，接受财政、审计部门监督、审计，未受到任何部门处罚，更未出现进行禁止性业务投资等违法违规行为。同时，基金委托安徽省供销合作社系统最早取得私募基金牌照的专业私募股权基金管理公司进行管理，并通过公开遴选方式，选择具有证监会颁发的私募基金托管资质的兴业银行股份有限公司担任基金托管银行，较好地做到了基金的规范化、程序化、标准化管理。

基金全面按照"政府引导、社会参与、专业化管理、市场化运作"的模式运营，充分发挥财政资金的引导作用和放大效应，组织联合市供销合作社、社有企业、上市公司等各方资本参与基金组建，有效撬动社会资本重点投向各级供销合作社投资企业和为农服务项目，投资的产业涉及茶叶、园林绿化、精细化工、农村金融、烟花爆竹等领域，对带动地方农业产业的发展，提升安徽省农产品的品质和品牌知名度起到了积极的推动作用。

（四）与商业银行合作开展惠农服务

长期以来，由于农村产权制度、登记流转制度不健全，农村土地、住宅、经济林木、集体经济股权、农业装备、农业产品等动产、不动产无法得到有效盘活，加之贷款程序烦琐,导致农民向银行申请融资困难重重。如何让这些"沉睡"的资产"苏醒"过来,弥补农民自身的信用缺失和抵押物不足问题,让农民迈过银行贷款的"门槛",是发展农村普惠金融必须考虑和破解的命题。近几年,各地积极与银行、保险公司、担保公司等外部金融机构合作,引入金融资源服务系统内经营主体。

1. 温州市瓯海区社与瓯海农商行合作开展农民资产授托代管融资

2015年,瓯海区政府制定出台系列文件,明确将农房、农村商业经营房、股份经济合作社股权、农村土地(林地)承包经营权等列入抵(质)押品范围,同时明确瓯海农商行专门受理相关融资业务。但在相关业务开展时,这些非标资产的价值缺乏有效评估,难以进行抵(质)押,为此,2015年6月,瓯海区供销合作社与瓯海农商行、区农民专业合作社联合会共同出资1000万元,成立温州瓯海农合实业发展有限公司(以下简称农合公司),开展贷款中介和农民非标资产评估服务,其中瓯海区供销合作社占股45%。农合公司成立后,与瓯海农商行、各村经济合作社共同合作推出"农民资产授托代管融资"模式。截至2021年底,全区已有233个村开办该项业务,村覆盖率达到92.8%,累计发放农民资产授托代管贷款329.5亿元,惠及52050户农户。

农民资产授托代管融资的具体流程如下。

一是提前授信。农民事先填写预约申请表,农商行工作人员联合村协贷员对申请农户进行走访,宣传政策、采集信息、对接需求。根据采集的信息,由农合公司负责对农民动产、不动产进行评估,村经济合作社、农商行、农合公司根据评估报告,对农户贷款资格、自有财产额度测算进行联合界定,实行"三方议贷"。对符合贷款条件的农户进行提前授信,建立一户一档,并印制"准贷证",农户凭"准贷证"最快可在2小时内完成贷款业务。

二是资产代管。农户在申请贷款时,必须承诺保证授托代管资产或权利真实有效、权属清楚、合法拥有。农商行对授托代管资产审慎评估后,登记建立资产情况表,向村经济合作社、农合公司报备,由三方共同对授托资产进行代管。房管、工商、林业、拆迁办等相关部门根据法律法规对授托期内资产过户进行限制,避免产权变更及重复担保。

三是贷后管理。瓯海农商行、农合公司联合村经济合作社对农户贷款用途、授托代管资产情况定期回访,实施动态监管。同时,村协贷员对借款农户生产生活变化、授托资产变化情况动态采集掌控,保证贷款安全。当授托资产出现问题时,及时采取自主催收、移交催收、司法催收、联合催收等措施,严格控制贷款风险。

目前,瓯海区供销合作社正积极推进农村产权服务中心建设,计划通过构建农村产权流转交易体系,逐步建立"权属清晰、权责明确、保护严格、流转顺畅"的现代产权制度,进一步激活市场、主体和要素资源,创新探索基于土地承包经营权及作物预期收益权、物业使用权、农村安置房、农民专业合作社或种植养殖大户信用等的融资模式,进一步扩大授托代管资产范围,使更多村社集体与农民享受到更加优惠、便捷的金融服务。

瓯海区探索的农民资产授托代管模式突破了商业银行原有的"非抵押不贷、非担保不放"的传统模式,构建了以信用为基础、相关物权或经济权益(非标抵押物)作为授托物的信贷模式,让农户的信用成为贷款的主要依据,实现了贷款的便捷高效。这种模式与小额分散的农民资金互助会内部资金调剂互为补充,对于解决农民融资难、融资贵问题具有积极意义,值得有条件的地区借鉴学习。

2. 吉林省社与工商银行吉林省分行合作共建农村普惠金融服务点

农村普惠金融服务点是指银行在农村地区、县域乡镇、城市郊区、开发区所辖村庄等地区,依托第三方场所和人员设立、对外挂牌统一标识、提供金融业务及涉农服务的场所。吉林省供销合作社与工商银行吉林省分行合作共建农村普惠金融服务点,是携手构筑金融服务乡村振兴业务运营支持体系、助力乡村产业高质量发展的有力举措,能够有效推动线上线下乡村金融服务渠道相互赋能、运营资源协同共享,助力乡村金融产品、县域金融服务实现价值最大化,为推进乡村振兴提供有力支撑。

在整体合作框架协议下,社银双方以"自下而上"方式,依托供销合作社基层社与惠民综合服务站物理环境开展服务点共建合作;同时,引入吉林省农业融资担保有限公司作为融资增信提供方并加挂标牌。

此外,其他地区也结合实际推动了与商业银行的务实合作。北京市社与工商银行北京分行签订战略合作协议,工商银行北京分行为北京市社及所属单位提供300亿元意向性金融服务支持额度。广东省社与金融机构合作推出"粤供易贷"和"粤供园区贷",通过供销合作社推荐方式,解决基层供销合作社和农民专业合作社社员、种养大户等涉农主体以及农业产业园、生产基地、市县综合服务平台上的中小微企业的融资需求。山东省社与省农担、农业银行等金融机构合作，为"土地股份合作+全程托管服务"量身定做"供销农耕贷""农业生产托管贷"等信贷产品，与保险机构合作，以"政策险+补充险"的组合手段提高保障水平。福建省社创新建立"农户+自然人担保+供销助农信贷风险补偿基金+银行"的信贷风险补偿机制，由农业服务公司与银行合作推出助农担保贷款，取得较好成效。广西区社与广西壮族自治区农信联社签订战略合作协议，在县域商业体系建设、地区产业发展、农村地区农业社会化服务、农产品销售、农资供应等领域广泛开展金融合作。

（五）组建金融企业开展商业性金融服务

近年来，各地供销合作社深入贯彻落实中央文件精神，扎实推进综合改革，部分地区抓住农信社股份制改革和国家放开成立村镇银行的机遇，通过多种渠道筹措资金尝试参股中小银行、参与组建村镇银行。尽管整体规模相对较小，地区发展不平衡，但对供销合作社农村金融服务发展作出了有益探索。

1. 黑龙江省供销合作社参股大庆农村商业银行

大庆农村商业银行股份有限公司（以下简称大庆农商行）是经原中国银监会批准，在大庆市市区农村信用合作联社与大同区农村信用合作联社的基础上于2014年12月18日改制而成，由境内自然人、企业法人和其他经济组织依照法律法规，以新设合并方式发起设立的具有独立企业法人资格的地方性金融机构。大庆农商行注册资本为人民币10亿元，以股权链接的方式对辖内林甸、杜蒙、肇州、肇源四家县级农商行自上而下控股，实行集团化运营管理模式。

大庆农商行在支持"三农"、农业科技创新等领域有着丰富的经验，决策链条短、市场反应快，具备地缘、人缘优势。黑龙江省社通过参股大庆农商行，以较小的资金占用取得了较好的收益，同时拓宽了融资渠道，降低了融资成本，盘活了省供销合作社系统存量资产，提升了供销合作社服务"三农"能力和水平。此外，参股大庆农商行极大地促进了省供销系统的产业创新和发展，新增融资除部分用于传统生产资料产业外，其余全部用于粮食产业和乳品牧场等省社新兴项目，拓宽了供销合作社经营服务领域，增强了发展后劲。

2. 贵州省供销合作社参股贵州普定农村商业银行

贵州普定农村商业银行股份有限公司（以下简称普定农商行）是经原中国银监会批准，在普定县农村信用合作联社的基础上发起设立，以股份有限公司形式存在的农村商业银行，实行一级法人、统一核算、分级管理、授权经营的管理体制。普定县农村信用合作联社自1995年10月1日成立以来，始终秉承服务"三农"、服务社区、服务中小微企业的宗旨，不断变革创新，各项业务均得到了长足发展。

贵州省社参与发起设立普定农商行是响应地方政府号召、完善地方金融体系、服务实体经济、助力脱贫攻坚和乡村振兴的重要举措。通过参与发起设立普定农商行，贵州省社一方面能够得到股息红利等投资回报和普定农商行对供销系统内直属企业、新型农业经营主体等的授信支持，提高供销合作社经营服务能力；另一方面能够推动与普定农商行的深入合作，共享客户资源，拓宽合作领域，提升供销系统企业的知名度和形象，提高供销合作社的号召力和社会影响力。

黑龙江省社与贵州省社参与组建中小型银行为各地供销合作社提供了很好的借鉴。供销合作社积极参与中小型银行组建，对双方发展都有积极的促进作用。对于中小银行来说，通过引入供销合作社资本，可以进一步增强资本实力，并通过与供销合作社合作下沉金融服务，延伸服务触角，扩大服务范围。对于供销合作社来说，既可获得一定的经济效益，也能通过入股中小银行建立良好的产权和业务关系，降低系统企业融资成本，推动主业发展，是现实条件下供销合作社参与农村金融创新的可行选择。

从各地实践和探索看，除了参股组建，供销合作社还可与中小型银行开展多方面、深层次的合作。一是共同在农村主要生产经营和贸易服务区域内发起设立村镇银行，依托供销合作社的网点和渠道优势，把村镇银行网点下沉到基层，打通农村金融服务"最后一公里"。二是优化产业资本和金融资本的结合模式，共同发起组建融资租赁公司，开展大型农业机械设备、设施的融资租赁服务，支持农业机械设备推广，实现金融对农业规模化、集约化经营的有力支持。三是共同打造基层为农服务综合平台。由供销合作社搭建全产业链的综合服务平台，引入中小银行为供销系统在农村地区开展贸易融资、产业链金融提供支持。产业链中的任何企业或经营主体都可以通过上下游关联企业相互担保的方式申请贷款，促进生产经营发展。四是供销系统可发挥自身客户和信息优势，为中小银行和村镇银行筛选、推荐符合条件的新型农业经营主体，协助中小银行和村镇银行进行贷前、贷中、贷后尽职调查，并通过供销合作社的产业链优势有效把控贷款投向和还款来源，降低中小银行评估成本和信用风险。五是以参股中小银行、村镇银行等金融机构为基础，打造以农商行、村镇银行、金融租赁公司、互联网金融公司、基金管理公司等为子公司的金融控股集团，提高综合融资能力，为系统企业和经营主体提供全方位的金融服务，更好地支持自身产业发展。

（六）探索开展保险业务

供销合作社开展保险服务具有积极且深远的意义。一是可以更好地服务"乡村振兴"。供销合作社作为农村地区最为完备的经济组织之一，通过开展保险服务，可以将更多金融资源配置到农村重点领域和薄弱环节中，更好满足乡村振兴多样化、多层次的金融需求。二是激活农业保险市场活力。供销合作社发挥自身渠道和产业优势，积极参与农业保险市场，将打破现有农业保险市场竞争不充分的格局，从而激活市场主体活力，为农业生产提供更多符合需求的产品。三是丰富供销合作社为农服务的内涵。通过开展保险等金融服务，可以整合、调动农村产业发展各方面的生产要素，是供销合作社作为为农服务主体自我完善、自我强化的必然选择，也是开展生产、供销、信用"三位一体"综合合作的具体体现。四是能为供销合作社和社有企业提供风险保障，确保系统健康运营。特别是近年来供销合作社经营服务向生产领域延伸，截至2022年6月，全系统土地托管等生产性服务面积达1.6亿亩，在防范农业生产重大风险方面，保险不能缺位。

供销合作社作为中国最大、最完整的合作经济组织，在开展农业保险，尤其是农业互助保险方面，合作理念一致，组织形式天然契合，优势明显。各地供销合作社积极探索多种形式的保险服务，一些地方与保险公司合作开展代理业务。但总体来看，目前供销合作社系统开展的保险业务主要是安全统筹。

早在20世纪80年代，供销合作社就广泛开展了内部安全统筹业务。安全统筹主要服务于供销合作社系统内部，具有行业内部互助保险性质。1987年3月，供销合作社安全统筹工作在河北省张家口市率先试点。1992年9月，商业部下发《关于进一步做好供销合作社系统安全统筹工作的通知》，1993年4月，国内贸易部[①]下发《关于供销合作社系统深入开展安全统筹工作的通知》，安全统筹工作在系统内全面展开。1999年，《国务院批转整顿保险业工作小组保险业整顿与改革方案的通知》明确指出关于行业自保的问题：主要是中国石油化工公司设立的安全基金、中华全国供销合作总社在系统内开展的安全统筹业务和农业部门渔船船东互保协会开办的渔船保险和渔民人身平安保险等，使得供销合作社安全统筹业务作为三大行业自保之一得以保留。

供销合作社系统的安全统筹主要以省为单位，通过联合合作，向系统内符合条件的有关单位归集统筹金（相当于保费），并按一定比例分配给省、市、县社，发生赔付时，由省、市、县按此比例进行赔付。安全统筹服务的对象主要是供销合作社企事业单位、领办创办的农民合作社，以及这些单位的员工及家属。险种主要有财产险、车险、团体人身险和特色农业保险等。目前，河北、山东、河南等地开展基础较好。其中，河北省累计保费收入4.33亿元，提供941.3亿元风险保障，赔付1.97亿元；山东省累计保费收入5.6亿元，赔付2.2亿元；河南省累计保费收入1.3亿元，赔付1.2亿元。河北、山东等地供销合作社还在安全统筹业务的基础上，争取政府财政支持，引导系统内农民专业合作社通过互助合作等方式开展种植大棚、农业特色保险等业务，收到良好效果。

（七）开展其他业务

除了以上六大类业务外，各地供销合作社也在积极探索新业务，如商业保理、供应链金融、数字金融等。其中，对供应链金融的探索初显成效。

1. 浙农控股集团开展的供应链金融服务

浙农控股集团有限公司（以下简称浙农控股）立足化肥、农药、农膜等农资传统主业，逐步涉入国民经济热点行业，不断开拓创新、转型升级，现已初步形成农资、塑化、汽车、房地产等主营业务板块，相关业务在行业或区域内占据领先地位。浙江农资集团投资发展有限公司是浙农控股的一级子公司，主要从事金融投资业务，投资公司开展PE股权投资、短期理财、类固定收益产品、小额贷款、基金管

---

① 后改为国家国内贸易局，2001年撤销。

理、互联网金融服务及不良资产处置等类金融业务。

（1）以小额信贷开展供应链金融

该模式主要由小贷公司向浙农控股企业明日控股塑化公司提供服务，基于塑化贸易产业链的下游采购客户发放小额贷款。由明日控股提供下游客户历史交易数据、公司产品及价格信息，浙农小贷根据上述数据，与明日控股财务部、塑控业务团队三方共同建立下游客户信用评价体系，确定下游客户信用贷款额度，采用整体授信、分笔订单融资的方式开展供应链金融服务，在风险代偿方面施行风险共担机制，基本搭建起以供应链金融业务为用款场景的风控流程、资金流程，并在风险共担、共同尽调、贷款催收等方面进行了有益尝试，切实满足了下游中小微企业的融资需求，增强了客户黏合度。这种方式存在的问题是仍然依赖于传统信贷模式，只是将交易基础数据作为风控参考依据，因风控没有融入交易环节，故对信息采集、还款意愿、资金用途等风险掌控不足。

（2）在线供应链金融服务

该服务主要是对供应链交易期间"三流"信息进行把控，搭建线上线下相结合的智能风控模型，从而提升上下游资源的联动性和掌控力。浙农互联网金融服务有限公司（以下简称浙农金服）主要探索领域有汽车、通信、物流、餐饮、农业五大方向，提供线上线下相结合的信息化风控解决方案。浙农金服主要是提供借贷信息中介服务，核心风控审核技术是互联网技术，对接核心企业ERP、CRM等信息化系统，对物流、信息流进行梳理，结合大数据整合及分析，建立自定义参数的风控模型，精准计量供应链上中小企业的融资规模、期限、用途，在资金服务时做到有据可依，同时监控所借款资金流，确保资金用途准确。该业务模式具有小额、分散、批量的特征。其优点主要是操作流程线上化、移动化、批量化、时效性、便捷性强；局限在于风控信息化体系前期投入较大，对核心企业所在行业的线上线下信息流程度要求较高，农业场景需加强信息化建设，资金来源零散。

（3）基于核心企业开展供应链金融业务

浙农控股下属的惠多利农资公司主营化肥、农药等农业生产资料。依托长期形成的供应链和数据积累，惠多利农资公司提供客户，银行设计供应链金融产品"E农贷"，省农业信贷担保公司为信贷项目提供担保，共同为上下游提供融资服务。惠多利公司作为核心企业，以自身在银行授信，在供应链场景下为银行提供可开展

"E农贷"的上下游白名单客户（经销商或农民专业合作社、家庭农场、种植大户等），银行向白名单客户提供定向定量的经营性贷款。在农产品种植—加工—销售环节，银行开展上游中小微企业对惠多利的应收账款融资和下游对惠多利采购农资的赊销融资。目前主要有两家合作银行，分别为建行浙江省分行、杭州联合银行，银行在此业务场景下担当商业保理商的角色。

（4）探索以物流配送为核心的供应链金融服务

浙农控股旗下浙江浙农茂阳农产品配送有限公司（以下简称浙农茂阳），通过货源集采，开展农副产品加工及配送服务，探索农产品的种植、养殖、加工、销售一体化经营融合发展，是入选第一批浙江省供应链创新与应用试点企业。浙农茂阳采用全产业链全封闭控制安全的模式，在基地建设、食材配送、净菜生产、智能厨房、食堂托管服务、营养团餐6个供应链节点之间建立协同关系，逐步推进供应链上下游之间的互联互通。在上游，公司将企业利益与农户（合作社）利益有效连接，通过基地直供、订单农业等形式，把农业龙头企业、合作社、基地和农户紧密联系起来；在下游，公司可扩大农产品配送服务区域，通过供应链金融服务提升客户黏性。

2. 宁夏昊鑫农业供应链金融服务模式

宁夏昊鑫现代农业开发有限公司（以下简称昊鑫农业）位于宁夏回族自治区银川市，主营稻谷收购及销售，是中国供销惠农公司投资的企业。昊鑫农业每年与周边100公里以内水稻种植合作社及大户签订稻谷采购协议，以获得稳定优质稻谷。为了满足合作社及农户采购化肥、种子、农药等的融资需求，设计了"农资采购专项借款+农产品定向收购还款"的供应链融资方案。具体方案如下：①合作社及农户向昊鑫农业提出农资采购数量及金额；②对于通过昊鑫农业初步筛选的合作社及农户，昊鑫农业按照金融机构要求收集信息；③金融机构对合作社及农户进行筛查，符合条件的合作社及农户与昊鑫农业及金融机构签订三方协议，由合作社及农户作为融资主体向金融机构申请融资；④金融机构将资金发放至昊鑫农业账户（金融机构对账户进行监管，资金只能用于向指定农资公司集中采购农资）；⑤合作社及农户从昊鑫农业处获得约定数量的农资；⑥当季农产品收获后，合作社及农户向昊鑫农业销售稻谷，存放到指定仓库；⑦昊鑫农业将收购的稻谷质押给金融机构，申请融资；⑧金融机构查验稻谷，办理质押手续，向昊鑫农业发放资金；⑨昊鑫农业获得资金专项用于稻谷收购,并代替合作社及农户向金融机构偿还购买农资的融资本息;⑩昊鑫农业根据经营需要,逐步向金融机构偿还融资,从监管库提取稻谷加工成大米对外销售(见图1)。

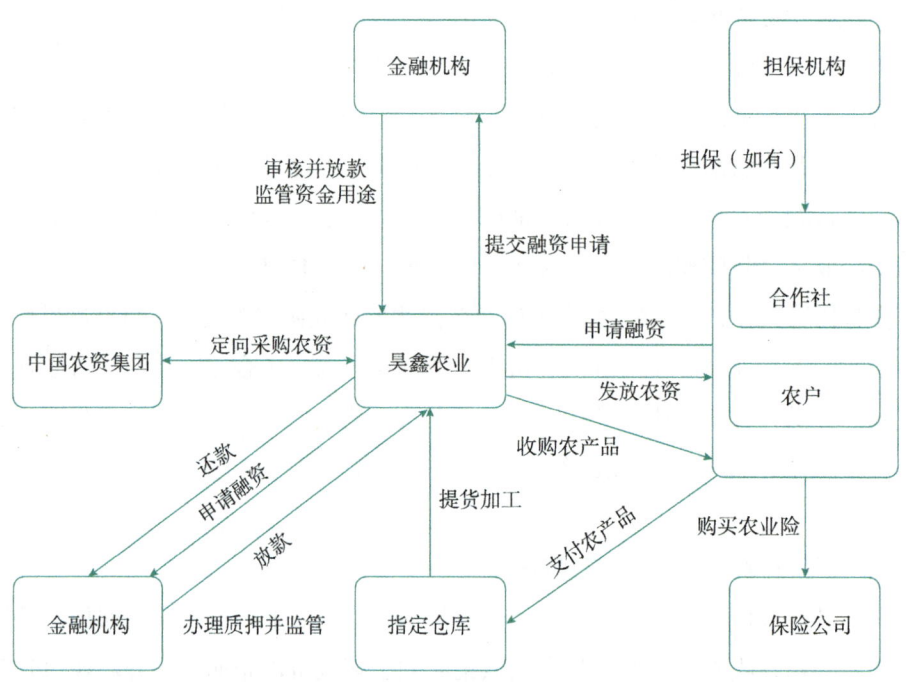

图1　昊鑫农业供应链金融模式

此外,河北省社通过下属企业新合作控股集团有限公司参与组建河北省惠信大数据科技服务有限公司,为三大股东之一,目前已建成了集融资、撮合、交易功能于一体的数字平台,涵盖贷款、保险、担保、租赁、保理、基金、票据贴现等多元金融产品,为企业提供多领域金融服务。同时,河北省社成立河北省农村产权交易有限公司开展农村产权交易等业务,也对供销合作社金融服务开展作出了有益的创新与探索。

第 17 章

以农业保险高质量发展助力乡村振兴

2019年，财政部、农业农村部、银保监会、国家林草局联合印发了《关于加快农业保险高质量发展的指导意见》。高质量发展意味着我国农业保险要从规模扩张向质量提升转型，从生产者导向向消费者导向转型，从政府推动发展向市场拉动发展转型。评价农业保险高质量发展至少有三个维度：对于农户而言，农业保险比其他分散风险的工具更有效率；对于政府而言，农业保险比其他支农工具更有效地实现政策目标；对于公司而言，农业保险业务能够合规运营，实现可持续发展。

2021年，我国农业保险政策环境不断优化，农业保险发展质量得到有效提升，对乡村振兴的保障和服务功能得到了进一步发挥。2021年《中共中央 国务院关于全面推进乡村振兴加快农业农村现代化的意见》提出一系列促进农业保险发展的政策，致力于扩大农业保险覆盖面，提高保障水平，完善风险分散机制，提升粮食和重要农产品供给保障能力。相对于乡村振兴战略对于农业保险的新要求而言，目前促进农业保险高质量发展的政策体系尚存在一些挑战。展望未来，乡村振兴战略为农险发展提供了广阔空间。为了更好地促进农业保险高质量发展，助力乡村振兴战略，要进一步完善农业保险的政策体系，包括提高对于新型农业经营主体的保障水平，优化财政补贴政策，促进经营模式创新，完善大灾风险分散制度。

一、农业保险市场运行特征

2021年，我国农业保险保费收入快速增长，规模已经超越美国；保障金额和赔款不断提高，保障功能进一步彰显；承保利润大幅下降，农业保险经营压力凸显；市场主体不断增加，集中度较高；完全成本和收入保险试点成效显著；技术创新提升农险经营效率。

（一）保费收入快速增长，规模已经超越美国

近年来，政府对农业保险的支持力度不断加大，持续推动农业保险扩面、增品、提标。我国农业保险保费收入增长迅速，2021年，我国农业保险保费规模为965.18亿元，同比增长18.4%，继续保持全球农险保费收入第一大国的地位（见图1）。

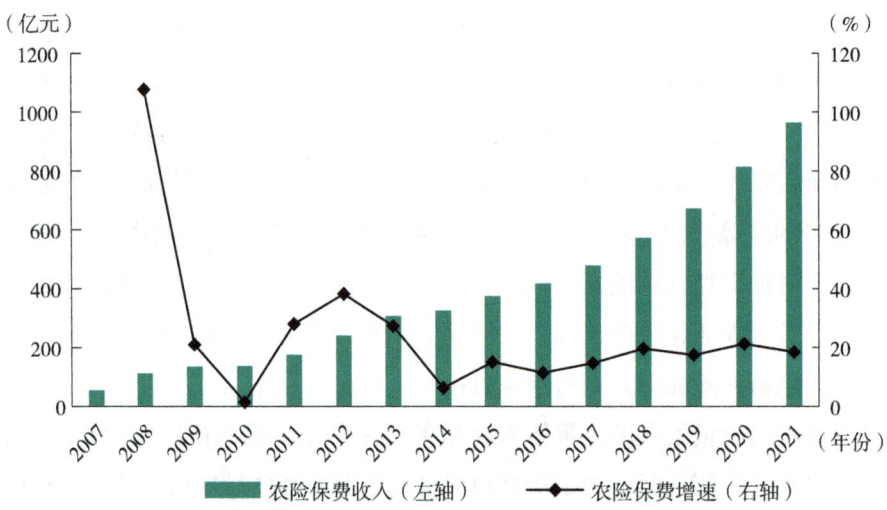

图1　2007—2021年中国农业保险保费收入及其增长情况

资料来源：中国银保监会。

随着农业保险市场的快速成长，农业保险保费收入占财产保险公司保费收入的比例也逐步提高至2021年的7.06%，成为市场增量的重要贡献者（见图2）。

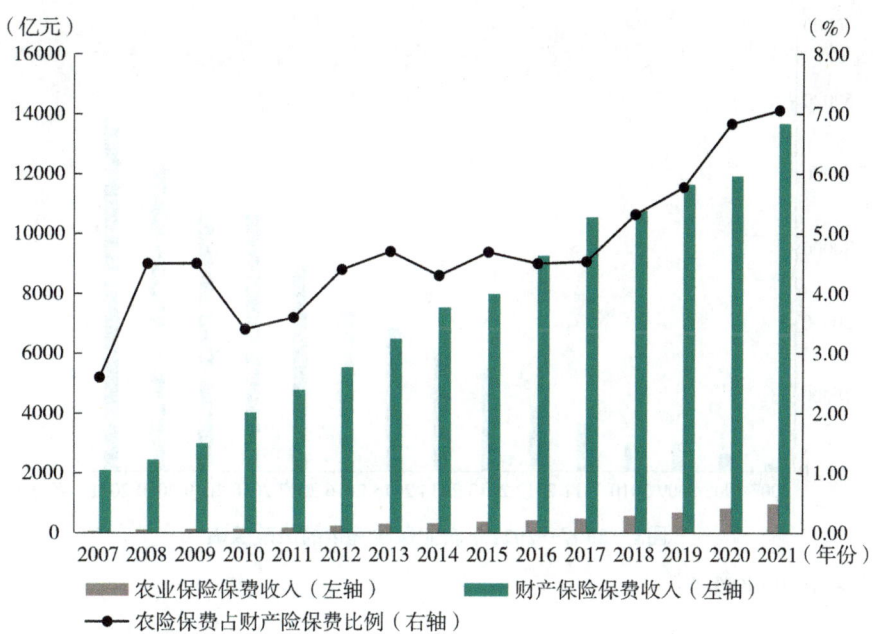

图2　2007—2021年我国农业保险保费收入及其占财产保险收入比例

资料来源：中国银保监会。

（二）保障金额和赔款不断提高，保障功能进一步彰显

随着保费收入规模的扩大以及亩均保险金额的逐步提高，我国农业保险提供的风险保障金额不断增加。2021年，农业保险提供风险保障4.78万亿元（见图3）。

随着保费收入的增加以及保障程度的提高，我国农业保险赔款也迅速增加，从2007年的29.2亿元增加到2021年的720.19亿元（见图4），初步发挥了农业保险对于损失补偿和恢复生产的作用。

（三）承保利润大幅下降，农业保险经营压力凸显

2007年以来的绝大多数年份，农业保险有较大额度的承保利润。近年来受费率下降、保险金额提高、市场竞争积累造成费用率攀升以及局部地区农险巨灾等因素的综合影响，农业保险承保利润大幅下降。2019年农业保险出现承保亏损。2020年和2021年农业保险承保利润分别仅为1.01亿元和2.77亿元，承保利润率仅为0.17%和0.4%（见图5）。

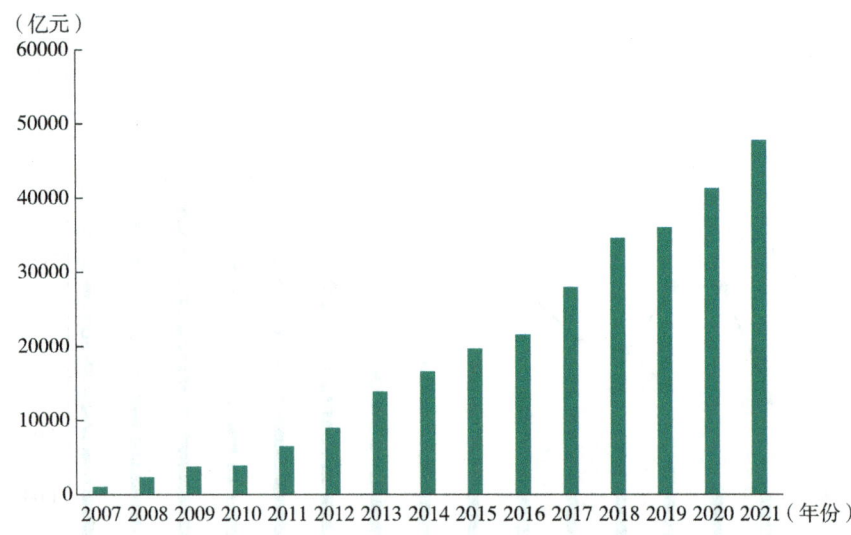

图3 2007—2021年农业保险提供的风险保障

资料来源：中国银保监会。

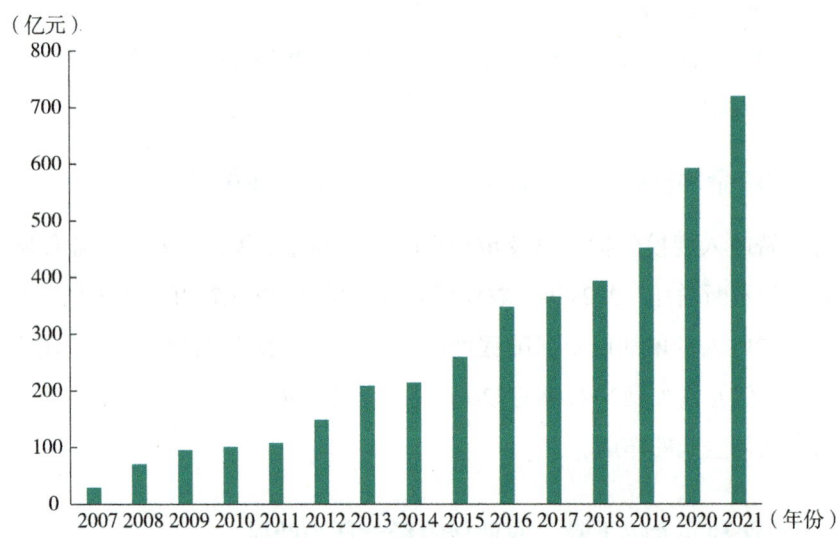

图4 2007—2021年农业保险赔款

资料来源：中国银保监会。

（四）市场主体不断增加，集中度较高

近年来我国农业保险市场主体不断增加，2021年共有30多家保险公司经营农业保险业务。其中，市场份额超过5%的有4家公司，中国人民保险集团股份有限公司

占比43.70%；中华联合财产保险股份有限公司占比12.35%；中国太平洋保险（集团）股份有限公司占比10.62%；中国人寿财产保险股份有限公司占比8.14%。[①]

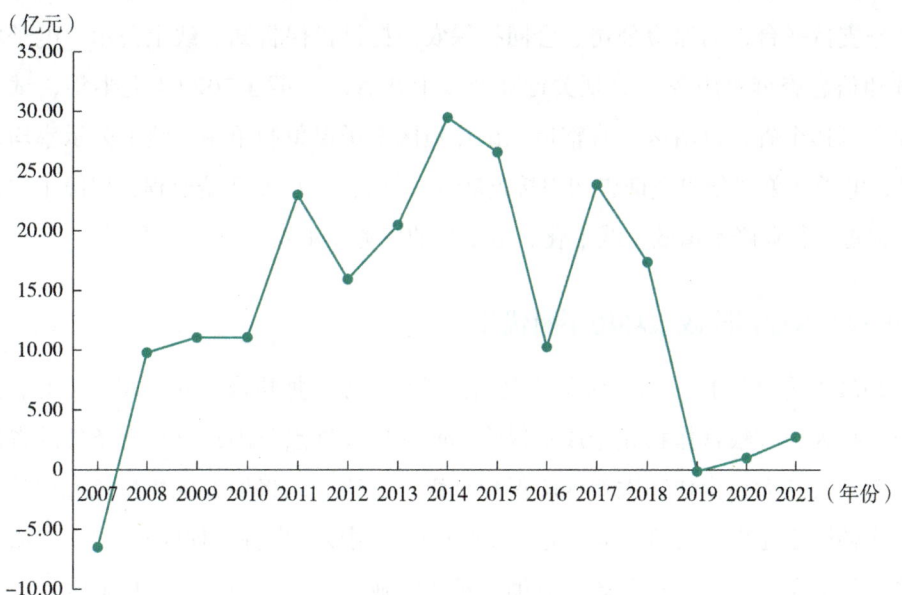

图5　2007—2021年农业保险承保利润

资料来源：中国银保监会。

（五）技术创新提升农险经营效率

近年来，科技不断赋能农业保险。各地政府（监管部门）纷纷建立农险综合服务平台，险企农险经营的电子化、线上化、智能化程度大大提升，跨部门、跨平台合作共享渠道逐渐增多，农业保险在科技推动下不断拓展防灾减损、农业贷款、智慧养殖等相关服务。科技创新和应用为农业保险发展提供了创新驱动力，有效增强了农业保险服务能力，大幅提升了农业保险运营效率。

2020年以来新冠疫情对农险工作的承保验标、查勘定损等工作带来较大影响，也推动了农业保险数字化转型与技术创新步伐。保险机构充分利用互联网、卫星遥感、远程视频等科技手段，优化或取消现场工作环节，持续满足承保需求，及时优

---

① 资料来源：中国银保监会。

先支付赔款，助力疫情防控。

农业保险监管部门积极推进农业保险电子化建设，提升农业保险经营效率。通过全国农业保险信息管理平台，联合行业力量，搭建统一的标准化农险承保电子化业务支持平台，向保险公司、合同投保农户提供投保告知、线上公示、电子单证管理和信息查询等服务，实现关键环节线上化管理。截至2022年上半年，试点已覆盖全国19个省、自治区、直辖市。试点地区电子保单制单率、线上公示率均超过85%，电子保单和分户凭证告知率接近80%，[①]简化了承保理赔流程，保障了农户权利，促进了行业降本增效，线上化、电子化的优势逐步发挥。

（六）农业保险政策环境不断优化

2021年《中共中央 国务院关于全面推进乡村振兴加快农业农村现代化的意见》提出，扩大三大粮食作物完全成本保险和收入保险试点范围；支持有条件的省份降低产粮大县三大粮食作物农业保险保费县级补贴比例；将地方优势特色农产品保险以奖代补做法逐步扩大到全国；健全农业再保险制度；发挥"保险+期货"在服务乡村产业发展中的作用。这些政策有助于扩大农业保险覆盖面，提高保障水平，完善风险分散机制，提升粮食和重要农产品供给保障能力。银保监会、财政部、农业农村部等出台了一系列推动农业保险高质量发展的政策。2022年1月，财政部修订出台《中央财政农业保险保费补贴管理办法》，在补贴政策、预算管理、机构管理、绩效管理等方面对农业保险保费补贴政策进行了整体规范和优化。2022年2月，银保监会发布了《农业保险承保理赔管理办法》，进一步规范农业保险承保理赔管理，加强农业保险监管。

二、乡村振兴持续提升对农业保险的需求

2021年以来，我国"三农"工作的重心历史性转移到全面推进乡村振兴上来，乡村振兴与农业农村现代化建设提升了更高层次、更多样化的保险需求，需要农业

---

① 银保监会财产保险部副主任王叙文在"科技促进农业保险高质量发展"研讨会上的演讲，2022年6月13日。

保险更有效地化解风险。

（一）农业高质高效发展要求充分发挥保险保障功能

1. 保障农产品稳定供给，服务粮食安全战略

近年来自然灾害频发、价格波动等风险加剧，给国家粮食安全和社会经济全面可持续发展带来了隐忧。在我国粮食供求长期保持紧平衡的形势下，农业保险可分散化解农业生产风险，确保主要农产品稳定供给。为了服务粮食安全战略，农业保险要持续扩大承保覆盖面，丰富产品种类，提升保障程度，提高对粮食种植的风险保障能力，保障种粮农民收益，提高种粮积极性。

2. 保障产业链稳定安全，服务现代农业产业

2017年以来，农业农村部和财政部批准创建了151个全产业链发展、现代要素集聚的国家现代农业产业园，其中已认定87个，带动各地创建了3189个省、市、县产业园，基本形成了以园区化推动现代农业发展的建设格局。现代农业产业园区发展面临技术风险、市场风险，需要农业保险提供保障。农业保险可聚焦农业产业园区这一地域空间上的现代农业聚集区，为其提供保险保障，提升乡村产业园区化、融合化、数字化水平，推动现代农业产业园建设取得新进展，为全面推进乡村振兴、加快实现农业农村现代化提供支撑。另外，可延伸保险服务，构建覆盖链条不同环节、不同参与主体的风险共担保障机制，助力增强农业产业链韧性和抗冲击能力。

3. 促进农业规模经营，服务新型农业经营主体

近年来，我国农业生产体系出现结构性变革，传统农户面临分化与转型，新型农业经营主体快速发展。截至2021年9月底，全国家庭农场超过380万个，平均经营规模用地134.3亩。全国依法登记的农民合作社223万家，带动全国近一半农户。[①] 新型农业经营主体不仅是现代农业发展主体、主要农产品供给主体，同时还是社会化服务主体，成为现代农业建设的引领力量。与传统农户相比，新型农业经营主体种植面积远远大于传统农户，其农业收入水平也较高；规模化与专业化生产经营使得新型农业经营主体的种植品种较为单一，风险集中度高于传统农户；新型农业经营主体普遍意识

---

① 中国人大网. 国务院关于加快构建新型农业经营体系推动小农户和现代农业发展有机衔接情况的报告 [EB/OL].（2021-12-21）[2022-01-10]. http://www.npc.gov.cn/npc/c30834/202112/e0995f9916d747e38bcc7deafda97048.shtml.

到农业保险是灾后风险融资的重要方式,对农业保险的购买意愿和愿意支付的保费水平也显著高于传统农户。为了满足新型农业经营主体的保险需求,要提升农业保险服务能力,探索构建涵盖财政补贴基本险、商业险和附加险等的农业保险产品体系,更好满足新型农业经营主体多层次、多元化风险保障需求。例如积极推进稻谷、小麦、玉米完全成本保险和收入保险试点,将地方优势特色农产品保险以奖代补的做法逐步扩大到全国。探索开展一揽子综合险,将农机大棚、农房仓库等农业生产设施设备纳入保障范围,创新开展环境污染责任险、农产品质量险。

4. 创新风险减量管理,服务农业防灾减灾

党中央高度重视节粮减损工作,农业农村部提出要实现粮食全过程、系统化减损。目前农业保险正在从单一赔付向全流程农业风险管理转变,推动"保险+防险"一体化,将风险关口前移,变事后赔付为事前预防,变被动应对为主动参与,降低灾害发生的可能性和损失程度。可将保险纳入地方防灾减灾规划,通过购置病虫害防治药物和器械,提供气象减损预警服务、专业化统防统治服务,联合"三农"信息服务平台推送生产、销售、气象信息等方式,积极配合政府部门开展防灾减灾工作,建立有效的风险识别、评估、监测、预警、预防激励机制,提高农户防灾减灾意识和抵御风险的能力。从产品端提高对投保主体防灾减灾费用的补偿力度,将保险灾后补偿功能转变为以降低标的风险为目标的正向激励。积极探索保险与农业物联网的协同防灾机制,为农业提供精准、前置的生产行为指导。①

(二)乡村宜居宜业要求保险拓宽服务领域

1. 从"小农险"向"大农险"转变,服务农村新业态

近年来,我国广大农村地区呈现出农业多功能性和农村产业融合发展趋势,智慧农业、农村电商、特色小镇、田园综合体等现代农业新产业、新业态、新场景方兴未艾。农村一、二、三产业融合发展也蕴含并产生了新的风险,需要农业保险拓宽保障范围,拓展保险责任。农业保险可由一产向二产、三产拓展,拓展农产品溯源保险、地标知识产权保险、涉农物流体系保险等创新产品,逐步由单一产品模式向能够保障农业生产经营全流程产业链和价值链风险的产品模式发展,助力农产品

---

① 姜华. 新时期、新定位、新目标下的农业保险高质量发展研究 [J]. 保险研究, 2019(12).

品质提升、品牌打造和标准化生产，为农产品物流畅通提供保障，促进农业产业融合可持续发展。

2. 农村绿色低碳转型要求发展绿色保险，服务乡村生态文明建设

当前，我国农业农村正在加快向"生态优先、绿色低碳"转型，在种养环节更加强调降低单位产量的碳排放强度，在林草环节更加重视固碳增汇能力，在农村生活领域更加关注居住环境的综合治理。农业保险可运用经济机制，创新产品，为农村绿色低碳转型提供风险保障，助力碳排放量减少。保险业可发展森林保险、林业碳汇保险、与无害化处理联动的养殖保险、环境污染责任保险等绿色保险业务，推动农业产业向集约型绿色发展转变，促进生态农业、智慧农业、低碳农业发展，支持农村环境有效治理。

3. 为农村基础设施建设提供风险保障，服务乡村建设行动

实施乡村建设行动是推进农业农村现代化的重要抓手。我国将持续加强农村地区普惠性、兜底性、基础性的民生建设，进一步推进城乡基本公共服务均等化。农业保险可为高标准农田、农田水利、堤防堤坝、农村道路、仓储保鲜冷链物流设施等提供保险服务，为乡村建设行动提供有力保障。

（三）农民富裕富足要求保险保障收入稳定

1. 农业保险可防止出现规模性返贫，服务巩固脱贫攻坚成果

当前我国已历史性地解决了绝对贫困问题，下一步要持续巩固拓展脱贫攻坚成果，尤其是防止规模性返贫。为此要充分发挥农业保险保障农民收入稳定的机制性作用，降低脱贫人群的脆弱性。要推动农业保险"扩面增品提标"，在扩大三大粮食作物完全成本保险和种植收入保险实施范围的基础上，持续扩大地方优势特色农产品保险保障范围。要加大专属保险产品供给，为脱贫人群、农村低收入人群、低保和特困人群编织安全保障网，并协助政府健全防止返贫动态监测和帮扶机制。

2. 保险为土地和集体产权制度改革保驾护航，帮助农民获利增收

农村土地制度改革和农村集体产权制度改革是当前深化农村改革的两个重要方面。目前多地农村土地和集体产权制度改革稳步推进，但保险等金融服务不配套、集体经济发展不畅等问题严重制约改革成效。可发挥保险的市场化机制优势，主动融入农村改革进程，推动保险纳入土地流转规范管理制度，针对土地流转违约风险，发展土地经营权流转履约保证保险，加强土地流转信用链条和农户权益保障；参与农村集体产权制度深化改革，探索引入收入保险机制，在支持新型农村集体经济发展壮大基础上，让农民获得更多的增值收益和增收机会。

3. 发挥保险社会管理功能，服务农村社会治理

乡村治理是国家治理的基石。可充分发挥保险机制的社会管理功能，为乡村治理过程中的各类主体提供一揽子保险保障，助力实现乡村治理体系和治理能力现代化。可发展农房保险、小额意外保险、社会治安保险、救助保险等民生保险，参与农村多层次社会医疗保障体系建设；依托基层农业技术推广站等组织，大力推进农业保险服务新网点建设，同时引导农资、资金、农业技术、土地托管、农村电商等各类要素向农村集聚，增强社会化服务组织的服务能力和水平。积极开展覆盖食品公共安全、公共文化娱乐安全、养老、社会治安等保险试点。

三、乡村振兴为农业保险提供巨大空间

根据国际经验法，2025年我国农险保费规模将达到1620.71亿元~1875.39亿元，2030年达到3097.98亿元~4302.24亿元，2035年达到5921.75亿元~9869.58亿元；根据成本法，2035年农险保费为6981.74亿元~9066.07亿元，对应农险深度为3.54%~4.59%。

（一）国际经验法

国际经验法以发达国家的农业保险深度为基准，根据农业保险深度=保费/第一产业增加值，以2011—2021年第一产业增加值年均复合增长率线性外推，预估2022—2035年我国第一产业增加值，以发达国家农险深度为目标倒推得出2022—2035年我国农险保费规模。

目前，发达国家农业保险深度为3%~5%，其中美国农业保险深度水平最高，农险深度平均值为5.82%[1]。近年来我国农险深度持续提高，但与发达国家相比差距明

---

[1] 2007—2020年美国农业保险深度基本稳定在4.5%~6.5%，整体变动不大。本文除去最低值（4.51%，2007年）与最高值（6.94%，2009年），计算出2007—2020年美国农险深度均值为5.82%。

显(见图6)。按照《关于加快农业保险高质量发展的指导意见》,到2030年农业保险总体发展基本达到国际先进水平。因此,本报告选取2%、3%、4%、5%、5.82%五个梯度的保险深度为基准值,模拟不同目标下我国农险的发展曲线,预测2022—2035年我国农险市场发展潜力。

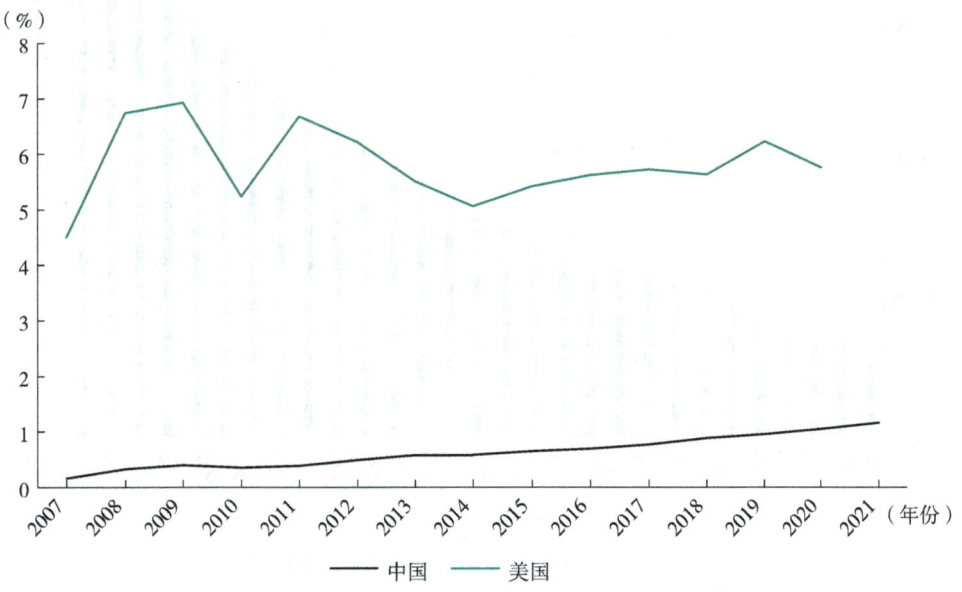

图6　2007—2021年中美两国农业保险深度对比

资料来源:国家统计局、USDA-RMA、美国商务部经济分析局。

我国第一产业增加值从2011年的4.48万亿元增长至2021年的8.31万亿元,年均复合增长率为6.38%。本文根据6.38%年均复合增长率测算2022—2035年的第一产业增加值(见图7)。按照测算,2035年我国第一产业增加值达19.74万亿元,步入农业现代化发展新阶段。

在不同农险深度目标下,2022—2035年农险市场规模见表1、表2、表3及图8、图9所示。在2%、3%、4%、5%和5.82%的深度情景下,2025年农险保费收入将分别为1443.42亿元、1620.71亿元、1759.55亿元、1875.39亿元和1958.55亿元,农险深度分别为1.36%、1.52%、1.65%、1.76%和1.84%;2030年农险保费收入将分别为2387.13亿元、3097.98亿元、3727.31亿元、4302.24亿元和4743.44亿元,农险深度分别为1.65%、2.14%、2.57%、2.97%和3.27%;2035年农险保费收入将分别为3947.83

亿元、5921.75亿元、7895.67亿元、9869.58亿元和11488.19亿元。

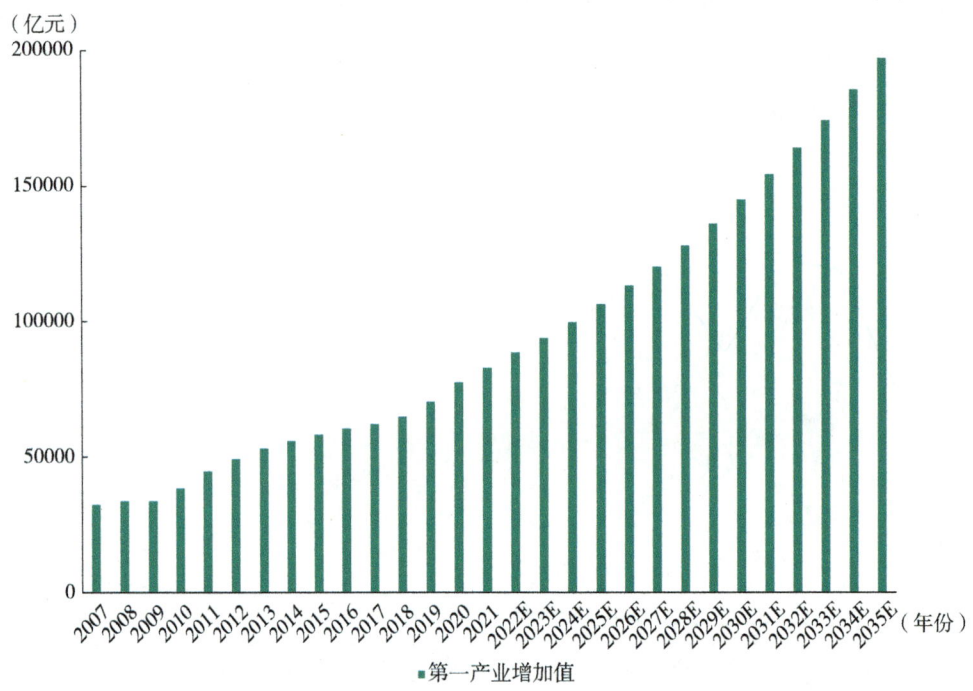

图7 2007—2035年中国第一产业增加值

资料来源：国家统计局。

表1　　2022—2035年中国农业保险保费预测收入（国际经验法）　　　　单位：亿元

年份	2%深度情景	3%深度情景	4%深度情景	5%深度情景	5.82%深度情景
2022	1067.34	1098.71	1121.52	1139.54	1151.97
2023	1180.32	1250.71	1303.18	1345.39	1374.90
2024	1305.26	1423.74	1514.27	1588.44	1640.98
2025	1443.42	1620.71	1759.55	1875.39	1958.55
2026	1596.21	1844.93	2044.57	2214.18	2337.58
2027	1765.17	2100.17	2375.75	2614.16	2789.96
2028	1952.02	2390.72	2760.57	3086.41	3329.89
2029	2158.64	2721.47	3207.73	3643.97	3974.31
2030	2387.13	3097.98	3727.31	4302.24	4743.44
2031	2639.81	3526.57	4331.06	5079.44	5661.42

续表

年份	2%深度情景	3%深度情景	4%深度情景	5%深度情景	5.82%深度情景
2032	2919.24	4014.46	5032.61	5997.03	6757.04
2033	3228.24	4569.84	5847.79	7080.39	8064.70
2034	3569.95	5202.06	6795.01	8359.46	9625.43
2035	3947.83	5921.75	7895.67	9869.58	11488.19

表2　2025年、2030年、2035年中国关键时间点农险保费预测收入（国际经验法）　　单位：亿元

年份	2%深度情景	3%深度情景	4%深度情景	5%深度情景	5.82%深度情景
2025	1443.42	1620.71	1759.55	1875.39	1958.55
2030	2387.13	3097.98	3727.31	4302.24	4743.44
2035	3947.83	5921.75	7895.67	9869.58	11488.19

表3　2025年、2030年、2035年中国关键时间点农险深度预测（国际经验法）　　单位：%

年份	2%深度情景	3%深度情景	4%深度情景	5%深度情景	5.82%深度情景
2025	1.36	1.52	1.65	1.76	1.84
2030	1.65	2.14	2.57	2.97	3.27
2035	2	3	4	5	5.82

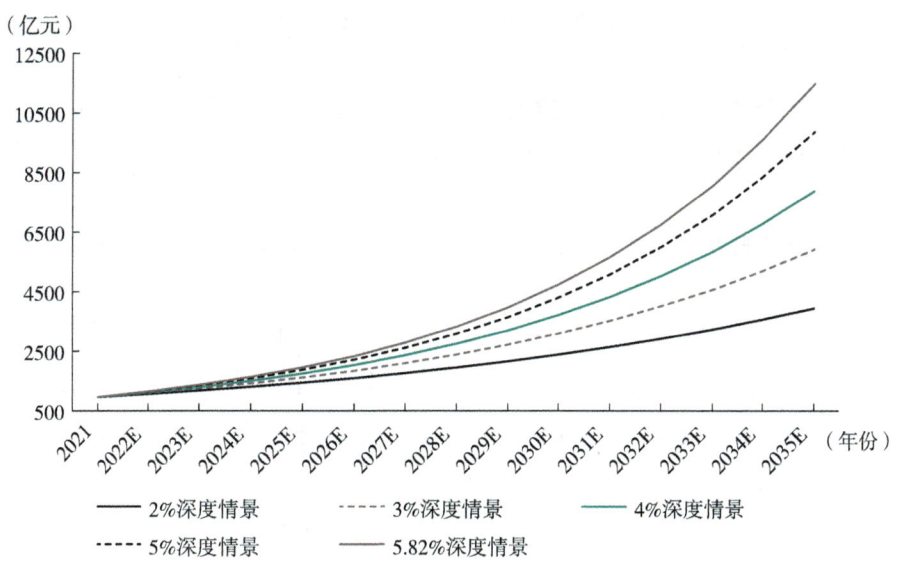

图8　2021—2035年中国农业保险保费预测收入

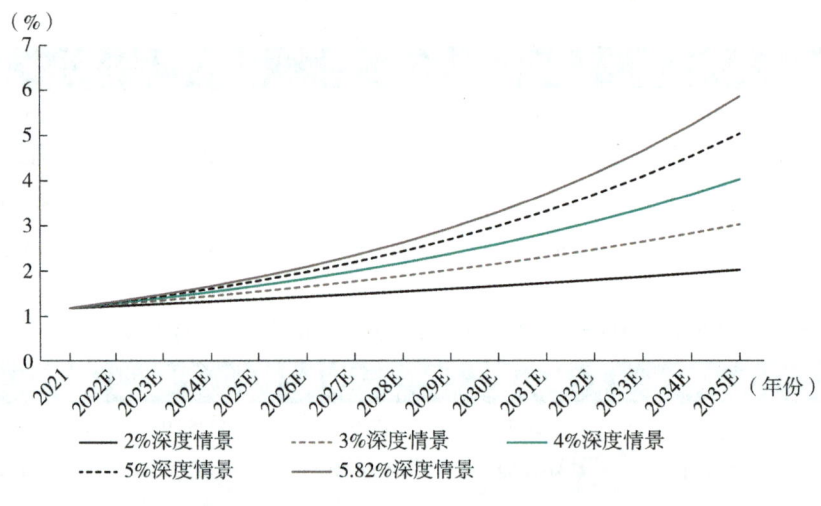

图9　2021—2035年中国农业保险预测深度

（二）成本法

不同于国际经验法，成本法更关注单个时间节点的预测，从第一产业生产成本的角度，对农险规模进行估算。农业保险精算公平保费计算公式如下。

$$\text{Expected Value} = 农业生产成本 \times P（农业出险概率）+ 0 \times [1-P（农业出险概率）]$$
$$= 农业生产成本 \times P（农业出险概率）$$

基于以上公式，假设农业出险概率恒定，农业生产成本增速直接决定农险保费收入增长规模，即两者按同等增速增长，即：

$$2035年农险保费收入 = 2021年农险保费收入 \times (1+农业生产成本增长率)^{14}$$

本文依据农业生产总成本=直接物化成本①+土地成本+人工成本，设置不同保障水平情景，通过农业生产各项成本增速计算出对应的农业成本增速，以此作为基准复合增速，预测农险保障水平提高（"提标"）对农险业务的推动作用。

---

① 直接物化成本包括种子、肥料、农药、机耕、排灌、畜力等费用，在《全国农产品成本收益资料汇编》中称为物质与服务成本。土地成本包括流转地租金及自营地折租两项成本。人力成本包括家庭用工折价及雇工费用两项成本。

另外，为充分考虑"扩面、增品"对农险保费收入的影响，本文将2016—2021年农险保费收入年均复合增速的1/3（即6.09%）设定为叠加的基础复合增速①，并在此基础上讨论8%、10%叠加的复合增速情况。选取2016—2021年这个时间段主要考虑：一是2016年保险服务农业现代化座谈会最早提出农业保险"扩面、增品、提标"；二是财政支持农险发展在2016年步入转型升级阶段②。

测算的主要假设如下。

第一，2021—2035年农险整体出险概率与2020年大致相同，农险费率变动不明显。

第二，农险保费收入与第一产业各部门产值之间高度相关，因此保费收入增速是以农林牧渔各部门占第一产业产值的比例为权重，加权计算的结果。从2004—2020年第一产业各部门产值占比情况来看（见图10），林业、渔业占比变动不大，农业占比基本维持在50%以上。因此，选取2004—2020年第一产业各部门产值占比平均值作为计算各项成本基准复合增速的权重，农业、林业、畜牧业、渔业占比分别为51.83%、4.11%、30.22%、9.8%。

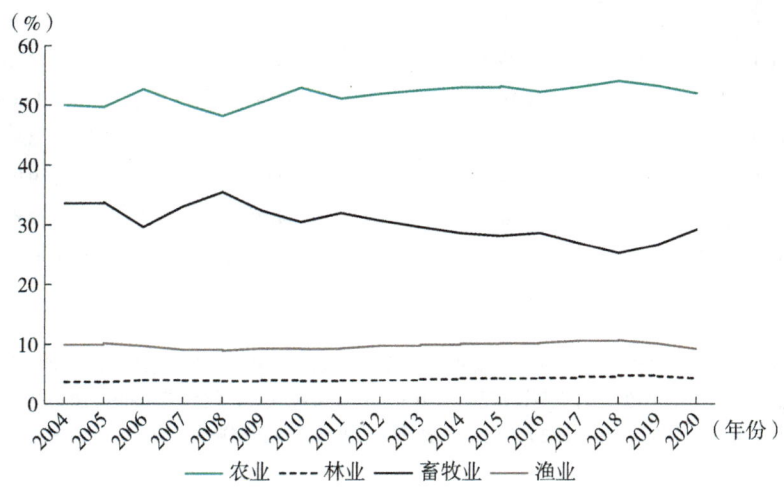

图10　2004—2020年中国第一产业各部门产值占比情况

资料来源：国家统计局，清华五道口保险与养老金研究中心整理。

---

① 考虑到2016—2021年农险保费收入增长是由政策动力与第一产业发展共同推动，而政策动力目标围绕"扩面、增品、提标"三目标，因此以年均复合增速乘以1/3模拟"扩面、增品"对农险保费的带动影响。

② 2021年7月6日国务院政策例行吹风会介绍财政支持农业保险，且提供保费补贴大概经历以下四个发展阶段：初步发展阶段（2007—2011年）、快速拓展阶段（2012—2015年）、转型升级阶段（2016—2018年）、高质量发展阶段（2019年至今）。

第三，直接物化成本、土地成本、人工成本上涨能直接、完全传导到保险公司农险业务端，影响农险保费收入。在只考虑保障水平的情况下，完全成本情景下（情景三），基础复合增速为三项成本的复合增速的总和（见表4）。

表4　2004—2020年中国第一产业各部门三大成本年均复合增长率　　　　单位：%

	物质与服务成本	土地成本	人工成本
三种粮食	5.45	9.73	6.93
大豆	3.62	10.06	7.22
棉花	6.90	9.24	7.14
两种油料作物	5.32	9.50	8.96
甘蔗	5.59	8.83	8.08
甜菜	8.48	9.03	9.56
露地马铃薯	6.76	15.00	7.07
蔬菜	4.88	8.28	10.15
生猪	8.18	−4.43	9.88
奶牛	4.91	2.54	9.22
肉牛	9.61	9.41	11.68
牦牛	19.17	22.79	8.25
肉羊	8.28	0.00	11.06
林业	1.07	7.93	8.86
渔业	7.74	7.93	9.92
基准复合增速	3.10	4.30	3.86

资料来源：2003—2021年《全国农产品成本收益资料汇编》，2003—2021年《中国渔业统计年鉴》，Wind[①]。

[①] 为尽可能选用《全国农产品成本收益资料汇编》数据，确保统计口径的统一，蔬菜品类仅统计了全国大中城市的生产成本。肉牛、肉羊两种产品2004—2008年数据缺失，仅采用2009—2020年数据。肉羊仅统计散养的生产成本，同时2009—2020年肉羊（散养）的土地成本数据缺失，并未纳入计算土地成本的基础增速之中。

因统计数据缺失，林业物质与服务成本的CAGR为观赏苗木的售价CAGR（CAGR=观赏苗木的销售额/观赏苗木的种植面积，单位：万元/公顷）与农药及农药机械价格指数CAGR的平均值，对应拟合物质与服务成本中的苗木、农药两项主要生产资料。林业土地成本的CAGR为表格中三种粮食等各种产品土地成本CAGR的平均值（考虑缺失值与林业生产特点，排除肉羊、牦牛）。林业人工成本的CAGR为表格中各种产品人工成本CAGR的平均值。

因统计数据缺失，渔业物质与服务成本CAGR为表格中三种粮食等各种产品物质与服务成本CAGR的平均值（考虑极端值影响，排除牦牛）。渔业土地成本的CAGR为表格中三种粮食等各种产品土地成本CAGR的平均值（考虑缺失值与渔业生产特点，排除肉羊、牦牛）。渔业人工成本CAGR与以2003—2021年《中国渔业统计年鉴》中渔民人均纯收入计算所得的CAGR近似。

按照保障水平的不同，基准复合增速在7.18%~11.26%间浮动（见表5）。目前我国农险保障水平仍以直接物化成本为主①，展望2035年，农险保障水平若持续温和上升，覆盖直接物化成本及一半的土地成本、人力成本（情景一），对应基准复合增速为7.18%；若能覆盖完全的直接物化成本与土地成本，以及50%的人力成本（情景二）②，对应基准复合增速为9.33%。若覆盖农业生产总成本，基准复合增速为11.26%。

表5　2021—2035年中国总成本年均复合增长率预设　　单位：%

	只考虑保障水平	具体情景	增速
情景一	保障水平温和上升	覆盖完全的直接物化成本，土地成本和人力成本各50%	7.18
情景二	保障水平较高	覆盖完全的直接物化成本、土地成本，以及50%的人力成本	9.33
情景三	保障水平最高	覆盖农业完全成本	11.26

在不同情景与设定的叠加增速组合下，2035年我国农险保费收入预测为5524.20亿元~14345.75亿元（见表6、表7），整体来看2035年我国农险深度大概率能达到3%~5%的发达国家水平。在情景一中，2035年预测农险保费收入为5524.20亿元~8884.49亿元，保险深度为2.80%~4.50%（见表7）。在情景二中，2035年预测农险保费收入为7186.30亿元~11457.52亿元，保险深度为3.64%~5.80%。在最为乐观的情景下（情景三），2035年预测农险保费收入为9066.07亿元~14345.75亿元，保险深度为4.59%~7.27%。

表6　2035年中国农业保险保费预测收入（成本法）　　单位：亿元

	增速1	增速2	增速3
情景一	5524.20	6981.74	8884.49
情景二	7186.30	9043.20	11457.52
情景三	9066.07	11365.95	14345.75

---

① 财政部就扩大三大粮食作物完全成本保险和种植收入保险实施范围答问[EB/OL].（2021-06-30）[2022-01-05]. http://www.scio.gov.cn/32344/32345/44688/46139/46144/Document/1707836/1707836.htm.

② 考虑到相较于第一产业人力成本核算，目前农村土地确权已完成，确权与流转数据共享更有可能实现，因此设定情景二。

表7　　　　　2035年中国农业保险预测深度（成本法）　　　　　　　　　单位：%

	增速1	增速2	增速3
情景一	2.80	3.54	4.50
情景二	3.64	4.58	5.80
情景三	4.59	5.76	7.27

综上所述，在国家政策支持下，农业保险持续扩面、增品、提标，2035年农险深度能达到3%~5%的发达国家水平。根据国际经验法测算的农险保费规模于2025年达到1620.71亿元~1875.39亿元，2030年达到3097.98亿元~4302.24亿元，2035年达到5921.75亿元~9869.58亿元。根据成本法预测2035年农险保费为6981.74亿元~9066.07亿元，对应农险深度为3.54%~4.59%（见表8）。①

表8　　　　　2035年中国农业保险保费及深度预测

	农险保费区间（亿元）	农险深度区间
国际经验法	[5921.75, 9869.58]	[3%, 5%]
成本法	[6981.74, 9066.07]	[3.54%, 4.59%]

四、促进农业保险高质量发展的建议

展望未来，国家乡村振兴战略为农险发展提供了广阔空间。新型农业经营主体的快速发展需要农业保险提供更大支持，农业和农村新业态发展需要农业保险提供保障，乡村治理能力现代化需要农业保险拓展新功能，农业保险将从"小农险"发展到"大农险"的新阶段。为了更好地促进农业保险高质量发展，助力乡村振兴，要进一步完善农业保险的政策体系，包括提高对于新型农业经营主体的保障水平，优化财政补贴政策，促进经营模式创新，完善大灾风险分散制度以及防范与化解制度风险。

---

① 对前面两种不同测算方式的核心结论进行了总结，跳过了具体的分析过程。

（一）提高对新型农业经营主体的保障水平

当前农业保险发展已经进入促进现代农业发展的新阶段，要"从有至优"，即要着眼于提高保障程度，满足新型农业经营主体规模化经营对于农业保险的更高的风险保障要求。

第一，明确逐步提高农业保险保障水平的政策路线图。首先，尽快将完全成本保险拓展至全国范围，提高保障水平；并建立保障水平动态调整机制，满足广大农户和农业生产经营组织不断增长的风险保障需求。其次，探索实现完全成本保险向产量保险的转型。最后，保障水平从产量保险提高到收入保险。目前各地的价格指数保险、"保险+期货"试点有其积极意义，但也存在一些局限性，且短期内难以大规模推广，商业可持续性也有待观察，有必要将农业保险的主流产品引导至产量保险，并为其向收入保险发展夯实基础，实现从纯粹的价格保险到收入保险的跨越。

第二，加强针对新型农业经营主体的产品创新。农业保险要从当前主要面向传统小农的单一的产品体系向兼顾新型农业经营主体的多元化、多层次体系发展。要鼓励开发"高保费、高保障"的专属性产品，满足新型农业经营主体的异质性需求，适应其高投入、高成本的要求。同时，产量保险、收入保险可以主要面向新型农业经营主体，从而将农业保险的创新性供给奠基于真实的需求基础之上。

第三，要依托新型农业经营主体创新农业保险经营模式。依托新型农业经营主体的规模化经营及其内生的农业保险需求，可以有效降低农业保险的交易成本，有助于建立可持续发展的农业保险经营模式。

第四，财政要加大对农业保险服务新型农业经营主体的支持力度。目前中央财政主要对"低保费、低保额"农业保险产品提供保费补贴，有必要适时改变补贴的原则，将面向新型农业经营主体的高保障创新产品纳入中央财政补贴范畴，为满足新型农业经营主体差异化需求的专属性产品提供保费补贴，以提高农业保险保障水平，促进现代农业的发展。

另外，保费补贴要适时向规模化经营的新型农业经营主体倾斜。规模化经营的新型农业经营主体土地利用率、产出率、商品化率高，为国家粮食稳定的贡献大，国家对政策性农业保险的保费补贴理应向其倾斜。因此，有必要改变统一的保费补贴政策，将农业保险保费补贴政策的完善与优化，与培育新型农业经营主体、促进农业规模化经营有机结合起来,即将补贴比例与投保人的种植规模与保险产品的保障水平结合起来,重点补贴农业规模化生产的新型农业经营主体,重点补贴保障水平高的保险产品,以加快构建新型农业经营体系。

第五,优化农业保险合同设计。一是取消或提高分阶段赔付系数。在其他因素保持不变的情况下,取消或提高农业保险分阶段赔付系数会明显提升农业保险保障水平。同时,分阶段赔付规定可操作性不强,在实践中难以严格执行,而且不能有效激励农户在农作物早期受灾后积极补种,有悖于保障国家粮食安全的目标。因此应取消分阶段赔付规定,或参照美国农业保险中的"补种安排"(re-planting)条款对其进行调整。①二是允许设置绝对免赔。设置绝对免赔,有助于农业保险从目前的"高获赔概率、低保险赔付"模式向"低获赔概率、高保险赔付"模式转变,使得规模经营主体在遭受概率较低,但损失程度较大的风险时能够获得较高水平的赔偿。

(二)优化财政补贴政策

要充分借鉴国外公共财政补贴农业保险的经验,加快完善和优化我国农业保险财政补贴政策,具体包括:基于地方特色农业发展的需要扩大中央财政补贴品种范围,以差异化的补贴政策实现农业保险公共服务的均等化,拓展补贴结构以提升农业保险支农地位。

首先,落实2021年中央一号文件要求,将地方优势特色农产品保险以奖代补做法逐步扩大到全国,并逐步增加各地享受以奖代补政策的保险标的,支持各地具有地方优势特色的农产品保险的发展。

其次,基于地方特色农业发展的需要扩大中央财政补贴品种范围。基于地方特色农业发展的需要进一步增加保费补贴品种,尽可能扩大中央财政补贴的品种范围,满足地方的需求。中央财政可设立特色农产品保费补贴项目,逐步对各地具有

---

① 在美国,"补种安排"条款的目的是鼓励农场在灾后恢复再生产。在美国农业部风险管理局颁布的《农业保险核灾定损通用手册》(*Loss Adjustment Manual Standards Handbook*)以及具体作物保险的核灾定损手册(如 *Corn Loss Adjustment Standards Handbook*)中都明确规定,在最早可播种日期之后种植的农作物在生长期间如发生严重灾害导致农作物受损严重,保险公司评估后认为可以补种的,农户必须补种;此时保险公司按照保障产量的20%或基于给定单产水平(8蒲式耳/英亩)计算的保障产量之中较小者进行赔付,赔付金额在总保额中扣除,保单依然有效,农场复种的农作物仍受农业保险的保护。

地方优势特色的农产品保险提供保费补贴。

再次，以差异化的补贴政策实现农业保险公共服务的均等化。要基于实现基本公共服务均等化的要求，进一步优化地区差异化的保费补贴政策，实现农业保险的横向公平。2022年，财政部修订出台《中央财政农业保险保费补贴管理办法》，统一种植业保险保费补贴比例，加大中央财政对中西部和东北地区种植业保险的支持力度。未来可按照比东部、中部和西部地区更加细分的区域确定地区差异化的中央财政补贴比例。中央财政的补贴比例要充分考虑到各地经济和社会发展水平的差异，并与地方财政的支持能力结合起来。在地方财政较为拮据的情况下，中央财政补贴比例要高一些；对于富裕地区而言，补贴比例要低一些，通过更为灵活的补助方式解决各地经济发展不平衡情况下中央政府补贴的公平性问题。

另外，地方各层级政府的补贴比例与水平也要与该地区经济发展水平以及财政负担能力挂钩。特别地，应尽量降低直至取消市级尤其是所有县级财政的补贴比例，以减轻地方政府特别是不发达地区地方政府的财政负担，实现农业保险公共服务的纵向公平。

最后，拓展补贴结构以提升农业保险支农地位。我国作为世界贸易组织成员，对农业的补贴受到世界贸易组织规则的约束。中国入世时承诺，农产品"黄箱补贴"不得超过产值的8.5%，据有关测算，中国已经逼近这条"黄线"。继续增加现有补贴种类的总量，将使我国在世界贸易组织规则总体范围内的支持空间进一步缩小，不利于我国充分利用规则调动种粮农民积极性、进一步提高种粮农民收入水平。因此，需要根据WTO规则调整和改革农业补贴政策，将部分"黄箱补贴"改为"绿箱补贴"，即将一部分农业补贴转为在世界贸易组织规则中使用不受限制的补贴，比如对农业保险的支持。

为了提升农业保险在支农体系中的地位和作用，要进一步拓展补贴结构，建立中央财政对农业保险经营机构经营管理费用和农业再保险以及其他形式的补贴制度。中央财政对农业保险经营机构经营管理费用的补贴比例及数额，要兼顾政策需要以及不同险种间费用的差异性，实行差异化的经营管理费用补贴。

（三）促进经营模式创新

为了实现农业保险经营模式创新，要建立普惠性农业保险体系，以指数保险取代传统的农业保险产品,降低交易成本,提高供给效率,从而增强农险的可持续发展能力。

1. 建立普惠性农业保险体系

普惠性农业保险体系的核心是"政府补助保费保基本、农户自愿参保保增量",即由政府全额补贴保费、提供最基本的风险保障,农户可以根据需要通过额外缴费提高保障水平。如上所述,在小规模分散经营占主导的农业经营模式下,向农户收取保费的成本异常高昂,甚至保险公司的承保成本已经超出了农户的自缴保费,不符合经济效率的原则。因此,对农户的缴费实行全额补贴,可以降低承保环节的成本,同时也在一定程度上遏制农业保险经营中的虚假承保、虚假理赔等违法违规行为。

建立普惠性农业保险体系也是发达国家的重要经验。美国的巨灾保险（Catastrophic Coverage, CAT）就是联邦政府为农场主提供最基本风险保障的普惠性农业保险产品。农场主一般在巨灾保险基础上,额外缴费购买保障程度更高的保险产品。中国可以借鉴美国的经验,创新农业保险的经营模式,探索建立普惠性农业保险体系。

2. 以指数保险弥补传统农业保险产品的不足

传统的农业保险产品要求核保到户、验标到户、查勘定损到户,在小农经济条件下经营成本非常高,在实践中难以规范运作。因此,要进行农业保险的产品创新,主要以指数形态的保险产品取代当前的物化成本保险。

指数保险（包括区域产量保险和天气指数保险等）将损害程度指数化为特定区域农作物的平均产量或气象数据指标,其赔偿基于预先设定的参数达到触发水平,而非实际损失,因此通常不需要核保到户、验标到户、查勘定损到户。可见,指数保险本质上是通过产品创新,将小规模分散经营的农户聚合成虚拟的规模农场,从而有效降低农业保险在承保、定损以及赔付环节的成本。

在选择合适的产品形态方面,印度农业保险的经验提供了很好的启示。和中国类似,印度也是小农经济占主导地位。由于农户的经营规模有限,印度主要发展区域产量保险和天气指数保险。印度的经验表明,农业保险产品形态的选择要与农户的经营规模相适应。为了适应小规模分散经营的基本国情,我国要创新农业保险产品形态,克服传统农业保险产品经营成本高的不足。

3. 为促进农业保险经营模式创新提供相应的政策支持

第一，将指数保险纳入中央财政补贴范围。这样可以鼓励市场主体积极探索以指数保险取代成本保险，促进农业保险的产品创新，推动农业保险经营模式的转型。

第二，为构建普惠性农业保险体系提供补贴。实施普惠性农业保险后，财政需要新增加两部分补贴资金：一是目前农户约20%的自缴保费，二是可保种植面积全面覆盖后新增加的保费补贴。通过增加对农业保险的保费补贴，可以同时推动农业补贴的市场化改革。另外，值得指出的是，如果用指数保险产品取代传统的农业保险产品，则由于指数保险产品的费率较低，财政因此支出的保费补贴可能会少很多。美国的经验表明，区域产量保险（GRP）费率是基于个别农场的产量保险（APH）费率的1/3。

第三，促进与指数保险发展相关的基础设施建设。发展指数保险要求具备很高质量的数据。比如，对于天气指数保险，产品开发需要质量可靠、不易篡改、可以自动获取的气象数据。但我国地域辽阔，地面气象观测站点分布不够充分，制约了天气指数保险的发展。因此，要增加气象站点建设，完善与指数保险发展相关的基础设施。同时，统计、农业、气象等部门要加强协调与合作，通过数据共享以及校验，提高数据的可得性与真实性。

（四）完善大灾风险分散制度

从国际农业保险大灾风险分散制度的实践看，主要有两种制度安排。一是由再保险和其他融资方式两个层次组成。其中，第一层大灾风险损失分散的安排是由保险公司购买再保险；第二层是在此基础上安排其他融资方式，如向政府借债、向金融机构融资或者发行巨灾债券等。美国农业保险大灾风险分散制度大致如此，不仅有财政支持的再保险，而且当大灾发生，准备基金不足以支付赔款时可以向"商品贷款公司"借款。

二是由再保险、大灾风险基金和其他融资方式三个层次组成。其中，第一层大灾风险损失分散的安排是再保险，第二层安排是保险公司在正常年份建立的大灾风险准备金，第三层安排是其他风险融资计划。加拿大农业保险大灾风险分散制度大致如下。除了再保险，各省的农业保险公司在正常情况下建立类似于"大灾准备金"的基金,该基金由正常年份的责任准备金结余形成,不缴纳任何税赋,可以无限制累积。遇到大灾损失,当年准备金不足时可以动用基金。同时建立了融资安排,如果动用基金仍然不足以支付赔款,可以向联邦和省的财政部门借款。

我国可以在借鉴国际经验以及已有风险分散制度安排的基础上,进一步完善大灾风险分散制度。

首先,优化中国农业再保险的运作机制,完善农业保险再保险体系。要以农业再保险公司为载体,建立健全有效的农业保险统筹协调工作机制,并基于市场化运作的原则,构建农业再保险公司与原保险人"分担风险、分享收益"的风险共担机制,完善农业保险再保险体系。充分利用国内、国际两个再保险市场,转移、分散农业大灾风险;探索对不同风险区域的农业保险业务互换,均衡地域风险。

其次,完善大灾风险准备金制度。鼓励保险公司在正常经营年份积累大灾风险准备金,从而在不同年度之间分散风险。

最后,建立融资安排。在再保险摊回赔款、大灾准备金均不足以支付赔款的情况下,启动相应的融资安排,为经营农业保险业务的公司提供流动性支持。

(五)防范与化解制度风险

首先,要秉持法治原则,规范和约束农业保险中权力的运行。法治理论认为,权力的"知止"单靠主权者的自律是做不到的,其权力边界应通过外在力量的约束来划定和实现。目前的《农业保险条例》虽然规定了相关政府部门对农业保险的政策支持,但没有有效界定和约束政府在农业保险经营活动中的权力边界。例如,已有的罚则几乎全部针对保险公司,而对于政府可能的违规行为却没有任何相应的罚则。因此,应进一步完善农业保险的相关立法,适时启动《农业保险条例》修改,并探索制定《农业保险法》。要基于法治思维,通过规范和约束权力,保障市场主体的权利与自由,要通过外部约束明晰政府在农业保险经营活动中的权力边界,有效防范和化解农业保险面临的制度风险。

其次,优化保费补贴拨付机制。为了遏制应收保费的快速增长及其带来的巨大风险,要提高财政补贴资金的配套效率,探索将中央和省级财政补贴直接补贴经办机构;或对保费补贴专户实行动态监控,动支必须经过财政厅、财专办审核同意。同时,要尽快降低直至取消县级财政保费补贴。增强产粮大县农业保险推广积极性，扩大农业保险覆盖面，促进现代农业发展和农民增收。

再次，进一步完善农险市场主体的准入与退出机制。农业保险市场在相当程度上存在行政权力支配市场资源配置的现象。除了规范权力的运行外，要探索农险市场主体的准入与退出机制。为此，一方面在市场准入上引导公司对农业保险专业化经营，增强持续经营的预期，从而鼓励保险公司增加对农业保险的资源投入，提升服务的质量；另一方面，要建立真正的市场化退出机制，赋予公司硬性的市场约束。经营行为不规范、侵犯农户利益、经营绩效低下的市场主体要退出市场，从而提升市场主体的违规成本，发挥市场机制作用，彰显良币驱逐劣币的正向激励效果。

最后，建立农民参与农业保险决策和运营的机制。法治理念还重视对权力的制衡。当一个社会中存在某种权力的时候，必须有另一种权力能够制约它，排除一权独大，但目前在农业保险制度架构与治理结构中，则明显缺乏对权力的制衡，这突出表现在农户几乎缺乏所有的参与权。因此，有必要将农民参与农业保险制度的运行和监督作为重要的发展方向，发挥农户这一重要主体的积极性，构建农民与政府以及公司之间的利益制衡与协调机制，解决农业保险治理结构中农户本质上缺失的问题，使农户由被虚置的主体回归真实的需求方，从而促进农业保险回归其本来的政策目标。

第18章
农村中小金融机构的改革创新实践[①]

一、有所为有所不为，有所变有所不变——东阳农商银行以"四梁八柱"发展蓝图引领高质量发展

近年来，面对压力和挑战，东阳农商银行坚守初心使命，深刻把握为与不为、变与不变的辩证关系，坚持一张蓝图绘到底，一任接着一任干，在前行道路上不断总结转型发展的先进做法和宝贵经验，凝练形成"四梁八柱"发展蓝图，在引领东阳农商银行实现高质量发展的同时，坚守东阳农商银行的定位和战略延续。

（一）背景意义

近年来，东阳农商银行各项业务发展总体处于浙江农商银行系统"头部方阵"。自2009年以来，在全省农商银行系统开展的"走千访万"劳动竞赛中，连续13年进入前三甲，是获得嘉奖次数最多的行社，其中7年获得一等奖。东阳农商银行近年来更是收获了全国文明单位、全国模范职工之家、全国金融系统思想政治工作优秀单位、中国人民银行科技发展奖、中国银行业协会千佳示范网点等多项国字号荣誉。

在如此成绩背后，东阳农商银行却有着一段"不堪回首"的过往。早在2008年

[①] 如未特殊说明，本章数据均源于各银行内部资料。

前，东阳农商银行是浙江农商银行系统的"垫底行"，年均诉讼案件在500件以上，不良贷款率高达16.96%。相比于资产质量差、贷款"垒大户"等问题，员工信心低迷，合规文化缺失等问题更加严重，是全系统的"老大难"，更是监管部门高度关注的"高风险机构"，发展形势十分严峻，甚至可以说是面临着"生死存亡"的问题。

2008年，在新一届班子的带领下，行内迅速掀起一轮改革，规划并践行了"十年三步走"，不仅有效解决了生死存亡问题，更是实现了活得更好的目标，让东阳农商银行从一个"困难行"，成功变成"标杆行"。东阳农商银行时刻牢记历史教训，并持续自我加压、审时度势、接续奋斗，实现百尺竿头更进一步。

为固化这些经验，东阳农商银行将近5年来的先进经验进行总结，形成"四梁八柱"发展蓝图，并作为一部行内的"宪法"，指导行动、约束行为。

（二）理念概述

1. 顶层设计："四梁八柱"支撑起的银行

"四梁八柱"发展蓝图由"四梁"和"八柱"两个部分组成，涵盖了战略定位、发展理念、运营导向、要素配置、发展内涵等方方面面内容。其中，"四梁"由战略、理念、策略、文化组成，侧重于"好的想法"，重点是基本原则、基本原理等看不见的顶层指导。"八柱"由党建、机制、规模、质量、普惠、渠道、创新、人本组成，侧重于"实的干法"，重点是工作方法论等看得见的工作方式和成果。

如果把东阳农商银行比作一座大厦，"四梁八柱"就是这座大厦的基本框架和主体支撑。"四梁"是纲，"八柱"是目，"纲举"才能"目张"，柱强才能顶梁。

"四梁八柱"发展蓝图，从宏观层面规范、约束了战略决策和行为，从而保证在任何情况下扛得住压力、挡得住诱惑、不迷失方向，确保东阳农商银行发展平稳向前。

2. 理顺关系："四梁"连结与"八柱"支撑

（1）"四梁"横向连结，重在整体推进

"四梁"有各自的属性，功能有所差异，整体关系为取舍有道，以势领道，以道驭术，以术赋能，以文化之。

战略取势是长期坚守的定位。"战略"是管长期的，需要长期坚守。要坚守"向实向内向小"的定位，坚持"做小做散"的宗旨不动摇，顶得住压力，经得起诱惑，耐得住寂寞，找得到方法，保得住激情。

理念明道是实现战略的途径。"理念"是管中期的，需要阶段性调整。要结合自身实际，与时俱进，做自己擅长的，做别人做不了的，坚持走自己的路。

策略优术是推动战略的方法。"策略"是管短期的，需要灵活变化。工作举措要因时而动、因势而变，求稳求远，走"选好的路"，不只选"好走的路"。

文化赋能是融会贯通的纽带。文化贯穿于"战略""理念""策略"之中，起到黏合作用。要增强文化自信，凝聚文化力量，以文化促进和谐、激发动能，将虚功实做和实功虚做紧密结合。

（2）"八柱"纵向支撑，重在有机融合

"八柱"根根关键，各有侧重，明确方向、目标、重点，配套政策，因时因势而变，分别为以党建统领一切工作，以机制破解实际问题，以规模增强发展实力，以质量提升发展后劲，以普惠巩固发展阵地，以渠道拓展发展空间，以创新壮大发展能力，以人为本保障基业长青。

"八柱"可以分为四个模块。头柱"党建"是统领模块，承担顶层引领和重大决策的功能，解决方向性问题。党建统领就是要确立一个"主心骨"，把各方力量组织起来，把各类资源整合起来，把各类影响发展的"杂质"过滤掉，把各类不好的苗头消除掉，在保证方向正确、步伐稳健的同时，实现效率效能的最大化。"规模、质量、普惠"三柱是经营模块，承担绩效产出功能，解决发展的速度和可持续问题。以规模增强发展实力，夯实发展基础；以质量提升发展后劲，保证长远发展；以普惠巩固发展阵地，明晰发展路径。"机制、渠道、创新"三柱是管理模块，承担效率提升的放大功能，解决发展效能的问题。以机制破解实际问题，解决"改良土壤"的问题；以渠道拓展发展空间，解决渠道属性优势彰显的问题；以创新壮大发展能力，解决发展杠杆的问题。尾柱"人本"是保障模块，承担基础保障与核心支撑功能，解决核心动力的问题。企业一切问题背后的根源都是人的问题，人本是发展的根本动力，只有人的全面发展，才能实现企业的全面发展。

（三）具体实践

1. 把握"四梁"核心要义，指引发展方向

因势顺势而为，保持战略定力。坚持长期价值主义，注重战略定力管理，从国家政策及上级管理机构引领的趋势、地方经济社会发展的情势、自身的比较优势三个基点出发，审势而行、应势而动、顺势而为，确定"有所为有所不为"的战略思想，例如坚定"做小做散"就是"有所为"，抗拒盲目做大的诱惑就是"有所不为"，明确"先农后商"的战略路径，坚持一张蓝图绘到底、一任接着一任干，在短期的繁荣与长远的发展中求得平衡。

坚持适用原则，做好理念指引。秉持"适用的才是最好的"理念，追求"小而专、专而精、精而美"的目标。例如，东阳农商银行的数字化改革以"统一平台、东阳特色、走在前列"为方针，不一味求新、盲目投入，而是围绕业务的痛点难点和管理集约的需要，做到管用好使就是有成效的。用理念指导实践，不仅保证"主航道"的大方向不变，还能发挥"船小好调头"的灵活应变优势，在各个发展阶段采取适用的理念和适合的道路，从而保证战略的成功。

追求敏捷制胜，灵活策略运用。战略是做正确的事情，策略是正确地做事情。东阳农商银行在坚持战略定位和确保风险可控的前提下，根据市场变化和自身实际，做好变与不变的辩证统一，通过分析问题的特殊性，找出解决问题的方式。例如，东阳农商银行坚守支农支小市场定位，没有将业务发展目标瞄准在"大企业"本身，而是重点锁定为"企业里的人"，将大企业的高管、中层干部和集团员工、项目负责人等群体作为目标客群，开展零售业务营销，提升竞争力。东阳农商银行充分发挥决策链条短、做业务短平快的优势，适时调整策略、优化战术，推出"全方位做小、有余力做大""不做大企业，做大企业里的人"等特色化业务发展模式，从而实现敏捷制胜。

传承金融血脉，凝聚文化力量。企业文化必须是有用的、实用的，能对经营和管理起到促进作用。东阳农商银行在历史传承、现实改造中凝练出"阳光文化"，传承东阳人勤奋刻苦、奋发图强的"梅干菜精神"，践行"团结、务实、诚信、奋斗"的核心价值观，实现文化与赋能双向互动。一直以来，东阳农商银行大力弘扬奋斗者文化，为进一步提升基层奋斗者的获得感，2021年创新推出员工"功勋

制",将员工分为"实干型、创新型、奋进型"三类进行表彰激励,带动全体员工见贤思齐,为全行发展砥砺奋进。正是文化与制度有效结合、相互转化,激发出无形而有力的作用,不断凝聚员工智慧、挖掘员工潜力,使东阳农商银行成为一家播洒阳光的银行。

2. 发挥"八柱"具体职能,以方法论明确发展路径

以党建统领一切工作。党建不仅有政治价值,更有业务价值。东阳农商银行将党建作为一切工作的统领,坚持把党建工作与业务发展同谋划、同部署、同推进。创建"阳光党建"品牌,突出"规范、特色、融合"工作导向,创新党委会"议事清单制",打造"红顾问、红小二、红管家、红榜单"四张红名片,推进"一支部一特色"创建,将党的领导优势转变为全面引领发展的优势。目前,东阳农商银行的"四张红名片"名声在外、深入人心,"红顾问"派至村(居)担任村书记助理、主任助理,直接服务乡村治理,"红小二"为在外乡贤提供代理咨询农村建房政策、填写递送建房审批资料、咨询回乡投资创业相关政策等服务,"红管家"为乡贤在东阳的父母和家属提供定期上门走访探望、代为预约医院绿色通道、协助家庭医生随访等关怀服务,"红榜单"作为党员考核、评先的重要量化依据促进干事创业,内部激发干部队伍动能,外部向村民、小微企业、在外乡贤等群体提供特色金融服务,推动全方位普惠金融取得新成效。

以机制破解实际问题。东阳农商银行通过打造"授权—规则—监督"闭环机制实现放权放管,实施市场营销"三三策略"破解区域发展瓶颈,自主研发"挂图作战辅助管理系统"实时掌握经营情况,建立体系化的督导机制,做到以督促导,持续加强组织能力改造,不断破解实际问题,进而增强对外竞争的能力。例如市场营销"三三策略"将东阳农商银行所有支行按南乡、北乡、城区划分为三个战区,通过分析三大区域经济发展特征、召开区域支行联席会议、战区考核评比等方式,推动南乡、北乡、城区各支行探索具有区域特征的发展道路,在补齐发展短板方面取得明显成效。

以规模增强发展实力。规模是实力的体现。一直以来,东阳农商银行主动融入地方经济和社会发展大局,深耕本土东阳人、在外东阳人、新东阳人"三大市场",通过差异分群、精准施策、政银合作不断做大业务规模。针对本土东阳人,实施村级金融服务"三位一体"工程,配套普惠常态化走访机制、优化分层维护机制等，持续做深做透本土阵地；针对在外东阳人，明确每个商会的服务主办行，成立外拓营销团队，经常性上门走访营销，促使在外东阳人存贷款回归；针对新东阳人，加强信息收集，对不同客群进行差异化营销和管理。同时，东阳农商银行打造"123"客户经营体系，即"让利员工"一个核心，"快乐营销、高频互动"两种模式，"客户分层维护、网格化管理、科技赋能"三大支撑，使各类规模性指标保持稳健上升的态势。同时，在经营上，东阳农商银行注重规模与质量并重，并通过商业可持续发展促进普惠目标达成。

以质量提升发展后劲。要发展必然有风险，但不发展是最大的风险。东阳农商银行将防控风险转变为经营风险，以"大额三条"管住"大风险"，以"尽职免责"推动敢贷愿贷会贷，以"员工行为网格化管理"管住最常见的员工道德风险，以"实质大于形式"的审计工作做好"兜底"保障，从而实现"规模、效益、风险"三者平衡。尤其是东阳农商银行自主创新的员工行为网格化管理2.0版，以绘制网格图实现责任认定、建立数据池掌握员工信息、监督多维度发现异常行为等方式，对员工行为进行有效监管，使违规违纪行为无处遁形，因此该管理平台相关模块也被浙江农商联合银行在全系统推广。

以普惠巩固发展阵地。东阳农商银行基于地区实际，不断创新、升级普惠模式，探索建设"以人为核心全方位普惠金融先行试验地"，走出一条"农村包围城市"的普惠之路，由"农村普惠"向"小微普惠""城市普惠"延伸。农村普惠方面，东阳农商银行实施"金融顾问、信用小组、丰收驿站"三者联动的村级金融服务"三位一体"工程，实现"村里人办村里事"，守住农村市场。城区普惠方面，主动适应客群需求，着力提升纯数驱的产品服务，推出"阳光·普惠贷"，有效解决了个贷覆盖范围小、城区获客难、批量管理难等问题。小微普惠方面，实行小微企业"整镇授信"，通过划分网格、收集信息、无感授信、生成额度、有感反馈"五步法"，主动为企业预授信，实现批量化营销。

以渠道拓展发展空间。"运营也是生产力"。东阳农商银行同步推进网点渠道硬转型和软转型，打造独具特色的"阳光厅堂"工程，从人员提升、布局改善、"机器换人"、流程优化四个方面整体联动，促进厅堂转型。打造全省首家县域级丰收驿站"阳光旗舰店"，以"政银合作桥梁、乡贤联谊平台、社区服务中心、老年休闲乐园、青少体验基地"为五大定位，将其作为"城市会客厅"，不断提升社会效益。实行"临柜1+1"模式,从"双人临柜"转变为"一人临柜",将更多人力资源释放到厅堂营销,充分引导客户使用自助机具,实现大堂服务的高效运转。

以创新壮大发展能力。东阳农商银行坚持"做实不做虚"的数字化转型,注重打造敏捷型组织,设立创新工作委员会,承担审议创新发展规划及重大决策,审议年度创新工作计划、年度预算和激励机制,审议各项目小组制定的创新工作方案,监督各项目小组创新工作方案的落实和执行,组织对创新项目考核、评审及奖励等主要职责,并采取项目制的方式管理创新工作的开展。同时,东阳农商银行还推出"阳光·求智"和"阳光·创享吧"两种机制,为干部员工课题调研、头脑风暴、创新项目运作提供平台,加强科技人才与业务人才、科技与业务、线上与线下的融合,推动创新举措有效落地,为精确决策、精细管理、精准营销提供支撑。

以人为本保障基业长青。人是事业进步的根本力量。东阳农商银行通过员工职业生涯规划、青蓝行动"传帮带"、上挂下派交流体验等方式,分层分类培养人才,为员工成长赋能;通过"能上能下""多维激励"等手段,进行不间断激励,解决绩效考核无法顾及、无法促动的激励问题;通过推行年陈文化肯定员工价值,创新员工"功勋制"激励员工向奋斗者看齐,开展"员工减负赋能"行动提高员工体验感,做到家文化和科学管理的有机结合,充分给予员工尊重与爱,以文化感召人,让胜利成为一种信仰。

二、县域农村法人机构创新服务新市民行动方案 ——以常熟农商银行为例

(一)农商银行战略转型新机遇

1. 农商银行业务发展的瓶颈

(1)资产负债表扩张遭遇瓶颈

以2017年全国第五次金融工作会议为标志,商业银行进入稳健经营的阶段,且不同类型商业银行的规模增速总体趋于收敛,不同银行之间的规模增速分化减小,大致保持在8%~12%,个别时间段增速可能会低于这个区间(见图1)。

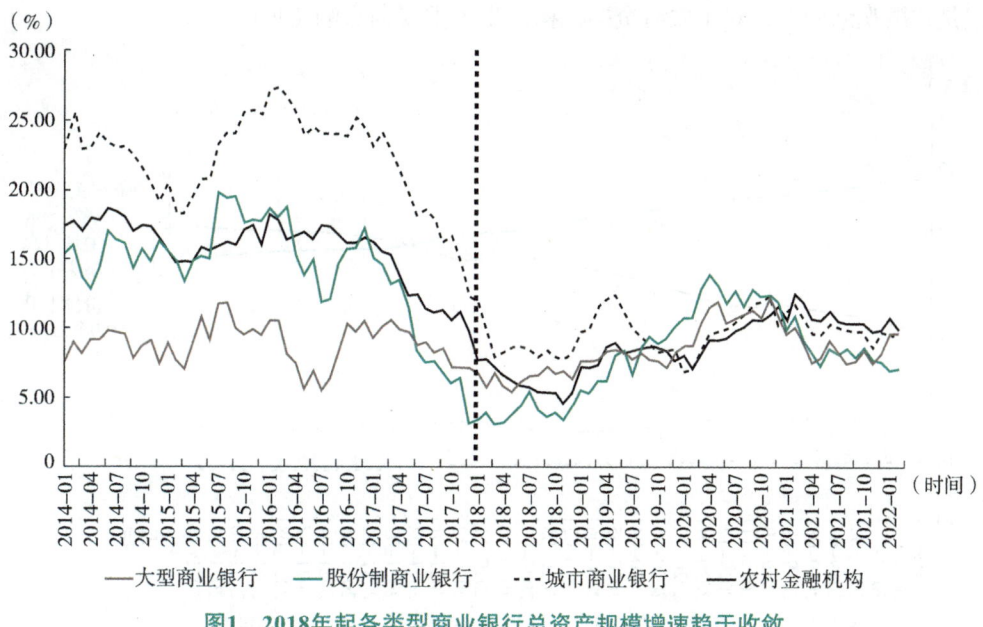

图1　2018年起各类型商业银行总资产规模增速趋于收敛

资料来源：Wind，常熟农商银行整理。

整体规模增速降低，主要原因可能包括两方面：一是经济增长从过去高速增长转向中高速增长，实际GDP增速下降带动名义GDP增速下降，从而经济运行所需要的货币信贷增长中枢水平会下降，微观上就体现为商业银行资产规模增速下降；二是金融供给侧结构性改革使得金融体系资金空转的现象得到根本扭转，商业银行整体瘦身，其结果表现就是资产规模增速出现下降。

当商业银行总体的资产规模增速下降之后，整个行业就会体现出存量竞争的特点，比如商业银行之间的竞争会加剧、头部化现象开始出现。在存量竞争的时代，中小型商业银行总体上处于竞争弱势地位，特别是农村金融机构，在"蛋糕"总量增幅有限的情况下，还必须直面来自大中型商业银行不断下沉带来的竞争。主要体现在如下两个方面。

一是资产端业务受到大行普惠金融业务的挤压。国有大行均先后成立了普惠金融事业部，聚焦单户授信不超过1000万元的小微企业贷款、个体工商户经营性贷款、小微企业主经营性贷款、农户生产经营贷款等。这一举措，宏观上极大地推动了普惠金融业务的发展，提升了金融服务的可获得性，体现了普惠金融的普惠性，但是在微观结构上,对于农村金融机构产生了重要的影响(见图2)。

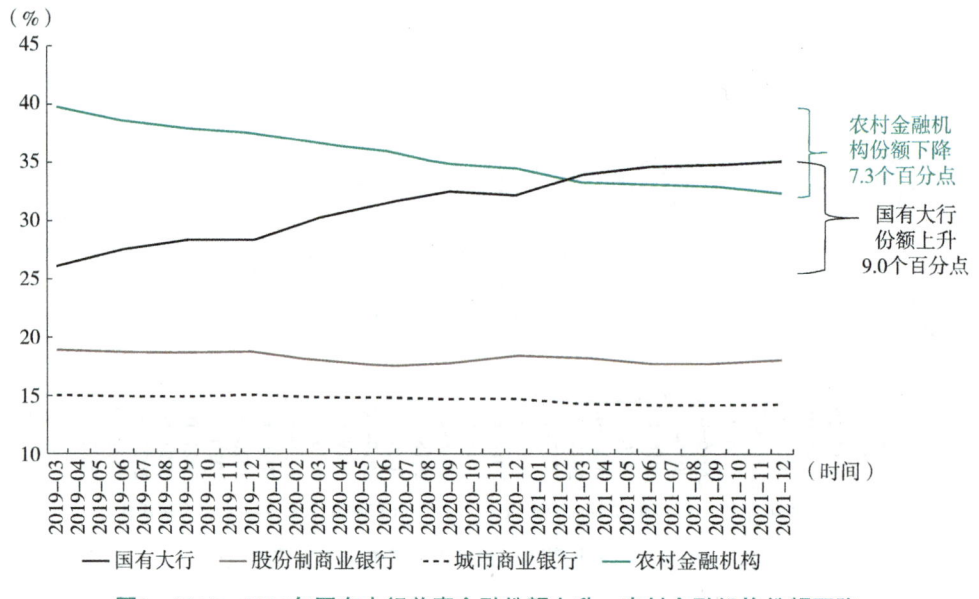

图2　2019—2021年国有大行普惠金融份额上升、农村金融机构份额下降

资料来源:Wind,常熟农商银行整理。

从数据上看,2019年一季度末,全国普惠型小微企业贷款余额中,农村金融机构占比约39.8%,国有大行占比约26.2%,而到2021年末,国有大行占比反超农村金融机构,上升9个百分点,至35.2%,同期农村金融机构占比下降7.3个百分点至32.5%,一升一降之间,充分说明了国有大行普惠金融业务对农村金融机构该项业务的竞争挤压。

从逻辑上也较好理解。一方面,农村金融机构是县域经济的主力军,其主要经营区域也是局限于县域经济,当国有大行增加了县域经济的金融供给,农村金融机构的市场份额整体上必然受到一定影响。另一方面,国有大行是全国性银行,资产负债全国统筹,整体负债成本相对较低,比县域农村金融机构有资金优势,从而在竞争中表现出价格优势,帮助其快速抢占市场份额。加之国有大行的品牌声誉和国家背书,县域农村金融机构在竞争中总体处于弱势地位。

二是负债端受到财富管理业务的挤压。财富管理对银行负债业务形成替代是行业共性问题。全市场资管规模虽然较2016年高峰期略有回落,但总体规模仍然占到存款的39.4%左右（见图3）。

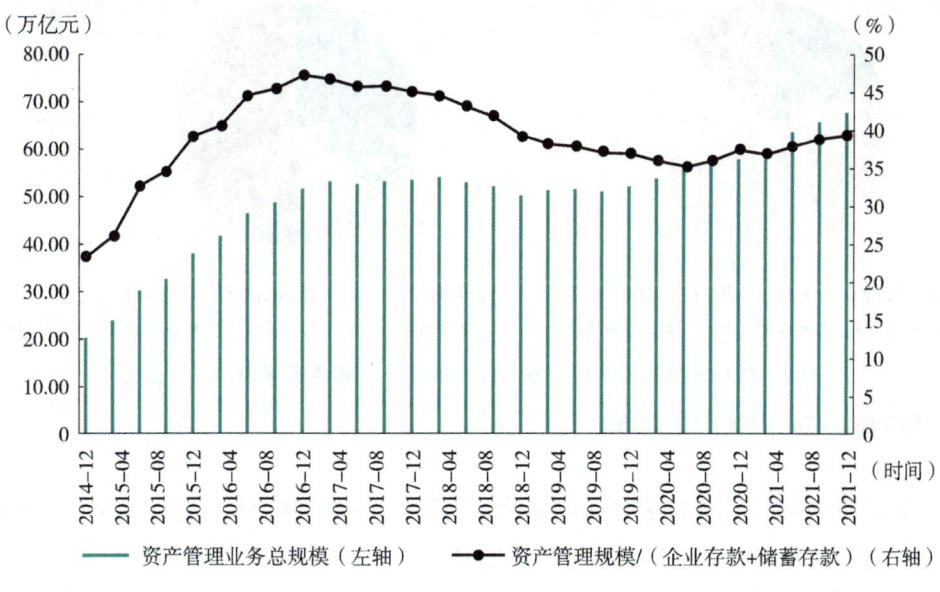

图3　全市场资管规模（2014—2021年）

资料来源：Wind，常熟农商银行整理。

农村金融机构在居民财富从存款向资产管理产品转移的过程中，无疑受到的影响更大。从利润表的角度来说，农村金融机构在产品销售环节不占优势，无法分享代销市场的快速成长；同时，农村金融机构在产品发行和管理规模上也不具备优势。从资产负债表的角度来说，只有重庆农商行一家获批基金托管资质，大部分农村金融机构无法通过托管业务形成存款沉淀，即财富管理业务对存款的替代，对农村金融机构来说影响更大。

（2）表外业务发展也遇难题

县域农村金融机构在资产负债表扩张遇阻的同时，表外业务发展也遇到问题，这里主要是指银行理财业务。与其他类型商业银行相比，县域农村金融机构理财业务具有以下劣势。

一是管理规模有限。按照银保监会的口径，截至2021年末，全国银行业金融机构一共4602家，其中农村金融机构3886家，数量占比约84%，而从资管募资规模来看，占比只有2.5%，这表明单家农村金融机构的募资能力是非常弱的（见图4）。

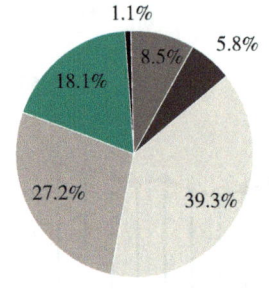

■ 大型银行　　■ 股份制银行　　城商行
■ 农村金融机构　■ 理财公司　　　其他机构

■ 大型银行　　■ 股份制银行　　城商行
■ 农村金融机构　■ 理财公司　　　其他机构（占比为零）

图4　2021年各机构类型新发产品只数（左）和募资规模（右）占比

资料来源：Wind，常熟农商银行整理。

资产管理规模是资管业务持续运营的关键。因此，从整体来看，农村金融机构的资产管理规模低，不利于其资管业务发展。

二是人才储备有限。资管业务发展的前提是资管规模，只有具有一定的资产管理规模，才能够计提到足够的管理费，才有能力在投研、运营上进行投入，农村金融机构在这方面不具有优势。与此同时，县域农村金融机构大多地处县域，在金融人才储备上不如地处北上广深等一线城市的国有大行和股份制银行等。

三是牌照资源有限。因为管理规模有限、人才储备有限，因此农村金融机构极少能够获得资产管理业务牌照。

总体来说，客观上，农村金融机构在资管业务上不具备优势，其发展也面临较多困难。当表内外业务发展受限时，农村金融机构亟须业务转型探索，以尽量维持其市场份额。当前，国家政策提出加强新市民金融服务，对于农村金融机构来讲，是难得的发展机遇，应充分发挥县域经济金融主力军、网点足够下沉等优势，做好新市民金融服务的新课题，在不断摸索中获得新的发展空间。

2. 新市民金融服务给商业银行带来的发展机遇

由于以下两方面原因，新市民的金融需求往往得不到很好的满足，成为金融服务覆盖的边缘客户。一是新市民往往具有流动性大、信用记录少、资产积累弱、软信息差等特征，这些特征不利于新市民群体获得融资支持；二是金融机构本身也存在问题。金融业监管严格、内部风控严格，产品设计能力欠缺，风险识别能力不足,导致服务新市民的成本较高。从另一个角度来说,新市民金融服务还有很大的空间,仍然是一片蓝海。

疫情影响下,稳增长需要再加码,但政策的效果离不开传导机制,而传导机制的关键是要挖掘宽信用主体。短期来看,受国际压力和新冠疫情影响,稳增长亟待挖掘新的"增量"主体。目前,以绿色化、数字化为代表的新经济体量尚小,财政面临债务风险约束,因此还需要挖掘新的融资主体、挖掘内需增量。中长期来看,要贯彻新发展理念、推进以人为核心的新型城镇化,而新型城镇化的工作重心也将从"量"转移到"质"上来,保障好农业转移人口在城市的住房、医疗、就业等民生问题。

(二)新市民画像及金融服务现状

截至2021年,常熟市常住人口为167.72万人,新市民占比超过50%,即总量超过80万人,是常熟市人口与经济发展的重要组成部分。因此,摸清新市民的主要特征、加强新市民金融需求的开发,不仅可以提升新市民金融服务的质量,还可以为银行发展带来新的业务增量。

1. 常熟市新市民基本画像

目前,常熟市新市民以二产务工人员为主,这个新市民结构特征决定了以下几个特征。

年龄结构:以适龄劳动人口为主,务工人员进厂务工,以青壮年男性为主。

收入结构:中低收入者偏多。

学历结构:初中文凭较多,目前从实际情况看,二产务工人员并不需要对学历有硬性要求。

人员流动:在工厂上班的新市民,往往流动性相对较大,能够居住满三年的相对较少。

板块分布结构:与二产工厂分布关系比较密切,哪里厂房多,哪里的二产职工多,相应的新市民也会比较多,具体到常熟市,常福街道、东南街道、辛庄镇、碧溪新区、沙家浜镇、海虞镇、古里镇等几个板块新市民会比较多。

来源地分布情况:通过企业走访调研等多种形式,可以了解到,安徽、河南等省份来常新市民较多,省内的盐城、徐州和淮安来常新市民较多。

除此之外，部分来常新市民还会分布在第三产业以及自主经商创业。

这些新市民特征，一方面决定了其过往在金融需求方面不能充分满足的现状，另一方面也决定了商业银行未来在产品设计、团队构建等方面努力的方向。

2. 常熟市新市民金融服务现状

超过3/4的新市民客户在常熟农商银行的资产不足1万元，超过一半的新市民客户在该行的资产不足1000元。这表明，绝大多数的新市民没有将财富管理放在常熟农商银行，如果考虑到绝大多数新市民不会开设多家银行账户，就可以说明其财富管理不在常熟。

超过90%的客户为活期储蓄客户，只有10%的客户为定期存款客户或者理财客户。这表明，大部分新市民并没有在常熟进行财富管理，而银行账号也只是起到账户功能，方便转入转出。

从上述两点可以知道，存在大量的长尾客户，其财富管理以及存款由于主观或者客观的原因，并不在常熟本地。因此，从客户服务的角度来说，常熟农商银行仍然有许多工作要做，通过更好的产品和服务，帮助新市民客户实现财富保值增值。

此外，根据常熟农商银行新市民客户相关统计，目前获得贷款的客户占比只有4%左右，获得住房按揭贷款的客户占比只有1%左右。与此同时，不管是从贷款价格还是资产质量方面，新市民客户给予常熟农商银行的贡献都不低于当地市民。因此，从这个角度来说，在新市民贷款业务方面，商业银行仍然有非常多的工作要做。

（三）新市民金融服务的提质方案

1. 做好四个层面工作，有效满足金融需求

（1）数字化建设层面

建立新市民"客群画像"。分析客户案例，通过客户在常熟农商银行持有的产品信息、资金情况分布、交易流水、结算习惯等信息建立新市民客群画像，并结合客户生命周期，分类对代发客群、非代发客群以及新客户、存量客户、流失客户提供针对性的服务和营销合适的产品。持续推进财富管理系统建设，分批次进行保险、贵金属、结构性存款及信托业务的投产应用，实现保险、贵金属线上购买。

(2)新市民服务层面

一是开展客群深度服务。加强对代发客户全生命周期的服务,重点关注代发客户后期维护留存,建立代发客户资金流向监测系统,监测代发客户每月的资金流向,有针对性地策划相关活动方案,把合适的产品推荐给合适的客户,从根本上提高代发客户储蓄留存率。根据不同客群偏好提供不同金融产品服务组合,对于存款理财类偏好客户提供专属理财及存款产品加强资金留存,并提升三方支付签约率,增强客户黏性;对于有购房需求的客群,结合目前房贷利率优惠政策加强推广,同时配套相应福利,如对按揭新增客户配置专属装修礼包;对新增按揭贷款客户提供消费备用金支持,方便客户临时周转,提升客户体验。

二是加快切入潜力客群。从事服装批发零售、餐饮等行业的经营户,加快"飞燕码上付"①、POS等结算类产品覆盖,提高手机银行及三方支付持有率,争取将常熟农商银行银行卡作为主结算卡,提高活期留存率,同时配套信贷产品以及存款理财类产品。通过信用卡、贷款类产品以及亮点储蓄、理财产品切入,配套手机银行、三方支付、信用卡客户权益、贷款优惠利率支持等,后续通过配套代缴费类等产品提升客户留存率。联合授信部调优审批规则,加快审批流程,同时推出新市民申请信用卡特惠活动,提升客户用卡频率。

三是提供薪酬管理产品与渠道结算服务。新市民月均代发高,收单资金流入大,有一定资产积累。但由于大部分新市民文化程度相对较低,且主要为二产打工人员,金融知识缺乏,资产管理能力差。通过企业微信等通信工具进行常规的金融资讯服务推送、生日祝福、福利引导等措施,可及时获取客户的诉求,提升新市民的归属感。大部分新市民创业中,会遇到渠道结算问题,加强"飞燕码上付"的开通办理,每日的收款金额次日均会进行清算,再加上货款结算、分账等操作,动账较频繁,能培养商户的专属意识,提高商户的认同感,从而将常熟农商银行借记卡作为主结算卡。

---

① "飞燕码上付"是常熟农商银行为商户打造的一款全新移动支付产品,具备用户扫码与被扫付款,以及商户扫码收款功能。

（3）营销方式层面

机构协同服务新市民客群。将新市民纳入家庭金融网格化服务范围：一是使用电话营销对应产品；二是对有意向客户上门拜访；三是增加企业微信渠道线上连接，通过"飞燕集市"[①]客户群、公私联动进厂营销、公众号推文组织线上活动等递进模式拓客。

要对流失客群所在地区分布情况进行分析，做好客户留存。一方面挽留流失预警客户，通过客户权益、专属产品支持等加强挽留；另一方面与流入地支行同步信息对接，共同做好流失客户留存，采用定向权益福利推送以及客户回访，通过异地ATM取现手续费减免、对持有常熟农商银行存款客户不定期发放手机银行积分权益等方式做好客户留存。

（4）产品服务层面

一是住房贷款。从常熟农商银行数据来看，新市民住房贷款不良率低于全行住房贷款不良率，因此需改变新市民贷款风险高的观点，多维度评估新市民信用水平，执行差异化住房信贷政策，合理确定符合购房条件新市民首套住房按揭贷款的标准，提升借款和还款便利度，助力缓解新市民住房压力。

二是继续教育分期支持。目前常熟市新市民总体文化水平相对较低，学习专业技能、提高学历是新市民未来职业上升的一大方向。继续教育需要通过专业机构为其进行指导，常熟农商银行可配套教育分期产品为其提供资金支持。

三是创业信贷产品支持。在国家倡导、互联网促动、大众创新创业的大背景下，不乏想通过创业改善生活的新市民。而创业往往需要一笔不小的启动资金，常熟农商银行可通过降低贷款利率、减免服务收费、灵活设置还款期限等方式，配套信贷产品支持，降低融资成本。

四是优化迭代信用卡审批模型。部分新市民无法提供收入证明或没有征信记录，传统的风控模式中新市民通过率低，而这些客户也有非常强的信用卡需求，同时其中也存在收入稳定的优质客户。常熟农商银行一方面要优化迭代信用卡审批模型，提高新市民客户的审核通过率；另一方面要增加新市民客户信用卡人工审批环节，使被模

---

① "飞燕集市"是常熟农商银行与商户联合，由商户提供优惠的生活必备品，利用银行网点就近服务，通过厅堂特卖、夜市摆摊、社区共建等多样活动形式，方便百姓日常生活；同时，常熟农商银行也抓住时机宣传金融消费者权益保护知识、普及金融安全知识等，最终目标是形成商户、客户和银行的三方共赢服务模式。

型拒绝的、有稳定收入的新市民客户可以成功办理常熟农商银行信用卡。

2. 新市民非金融需求及常熟农商银行配套措施

虽然近年来常熟对新市民的接纳度有了一定的提升，但是很大一部分新市民还是缺乏归属感。如何提升新市民归属感和认同感是当前遇到的难点。

一是有的放矢提升宣传力度。新市民在常熟工作生活，普遍存在"五难"——找工作难、找房子难、就医难、上学难、生活难。常熟农商银行收集了解新市民相关的就业、教育、医保等政策信息，主动讲解普及他们需要的信息，解决新市民信息闭塞的痛点，拉近与新市民的距离。与此同时，与常熟市新市民事务中心联合成立"常熟新市民经济发展研究中心"，为新市民提供就业、创业、安居、入学、就医、落户、法律咨询等免费服务。

二是利用普惠金融服务点开展新市民专项活动。在常熟农商银行本地153家普惠金融服务点为新市民开展外来务工政策、金融识骗防骗知识专项讲座及新市民便民服务宣传月等活动，提升常熟农商银行对新市民的普惠金融覆盖度，同时根据其金融需求为其量身定制常熟农商银行产品，为新市民客户提供全方位服务。

三是打通新市民积分与"常银生活"App，丰富新市民积分内涵。打通新市民积分在"常银生活"圈内的应用，以"常银生活"平台的服务满足新市民日常消费和生活需求，为新市民提供专项优惠活动，提升新市民的认同感、获得感。通过在"常银生活"设立新市民专区，给办理常熟农商银行业务的新市民提供专属福利优惠，在常熟当地吃喝玩乐方面提供实惠。同时开设新市民公益直播，针对新市民关心的问题给予解答。

四是建立新市民网格营销档案。结合网格化系统建立新市民网格档案，在新市民集中的网格设置新市民网格协管专员，专职分析网格内新市民金融需求，为其提供精准的产品服务。

3. 形成适应新市民金融服务的组织保障体系

一是成立新市民服务中心，统筹推进新市民服务工作。新市民是一类专门的客户群体，类似于企业客户、零售客户，新市民客户是从户籍维度上单独切出来的一个群体，针对这一类以往服务相对薄弱的群体，有必要成立专门的营销推动团队——新市民服务中心，统筹推进新市民金融服务工作。新市民服务中心以户籍为突破口，打造"1+N"的老乡服务团队，由1名同户籍地员工和N名服务人员共同组成，为新市民提供一站式、综合化金融服务。

二是设立新市民服务创新网点，探索线上线下联动营销方案。探索设立新市民专门服务网点"新市民之家"。常熟农商银行第一家专门服务网点小康支行已经成立，也是江苏省揭牌成立的第一家新市民创新服务网点，作为新市民服务的试点平台，后续在试点摸索和不断总结的基础上进行推广。推进线下营销"三步走"策略。通过走访，建立网格化营销档案；通过造势，宣传适用产品；通过维护，综合服务新市民客户。试点线上营销"双推进"。通过网络直播渠道引人气，通过小微客户管理中心引流量、拓客户。

三是成立敏捷化办公小组，搭建新市民服务平台。以"常银生活"为载体，开辟新市民服务专窗模块，逐步叠加非金融线上服务场景。在手机银行或"常银生活"上打造"新市民社区"，加载政务、金融及"衣食住行医养娱"等与新市民息息相关的生活场景，提供找工作、找房源、就业、落户、入学、就医等咨询类非金融增值服务，增强客户黏性。以"项目化"方式推进新市民服务走深走实，对接商会、电商、安居等项目，围绕政府、商会、企业和商户进行场景化获客和批量化拓客。

四是构建组织保障机制，形成一套统计体系。提供必要的前期费用支持，全力打开市场，在新市民集中区域内加强网格化走访力度，扩大商圈大屏、广告机、微信圈、新闻媒体等渠道宣传广度，解决银行与新市民之间的信息不对称问题，打响"常熟新市民自己的银行"特色品牌。同时，持续加强新市民服务队伍专业化培训，不断完善绩效考核机制，进一步提升机构、客户经理服务新市民的主动性和积极性。为使客户经理的工作有的放矢，全行应建立一套新市民专题统计体系，根据新市民的来源地（户籍地）、居住地、工作地、各板块、各行业，或存款、贷款、理财等不同维度确定统计标准，实现新市民相关数据的播报、查询和展示。

（四）常熟农商银行创新服务新市民的两点建议

1. 加强银地合作，探索新市民金融服务新模式

在长三角经济相对发达的县域，新市民人口比重已超过常住人口的50%，是城市建设和发展的重要力量，也是当地金融服务的重要对象。为进一步做好新市民服务，破解新市民金融服务难题，需要加强银地合作。一方面，建立信息共享

机制，常熟农商银行组建专业化新市民服务团队，与政务部门加强沟通联系，获取新市民名单，通过线下线上精准触达，打破新市民"信息壁垒"，推动新市民信息建档。另一方面，打造综合服务平台，常熟农商银行与常熟新市民事务中心联合成立"新市民经济发展研究中心"，发挥政府政策优势和农商行网点和渠道优势，是为新市民提供就业、就医、落户、入学、法律咨询及金融服务的综合性平台，并选择新市民群体相对集中的区域创立江苏省首家"创新服务新市民网点"和"新市民之家"。

2. 促进优势互补，打造新市民业务增长新曲线

随着城市新市民群体的不断扩大，金融需求与日俱增。对商业银行来说，服务新市民正在成为银行业务发展的重要增长点。相对于大中型银行，深耕地方的农村商业银行具有网点下沉、贴近客户的独特优势。长三角地区县域经济发达，乡镇企业众多，容纳了大量新市民就业。在这些乡镇地区，大行金融服务相对不足，而农商行依托下沉到镇到村的网点，能够更加方便快捷地触达新市民。但是，新市民工作流动性强、信用信息不健全，对商业银行来说存在较大的客户流失和信用风险。因此，建议地方政府和监管部门加强引导，规范新市民金融服务标准和内容，指导商业银行稳步做好新市民金融服务，实现经济效益和社会效益的有机统一。

三、深化党建引领，以"五个聚焦"谱写支持乡村振兴新篇章
——互助农商银行党建引领普惠金融发展的实践与经验

互助土族自治县位于青海省东北部，是全国唯一的土族自治县，共有19个乡镇、294个行政村，在脱贫攻坚期共有贫困村118个、建档立卡贫困户12578户、贫困人口43404人，贫困面积大、贫困程度深、贫困问题突出，且农业生产基础薄弱，金融排斥问题明显。深入开展金融精准扶贫战略，推动普惠金融在互助县域的发展，对于激活农村"沉睡"资本，促进农村地区经济社会发展、提高农民收入水平具有重要意义。

作为服务"三农"的金融主力军，互助农商银行始终坚定"做普惠金融工匠"的企业愿景，围绕"扶贫、信用、绿色、网络"四大普惠和"双基联动"建设，将党建引领与普惠金融业务发展有机融合，加强与基层党组织间的沟通协调，通过

下沉金融服务重心，健全基层地区金融服务网络；持续深入开展信用体系建设，优化融资环境，加大惠农金融服务点布放力度和电子银行推广力度，全面参与脱贫攻坚，有力推动"四大普惠"提质增效、协同发展。互助农商银行探索出了一条以党建为引领、以信用体系建设为抓手、以普惠金融为目标的具有互助农商银行特色的发展之路。

（一）聚焦党建引领，积极创新服务模式，扛稳普惠金融业务"先锋旗"

多年来，互助农商银行党支部始终坚持以党建引领业务发展，会同乡村两级党组织积极发挥把方向的作用，切实增强工作合力，有效推进金融服务更好地惠及城乡大众。

提升党建创新力。牢固树立"围绕业务抓党建，抓好党建促发展"的理念，紧跟政策和市场导向，立足服务乡村振兴，围绕支农支小、普惠金融、精准扶贫等工作，着力完善和推广"党建+普惠金融""党建+乡村振兴""党建+双基联动"等金融服务新模式。坚持党建与业务同谋划、同考核、同推进，实现党建与业务发展同频共振、同心同向的深度融合，不断夯实和强化业务发展的组织保障和核心竞争力。

推动党建协同发展。着力抓好党组织战斗堡垒作用和党员先锋模范作用的发挥，把党组织活动与服务客户、服务经营发展紧密结合起来，围绕业务发展中的重点、难点和堵点，与社区（村委会）、企业、机关等单位开展结对共建，延伸"主题党日+"活动内涵，通过党建平台的共建和协同交流，构建新的银政、银企关系，努力实现资源共享、优势互补、发展共促、共同提高。

（二）聚焦双基联动，靶向突破薄弱环节，打通惠民助农"大动脉"

为深入贯彻落实党中央发展普惠金融的总体要求，打通农村金融服务"最后一公里"，互助农商银行始终坚持党建引领，瞄准基础金融服务薄弱的问题靶向突破，在当地乡村两级党组织的大力支持和监管部门的具体指导下，搭建"双基联动"服务平台，切实改善农村金融服务环境，支持"三农"经济长足发展。

设立"双基联动"合作贷款办公室。首先，由乡（镇）党委、村党支部选派素质高、责任心强的村干部到互助农商银行基层属地支行担任挂职副行长，全程参与支行的业务工作。双方在当地村委会设立"双基联动"合作贷款办公室，定时、定点、定人服务，实现与农民群众零距离接触，将基层党组织（村委会）的政治、组织、信息优势与农商银行基层支行的资金、服务和风险管理优势有机融合，充分利用基层党组织地缘、人缘和亲缘的特点，破除农村金融工作中信息不对称、政策宣传不到位的"服务瓶颈"。通过互联互通整合资源，创建良好的农村金融环境，推动"双基联动"工作达到"1+1>2"的效果，促进"双基联动"模式作用得到更大的发挥。

推进"双基联动+"平台建设。在"双基联动"工作推进过程中，互助农商银行充分发挥自身优势，不断创新"双基联动+"工作模式，将"双基联动"合作贷款办公室打造成"普惠金融服务平台""党建联席合作平台""金融知识宣讲平台""信贷投放管控平台"，将基础金融服务与政策宣讲、信用体系建设、乡村振兴等工作相结合，丰富"双基联动"工作内涵，为助力乡村振兴凝聚起基层组织合力，真正将服务延伸到各行政村，打通了金融服务"最后一公里"。

构建"三级"金融服务体系。便捷的普惠金融服务不仅是现代城市的基础性服务，也是乡村振兴所需要的平台基础。由于农村空心化、农业边缘化、农民老龄化等现象的存在，基础性的普惠金融服务往往因成本高、风险大、环境差等问题而变得更加困难。在推进普惠金融发展的过程中，互助农商银行着眼于金融支撑体系薄弱，农村金融服务覆盖面小与渗透率偏低等问题，建立起"物理网点+村级双基联动金融服务平台+惠农金融服务点"的金融服务网络，构建覆盖乡（镇）、村、村民小组"三级"金融服务模式，将基层金融服务及业务营销由乡镇网点、挂职副行长延伸到村社社长，形成"以村为网、以社为格的服务营销网格+双基联动合作办公室+惠农金融服务点+线上金融服务"的综合服务体系，真正实现了"综合金融不出乡、基础金融不出村、非现金业务不出户"，有效扩大了普惠金融服务覆盖面。

拓展网络普惠新渠道。在数字化转型不断深入和数字技术飞速发展的时代背景下，中国社会正在迈入以数字技术为核心、以数字化为特征的"网络普惠"时代。在此背景下，互助农商银行党支部坚持"互联网+金融"的发展思路，注重数字技术在普惠金融中的运用，将其作为高质量服务乡村振兴的重要手段。以零售银行、数字化银行为发展方向，有效借力金融科技，利用"互联网+金融"广覆盖、低成本优势，推进银行卡、网上银行、手机银行等新兴支付工具和方式的普及与使用，重点发力手机银行、聚合支付、智能柜员机、惠农终端等业务，并着力强化场景应用，改善客户体验，以电子银行业务构筑起广覆盖的金融服务网络，让城乡居民得到更便捷的金融服务，实现城乡金融服务均衡发展。截至2022年9月末，互助农商银行有手机银行存量客户11.57万户、企业网银2408户、存量聚合支付商户1.17万户，电子银行替代率达到78.22%。

此外，互助农商银行积极同各乡镇党委和村党支部沟通对接，在现有21个物理网点提供金融服务的基础上，设立惠农金融服务点263个，构建起"营业网点+惠农金融服务点"的金融服务网络，并不断升级和完善惠农金融服务点功能，提高农村金融服务水平，扩大金融服务覆盖面，全面提升农村地区基础金融服务能力。

（三）聚焦信用为基，着力深化体系建设，跑出信用创建"加速度"

近年来，互助农商银行立足实际，以培育诚实守信的社会信用环境为重点，在构建县域信用体系方面进行了卓有成效的探索和实践。

信用创建全面化。在信用体系建设中，依托基层党组织"人熟、地熟、情况熟"的优势，按照"先农村、后城镇"的既定步骤，率先全面开展县域农户基础信息采集和农村信用体系创建工作，有效构建了涵盖信用户、信用村、信用乡（镇）的农村信用体系。截至2022年9月末，共评定信用农户7.9万户，全县19个乡（镇）、294个行政村实现了信用创评全覆盖。

在农村信用创评全覆盖的基础上，全面实施"农村包围城镇"战略。结合县城所在地威远镇城镇居民和个体工商户较为集中、金融市场相对活跃、金融服务需求大，但缺乏高效便捷的融资渠道，以及城镇居民、个体工商户群体信用创建工作处于空白的实际，截至2022年9月末，已在县城8个社区1.8万户城镇居民中全面开展"信用社区"和"信用居民"创评工作，共创建"信用社区"8个，评定"信用居民"1.56万户，居民评定率达到86.66%，有效填补了城镇信用创建的空白。

不断扩大信用创评范围，大力推进产业信用村、信用市场、信用商圈创建和个体工商户、专业合作社、家庭农牧场、小微企业信用等级评定，形成信用体系"大创建"格局。截至2022年9月末，已累计评定"文明诚信经营商户"5302户、信用家庭农牧场196户、信用专业合作社218户、信用小微企业117户、产业信用村20个、信用市场1个、信用商圈1个。同时，建立"信用评定+授信"的信贷模式，扩大信用贷款扶持范围，推动信用创评和信用贷款发放"城乡并进"，进一步完善了信用创建工作体系。

信贷支持精准化。在深入推进信用体系建设过程中，县域信用环境不断优化，信用户守信意识不断增强，信用风险控制水平不断提升。在持续加快信用创建进程的同时，以收入水平和资信状况匹配贷款额度，及时调整小额信用贷款最高授信金额，信用贷款授信额度由初期的1万元、3万元、5万元，提高到现在的5万元、10万元和15万元，为推广"青源e贷"等个人线上贷款产品、落实服务"三农"工作夯实了基础。截至2022年9月末，已累计向5.44万户农户授信65.96亿元，授信覆盖面达68.5%以上；累计向1.08万户居民授信7.9亿元，授信覆盖面达到69.08%，农户及城镇居民贷款融资需求得到了有效满足。

（四）聚焦精准扶贫，不断强化政治意识，为脱贫攻坚注入"强心剂"

自精准扶贫工作实施以来，互助农商银行切实提高政治站位，认真贯彻落实金融支持精准扶贫各项政策，积极履行精准扶贫主办银行职责，合理规划扶贫小额贷款投放计划，全力支持贫困农户精准脱贫。

扶贫贷款实现全覆盖。持续强化党对金融工作的引领作用，按照"脱贫路上不落下一人"的要求，建立和完善贫困户金融服务档案，开展信用评定工作，确保满足有技能、有致富愿望的贫困户资金需求，加快贫困户脱贫步伐，让建档立卡贫困户脱贫梦想成为现实。截至2022年9月末，存量脱贫人口小额信贷余额为2.56亿元。同时，在全面实现贫困户精准脱贫的基础上，严格落实好"四个不摘"政策要求，持续做好脱贫攻坚过渡期后续金融支持工作，及时满足脱贫户融资需求，有力助推了县域巩固脱贫攻坚成果和乡村振兴的有效衔接。

金融知识宣讲实现全覆盖。针对农村人口结构和知识水平结构的固有特点，互助农商银行发挥基层挂职副行长"协管员"的作用，会同县扶贫局、金融办和人民银行对全县贫困村第一书记、驻村工作队、农户进行逐户走访，开展政策宣讲和需求对接，同时借助送金融知识下乡、快手直播、微信公众号等方式深入宣讲，打造良好金融生态环境，做到金融扶贫政策宣讲、需求对接"一户都不能少"，使精准扶贫政策惠及每一个农户。

风险管控实现全覆盖。以营造良好金融生态环境为目标，积极发挥县、乡（镇）、村三级普惠金融服务体系和村"两委"风险识别前置把关作用，构建全方位、立体化的风险防控体系。一方面严格落实风险防控资金保障机制，做好精准扶贫贷款风险控制与未办理贷款贫困户跟踪回访，对已发放贷款的贫困户逐户开展贷后检查与管理，核实借款人贷款资金用途，了解和掌握贫困户生产经营、收入、资产负债等情况，对可能出现的潜在风险进行监测，采取有效的化解措施，防止逾期及不良贷款的产生，兼顾做好"三有一无"贫困户扶贫贷款应贷尽贷和信贷资金风险控制。另一方面制定精准扶贫小额信贷尽职免责管理办法，对形成的不良贷款结合实际情况给予一定的容忍度，彻底消除信贷人员因精准扶贫贷款形成不良而可能受到问责的顾虑，引导经办及管理人员全力做好扶贫贷款的发放，助力打赢全县脱贫攻坚战。

（五）聚焦产业带动，有效扶持产业发展，打好乡村振兴"主动仗"

党的十九大报告首次提出要大力实施"乡村振兴战略"，并描绘出"产业兴旺、生态宜居、乡风文明、生活富裕"的振兴蓝图，确立了新时代农村建设的总体目标。互助农商银行积极主动对接县域乡村振兴产业项目，找准切入点，不断加大金融支持力度，把更多的金融资源配置到重点领域和薄弱环节，全力助推乡村振兴和县域经济发展。

围绕"乡村兴"精准发力。乡村振兴，治理有效是基础。互助农商银行积极寻求金融服务融入乡村治理的路径和渠道，针对金融供需结构性矛盾突出的问题，发挥金融"造血"功能，以扶持乡村产业发展为重点，以信用体系建设为基础，瞄准农村基础设施建设、农村环境治理等乡村治理的关键领域，通过开展"银村共建"活动，将金融供给内嵌于乡村治理的各环节、全过程，搭建金融服务网络、提升基础金融服务水平，加大信贷资金投入，推动普惠金融工作与乡村治理目标同向、工作同步、责任共担，激发乡村治理的内生动能。同时，以"全国脱贫攻坚楷模"班彦村、加定"绿色小镇"等产业特色村、特色乡镇为依托，积极打造红色支行、生态支行、产业支行、绿色支行等服务乡村振兴的特色银行，以差异化、多元化的服务和产品支持乡村产业、村集体经济发展壮大，带动村民就地就业创业，助力农户增收致富，促进农村和谐稳定。

着眼"环境美"绿色发展。绿水青山就是金山银山。互助农商银行积极贯彻绿色发展理念，紧紧围绕青海打造"高地"建设"四地"，构建与"一优两高"战略相匹配的绿色金融体系，将普惠金融良好基础与绿色金融创新元素融合，持续推进绿色普惠产品及服务创新。围绕节能环保、生态农业等领域，大力支持循环农业、污染治理、绿色消费、生态旅游、规模养殖、特色种植等绿色产业，引导农户创业增收，促进实体经济绿色发展。截至2022年9月末，绿色信贷余额达10.92亿元。

立足"百姓富"量身定制。互助农商银行切实践行"立足县域、服务三农"的使命，回归本源、专注主业，做深、做细、做实、做透本地市场。一方面根据各类市场主体融资需求特点，按照"宜种则种、宜养则养、宜商则商"的原则，对不同行业、不同客群量身定制，推出广覆盖的金融产品。针对农户推出"福农贷""七彩易贷""绿色农家贷"；针对城镇居民推出"信用居民贷"；针对个体工商户推出"文明商户贷""创业担保贷""电商易贷"；针对新型农业经营主体和小微企业推出"小微信易贷""第一书记产业贷"；针对绿色产业推出"绿色农家贷""绿色旅游贷""绿色农权贷""农民创业贷"；针对县域特色产业，推出"药材贷""能人产业贷""香菇贷""洋芋贷"等信贷产品，做到了"一行一品""一业一品"，切实满足了各类市场主体融资需求。另一方面强化服务模式创新，健全"线上+线下"服务机制。成立直播管理部、新媒体运营部和客户回访中心，推动服务线上化，以线上直播、线上产业对接、线上融资需求和服务需求征集，产品、业务知识场景化、剧情化的宣传方式做好产品和服务宣传推广，扩大宣传受众面，形成了有专门机构、专业人员、定制产品、保障机制的全方位服务体系，使金融对乡村振兴的供给既有数量，更有质量。

新时代自有新机遇，新征程更有新使命。农商银行因农而生、依农而存。互助农商银行将始终坚守支农支小的初心使命，始终坚守普惠情怀，始终坚持党建引领，以更高效的服务为"三农"和县域经济高质量发展赋能加劲，进一步书写好新时代支持乡村振兴的新篇章，努力为实现全社会共同富裕贡献农商银行力量。

四、稠州系村镇银行改造的"双轨战略"——"转型+创新"

浙江稠州商业银行（以下简称稠州银行）初创于1987年，起源于全球最大的小商品集散中心——义乌。经过35年的发展，目前该行共设有分行（管理部）15家，并发起设立了9家稠州系村镇银行和1家金融租赁公司，现已发展成为一家机构遍布全国9省（直辖市）、营业网点200余家、员工近6000名、跻身全球银行500强的现代化股份制商业银行。

2020年9月，该行在总行管理部单独新设了村镇银行发展总部（以下简称村发总部），旨在有效落实普惠金融服务与乡村振兴战略的工作要求，促进稠州系村镇银行集约化管理和专业化发展。

成立两年多来，村发总部围绕稠州系村镇银行多年来业务发展中存在的问题和不足，出台了一揽子政策制度，采取了一系列行动措施，进行村镇银行深度改造的探索与实践。截至2022年9月末，稠州系村镇银行存贷款总额252.54亿元，较村镇银行改造之前增长27.05%；其中小微贷款余额达95.69亿元，较改造前增长28.34%。

（一）村镇银行的经营痛点

1. 村镇银行运营模式不可持续

受经济增长速度放缓、同业竞争日趋激烈和自身定位的局限性等因素影响，村镇银行近年来的发展越来越呈现风险高企、新增乏力的态势，存量客户流失严重，而长期以来业务结构不合理，业务模式常陷入垒大户、中介获客和唯抵押论的发展陷阱，导致一直处于低效增长、问题不断的阶段。

2. 人员队伍素质和能力不足

村镇银行因规模限制，一方面在应届生招聘上承载能力不足，另一方面在社会招聘时又不具备明显的竞争优势，加上普遍存在的用人机制不健全、不重视内部培训和员工队伍建设等，导致有效聘用的高素质人员储备不足，队伍整体素质和服务意识不高，营销能力较弱，稳定性不足。中层及以上领导干部管理经验缺乏，经营理念没有全面融入企业文化与日常管理当中。

3. 产品缺乏竞争优势

近年来，大型银行重心持续下沉，其利用规模优势，提供低利率同质化的产品和服务。村镇银行在价格竞争上处于明显劣势，尽管业务规模有所增加，但收入和利润却难以提升。

4. 风险管理问题突出

村镇银行风险队伍的专业性不足、风险意识薄弱，成立初期为了发展业务，对市场和客群定位不清晰，留下沉重的不良资产包袱，一些隐性风险处于持续暴露状态，陷入风险频发的困境。沉重的拨备压力和不良率考核给可持续性发展带来巨大的负面影响。

面对越来越严峻的经营形势、越来越严格的监管环境、越来越深刻的行业变革，该行村发总部在指导村镇银行深化改造的过程中采取了"转型+创新"的双轨战略：一方面推动以客户为中心的传统业务全面转型；另一方面制定"一站一贷一圈"发展路线图，探索科技赋能乡村振兴新模式。

（二）稠州系村镇银行的"双轨战略"：转型

村发总部成立之后，重塑村镇银行业务模式，回归小微本源，坚定支农支小定位，根据行领导"四个统一"的总体部署，即"统一经营理念""统一绩效考核""统一展业模式""统一风控标准"，在引领稠州系村镇银行转型升级的道路上迈出了坚实的步伐。

1. 统一经营理念

村发总部在村镇银行管理和指导上，坚持支农支小市场定位，坚持"额小""面广""风险分散"的经营理念，践行"以客户为中心"的管理理念。一是在网点设置上，以农村包围城镇。大部分村镇银行都处在经济欠发达地区，且展业区域十分有限，先天劣势决定了它们只能深挖当地市场。村发总部鼓励各村镇银行下沉服务网点，特别是位置偏远、人口集中、金融服务供给明显不足的区域，并通过设置乡村振兴金融服务站的方式，充分发挥社区、村组、企业中"关键人"的作用，进一步深化"熟人信贷"模式。二是在管理思路上，以创利为结果导向。村镇银行作为一家独立法人机构，要担当起各方面的责任，只有保证一定的盈利水平，才能给股东创造效益、给员工支付薪酬、给客户更好服务、给地区带来稳定。村发总部在充分分析不同村镇银行的经营数据、业务结构、客户画像等基础上，提出了"提高保证类贷款占比""提高营销人员占比""提高存贷比例"的要求。三是在产品设置上，强调"有所为，有所不为"。村镇银行作为中国最小的一种银行组织形式，面对的是最基层的当地农民和经营主体，产品在"精"不在"多"；在于"接地气"，不在于"高大上"；在于真真切切的实惠，不在于花里胡哨的包装。稠州系村镇银行通过宣传培训、专题讲座、集中设摊、公益活动等多种形式，推动金融知识进农村、进社区，为城乡居民提供便捷的金融服务，并将活动持续化、常态化，打响了知名度，提高了美誉度。四是在客群营销上，强化错位竞争。村镇银行的服务对象应该定位为农民、小微企业主、个体工商户等，要引导村镇银行与大银行、股份制银行错位竞争，明确市场定位，回归本源服务"三农"。

2. 统一绩效考核

绩效考核是指挥棒，它决定着营销队伍前进的方向；绩效考核是调节器，它决定着各项业务指标的完成情况。村发总部从成立之初，就对稠州系村镇银行的绩效考核作了以下几方面的调整：一是肯定存量，突出增量。稠州系村镇银行成立的时间大多超过了10年，业务规模除了刚成立的几年有明显的增长外，之后长期保持在一个固定水平。村发总部成立后，打破了原本"吃老本"的绩效考核方式，对存量业务核定基本的产能收入，较大比例的分值向增量业务倾斜，引导营销人员不断突破原有的业务瓶颈。二是调整考核频率，强化阶段性考核。为了对年度经营目标有更精确的把握，村发总部一改之前"年初下任务，年终算总账"的绩效核算方式，每月监测相关指标的实时进度，并针对明显落后于时间进度的指标设置月度考核，及时纠偏。三是利润引领业务发展，允许差异化调整。村发总部在设置绩效考核指标和KPI项目分值的时候，会围绕整体利润目标制定一个基础版本，各村镇银行可以根据自身实际情况进行差异调整，比如存贷比低于80%的机构可以适当提高贷款的考核比重；又如不良历史包袱较重的机构可以向清收要效益，从而给增量业务一个平稳发展的时间窗口。

3. 统一作业模式

稠州系村镇银行分布在全国7个省（直辖市），区域差异很大，不同的经济水平、风土人情、产业结构、同业竞争等造就了不同的展业模式，有的甚至不能称之为一种模式。村发总部成立后，进行了一系列改造。一是调整组织结构，优化配套措施。首先，针对各村镇银行管理岗位上年龄老化、思想僵化的人员，进行替换或回炉再造，并大胆起用一批年轻有为、进取肯干的干部，给村镇银行发展注入新的活力；其次，设立市场开发部，理顺小微贷款全流程，厘清业务营销和风险防控的职责边界，提高村镇银行贷款效率和服务竞争力；最后，建设村镇银行人才库，为村镇银行长期发展建立人才输送通道，并通过上挂、下派、交换的跨区域人才交流机制，为村镇银行不断注入新鲜血液。二是搭建培训体系，加强队伍建设。首先，加大人才招聘力度，新招聘人员不重学历重毅力、不重资源重人品，打造新员工小微训练营基地，入行一年以内客户经理在培训基地集训2~3个月，将小微信贷技术融入培训中，通过理论培训、观摩学习、实践作业进行全面提升，两年累计为村镇银行培训输送120名新员工；其次，选取6个区域各成立一支由村发总部直管的微贷营销团队，该团队从人事管理、薪酬考核、业务推动等方面直接由村发总部统筹管理，保障业务模式充分贯彻执行，通过一年时间运营，已累计为村镇银行输送10名团队管理人员、40名客户经理；最后，加强分层分类培训实施，培训对象包括中层及以上管理人员、风险条线、业务推动、后督队伍和内训师队伍等，有针对性地开发了超过50个课程内容，每年开展培训场次不低于30次，确保整个稠州系村镇银行体系的认识和行动保持同一频率。三是建立常态化营销机制，强化业务推动。村发总部根据时间节点、业务进度开展不同主题的营销竞赛活动，如新春开门系列、重大节假日、专项产品和阶段性任务目标等各类营销活动，一场营销活动的组织包括方案策划、宣导解读、PK预热和正式赛程，营销机制在整个体系内进行复制和固化，强化业务推动。2022年开门红热身PK赛，3天半的时间，稠州系村镇银行全口径存款余额净增21.75亿元，有7家村镇银行存款余额创下历史新高。

4. 统一风控标准

村发总部成立后，一是在稠州系村镇银行体系内植入IPC小微信贷技术，并对技术进行本土化改造，优化调查模板，同时建立"充分授权、有效监督、处罚到位"的信贷文化。二是落地稠州系村镇银行风控模型，内容包括授权管理、后督检查、贷后管理、放款审查、不良清收和责任认定六大方面共九项制度，并不定期组织信贷专项排查，如针对信用贷款、中介获客和风险资产的主题检查。三是建立稠州系村镇银行交叉信贷巡查制度，根据区域和业务发展特点，将9家机构分为3个小组，从中抽调业务骨干各成立一支巡查队伍，每年进行一次交叉检查，为村镇银行建立后督机制、稽核检查和信贷巡查"风险三道防线",一方面确保每家村镇银行的业务都不留死角,另一方面也在巡查工作中锤炼队伍、培养人才。

(三)稠州系村镇银行的"双轨战略":创新

为了实现稠州系村镇银行转型升级的目标,村发总部持续推进改造转型工作,针对农村金融服务中存在的薄弱环节和突出问题,加强村镇银行顶层设计和统筹谋划,确立了"一站一贷一圈"乡村振兴发展路线图,进行农村金融服务延伸,建立一套独具特色的乡村振兴金融业务发展模式。

实施"一站一贷一圈"乡村振兴战略,以"金融服务站"为触点,推动渠道、服务、产品、资金在农村区域下沉落地;依托站点,进行村民信息建档,解决银行与客户信息不对称问题,开展主动授信,以"乡村振兴贷"系列贷款产品,满足农户及新型农业经营主体的多样化金融服务需求;通过"稠银商圈"建设,结合金融服务站,将城市与农村进行有效对接,综合运用各项金融服务工具,扩大乡村金融服务覆盖面,为乡村振兴提供有效金融支持。

1. 创新建站模式,打通金融服务"最后一公里"

农村市场空间巨大,但因为与物理网点距离较远,存在提供的农村金融服务单一,优质农村客户仅办理定期储蓄,其他金融服务无法覆盖,小额业务客户不愿出门、客户经理不愿上门的情况,导致农村市场未充分开拓,营销成果未得到有效转化。

村镇银行依托乡村振兴金融服务站,开展小额取款、惠民服务、支付代缴、金融知识普及等业务,保证村民在任何时间足不出村就能办理。创新服务站"金融+非金融"服务模式,将服务站打造成集"党建建点""普惠建点""振兴建点""文化建点"于一体的便民服务中心。

党建建点:优选具有红色基因、党建较好的行政村,优选"红人后代""党建先锋"等有代表性的人,优选党员,依托服务点平台,弘扬光荣传统,传播先锋精神,并通过服务站平台,开展党员慰问、支部共建等各类活动。

普惠建点:借助服务站,开展反洗钱、反假币等金融宣传,真正将金融知识普惠到村、普惠到民。

振兴建点:在服务站设置"农产品专区",将当地或其他站点的农产品进行展示，通过积分商城、农产品直播平台等方式，帮助各地滞销农产品打开销路。

文化建点：优选有文化底蕴、村风村貌建设较好的行政村，建立"文化站点"，保留光荣传统，宣扬新农村面貌，开展大众文化活动，增强村民凝聚力、和谐邻里关系。

2. 创新专属贷款产品，加大对"三农"的输血力度

为重点解决"三农"融资难问题，村发总部以金融服务站为载体，在"整村授信"模式基础上，遵循"整村营销、批量授信"操作原则，实现"一次核定、随用随贷、动态调整"，运用大数据、人工智能、生物识别、移动互联等科技手段，采用全线上流程操作，开发上线专属贷款产品——"乡村振兴贷"。

"乡村振兴贷"以站长为媒介，充分收集村民信息和需求，打破信息不对称壁垒，实现所在行政村农户建档全覆盖，普惠金融延伸到村，主动授信到户，实现业务持续稳定发展。

以"乡村振兴贷"为拳头产品，进行快速复制，充分授权"专项产品、专项额度、专项权限"，应用大数据科技手段搭建小微督查系统强化事后监督管理，实现"线上预警+线下核查"贷后管理新机制，同时加强涉农政务数据共享。

3. 创新稠银商圈，推进城乡一体化

以服务站为载体，构建食、住、行、购、娱全方面生态服务圈，通过发起行的稠银商圈、稠银商城和智慧旅游场景建设等技术手段，加上直播等新媒体渠道，将城市的人流、资金流引入农村，为农村产业振兴贡献力量。

以金融服务站为载体，打造以未来农村、社区为中心的一体化管理平台，推动城乡一体化建设。一是定制适合农村地区/服务站的专属商圈政策，打造农村商圈的专属团队，将业务和商圈产品进行联动，推动开展"优惠购"等活动；二是给予线上点单系统（到服务站自提）、直播系统、商品展示和积分系统等支持；三是打造融通"未来农村+未来社区"场景，为居民和村民提供定制化专属服务。

4. 数智赋能乡村振兴实践

以移动端为载体，持续探索收录各个行政区域资源配置，实现有效排列组合；以金融服务站业务为主体，通过数据记录和挖掘，逐步完善服务站个性化标签，致力于形成服务站完整全面的专属画像；以金融服务站为载体，构建实时、多维的数据运营机制，综合对村居信息、服务站专属画像的分析运用，强化数据对外输出能力。

（四）乡村振兴的稠州模板

2020年，吉安村行面临较大的发展压力和风控压力：存贷款结构不合理，过度依赖大额对公业务，贷款综合利率下降，息差空间缩小，存量客户流失严重且贷款集中度偏高，大额对公业务风险频发，抵押物存在瑕疵致不良业务无法及时化解。

在上述背景下，村发总部派驻项目团队驻场帮扶，通过调整经营班子成员、优化组织架构，健全考核机制、重塑队伍信心，建立内训师队伍、强化队伍建设和培训、摸清风险底数、制定不良清收方案等一系列改革措施，要求吉安村行必须下沉服务，夯实小微基础客群，制定乡村振兴业务发展路线，推进全面深化改革。

1. 统一全员思想，坚定业务方向

乡村振兴是一项长期任务，实现乡村振兴，没有现成的、可照抄照搬的经验。必须统一思想，明确目标和计划，树立打持久战的思维，遵循乡村建设规律，合理配置资源，全行从上到下坚定乡村振兴业务方向，队伍实现从"不想做"到"必须做"再到"抢着做"的思维转变。

2. 强化过程化管理，提升督查时效

过程化管理是业务高效发展的有效手段，制定《关于开展客户经理过程化基础工作专项活动的通知》《会议管理制度》等管理办法，强化过程化管理和考核，重视晨夕会、周例会，定期通报外出营销打卡情况，形成通报挂网并进行考核。

3. 坚持扩面增量，划分展业战区

将县域营销展业区域划为四大战区：一是吉安县城战区；二是吉安县周边准入战区；三是有物理网点的乡镇战区；四是没有物理网点的乡镇战区。将四大战区展业范围划片，挂图作战，再对展业区域进行网格化，各村居网格挂牌作战，包干到个人，由易至难，纵深推进，业绩挂钩竞标分片，要求每个网格管理者管好自己的"责任田"。

4. 重视主动营销，让客户零"跑路"

支行客户经理走村入户，开展农户信息收集工作，并配套制定《电影"村村通"公益活动标准化方案》《新客专享、体验有礼存款专项活动》《关于"百村千户亿贷"拓展专项活动》等活动方案和策略。

5. 模式再升级，走出稠州模式

形成村居模式、社区模式两大战略模式。村居模式主要包含"整村授信三维模式结合三农模式篇""链式营销篇""扫码支付篇"三大篇；社区模式包含"驻小区篇""链式营销篇""进商圈园区篇""扫码支付篇"四大篇。营销人员通过查看两大模式能第一时间清楚自己的定位和工作思路，快速进入角色。

6. 加大不良压降力度，加强内控管理

一是增量贷款控制好风险源头，贷款投向受经济形势影响小的行业和产业，做细贷款"三查"，加强贷后管理，严守风险底线；二是对存量不良贷款加大清收处置力度大，坚持自主清收和依法清收相结合，做到单户单策，明确时间表，落实牵头人，对符合条件的进行重组，保持不良压降的高压态势；三是严格要求各后台管理部门加强日常条线管理，根据个人征信情况及账户资金交易情况进行排查，通过员工家访，充分了解员工八小时之外的行为动向，从源头把好用人关，防止员工"带病"流入，向员工传播"不敢、不想、不做"的合规思想。

通过两年的改革，吉安村行的精神面貌得到全面改善。全员上、中、下强强联合，二线为一线服务。全行树立榜样的力量，对后进分子重点督导和跟进，做到不让一个部门落后、不让一个人掉队。改革以来，小微贷款余额净增1.8亿元，增幅为20%；小微贷款户数净增762户，增幅为35%，小微业务增幅创下历史新高。

（五）村镇银行未来展望和政策建议

1. 实施差异化监管

面对极为复杂的后疫情时代经济大环境、央行货币宽松政策，以及国有大行不断下沉服务抢占农村市场等诸多不利因素，村镇银行的可持续发展遭受巨大阻力。部分村镇银行偏离经营方向，爆发经营风险，导致监管部门进一步收紧村镇银行的自主经营空间，监管部门应以村镇银行当前的发展需求和内部差异为出发点，实施差异化监管。

2. 进一步开放政务平台数据

村镇银行依托发起行的科技支撑，经营区域跨度较大，需要进一步开放政务平台数据，提升发起行科技能力和智能风控水平，满足村镇银行深耕农村的业务发展需求，降低线上系统的研发成本。

五、践行普惠金融，勇当城乡金融服务的排头兵

沪农商村镇银行发展十余年以来，从无到有，从小到大，始终坚守支农支小市场定位，在服务乡村振兴、巩固脱贫攻坚成果、擘画共同富裕的愿景中，弘扬沪农商精神，凝聚普惠力量，走出了一条下沉乡村践行普惠之路、一条与地方经济同频共振之路、一条服务全国乡村振兴的坚实之路。

（一）沪农商村镇银行的基本概况与发展举措

1. 基本情况概述

上海农商银行积极响应党和国家号召，2009年在崇明地区设立了上海市首家村镇银行，也由此迈开了沪农商村镇银行砥砺前行的脚步。之后，上海农商银行加快集约化发起的步伐，重点在中西部和老少边穷地区、粮食主产区和小微企业聚集地区布局，在全国三省二市（湖南省12家、山东省10家、云南省10家、北京房山、深圳光明各1家）批量发起设立了34家村镇银行，合计达到35家，形成了"东中西有机结合，一南一北遥相呼应"的战略布局。

截至2021年末，35家沪农商村镇银行共有营业网点73个，其中分支机构38个。总存款余额达270亿余元，其中储蓄存款占比超60%；总贷款余额近190亿元，服务的农户和小微客户近5万户，农户和小微贷款占比达到近90%。

开业以来，沪农商村镇银行多次获得地方政府、监管部门、行业组织授予的各类奖项和荣誉，包括全国百强村镇银行、全国支农支小优秀村镇银行等。其中云南嵩明沪农商村镇银行单家累计获奖40余项；主发起行上海农商银行荣获全国村镇银行优秀主发起银行荣誉称号。

2. 发展举措

（1）坚持下沉践行可持续发展

沪农商村镇银行坚守支农支小市场定位，充分发挥聚焦本土地域性强的物理优势和决策链短、反应迅速的服务优势，倡导金融服务"向农、向实、向小"，坚持下沉探索适合村镇银行的特色发展模式，践行可持续发展的生存之道。

坚持网点下沉。把分支机构开设在乡镇地域较为偏远、产业经济较为薄弱的地

域，在最贴近农户的村镇街道设立金融驿站，积极成为农村"最后一公里"金融服务的提供者和偏远农村的金融主办行。

坚持人员下沉。客户经理走村入户，详细了解农户生产经营状况和金融需求，提供"预授信"定制服务；研发"村委e管家"，让数字化下乡进村，助力赋能社会治理。截至2022年6月末，已在700余个行政村开展村居业务，建设了近140个诚信村，在贷余额近14.4亿元。

坚持服务下沉。通过"走出去、请进来"、线上线下相结合等方式，积极开展"普惠金融"课堂。聚焦社区老年群体等普及程度相对较低的人群，用通俗易懂、图文并茂的方式向大家讲解金融知识，普及如何防范金融诈骗行为，帮助老年人迈过"数字鸿沟"。近一年内，35家沪农商村镇银行平均每月开展普惠金融课堂1400余场，参与群众达1.4万余人。

（2）创新产品满足多元化需求

沪农商村镇银行扎根全国35个地区，积极创新产品模式，努力强化普惠金融服务多元功能，实现从单纯小微"三农"资金提供者到小微"三农"资源整合者的升级蜕变，真正成为聚人气、惠民生、促发展的多元化服务平台。

贴近粮食、蔬菜、水果、生猪等当地特色生态产业，努力从服务客户资金需求向为客户提供全生命周期服务转化，跨行业、搭平台，探索出以核心企业为支点的"金融+企业+合作社+农户"的供应链金融服务模式，实现产、供、销一体化的闭环供应链发展，走出一条推动"三农经济"发展的新路径。

贴近农村农户、小微客户，通过存贷款、电子产品、支付终端等产品联动服务，以"产品组合拳"为特色，将线下线上产品有效整合，直面农户轻资产、资金需求"短、频、急"的特点，线上操作线下审批，提升服务效率；基于不同客群的特点，为客户打造差异化产品服务，针对代发工资、购车、家装等各类需求制定专案，通过推广差异化专案提升金融服务的适配性。

（3）科技赋能推进数字化转型

沪农商村镇银行紧跟时代步伐，借助科技赋能，推动金融数字化转型。用数据提高对小微"三农"需求的洞察力，用科技思维重构数字普惠产品，将新型金融科技引入渠道和系统的双重建设，做好服务实体经济、经营风险可控的创新探索。

数字化金融提升客户体验。迭代手机银行、网上银行等线上渠道，丰富金融服务功能和场景，逐步构建起走进乡村、服务"三农"的7×24小时线上运营服务体系；随着指纹/刷脸+FIDO应用，客户移动银行操作更加安全便捷；推出线上授信产品"惠e贷"，让当地客户足不出户、线上扫码就可轻松完成贷款；开通第三方支付，实现扫码支付，一部手机就能消费无忧。

数字化金融提升服务质效。搭建微贷系统，嵌入基于征信信息与外部数据的风控模型，强化贷款管理的数字化、智能化，提升贷款办理效率；升级移动柜面智能终端，实现移动临柜系统小型化、轻便化迭代，并新建与微贷系统互通的移动信贷系统，拓宽客户服务半径，临柜员工、客户经理手持Pad，走村串巷登门拜访，将金融服务带入百姓家中，为客户提供高效贴心的服务。

（二）沪农商村镇银行凝聚普惠力量，服务乡村振兴

作为服务乡村经济发展的金融生力军，沪农商村镇银行始终把创新发展、转型发展、改革发展的根深深地扎在厚重的乡村振兴沃土之中，与乡村振兴心手相连、共同成长。沪农商村镇银行主动融入国家乡村振兴战略，甘当为乡村振兴输送金融活水的"毛细血管"，为农业强、农村美、农民富作出了积极贡献。

1. 聚焦特色产业

沪农商村镇银行在渠道、产品、服务上精耕细作，构建"县—乡—村"三级服务网络，打造村级"三农"综合服务平台。通过金融扶持当地特色产业，壮大农业龙头企业发展，贴合县域市场需求，积极推动理念变革、机制优化、流程再造和产品创新。在促进乡村产业兴旺、生态宜居、治理有效、生活富裕方面精准发力，努力探索构建产品"富民"、模式"富村"、生态"富乡"的"三富合一"新模式。

产品"富民"。沪农商村镇银行积极融入地方经济，充分挖掘地方资源，结合特色产业特征，因地制宜开发出适用于各类产业的专属产品，对云南开远蝴蝶兰、湖南醴陵烟花、山东宁阳鸡蛋等特色产业给予金融支持，推动地区产业发展、产能增加，助力农户实现经营致富。

模式"富村"。由原来"坐在行里等客户"转变为"主动上门找需求"，走进农户家中，唠唠家常了解客户信息，评级授信为农户储备"家庭备用金"，原来的"抵押贷""保证贷"相继由"信用贷"替代，以"整村授信"为抓手，精准解决农户融资难、融资贵问题，聚资、聚力、聚智赋能乡村振兴。截至2022年6月末，

"整村授信"工作已在湖南、山东、云南等地的700余个行政村开展，累计授信村居客户近1.1万户，累计授信金额近20亿元，累计提款客户近8000户。

生态"富乡"。富民、富村的同时，沪农商村镇银行坚持生态"富乡"，将绿色发展理念与金融资源深度融合，积极引导资金投放到河道整治、水电、林业、种业等绿色行业，并紧抓当地县域农村产业升级契机，重点针对农村住房翻修、厕所改造等农村生活改善方面，大力发展农村绿色金融，提升普惠金融的便捷性和满意度，提高农村生活水平，打造金融服务乡村振兴新业态。截至2022年6月末，全辖35家村镇银行已累计投放农村绿色贷款1.2亿余元，累计投放农村基础设施改造贷款近1亿元。

2. 聚焦"菜篮子"工程

沪农商村镇银行紧跟主发起行上海农商银行普惠金融步伐，深度聚焦农业更强、农村更美、农民更富，充分发挥资源禀赋优势，在服务乡村振兴上持续发力，丰"菜篮子"之源，解"菜篮子"之困，强"菜篮子"之链，致力于把"菜篮子"建设成为"三农"经济高质量发展和广大农民产业致富的"聚宝盆"。截至2022年6月末，累计投放相关贷款3100余笔、12.4亿余元。

源头发力。主动向农户询问需求，在战略规划、网点建设、产品优化、队伍下沉、村居业务上持续发力，助力"菜篮子"形成产业规模和集群效应，促进农业增效、农民增收和农村繁荣。

破解困境。更注重对与农产品育种、育苗、肥料、加工、运输、采购、销售等密切相关的农业公司、运输公司、农业合作社、家庭农场、农业大户的支持和培育，助推农产品种植有好种子、好苗子、好肥料，助推农产品实现有机化、生态化、绿色化种植，助推农产品形成特色、创出品牌和优势发展，不断增强农业农村的市场潜力和发展活力。

创新模式。积极探索"菜篮子"发展新路径，优化资源配置，提升服务质效，与"三农"为邻、为友、为伴，大力支持"基地+农户""公司+产业+农户""合作社+基地+农户"等经营模式创新发展，助力"菜篮子"形成"种、产、销"良性循环、一体化的"发展圈"和"产业链"。

3. 聚焦共同富裕

沪农商村镇银行坚决落实党中央决策部署，坚持精准方略，下好"绣花"功夫，勇挑金融赋能共同富裕的责任担当，以"绣花"精神紧扣做深、做透农村市场，助力农民增收、农业增效、农村发展，勾勒共同富裕的美丽愿景。

助力发展乡村好产业。沪农商村镇银行积极支持地方产业，帮助企业和个体工商户实现自身发展，催生产业脱贫带动效应，引领当地农户走上提质增收、共同富裕的康庄大道。与此同时，还在主发起行上海农商银行的支持下，充分发挥资源优势，将特色农产品搬到上海农商银行网上商城平台，从平台、商品、服务三方面发力，搭建线上销售桥梁，解决"卖难"问题，打通销售的"最后一公里"。

助力建设乡村好环境。沪农商村镇银行在通过信贷资金倾斜促进农村基础设施提档升级的同时，携手主发起行上海农商银行开展对口扶贫、自筹资金捐赠，为云南蒙自、湖南慈利等地投入捐赠资金用于人居环境提升。沪农商村镇银行还深度帮扶、对接到户，近两年来，有20余家村镇银行确定了定点帮扶村（或单位），先后派出驻村帮扶干部40余人次，尽最大努力反哺社会。

助力打造乡村新风气。沪农商村镇银行以村居贷款业务为抓手，以诚信村建设为依托，加大诚信宣传力度，加强农民思想道德教育，培养农民诚信意识，营造"诚信光荣、失信可耻"的社会好风尚。还特别关注留守儿童、孤寡老人等特殊人群，提供理发、磨刀等惠民服务，开展各类文化文体活动，丰富村民文化生活。

（三）沪农商村镇银行的发展经验与面临的困难

1. 发展经验

（1）主发起行帮扶是村镇银行健康发展的有力保障

将主发起行的服务能力与村镇银行发展实际进行有机结合，充分发挥主发起行品牌声誉的溢出效应和批量化管理的规模效应。近年来，上海农商银行采取了资本补充、不良收购、结对帮扶、人员支持、流动性支持等多方面举措，帮助村镇银行快速实现健康发展。在村镇银行转型发展过程中又制定了新三年发展规划，加强战略引导和并表管理，促进了村镇银行的稳健经营。

（2）有效管控是促进村镇银行依法合规经营的前提

近年来，上海农商银行将主发起行控股管理与村镇银行公司治理相结合，对村镇银行的管理体制、机制进行了深度改革。主发起行层面，一是通过加强党对村镇银行的全面领导，发挥村镇银行管理部党委的决策作用，尤其强化村镇银行人力资源管控和干部队伍建设；二是通过审计检查实现对大股东的监督管理；三是通过制度体系建设和体制机制的完善，实现对村镇银行的科学有效的管控。村镇银行层面，村镇银行根据监管部门公司治理要求，结合大股东（主发起行）的管理要求，建立管理严格、内部制衡有效的村镇银行法人治理体系，包括对高管层的权力制衡体系、对信贷投放的风险管控体系、对员工依法合规教育管理的行为管理体系等。

（3）高效贴心是村镇银行赢得客户的法宝

后疫情时代，村镇银行面临更大的挑战。大中银行不断下沉业务和客户重心，而村镇银行网点单一、市场影响力小、品牌知名度不高，在夹缝里求生存。我们靠什么赢得客户？高效便捷是我们的服务特点。"简单、方便、快捷，以客户为中心、以客户满意为宗旨"，是我们服务客户真真切切的态度。开发一套小微系统、简化流程，加班加点提供高效服务。贴心亲民是我们的待客之道。我们在客户前、社会中的形象鲜明，"本地化、接地气、有感情、有温度"，是客户实实在在的口碑。贴近客户、真正了解客户，创新产品以满足客户需求。

（4）人才队伍建设是提升村镇银行市场竞争力的关键

市场竞争归根结底是人才的竞争，特别是县镇、"三农"经济是劳动密集型产业行业，"三农"领域更应发挥人才的作用。近年来，上海农商银行一直致力于打造一支能攻善战、乐于擅于服务小微"三农"的队伍。这支队伍既要保持战略定力、下沉业务重心，具有深厚的小微金融服务情怀以及坚定的小微金融服务信念，也要以"农"为根，以"信"为本，懂农业、爱农村，以强烈的"三农情怀"拓展业务、服务村镇；这支队伍更要紧贴网点周边村居、行业、市场招聘，不唯背景、不唯资源，发扬"奋斗者精神"（默默无闻、无私奉献的精神；百折不挠、顽强拼搏的精神）走出一条普惠之路；这支队伍要廉洁自律、道德至上。截至2022年6月末，35家沪农商村镇银行成立了近90支微小团队，430余名懂农民、爱农村、擅于服务"三农"的客户经理队伍，融入村民的日常生活。

2. 面临的困难

经过全体干部员工坚持不懈的努力，沪农商村镇银行现已成长为政府支持、监管认可、百姓认同的村镇银行，沿着高质量可持续发展道路不断创造新成绩。社会在进步，环境在改变，对于支持小微"三农"主力军的地方性金融机构——村镇银行而言，存在诸多困难和挑战。

受大行下沉影响，村镇银行市场空间受到挤压。现阶段各大行都在下沉重心，村镇银行与其相比竞争力较弱，无法享受丰富的城市金融资源，流动性、核心存款依存度、资本充足率、成本收入比等指标不达标时有发生。在传统观点、客观环境和传统政策的综合影响下，越来越多的客户被国有大行吸引，优质客户纷纷投向国有大行的怀抱，村镇银行的市场空间受到严重挤压。

规模小、品牌知名度低，村镇银行存贷业务发展难。经营规模小、品牌知名度低且存款来源不足，吸收存款困难，贷款增速趋缓，是村镇银行普遍面临的问题。一是村镇银行营业网点较少、服务半径较短，对客户吸引力相对较小。二是村镇银行成立时间短，老百姓对其缺乏了解，品牌认知程度低，也给存贷业务发展造成一定困难。三是村镇银行资本金普遍不高，受资本充足率等多项指标限制，注册资本金较小的村镇银行发展后劲明显不足。四是村镇银行金融产品缺乏差异化，创新性不强，又缺乏相应的配套设施，在农村地区的竞争中处于绝对弱势地位，存贷业务推进缓慢。

村镇银行人员少、队伍不稳定，综合能力提升缓慢。村镇银行员工普遍从业年限不长，业务素质整体不高。由于村镇银行以支农支小为业务发展宗旨，意味着要将大多数人力、资源投入"做小做散"行列，然而很多村镇银行人员配备不足，无法满足其支农支小的人员需求。一方面，基层人员工作量大、无更多精力拓展业务、无暇进行自我提升等一系列问题，导致综合能力提升缓慢。另一方面，中层管理人员也因人员少而身兼数职，工作量大，且由于村镇银行规模小、知名度低等许多问题，人员流失率大，留不住人才成为影响村镇银行综合能力提升的重要因素之一。团队的稳定性比高精尖的人才显得更为重要，如何吸引人才、留住人才是村镇银行面临的挑战。

（四）沪农商村镇银行对未来的展望

随着乡村振兴战略、共同富裕愿景和统一大市场建设的全面推进，广大农村将成为中国经济发展新驱动，这也为村镇银行的发展提供了更广阔的空间。展望未来，沪农商村镇银行争做坚守战略定位、管理精细化、风险可控化，具有市场竞争力、品牌影响力的行业典范，实现整体高质量发展，勇当城乡金融服务的排头兵。

争做坚守支农支小、服务乡村振兴的典范。持续坚守支农支小定位，践行"普惠金融助力百姓美好生活"的使命，做到服务下沉、网点下沉、产品下沉、人员下沉、人心下沉，积极融入地方经济，推动地区发展，更好地服务乡村振兴。

争做具有市场竞争力、特色化发展的典范。沪农商村镇银行作为各地金融力量之一，因地制宜，打造出一支"有信仰、精业务、讲协作、能战斗"的队伍。创新产品模式，以"产品组合拳"为特色，为客户"量体裁衣"打造差异化产品。为客户提供全生命周期服务，形成高效便捷的服务特色。将队伍、产品、服务三者有机统一，形成沪农商村镇银行发展特色，提升市场竞争力。

争做科学有效管控、依法合规经营的典范。将精细化管理的细节要求贯穿于各项业务流程和环节之中，不断完善公司治理体系、绩效考核机制、党建和审计监督体系等，最终建立职责清晰、管控有效的治理结构，确保村镇银行合法合规经营。

争做有效防控风险、善于经营风险的典范。落实全面风险管理，加强流动性风险抵御能力，严格防控操作风险，坚决杜绝道德风险。积极转变思维，运用好"大数法则、收益覆盖风险、客户倒金字塔"等理念，在经营中更好把握发展和风险之间的"平衡"。

争做富有品牌影响力、社会公信力的典范。大力弘扬推广奋斗者文化、阳光信贷文化、合规文化、团结协作文化和服务文化等5种沪农商文化特色，建立内有向心力、外有影响力的品牌形象，形成发展软实力。同时积极承担社会责任，在主发起行"六度共治"（"广度"布局、"强度"攻坚、"温度"关怀、"密度"联结、"跨度"融合、"深度"服务）赋能社会治理模式下，与当地社会治理体系深度融合，成为政府及百姓心中的"自己人"。

第 19 章

地方探索：湖北省联社微贷转型路线图[①]

自2017年起，经过5年努力，湖北省农商行将毫不起眼的微贷做成全系统的支柱业务、龙头业务和绝对主业，正潜移默化推动系统经营模式的转变、信贷文化的重构和全员精神的提振，并逐步形成良好的生态。2021年末，全省农商行存款余额达9214亿元，较2016年末的5256亿元增加3958亿元，增幅达75.3%；贷款余额达6130亿元，较2016年末的3189亿元增加2941亿元，增幅达92.2%；微贷客户由不足千户增加到73.8万户；微贷余额达1784.5亿元，占全部贷款余额的29.11%。2021年全省农商行实现总收入485.2亿元，缴纳税收30.56亿元，实现净利润51.4亿元。全省农商行不良贷款率降至2.74%，处于全国较好水平。2017年以来新放贷款2940亿元，不良率仅为0.23%，累计发放500万元以下微贷3800亿元，不良率为0.41%。银保监会近5年来对全国所有省联社监管评级，湖北省联社在全国省联社中获得两次第一、一次第三、两次第六的成绩。2021年，全省76家农商行中，银保监会监管评级有30家行较上年度提升，央行金融机构评级有40家行较上年度提升，两项评级均无高风险机构，是全国无高风险机构的少数省份之一，全省农商行资本充足率为12.56%，拨备覆盖率达186%，继续保持良好银行标准。

[①] 本章数据均源于湖北省联社内部资料。

一、痛定思痛　抉择微贷

2005年，湖北省联社成立，湖北农信开启改革发展新篇章。经过10年奋斗，到2015年末，全省农商行存贷规模跃居全省银行机构第一，风险监管各项指标一直保持良好银行标准。

与此同时，作为主体业务的信贷业务，一直沿用传统信贷模式，信贷权越来越集中在少数人手中，全行只有董事长、行长、支行行长等少数人放贷，信贷运营上侧重放大额、垒大户，导致贷款集中度偏高，风险聚集。而且信贷权力的集中使贷款覆盖面大幅萎缩，农商行面临大面积退出乡镇市场的危险。从2012年开始，全省农商行500万元以下小额贷款占比平均每年下降2.5个百分点，到2016年末500万元以下贷款占比降至31.92%，4年下降10个百分点，并呈现加速下降趋势。大额贷款高度集中导致三个方面的问题。一是贷款风险增大。单笔金额500万元以上的贷款风险逐步暴露，占不良贷款总额的75%以上，风险贷款余额和占比持续上升。二是基础客户流失。信贷资源向少数大客户集中，基础客户大量流失，动摇了农商行赖以生存的发展根基，偏离了农商行支农支小的市场定位。三是诱发道德风险。大客户必然大员上阵，董事长、行长亲临一线营销，使贷款投放失去了流程制约、岗位制衡，更是放大了董事长、行长的职业风险。受上述因素影响，资本充足率、拨备覆盖率、不良贷款率等主要监管指标虽然保持在良好银行标准范围内，但对比最好的时候已大幅下降，维系难度较大，有些农商行已经力不从心。

在传统信贷模式不可持续的大背景下，重建信贷运行模式、主动适应新形势新要求迫在眉睫。湖北省联社经过广泛调研和深入思考，认为党中央、国务院对农商行的市场定位是支农支小，应该聚焦小微客户，支持县域实体经济。同时，省外农信系统的成功经验告诉我们，小微市场大有可为，应该做、值得做、能够做、可做好。浙江农商联合银行是全国的一面旗帜，总资产达2万多亿元，但其利润、不良贷款率、拨备覆盖率优于浙江所有银行，甚至比招商银行、浦发银行、兴业银行等股份制银行还好，其经验就是做小做散，超过2000万元的贷款坚决不做。其辖内乐清农商行2013年开始远离"高、大、上"，拥抱"低、小、散"，500万元以上的企业贷款和300万元以上的个人贷款坚决不放，30万元以下贷款占87%，不良率始终保持在1%以下。福建省联社坚持做小、做散、做土，2013年以来严控大额贷款，2018年末贷款规模为3869亿元，贷款户数为247万户，户均贷款14.6万元，不良率为1.66%。

因此，湖北省联社党委决定引入微贷技术，以微贷业务为总抓手，推动农商行向零售银行转型。

二、双向试点　本土改造

通过比较，湖北省联社选择德国IPC技术和美国富国银行打分卡技术，分别在荆州、咸宁农商行试点。荆州农商行引入德国IPC技术，主要开展经营微贷；咸宁农商行引入打分卡技术，主要开展消费微贷。两家行均设立小微金融部封闭运行，与传统信贷完全隔离。

试点发现，IPC技术适用范围广，但标准化程度低，属于高执业门槛的"精英"业务。而打分卡技术办贷效率高，但业务适用范围窄，且必须有较强的后台专家团队和科技系统支持。这两种技术各有长短，简单照搬均水土不服。对此，湖北省联社决定各取所长，结合实际，进行本土化改造。

（一）工厂式的流程改造

借鉴融合IPC和打分卡技术优势，建立"人控+机控"双重内控手段，把风险管理贯穿贷前、贷中及贷后整个信贷流程。

贷前精准画像。在试点阶段，贷款调查主要依靠客户经理个人主观判断，判断的准确率往往与技术掌握度成正比，导致调查结果无法准确与微贷产品无缝对接。为减少主观判断、避免人工干预，省联社自主研发了征信评级系统，建立征信自动分析模型，根据客户信用记录的不同表现，将客户的信用状况分为一级、二级、三级、四级、五级、六级六个等级，作为贷款申请前置环节，分析结果直接与微贷产品对接。同时，辅以大数据技术，对客户非传统融资渠道行为进行分析，多维度对客户经济生活精准画像。

贷中精确筛查。将小微金融部作为微贷政策执行部门，在坚持部门集中审批的基础上，采取多种审批方式并行的模式。一种是独立审批人审批模式。由小微金融部遴选技能熟、营销强、素质高的微贷客户经理担任独立审批人，专职审批50万元以下的标准产品和消费微贷。另一种是贷审小组审批模式。由小微金融部在有审批权的微贷客户经理中随机抽调组成贷审小组，采取"一票否决"方式，对经营类微贷和大额微贷进行集体决策。审批人员按照统一标准，运用交叉检查技术，对客户信息进行验证，对比分析资本从哪儿来、利润用在哪儿、有无民间融资。

贷后精细管控。IPC技术要求客户经理贷后定期上门，打分卡技术单纯依靠系统监测，都不符合农商行实际。针对这种情况，对贷后管理环节做了全套制度设计，既减轻了客户经理劳动强度，又提高了贷后检查的针对性。在执行层面，实行差异化管理。对到期一次性还本的客户，要求定期按月回访；对分期还款的客户，以违约作为贷后检查触发指令。在管理层面，设置7日违约率、产品逾期率等监测指标，依靠系统按日监测、按日分析，适时下达风险提示，不要基层写报告、填报表。对逾期30天以上的贷款，督促支行和客户经理专人逐笔分析，属于制度漏洞的，及时查漏补缺；属于操作问题的，及时处理到人。通过一系列制度安排，彻底改变了传统贷款"一放就乱、一管就死"的局面。

（二）溯源式的归责机制

IPC和打分卡技术源于国外，奉行干得好就留、干得差就走的原则，风险一律由企业承担，与农商行行情不符。省联社在综合分析第一责任人制度、微贷机构承担风险机制的利弊，创新提出"市场风险前台全免责、后台负全责，操作风险各负其责，道德风险零容忍"的责任分担机制，同时制定尽职免责条款，根据不良容忍度，照单问责、照单免责。

厘清市场风险责任。客户经理仅对贷前调查的真实性、准确性、完整性负责，小微金融部通过微贷集中审批，承担市场风险防控职责，推动管理责任向上迁移、营销责任向下迁移，切实为前台调查人员减轻风控压力，真正让客户经理"敢贷""愿贷""能贷"。同时，小微金融部通过专业审贷、技术审贷，有效屏蔽了人为因素干扰，彻底铲除了"人情贷""权力贷"滋生的土壤。

厘清操作风险责任。实践中，坚持底线思维，总结制定"三亲、三防、三坚持、三严禁、一严格"工作纪律，清晰界定客户经理、小微金融部的事权关系，明确微贷业务各环节的交付与监督责任。从客户经理调查环节开始，自下而上按照质检模式，每个环节都有权剔除不合格的贷款项目，不允许"带病"交付下一流程。从贷款审批到贷款调查各环节，按照监督模式，自上而下监督各环节的履职尽责。

厘清道德风险责任。将"一杯水"原则贯穿微贷团队管理始终，培养客户经理不贪不占、洁身自好的优秀品质，培育廉洁自律、诚实守信的团队文化。凡是违反廉洁从业规定的，一经发现，立即调离微贷岗位，禁止微贷准入。

（三）刚性的风控原则

坚持前、中、后台分离和岗位监督制衡，实行市、县行小微金融部集中统一审批原则和批量贷后监控，将营销调查团队和审批风控团队完全隔离，既防止审批风控服从于市场营销，切断两者之间的利益关联，又将整个业务流程控制在市、县行微贷业务条线之内，防止立场不同导致的资源消耗。

坚持定量分析，减少人为解读。传统贷款在客户甄别上缺乏足够的定量指标，对客户资信情况没有确定的解读规则和统一的判断标准。微贷实现贷款审批从投票到"风控系统测算+独立审批人复核"的根本性变革，贷款决策不再是个人主观表态，而是可量化的风险计量，从而从决策机制的源头上克服了逆向选择和道德风险问题，将信用风险控制在预期之内和自身可承受的适度低水平范围。湖北农信在客户甄别上增加6个定量指标：一是征信自动评级，根据客户信用记录的不同表现，将客户的信用状况分为一级、二级、三级、四级、五级、六级六个等级，作为贷款申请前置环节，分析结果直接与微贷产品对接，减少主观判断、避免人工干预。二是设置融资总额上限，通过贷款融资额、非抵质押类贷款融资额、未结清机构数、贷记卡透支比例、征信报告查询次数五项指标，综合评定客户融资饥渴度，根据风险偏好设立准入范围和禁止准入上限。三是分析信用卡使用额度，设置额度占用上限，防备了饥渴融资。四是建立行内客户灰、黑名单，防止核销贷款客户再次进入农商行。五是引入违法行为和行政处罚信息检索，防止片面依赖信贷信息。六是加强客户互联网借贷行为监测，多渠道收集授信客户非传统融资信息，增强对授信客户总负债情况的监测评估能力，提高微贷风险防控的前瞻性和有效性，防止网络借贷风险向农商行体系传导。经过征信评级等"坏苹果"挑选过程，剩下的风险就都可以容忍。

坚持属地经营，做自己熟悉的事情和该做的事情。反欺诈是零售转型绕不开的坎儿，也是大数据控制风险的最大"噱头"。在欺诈与反欺诈的博弈中，风险控制的关键不是数据的"大"，而是数据的"特"。科技金融公司标榜大数据，但也从不会离开自己熟悉的领域。湖北农信将属地经营作为微贷技术本土化改造的重点，坚持向本地客户发放贷款，充分发挥农商行多年来网格化经营积累的地熟、人熟优势，特别是在农村市场与村"两委"的密切联系，建立自己的"小数据"，形成自己的风控模型，在自己熟悉的地方向自己了解的人发放贷款，从而避免了无休止的投入成本以应对欺诈与反欺诈的反复博弈。

坚持还款来源至上，让担保转为风控条件。传统贷款中，我们的理念和行为已经不能适应形势需要，比如：风险识别靠抵押物，忽视第一还款来源；明知企业报表不可信，却把假报表作为决策基础；担保合作通道化，担保公司赚钱，农商行承担风险；等等。这些理念和行为严重威胁贷款安全。微贷坚持第一还款来源至上，将现金流作为贷款安全的核心保护层，将担保由准入条件回归为风控条件，终止了传统贷款"典当化"的趋势。在抵押担保上，提高抵押比例，对经营类微贷、"宜商快贷"等特定产品实行押品超额管理，抵押率可以由70%提高到120%；接受顺位抵押，让押品范围更大。在保证担保上，不再将保证人视同借款人管理，不再过度强调代偿能力，放宽了保证人的条件。押品、保证人范围扩大，借款人获得贷款的可能性也就增加了。

坚持集中专业清收，清零前台不良贷款。根据零售信贷规律和监管要求，对容忍度范围内的不良贷款不予追责，并严禁将不良贷款容忍度指标分解到支行和客户经理。省联社在微贷引进之初，即下决心同步改造问题授信处理机制。一是纠正把清收不良贷款当作对客户经理的处罚手段的做法；二是尊重清收工作的专业性，将不良贷款集中到专业部门清收；三是确保信贷管理部门和客户经理不良贷款始终清零。微贷本息逾期90天以内的，由客户经理清收；对本息逾期90天以上的，一律移交信贷管理部门集中盘活；对本息逾期180天以上的，一律移交专业清收部门集中清收处置。通过分层清收制度，理顺不良贷款处置流程，释放客户经理工作压力。

改造后的微贷技术，逐步适应水土，并不断茁壮成长。到2017年7月末，荆州、咸宁农商行累计发放微贷4968笔、10.4亿元，贷款余额为8.3亿元，户均余额为21万元，不良率为0.02%。在试点总结的基础上，其他一些市、县行开始逐步尝试微贷技术。

三、升级战略　全行推广

2017年9月28日，在湖北房县召开的全省农商行"三大银行"建设暨金融精准扶贫现场会上，省联社党委提出"信贷五个转变"[①]，号召全省农商行将微贷工作上升到战略高度，作为建设"三大银行"、推进"五个转变"最主要、最关键的抓手，在全系统全面推广。

微贷要想迅速推广，一要有强大的人力保障，二要有齐全的服务产品，三要有强力的激励措施。为此，湖北省联社对微贷运行架构、产品体系、绩效考核等方面做了全面设计。

（一）优化微贷运营机制，让人人都能做微贷

借鉴保险行业的理念和做法，将销售与审查分离，销售岗不需要掌握复杂的微贷技术，只负责找资源、拉客户，人人都能参与，审查工作由小微金融部的专业团队负责。这种框架设计，极大扩张了微贷工作的适应性，使微贷开始从部门微贷转向全行微贷、全员微贷，各市、县行上到班子成员、下到基层员工，全部投入微贷工作中。

（二）"三位一体"产品矩阵，让微贷具有更广泛的适应性

围绕监管要求、风控需求、客户需要三个方面，把微贷产品作为技术载体和管理工具，让微贷真正变得易学、易做，让客户经理敢贷、愿贷、能贷。

产品适用客群标签化，从漫天撒网转向精准营销。传统产品更多按照担保方式区分，要求客户经理调查贷款真实用途，并不体现客户特定属性。微贷把产品定义为满足特定客群、特定需求的标准化服务，根据客户生活属性、财产属性、经营属性，标识某一类客群相同的标签和风险特征。在此基础上形成客户分群，再根据客户分群创设产品，一个产品管一类客群的一类需求，形成标准化产品矩阵。比如车

[①] 由以前主要服务少数客户，向服务更多客户转变；由以前主要发放大额贷款，向发放小额贷款转变；由以前向众多行业发放贷款，向为少数特定行业发放贷款转变；由以前企业多阶段全生命周期发放贷款，向对企业少数阶段部分生命周期发放贷款转变；由以前农商行少数高层营销贷款，向更多员工营销贷款转变。

主易贷，有车就能贷；房主易贷，有房就能贷；亲情快贷，有家有爱就能贷。一个个标签信息相当于路标，指引客户迅速找到最适合自己的产品，指引客户经理迅速锁定每一款产品对应的目标客群，从而极大地缩短了借贷双方的距离，畅通了融资路径，实现贷款交易快速撮合。

产品管理信息化，从自由裁量转向刚性约束。坚持"七个进系统"，严格遵循"不能被系统刚性约束的产品不得创设"的原则，所有微贷产品进系统，通过信贷系统规则配置，对贷款金额、期限、还款方式实行刚性约束，不满足产品规则的就会被系统拒绝，从而极大地降低了借贷双方之间、基层行与审批人之间的沟通成本。产品信息化极大地方便了管理，分析监测工作简单了，从此不需要手工报表，也杜绝了数据造假，从而降低银行的管理成本。对市场的响应速度也快了，通过每一个产品审批通过率、违约率的变化，折射出产品规则是过紧还是偏松，可迅速调整产品参数，从而实现后台产品研发与风控、前台营销的良性互动。

产品规则透明化，从权力管贷转向专业审贷。传统贷款审批权集中在少数高层手中，大量一线人员无权营销贷款，贷款权力集中，必然导致贷款集中度上升和风险聚集。本土化后的微贷产品，实现从客户准入、信用评价、额度计算到还款方式等全部采取定量指标和信贷模型辅助判断，避免了任何一个环节的信贷人员乃至大数据系统对贷款决策垄断话语权。产品规则全透明带来的变化是，信贷业务流程中每一个环节的结果预期明朗了，客户能判断自己的申请是否符合条件、客户经理知道自己营销的贷款是否符合产品规则，审批人员在系统支持下对每一笔贷款按规则进行审核，贷款业务不再有油水可捞，贷款流程也更加顺畅，对信贷人员的纪律要求从"阳光信贷"提升为"店小二"式服务。

成熟产品线上化，从客户多跑腿转向数据多跑路。在原有信贷模式中，客户办贷提供资料多，反复跑、来回跑的情况较为普遍，且受时间和空间限制，服务时效难以保障。省联社经过充分调研，按照精简高效、业务必需、控制风险的原则，大幅精简非形式要件，全面推行"申请表"一表清，尽量只让客户签一次字、跑一趟路。同时，大力推广"线下+线上"的微贷服务模式，2018年9月自主研发上线了"福e贷"线上自助贷款平台，并推出了"农e贷""商e贷""白领e贷""市民e贷"等线上微贷产品。2019年9月，省联社又上线了第一款纯线上、全自助的"税e贷"产品，轻松实现"秒"贷。客户通过手机银行可随用随借、随借随还，更加契合小微客户"短、小、频、急"的融资特点，不仅有效降低了办贷成本，还提升了客户服务体验。截至2021年末，全省农商行"福e贷"签约客户达88.2万户，授信总额达659亿元，户均授信达7.47万元；累计用信达960亿元，余额达276亿元。

当前，湖北农信形成了经营类微贷、消费类微贷、银税互动类微贷、网上线上类微贷四类微贷模式，打造了"福农贷""福商贷""福民贷""税e贷""周转融""福e贷"六大微贷品牌，创新推出31款通用产品，指导市、县行创设了75个区域产品，微贷余额为1784.5亿元，占全部贷款余额的29.11%；微贷净增占全部贷款净增的122%。

（三）多管齐下，将信贷兴奋点聚集于微贷

一是建立大额贷款风险交叉评估机制，坚决遏制大额贷款冲动。所有1000万元以上的新增贷款，必须交由抽签产生的其他地市农商行专业人员合议评估后，才可以上本行贷审会；并明确1000万元以上的新增贷款，只要收不回，就是董事长、行长的责任。二是将微贷绩效考核权重调整到信贷工作的60%，不做微贷，全行员工没饭吃。三是制定微贷净增占比120%以上的考核目标，不仅用微贷稀释存量，还要主动退出大额贷款、房地产贷款、落后产能贷款。四是树立以微贷论英雄的用人导向，使做微贷成为干部员工行动自觉和体现自身职业价值的事业。五是把微贷推广作为党建考核的重要内容，把任务完成情况作为考察领导干部政治素质的重要指标，对政治不合格的一票否决。

四、深度革命　建成主业

号召全系统要统一思想，步调一致，心无旁骛，强力推进，加快微贷从"备胎"转为主业。至此，微贷战略进一步向纵深推进，开始从微贷地位、微贷目标、微贷模式、微贷机制、微贷队伍、微贷高管、微贷文化等方面整体设计，建立具有湖北特色的信贷运行体系。

（一）细化全员责任

董事长承担微贷推广的第一责任，亲自管、亲自学、亲自做，将微贷推广作为

党委会常备研究事项，经常研究，经常讨论，及时解决微贷发展的堵点、盲点、难点，统一全行思想，引导全行干部员工从灵魂深处重视微贷，知行合一。行长承担微贷推广的直接责任，从业务经营全局着眼，谋划布局，畅通推广渠道，落实部门职责。对公司业务和按揭业务集中管理，保证支行的时间精力聚焦在微贷上。深入调查掌握微贷推广存在的问题，经常研究遇到的困难，及时提交党委会研究。纪委书记、监事长落实微贷尽职免责和责任追究理念，提示和监督包括领导班子在内的各岗位人员切实履行微贷推广职责。分管风险的领导执行好微贷业务的风险偏好，落实微贷责任分担机制，畅通微贷问题授信处置流程。其他分管领导在各自分管领域，统筹资源分配，在工资费用倾斜、人力资源配备、电子渠道支持、对外宣传造势等方面，为微贷推广提供强有力的保障。小微金融部负责人全力以赴，为支行微贷推广提供强有力的产品支持、渠道支持、技术支持、宣传支持、培训服务和风险监测管理。支行行长和客户经理切实履行前台营销职责，深入市场搞营销，跑遍辖内街道、社区、工业园区、企事业单位，跑遍辖内商场、专业市场，广泛接触客户、营销客户。大堂经理和柜员全面参加微贷基础知识培训，能够简单介绍微贷产品、回答客户咨询，必要时走出去拉客户。

（二）升级战略目标

2019年，省联社明确提出，自2020年起，微贷净增要占当年净投放的60%以上，力争用3年时间，使微贷余额占比达到50%以上。同时，严格控制风险，微贷不良率要低于各项贷款平均水平，2019年末控制在1%以内，2020年末控制在2%以内。2020年再次提出，新增微贷要达到当年新增贷款总量的60%。2021年进一步提出，微贷净增占比不低于贷款净增的120%，到2023年末，微贷占比达到50%。

（三）强化考核措施

把微贷推广作为党建考核的重要内容，把任务完成情况作为考察领导干部政治素质的重要指标。树立以微贷论英雄的用人导向，把微贷业绩作为选拔人才的重要指标，培养一批精通微贷业务的专业型董事长、行长、监事长，选拔一批微贷营销积极性高、能力强、业绩好的员工走上支行副行长、行长，乃至市、县行领导班子岗位，打造一支微贷意识强、微贷技术好、微贷业务精的专业化干部队伍，用专业的人做专业的事,加快推进微贷业务发展。同时,将财务资源向微贷倾斜,微贷计酬高于传统信贷含量标准,高于存款含量标准。省联社和各市、县行在考核信贷业务时,微贷权重不得低于70%。市、县行微贷指标低于全省平均水平的,不评先、不评优;未完成工作任务的,董事长、行长和分管领导不提拔重用。

(四)加强队伍建设

在部门设置上,统一命名为小微金融部,不得随意撤并机构、更改名称、降低规格,更不得简单地归并到其他部门、附属于支行。在部门职责上,主要负责与微贷有关的制度、产品、风控、培训、考核等工作,不安排与微贷无关的事项。在任务分配上,将贷款营销责任压实到支行,真正实现由部门微贷向全行微贷转变。在业务归口上,经营、消费、线上及银税互动四类微贷,一律归口小微金融部管理。在人员配备上,选派优秀微贷客户经理,充实小微金融部管理岗、作业岗,根据业务量配满审批人员。鼓励引导传统客户经理转岗,选拔一批优秀青年员工充实到小微客户经理队伍中。

截至2021年末,全省农商行微贷客户为73.8万户,占全部贷款客户的53.56%;微贷余额为1784.5亿元,占比为29.11%,净增占比达122%,微贷投放全面支撑了信贷投放计划,不良率牢牢控制在1%以下,微贷主业地位基本确立。

2021年1月14日,省联社三届四次社员大会将"大力推进微贷拓展工程,坚持打造微贷绝对主业不动摇,建立健全持续做小、坚持做微的长效机制"写入全省农商行"十四五"发展规划和2035年远景目标。

五、渐成生态 未来可期

一花引来百花开,百花齐放春满园。微贷的深入推进,带动了全省农商行内外环境的日趋向好,逐步形成良好生态。

一是带动经营指标持续向好。微贷的大幅增加使信贷结构得到根本性改善,2021年末普惠型小微企业、个体工商户、城乡居民贷款余额占比达85.14%,比2016年同期提高30.6个百分点;房地产贷款、贴现占比达29.76%,比2016年同期下降21.47个百分点;单户500万元以下贷款占比51.56%,比2016年同期提高19.64个百分点。农区市场萎缩、农区支行储蓄所化趋势得到遏制,农区支行新增贷款占比22.1%,比2016年同期提高5.47个百分点。微贷平均利率为6.52%,比传统贷款高1.35个基点,微贷实收利息收入占比33.6%,比余额占比高4个百分点,实现让利实体经济和盈利能力提升目标兼容,解决了落实政策性任务与保持商业可持续性这一长期存在的矛盾问题。自开展微贷工作以来,新增信贷风险基本控制,存量信贷风险处置深入推进,经营指标持续向好。

二是带动风控水平逐步提高。微贷技术本土化使信贷业务、信贷工作各岗位人员都回归本源,实现了农商行信贷业务战略与监管要求、市场需求、队伍能力的有机统一,从根本上消除了机构和个人被动违规的诱因,增加了主动违规的成本,减少了不自觉违规的可能,成为干部员工最大的保护伞。高管履职更加规范,客户经理工作更踏实,除非出现道德风险,很少有人被问责。过去很多老信用社员工禁止子女从事信贷业务,目前这一情况得到根本改变,年轻一代农商行员工从事信贷工作的比例大幅提高,并得到家庭支持。2017年以来,全省农商行新放贷款2940亿元,不良率仅为0.23%,累计发放500万元以下微贷3800亿元,不良率仅为0.41%,排名全国农信系统前列。从有关部门的检查情况看,逾期90天以上不良贷款占比从2019年3月末的12.44%下降到2021年末的2.74%。

三是带动发展底盘稳步壮大。微贷的广覆盖使受惠群体迅速扩大,基础客户大幅增加。2017年以来,全省农商行贷款客户由53万户增加到137.8万户,增长160%;ETC客户由0增加到109.4万户,跃居全省第二;扫码商户由0增加到231万户,交易笔数、金额位居全国农信系统首位。单户1000万元以下贷款占比由2017年6月以前的38.74%提高到59.44%;单户500万元以下贷款占比由31.92%提高到51.56%。

四是带动干部队伍加速成长。微贷做小做散,让渡资源,让渡权力,为农商行广大干部员工干事创业提供了广阔舞台。客户经理专职营销,支行、部门、审批人权责利对等,真正实现了尽职免责,客户经理成为收入有保障、有独立地位和晋升空间的岗位,吸引大批年轻人投身其中,吃苦耐劳、主动获客能力不断提升,一大批优秀的微贷行长、微贷营销能手、微贷审批人相继涌现。同时,把微贷业绩作为选拔人才的重要指标,干部的业绩与品德在微贷中得到统一,选拔干部再不用为责任贷款为难,再不用疑虑是否存在信贷腐败问题没有被发现,干部评价变得更简单。这些年,先后有857名微贷营销积极性高、能力强、业绩好的员工充实市、县行领导班子，走上支行行长、副行长岗位。

五是带动信贷文化重构。微贷植入文化基因，树立"做微贷就是做未来、做微贷就是做主业"的理念；信贷"五个转变"深入人心，"额度做小、客户做新、风险做散、总体做稳"的经营准则成为全行共识；微贷深入市场主动营销，构建覆盖各类场景的微贷通道，为各类市场主体提供"店小二"式金融服务；微贷坚持"一杯水"原则，构建起亲清服务关系，让广大小微企业、老百姓贷款"不求人"。"农商行就代表微贷、微贷就代表农商行"品牌形象深入民心。

六是带动形象地位大幅提升。农商行的社会责任首先是保证自身具备为社会公众提供可持续服务的能力，不能让大额不良贷款侵蚀资本，不能出现连年资本不足、连年增资扩股、连年求政府置换不良贷款的情形。微贷技术本土化彻底扭转了传统信贷偏离定位的被动局面，全省农商行支农支小的职能职责得到充分发挥，党委政府和监管部门更加满意，老百姓对农商行的认可度更高。微贷助力乡村振兴，纾解小微企业融资难融资贵成效显著。

选择微贷之路，是湖北省联社新一届党委的正确抉择。全省农商行将保持打造微贷绝对主业战略定力，持续在业务模式、微贷产品、风险防控、科技赋能和队伍建设等领域夯实基础，建立持续做小做散的长效机制，争取到2023年末微贷余额占比不低于50%，单户1000万元以内小微贷款占比不低于70%，微贷不良率整体控制在1.5%以内，实现微贷业务健康可持续发展，确保全省农商行在建设全国构建新发展格局先行区中勇当先锋，为湖北加快"建成支点、走在前列、谱写新篇"贡献积极力量。